JULIE MACINTOSH

TRADUÇÃO
LOURDES SETTE

DESTRONANDO O *Rei*

COMO OS BRASILEIROS DA **INBEV** CONQUISTARAM A **BUDWEISER A-B**, UM ÍCONE AMERICANO

1ª edição – 2ª impressão

odisseia

Título original: DETHRONING THE KING
© 2011 by Julie MacIntosh. All rights reserved.
© 2013 by Lexikon Editora Digital

Odisseia Editorial® é uma marca registrada da
Lexikon Editora Digital.

All Rights Reserved. This translation published under license
with the original publisher John Wiley & Sons, Inc.

Todos os direitos reservados. Nenhuma parte desta obra pode ser apropriada e estocada em sistema de banco de dados ou processo similar, em qualquer forma ou meio, seja eletrônico, de fotocópia, gravação etc., sem a permissão do detentor do copirraite.

LEXIKON EDITORA DIGITAL LTDA.
Rua da Assembleia, 92/3º andar – Centro
20011-000 Rio de Janeiro – RJ – Brasil
Tel.: (21) 2526-6800 – Fax: (21) 2526-6824
www.lexikon.com.br – sac@lexikon.com.br

DIRETOR EDITORIAL
Carlos Augusto Lacerda

CAPA
Luis Saguar

EDIÇÃO
Beatrice Araújo

REVISÃO
André Marinho/Juliana Trajano

ASSISTENTE DE PRODUÇÃO
Camila Werneck

EDITORAÇÃO
Abreu's System

CIP-BRASIL. CATALOGAÇÃO NA PUBLICAÇÃO
SINDICATO NACIONAL DOS EDITORES DE LIVROS, RJ

M14d

MacIntosh, Julie
  Destronando o rei: como os brasileiros da InBev conquistaram a Budweiser A-B, um ícone americano / Julie MacIntosh ; tradução Lourdes Sette. – 1. ed., reimpr. – Rio de Janeiro: Odisseia, 2013.

  408 p. ; 23 cm.

  Tradução de: Dethroning the king

  ISBN 9788562948152

  1. Anheuser-Busch. 2. Empresas – Fusão e incorporação. 3. Cultura organizacional. 4. Administração de empresas. I. Título.

CDD: 338.8366342
CDU: 334.758

Para meu marido, Micah, pelo apoio e pela paciência ilimitados, e para Miller, por ter chegado exatamente na hora certa.

"É obrigação de um pai ser imaculado se ele espera que seu filho o seja."
Homero

Sumário

Elenco de personagens — 11

Nota da autora — 15

Prólogo — 21

Capítulo 1: A bola está rolando — 25
Capítulo 2: O demente e o indolente em rota de colisão — 44
Capítulo 3: O colosso — 58
Capítulo 4: Vendendo o sonho americano — 77
Capítulo 5: O Quarto aguarda — 96
Capítulo 6: O dedo do caçador congelado no gatilho — 131
Capítulo 7: Um ingênuo no mercado — 148
Capítulo 8: O velho truque do deserto de Gobi — 165
Capítulo 9: Sr. Brito vai a Washington — 185
Capítulo 10: Associados irritados — 208
Capítulo 11: A diretoria: August, August e Augusta — 231
Capítulo 12: Os Montague e os Busch — 271
Capítulo 13: Um vendedor desde o primeiro minuto — 288
Capítulo 14: É pegar ou largar — 306

Capítulo 15: Uma longa distância de St. Louis 326
Capítulo 16: Um brinde a ambos os lados 343
Capítulo 17: Pegue o dinheiro ou se prepare para o pior 355

Epílogo 375

Notas 385

Agradecimentos 399

Elenco de personagens

Anheuser-Busch

Diretoria

August A. Busch III: ex-presidente, presidente e CEO
August A. Busch IV: presidente e CEO
Carlos Fernández González: presidente e CEO do Grupo Modelo
James J. Forese: ex-presidente e CEO da IKON Office Solutions
Embaixador James R. Jones: ex-embaixador dos Estados Unidos no México; ex-presidente da American Stock Exchange
Vernon R. Loucks Jr.: presidente do Aethena Group; ex-presidente e CEO da Baxter International
Vilma S. Martinez: sócia, Munger, Tolles & Olson; mais tarde nomeada embaixadora dos Estados Unidos na Argentina
William Porter "Billy" Payne: vice-presidente da Gleacher Partners; presidente do Augusta National Golf Club
Joyce M. Roché: presidente e CEO da Girls Incorporated
General Henry Hugh Shelton: ex-presidente dos Joint Chiefs of Staff*
Patrick T. Stokes: presidente da Anheuser-Busch, ex-presidente e CEO

---

* Equivalente ao Estado-Maior das Forças Armadas no Brasil. (N. do T.)

Andrew C. Taylor: presidente e CEO da Enterprise Rent-A-Car
Douglas A. "Sandy" Warner III: ex-presidente do J.P. Morgan Chase
Edward E. Whitacre Jr.: presidente emérito da AT&T; mais tarde nomeado presidente e CEO da General Motors

Executivos

W. Randolph "Randy" Baker: principal executivo financeiro (CFO)
Robert Golden: chefe de Fusões e Aquisições
Francine Katz: chefe de Comunicações e Atendimento ao Consumidor
Robert Lachky: chefe de Indústria Global e Desenvolvimento Criativo
Douglas Muhleman: chefe de Operações de Cervejaria e Tecnologia
David Peacock: chefe de Marketing
John "Jack" Purnell: ex-presidente e CEO da Anheuser-Busch International
Gary Rutledge: chefe de Assuntos Jurídicos e Relações com o Governo
Thomas Santel: presidente e CEO da Anheuser-Busch International; chefe de Planejamento Empresarial
Pedro Soares: auxiliar de August Busch IV; ex-presidente da Anheuser-Busch México

Outros personagens importantes

Charles "Casey" Cogut: sócio, Simpson Thacher & Bartlett
Joseph Flom: sócio, Skadden, Arps, Slate, Meagher & Flom
Peter Gross: diretor-administrativo, Goldman Sachs
Timothy Ingrassia: chefe de Fusões e Aquisições – Américas, Goldman Sachs
Leon Kalvaria: chefe global de Serviços Bancários para Consumidores e a Indústria de Saúde, Citigroup
Kenneth Moelis: fundador, Moelis & Company
Larry Rand: cofundador, Kekst & Company
Jeffrey Schackner: diretor-administrativo, Citigroup
Paul Schnell: sócio, Skadden, Arps, Slate, Meagher & Flom

InBev

Executivos e membros da diretoria

Carlos Brito: CEO
Jorge Paulo Lemann: diretor e acionista importante
Carlos Alberto da Veiga Sicupira: diretor e acionista importante
Marcel Herrmann Telles: diretor e acionista importante

Outros personagens importantes

Francis Aquila: sócio, Sullivan & Cromwell
Douglas Braunstein: chefe de operações do Banco de Investimento – Américas, J.P. Morgan
Steven Golub: vice-presidente, Lazard
Steven Lipin: sócio sênior, Brunswick Group
George Sampas: sócio, Sullivan & Cromwell
Antonio Weiss: vice-presidente de operações do Banco de Investimento – Europa, Lazard

Grupo Modelo

Executivos e membros da diretoria

María Asunción Aramburuzabala Larregui de Garza: vice-presidente da diretoria, neta de um dos fundadores da empresa
Carlos Fernández González: presidente e CEO do Grupo Modelo; sobrinho-neto de um dos fundadores da empresa
Antonino Fernández Rodríguez: presidente honorário vitalício, ex-CEO

Outros personagens importantes

Joele Frank: sócio-gerente, Joele Frank, Wilkinson Brimmer Katcher
Robert Kindler: vice-presidente de operações do Banco de Investimento, Morgan Stanley
David Mercado: sócio, Cravath, Swaine & Moore

Nota da autora

Muitas pessoas gostariam de poder esquecer o verão de 2008. Logo após o colapso do Bear Stearns em março, por um breve tempo, pareceu que os mercados financeiros no mundo inteiro se estabilizariam. No entanto, em junho, quando a famosa cervejaria norte-americana Anheuser-Busch recebeu uma oferta pública de aquisição, feita pela gigante estrangeira InBev, as instituições de empréstimos imobiliários Fannie Mae e Freddie Mac cambaleavam à beira da insolvência e havia uma crescente preocupação com a possibilidade de que os contribuintes norte-americanos pudessem acabar tendo de arcar com uma dívida de cinco trilhões de dólares em hipotecas. O governo interviu para socorrer as duas entidades; porém poucos meses mais tarde, o Lehman e a AIG faliram, o controle do Merrill Lynch foi adquirido e o Goldman Sachs e o Morgan Stanley foram bater à porta do Federal Reserve dos Estados Unidos em busca de favores que lhes salvassem a vida. Aquele réveillon ficou marcado como a primeira vez que lembro ter ouvido um suspiro de alívio unânime porque um ano terminava.

Eu fui uma das poucas pessoas que teve a sorte de passar aquele verão inquietante pensando em cerveja. Cobri a aquisição da Anheuser-Busch pela InBev como correspondente norte-americana para fusões e aquisições do *Financial Times* e, embora a indústria jornalística não estivesse exatamente nadando em dinheiro, sabia, enquanto a saga se desenvolvia, que haveria uma mesa esperando por mim na sala de redação enquanto as duas cervejarias rivais se confrontavam. A Anheuser-Busch capitulou de forma rápida e chocante, e uma vez que quase todo mundo estava distraído pela implosão do setor imobiliário norte-americano e pela desintegração dos mercados financeiros globais, a batalha das empresas na imprensa teve vida curta. Essa é uma das razões por que senti que essa história merecia um tratamento mais profundo.

Os autores muitas vezes admitem que os livros que escreveram acabam sendo muito diferentes do que fora previsto – que, enquanto contavam uma história, outra história subjacente e mais interessante emergia. Esse não foi o caso de *Destronando o rei*. Enquanto a luta pelo controle do comando se desenrolava naquele verão, parecia que toda conversa furtiva que eu tinha com uma fonte levava a um esqueleto no armário de alguém, e quase nada disso foi revelado na época. Com tanto material nas mãos – notas sobre o que ocorrera nas reuniões de diretoria das duas empresas, histórias deturpadas sobre a família Busch e detalhes dos bastidores sobre o drama que ocorrera em Wall Street –, tive um forte pressentimento com relação à parte da história que seria mais interessante quando tentei vender a ideia do livro para editoras. Eu só não tinha certeza de minha capacidade de escavar detalhes suficientes para transformar aquilo em uma leitura agradável. Os descendentes da família Busch – e August Busch III em particular – não detêm o poder de provocar paranoia que um dia tiveram em St. Louis, uma vez que sua empresa familiar, outrora orgulhosa, fora comprada. No entanto, eu ainda temia ser tratada como uma pária quando chegasse ao Missouri.

Mas eu estava totalmente equivocada. As pessoas estavam ansiosas para falar sobre suas experiências. A Anheuser-Busch exerceu um importante papel na vida de inúmeros norte-americanos, dos funcionários da empresa, distribuidores, membros da diretoria e consultores de Wall Street até os fiéis consumidores de sua cerveja Budweiser. Muitas daquelas pessoas viram este livro como sua última chance de desabafar, uma forma de atingir um grau de catarse e ajudar a enterrar a empresa. Várias delas disseram que ansiavam por alguém que documentasse o colapso da Anheuser-Busch e algumas pensaram em escrever livros antes de decidirem que ainda estavam expostas demais às empresas recém-fundidas ou aos ex-chefes, August Busch III e August Busch IV. Pessoas ligadas às duas companhias me contaram separadamente que escolheram o elenco do filme com a ajuda de seus colegas. Um ex-executivo da Anheuser custou a decidir se o papel de August Busch IV, filho torturado e herdeiro do trono da companhia, deveria ser representado por Jonathan Rhys Meyers ou Robert Downey Jr.

Ex-funcionários da Anheuser-Busch me encontraram para tomar café da manhã, em seus escritórios e nas cafeterias em St. Louis, e até mesmo me convidaram educadamente para ir às suas casas. Cada entrevista foi fascinante e expressiva, mas o tempo que passei com o famoso guru de marketing da Anheuser, Michael Roarty, foi o mais comovente. Roarty sofrera um derrame alguns anos antes, e conversamos em sua sala de estar, onde fiquei empoleirada na ponta do sofá para poder ouvi-lo sussurrar de uma cadeira reclinável a alguns centímetros de distância. Ele precisou se esforçar para emitir as palavras, mas suas lembranças eram claras e seu senso de humor estava afiado como sempre. Após terminarmos, sua elegante esposa, Lee, pacientemente me levou ao andar de baixo da casa para eu poder examinar atentamente centenas de fotografias preciosas do casal com celebridades, como Paul Newman, Frank Sinatra, Liza Minnelli, Lucille Ball, Joe DiMaggio e os ex-presidentes George H.W. Bush e Ronald Reagan. Era uma exibição impressionante do poder que a perdulária Anheuser exerceu nos Estados Unidos. Deixei a residência deles satisfeita por ter decidido escrever este livro e lembrando todas as razões por que sempre quis ser jornalista.

Dezenas de pessoas próximas à Anheuser-Busch e à InBev passaram até dez horas em entrevistas comigo enquanto trabalhei para formar a estrutura desta história e expor detalhes profundos. Algumas delas concordaram que seu nome fosse divulgado, enquanto outras não se sentiam à vontade vendo seus nomes impressos. Sou grata a todos pela doação generosa de seu tempo e pelo entusiasmo com o assunto. A caminho de meu hotel, no trajeto do aeroporto de St. Louis, a motorista de taxi até se ofereceu para me levar a uma seção do perímetro da fazenda Grant, a propriedade ancestral da família Busch, cuja segurança, ela ouvira falar, era deficiente. Quando cheguei à cidade, a atração local popular acabara de fechar por causa do fim de temporada, mas ela disse que eu provavelmente conseguiria dar uma olhada se quisesse. Agradeci pela criatividade e pela cumplicidade entusiástica, mas recusei.

Minha administração do tempo também não foi das melhores em outro aspecto, uma vez que comecei as pesquisas deste livro enquanto estava grávida de três meses de meu primeiro filho. Gravidez e cerveja não são exatamente uma boa combinação – não na cultura norte-americana, pelo menos –, e imaginava quantos copos de suco de amora eu acabaria ingerindo enquanto executivos cervejeiros e banqueiros me convidavam para encontrá-los em bares após o fim do expediente. Para começo de conversa, eu já não fazia muito o tipo esperado para a ocasião, por ser uma jovem grávida escrevendo um livro sobre a aquisição hostil de uma cervejaria dominada por homens. Já cobrira outros tópicos masculinos em minha carreira como jornalista, no entanto, incluindo a indústria automotiva e os mercados futuros em Chicago. Se você, como mulher, foi capaz de aguentar a pressão do pregão da Bolsa Mercantil de Chicago, racionalizei, certamente pode dar conta da cervejaria Anheuser-Busch em St. Louis. Rapidamente descobri que minha gravidez ajudou a me humanizar perante algumas de minhas fontes mais relutantes. Ela me fazia parecer menos distante. E, como dizem que escrever um livro é a coisa mais próxima de ter um filho, suponho que quase tive dois. Este livro foi um trabalho de amor que floresceu nas duas costas dos Estados Unidos. Comecei a escrever pela primeira vez em um escritório alugado no bairro financeiro de Manhattan, na Broad Street, em frente à sede do Goldman Sachs. Escrevi as últimas poucas frases do livro a três quarteirões de distância do mar, em Santa Monica, Califórnia, após mudar para o outro lado do país com meu marido quando estava no oitavo mês, com caixas de recortes de jornais e notas a tiracolo.

É fácil usar superlativos quando se trata da Anheuser-Busch, e a empresa reforçava essa imagem com entusiasmo. Ela fabricava a cerveja favorita dos Estados Unidos, seu ex-presidente August III foi o cervejeiro mais poderoso do mundo, e seus executivos mais importantes desfrutaram do melhor – hotéis suntuosos, aviões particulares repletos de Budweiser gratuita e reuniões ritualísticas repletas de estrelas do cinema. A Anheuser-Busch denominou seu carro-chefe o "Rei das Cervejas" e gastava mais de meio bilhão de dólares em publicidade todos os anos para assegurar que a Budweiser se tornasse uma instituição norte-americana.

A aquisição hostil da Anheuser-Busch, que a InBev tentou fazer parecer "amigável" no final, acrescentou mais dois superlativos à lista. Ela representou a maior aquisição paga integralmente em dinheiro da história e marcou a última fusão gigantesca sacramentada antes de os mercados financeiros globais implodirem. Já havia indicações da iminência de um desastre na época em que as duas companhias começaram a negociar, e ambos os lados tomaram decisões inteligentes para manter viva a transação quando setembro chegou e os bancos começaram a ruir em todo o mundo. As fusões já haviam despencado na época, e as pessoas que dependiam de grandes transações para permanecerem ocupadas no trabalho ficaram paradas observando a troca entediante de farpas verbais entre a Microsoft e seu alvo de aquisição fracassada, a Yahoo!.

Acabei ficando bastante ligada a alguns dos personagens deste livro – até mesmo àqueles que nunca tive a oportunidade de encontrar. Alguns eram leais à Anheuser-Busch, onde os pontos de vista impositivos de um homem fizeram a vida parecer preta e branca por décadas, enquanto outros eram vinculados à InBev, implacável e competitiva, onde o lucro sempre fala mais alto. Após viver e respirar cada uma dessas pessoas todos os dias por um ano, no entanto, tornou-se impossível não entender até mesmo suas ações mais indefensáveis em dezenas de tons de cinza. Quando duas companhias tão diametralmente diferentes quanto a Anheuser-Busch e a InBev se fundem, até mesmo as relações e decisões mais simples – inclusive histórias e legados já escritos – podem rapidamente ficar confusas e complicadas.

Prólogo

Eles não se importam mais com o que penso.

— August Busch III

A lguns homens jogam golfe quando querem relaxar. Outros dirigem carros esportivos ou fazem um churrasco. August A. Busch III gostava de atirar – em patos, no outono, e codornas, no inverno.

Ele aprendeu a amar a caça com o pai, que aprendeu com o pai dele, e, quando podia se ausentar do escritório, convidava pessoas importantes para juntos passarem um dia caçando aves aquáticas. Foi um homem poderoso durante as três décadas em que dirigiu a Anheuser-Busch – suficientemente poderoso para forçar alguns subordinados mais sensíveis a se arrastarem pelos pântanos atrás dele, muito embora tivessem preferido jogar migalhas para os pássaros em vez de matá-los.

O sol se punha lentamente na carreira de August III no início da primavera de 2007, quando ele e vários executivos da Anheuser-Busch voaram até uma fazenda no condado de Leon, na região do Panhandle, no norte da Flórida, para caçar codornas. Ele se aposentara como executivo-chefe da

Anheuser quatro anos e meio antes, acabara de deixar a presidência e, agora, com o filho August IV no comando, retinha apenas sua posição como integrante da diretoria da companhia. Era, de longe, o membro mais influente daquele grupo, mas a transição para o regime do filho fora conturbada e controversa, e August III sentia ter menos importância.

O grupo de caçadores estava ansioso para relaxar naquele ano após a importantíssima final do campeonato de futebol americano, o Super Bowl. Tudo correra de acordo com os planos da Anheuser-Busch: no dia 4 de fevereiro, mais de 93 milhões de espectadores ligaram a televisão para assistir ao espetáculo da nomeação de Peyton Manning, o fenômeno universitário agora profissional, como jogador mais valioso e, pelo nono ano consecutivo, um recorde, o anúncio publicitário da Anheuser-Busch vencedor da pesquisa Ad Meter do *USA Today*, que classifica os comerciais favoritos dos consumidores. Com seu reinado ainda incólume – graças a um anúncio em que caranguejos apareciam em uma praia fazendo reverências a um refrigerador cheio de Budweiser –, a equipe estelar de publicitários da empresa deu um suspiro de alívio.

No entanto, aquele momento de alívio foi breve para August A. Busch IV. Ele comandava a empresa havia poucos meses e, desde o início, seu pai discordara de algumas de suas decisões. August III não era o tipo que expressava seu desprazer em voz baixa. Atacara o filho com tanta ferocidade que uma dinâmica desconfortável predominava na diretoria. Ele não aprovava as alianças que estavam sendo construídas com outras empresas e achava que a nova prática de convidar banqueiros de Wall Street para reuniões confidenciais era absurda. A Anheuser-Busch se erguera com recursos próprios desde o começo, no curso de um século e meio. Não precisava fazer negócios de fusão arriscados e se misturar com banqueiros famintos por dinheiro para sobreviver.

Quando os caçadores deixaram seus quartos na manhã após a chegada à Flórida e o grupo se preparou para sair, uma barulheira irrompeu no salão magnífico da fazenda. August III, após desligar o celular e verificar o que acontecia no escritório, explodiu em um ataque de raiva, discursando para todos e para ninguém em particular na frente do janelão imenso da sala com vista para o lago. Enquanto o volume de sua voz se tornava cada vez mais alto, ficou evidente que sua fúria se dirigia a uma parceria de distribuição de cerveja que a empresa recentemente concluíra com a rival estrangeira InBev e à decisão do filho de convidar um grupo de banqueiros para uma sessão interna de formulação de estratégias que ele organizara no México uma ou duas semanas antes.

A Anheuser-Busch vinha operando assolada pelo medo havia meses – todos sabiam que ela estava vulnerável e podia ser alvo de uma tentativa de tomada de controle. Ao se meter na cama com a InBev, agressiva e faminta por crescimento, mesmo apenas em uma transação para distribuir suas cervejas nos Estados Unidos, ele sentia que o filho procurava por problemas.

"Eles foram em frente e fecharam o negócio", esbravejou August III, que se opusera fortemente ao joint venture. A Anheuser-Busch escapava ao seu controle, apesar de um homônimo seu estar no comando. "Estamos ficando apavorados, e agora estamos aqui fazendo negócio com esses caras. Deixamos que eles entrassem na cabana!" Seus amigos caçadores olharam incomodados para seus sapatos, afundando no tapete enquanto os empregados da fazenda olhavam surpresos da cozinha.

August III então mudou de alvo e amaldiçoou o namoro do filho com Wall Street. Ao incluir, no que deveria ter sido uma reunião privada no México, um monte de banqueiros, que tinham conexões não apenas uns com os outros, mas também com os concorrentes e investidores da Anheuser e os meios de comunicação, August IV agitara as águas de uma forma que elas atraiam tubarões, ele afirmou. Seus protestos eram tão potentes que parecia que podiam ser ouvidos na vizinha Tallahassee, onde sua filha e o marido administravam uma distribuidora de cerveja.

A última vez em que August III se tornara tão emocionalmente descontrolado por causa de uma ameaça à Anheuser-Busch fora em 1991, quando o presidente George H.W. Bush rompeu a promessa de "nenhum imposto novo" e aumentou a taxa sobre o álcool. August III achava que jogara bem todas as cartas: era uma administração republicana; uma família Busch conhecia os outros Bush; e ele e George W. Bush, o filho do presidente, tinham até mesmo sido donos, em sociedade, de equipes de beisebol da Major League. Todas essas conexões foram insuficientes para evitar que o presidente dobrasse o imposto sobre a cerveja da noite para o dia.

"Tudo que você fez, ao levar aqueles banqueiros para lá, foi enviar um telegrama à InBev dizendo que está pronto para ser adquirido", August III esbravejou naquele dia na fazenda, olhando com desdém os executivos à sua volta para distribuir parte da culpa.

"Você está pendurando uma placa de 'Vende-se'. Está revelando informação demais. Tudo que você fez foi colocar todo mundo para afiar suas facas!"

Finalmente ele se acalmou o bastante para se aventurar a entrar na reserva privada da fazenda da empresa para caçar, mas o discurso furioso desanimara o grupo. Eles já estavam preocupados porque a Anheuser-Busch fora deixada para trás enquanto seus rivais inchavam. Por meses, a vida na sede fora tensa, e tudo se intensificou naquela manhã em que eles viram a preocupação e o medo que passavam pelo rosto de August III.

"O argumento dele era de que aquilo era o começo do fim, porque agora vocês haviam aberto a caixa de Pandora", explicou um dos integrantes do grupo de caçadores. "Então, enquanto pensávamos que talvez estivéssemos fazendo nossa diligência, e tenho certeza de que as empresas fazem isso o tempo todo, ele disse: 'Os únicos culpados são vocês mesmos.'"

Capítulo 1

A bola está rolando

Há um tubarão na água e ele é a InBev.

— Executivo da Anheuser-Busch

Quarta-feira, 11 de junho de 2008, a previsão era de que o dia seria quente e úmido em St. Louis, com temperaturas subindo bem acima dos 27 graus à tarde. No entanto, nenhum dos executivos da Anheuser-Busch que estacionou no complexo futebolístico em Fenton naquela manhã esperava ver muito sol nas 48 horas seguintes. Após várias décadas de dominação avassaladora do mercado de cerveja norte-americano e uma história de independência que se estendia havia mais de 150 anos, a empresa era alvo de um ataque.

Os principais funcionários da Anheuser se encontravam frequentemente no complexo futebolístico, uma das várias propriedades que a empresa possuía espalhadas por St. Louis. O nome Busch aparecia por toda a cidade, na verdade, em tudo, desde os outdoors de cerveja perfilados pelas estradas e os pontos de ônibus até as placas que marcavam alguns dos lugares de recreação mais queridos. Os Cardinals, a equipe profissional de beisebol de St. Louis, chamavam o Busch Stadium de lar desde 1953. Havia anos os pais levavam e buscavam os filhos na fazenda Grant, a casa ancestral da família Busch que virara um zoológico com entrada gratuita. Os estudantes da St. Louis University se reuniam no Busch Student Center, e os visitantes do August A. Busch Conservation Nature Center, em St. Charles, perto da cidade, podiam inclusive atirar com espingardas de caça no estande de tiro August A. Busch.

Menos de três semanas antes, os jornais haviam identificado algo que levou a Anheuser-Busch a preparar seu arsenal. Segundo os jornais, o gigante mundial, a cervejaria InBev, estava se preparando para assediar a Anheuser com uma oferta de aquisição hostil de 46,3 bilhões de dólares.

Nada estava claro, por enquanto; de fato, a InBev não fizera uma oferta formal. Entretanto, apenas o conceito – e o fato de os detalhes nos relatos jornalísticos serem tão explícitos – irritou as pessoas na sede da Anheuser. Poucas empresas na Terra evocavam mais os Estados Unidos, com toda sua história e iconografia, do que a Anheuser-Busch. Apesar das forças que conspiravam contra ela, desde cervejarias rivais a políticos desejosos de aumentar o imposto sobre o álcool, a empresa – e sua marca mais importante, a Budweiser –, de alguma forma, se tornou parte da vida norte-americana, tão onipresente quanto os fogos de artifício e a torta de maçã. Se a InBev decidira atacar, e seus esforços para assumir o controle fossem bem-sucedidos, os santuários brilhantes que a Anheuser construíra em exaltação a si mesma em St. Louis poderiam desmoronar, juntamente com sua supremacia como a cervejaria favorita dos Estados Unidos.

A maior parte do país parecia nunca ter ouvido falar na InBev. A partir de uma minúscula cervejaria brasileira, a empresa crescera e se tornara um gigante global em um prazo inacreditavelmente curto pelos padrões comerciais normais. A InBev agora tinha sede na Bélgica, mas era dirigida por um grupo de brasileiros energéticos e ambiciosos que consistentemente conseguiam o que queriam enquanto empurravam sua empresa para os lugares cada vez mais altos da lista dos poderes empresariais globais. Não poderia haver um contraste mais dramático com a Anheuser-Busch, abastada e carregada de história, do que a fria e calculista InBev.

A arrogância e a negação fizeram alguns executivos da Anheuser-Busch acreditarem que, apesar dos erros cometidos ao longo do tempo, uma tentativa de tomada de controle nunca aconteceria. A empresa – que fora a maior cervejaria do mundo – escorregara para a quarta posição por causa da estratégia insular, centrada nos Estados Unidos, que adotara nas últimas décadas. E agora parecia vulnerável. Seu comitê de planejamento empresarial, no entanto, fizera os cálculos repetidas vezes e concluíra que a Anheuser-Busch era simplesmente cara demais para ser comprada. A ideia da tentativa de aquisição parecia demasiadamente ilógica para ser aceita. Como a Budweiser, uma cerveja emblemática da cultura norte-americana, poderia ser fabricada por um gigante belga cujos executivos falavam português no escritório? Era impensável.

À medida que o tempo passava sem que houvesse uma oferta oficial da InBev, o sentimento entre os funcionários da Anheuser na sede era de que, mais uma vez, tudo não passara de rumores que aumentavam artificialmente o preço das ações da empresa de vez em quando. Era uma tempestade de trovoadas de verão, eles pensaram – muito relâmpago e nenhuma chuva. Entretanto, havia algo diferente dessa vez. Uma reportagem incluíra não apenas o preço que a InBev planejava oferecer, mas até mesmo os nomes cifrados que os banqueiros da Wall Street usavam para o projeto. Alguns membros do comitê de estratégia – os 17 executivos que mapeavam o futuro da Anheuser-Busch – estavam atormentados por um sentimento ameaçador com relação a tudo aquilo.

Robert "Bob" Lachky, um executivo popular que era famoso nos círculos de marketing norte-americanos por dar luz verde ao anúncio "Wassup?!" (Qualé?!) da Anheuser e aos sapos da Budweiser, a princípio reagiu aos rumores sobre a tomada de controle com uma energia desafiante. Nenhuma oferta concreta da InBev se materializara, ele ponderou, e mesmo se uma surgisse, uma empresa com o poder que a Anheuser-Busch detinha certamente teria como se defender. Entretanto, uma conversa com um de seus mentores – um ex-executivo da companhia –, durante o fim de semana prolongado do Memorial Day, virara-o abruptamente na direção oposta.

"Está acabado. Tudo acabado", seu ex-colega afirmara.

"Vamos lá, cara, podemos enfrentar isso", Lachky devolveu, assustado pela convicção do amigo.

"Está acabado", seu mentor repetiu com convicção, explicando que os fundos de pensão e de hedge, que passavam por dificuldades e possuíam muitas ações da Anheuser, de bom grado pegariam o dinheiro da InBev. Os mercados estavam no fundo do poço, e uma oferta da InBev garantiria lucros muito necessários para todos os proprietários de suas ações. "Essa é uma oferta de verdade. Existe um determinado sentimento hoje que será usado contra nós", ele preveniu. "O fato de que vamos ser forçados a considerá-lo significa que já era, estamos acabados."

De certa maneira, alguns funcionários ficaram aliviados ao ouvir que a oferta da InBev, cercada de rumores havia muito tempo, estava a caminho. "Talvez isso, na verdade, seja bom", eles pensaram. "Virou público, finalmente. Estamos na luta agora." Durante anos, houve rumores de que a Anheuser-Busch seria alvo de tentativas de aquisição, e combater a especulação persistente se tornara uma distração frustrante. Agora a empresa sabia exatamente que tubarão explorava as águas para fazer um ataque e quanto ele pensava que ela valia. As notícias sobre a aquisição já haviam elevado os preços das ações da Anheuser, inalterados desde 2002, em mais de 8%. Se a companhia pudesse se armar com os dados certos, poderia até conseguir convencer os investidores que valia mais do que a InBev pensava. A empresa estava apenas começando a se reerguer após vários anos difíceis.

O pensamento positivo, entretanto, não os levaria muito longe no caso de uma empresa que não fizera muito para se proteger da ameaça crescente de uma tentativa de tomada de controle. Alguma grande mudança começava a parecer inevitável. "O cenário que vocês todos esperam é poder dar umas pauladas neles e forçá-los a manter distância", disse Lachky. "No entanto, todos sabiam muito bem que eles voltariam. Era uma questão de tempo. Eles nos pegariam agora ou mais tarde."

O medo do desconhecido causara fissuras significativas na Anheuser-Busch desde que as notícias sobre o interesse da InBev surgiram pela primeira vez. Os funcionários se reuniam uns com os outros na sede da Anheuser, empoleirada em um declive logo a oeste do rio Mississippi, travando debates acalorados sobre a possibilidade de ainda estarem lá no ano seguinte.

A empresa se recusava a comentar os rumores, em parte porque não havia uma oferta concreta sobre a mesa. Como ela poderia responder se a InBev ainda não se manifestara formalmente para confirmar ou negar seu interesse? Entretanto, isso não era suficiente para aplacar os funcionários menos graduados que, cada vez mais, suspeitavam de que os executivos principais sabiam mais do que deixavam escapar. O vácuo de informações causava um verdadeiro problema de credibilidade.

Douglas Muhleman, chefe de operações de fabricação da empresa, enfrentava um dilema especialmente frustrante. Os operários da cervejaria esperavam que ele fornecesse respostas por ser o seu chefe e membro do comitê de estratégia, o qual era responsável por estabelecer a agenda. O fato era que ele e o resto do comitê não tinham muito mais informações do que seus subordinados sobre se estavam de fato sendo caçados.

Durante uma visita de rotina à fábrica da empresa em Houston, Muhleman ficou de frente para vários grupos sucessivos de operários e fez o que pôde para acalmar a multidão enquanto empregados indignados reclamavam veementemente da falta de informações. Os operários de fábrica, frustrados, que não estavam convencidos pelo silêncio que reinava mais acima na cadeia alimentar, começaram a ficar irritados. Eles já não vinham cortando custos no último ano para tornar a empresa mais competitiva? E o que a família Busch pensava sobre tudo aquilo? Ela não controlava a Anheuser-Busch?

"Gente, estou aqui tentando, mas estou dizendo a vocês que não sei de nada", Muhleman afirmou, mirando uma sala repleta de olhares desconfiados.

■ ■ ■

Durante muito tempo, houve uma pressuposição tácita de que seria impossível que outra empresa comprasse a Anheuser-Busch sem a aprovação do patriarca dominante da Anheuser, August Busch III. August III, frequentemente chamado de "Terceiro", não era mais o CEO, tendo se afastado da administração ativa seis anos antes. Sua presença imponente no quadro de diretores da companhia, no entanto, ainda era vista como um impedimento significativo para potenciais compradores.

A noção de que a Anheuser-Busch era, de fato, controlada pelo Terceiro e pelo resto da família Busch, no entanto, era uma percepção comum, porém equivocada. Do ponto de vista financeiro, os Busch latiam muito, mas não mordiam. Possuíam apenas 4% da companhia, menos do que o investidor bilionário Warren Buffett, o segundo maior acionista da Anheuser. A família ainda exerce muita influência, e o filho de August III, August A. Busch IV,

43 anos, era agora o CEO da companhia, mas eles não tinham um tostão na carteira para servir de apoio.

"Eles eram apenas os chefes nominais da empresa", disse um dos ex-executivos. "Não tinham controle algum. Era como a monarquia na Grã Bretanha. Esses caras realmente não tinham autoridade para fazer nada."

Os residentes de St. Louis, onde a Anheuser-Busch estava sediada desde sua fundação, podiam ser perdoados por esquecerem disso. Eles tinham um vínculo emocional com a Anheuser-Busch, apesar de a empresa e a família que a dirigia começarem a parecer antiquadas e paternalistas em comparação com outras grandes empresas no mundo. Não se tratava apenas dos nomes e rostos de August III e August IV que podiam ser encontrados por todos os cantos da cidade. Havia tantos Busch na área que uma busca on-line no catálogo de telefones da cidade pelo sobrenome "Busch" fez surgir uma exclamação do computador: "Opa! Mais de cem resultados encontrados." Alguns portadores do nome eram mais famosos – ou notórios – do que outros. Todos que faziam parte do clã de cervejeiros sabiam o que significava ser importante. "Eles sempre se consideraram parte de uma classe de pessoas especiais, e eram tratados como tal", revelou um ex-executivo da Anheuser-Busch. "Eles eram tratados como reis."

■ ■ ■

Quando os principais executivos da Anheuser chegaram ao complexo futebolístico naquela manhã de junho, trouxeram consigo uma sensação palpável de medo e apreensão. Tinham marcado um encontro com o CEO, August IV, para acertarem os últimos detalhes de um plano para cortar, na medida máxima possível, os custos da empresa. Apenas alguns meses antes, tinham como objetivo eliminar 500 milhões de dólares em despesas, mas com a InBev agora no encalço deles, talvez precisassem atingir o dobro disso. O mundo inteiro os observava para ver se a InBev se manifestaria, e essa era a melhor opção que a Anheuser tinha para manter seus investidores satisfeitos.

Eles não tinham fama de se preocupar com os custos. Por décadas, os homens Busch, amantes de aviões, e outros funcionários haviam cruzado o país em elegantes jatinhos executivos Dassault Falcon forrados de couro. Chegaram ao ponto de, durante algum tempo, até mesmo as esposas dos membros do comitê de estratégia não terem viajado em um voo comercial por anos. Para manter a "Air Bud" em céu de brigadeiro, a empresa tinha um departamento de operações aéreas com vinte pilotos, além de mecânicos e outros trabalhadores, todos operando em um hangar particular imaculado no aeroporto Spirit of St. Louis.

Quando não usavam um jato particular, os funcionários da Anheuser voavam de primeira classe. "Quero meus funcionários sentados na frente para onde quer que viajem", August III dizia quando era CEO. "Eles precisam se sentir muito importantes." Os voos na primeira classe eram, essencialmente, uma política da empresa, e o benefício se estendia pela hierarquia abaixo. Durante a administração do Terceiro, a empresa comprava bilhetes de primeira classe até mesmo para funcionários jovens que viajavam para cima e para baixo, entre St. Louis e as principais faculdades de administração da Filadélfia e de outras cidades.

Viagens para Nova York significavam hospedagem no reluzente hotel Pierre e jantares de mil dólares. Quem visitava St. Louis ficava hospedado gratuitamente em suítes no Ritz-Carlton. No entanto, o dinheiro que Anheuser-Busch gastava não era todo para o prazer pessoal da equipe da casa. Ela também gastava quantias imensas em suas fábricas, parques temáticos e até mesmo com operações em cavalos Clydesdale, tudo isso para garantir a melhor tecnologia para produzir cerveja, os banheiros mais limpos, as pinturas mais reluzentes e os arranjos de flores mais frescos do mercado. Durante os 27 anos em que O Terceiro serviu como CEO, todos esses esforços onerosos foram envidados para atender aos seus padrões exigentes, e muitos executivos da Anheuser se orgulhavam de trabalhar em uma empresa que mostrava tanta preocupação com a qualidade.

O próprio complexo futebolístico sugava dinheiro. A Anheuser-Busch ajudou a construí-lo no início da década de 1980 para abrigar jogadores jovens da região, e mais tarde comprou a totalidade do empreendimento, tendo passado dois anos e meio reformando a instalação para abri-la a equipes universitárias e profissionais. Por ter sido construído em um terreno de baixada, era propenso a enchentes – e prevenir e drenar aquelas enchentes custava caro. Era uma grande ironia: os Busch, ávidos caçadores de patos, deliberadamente alagavam, em determinados momentos, áreas de suas imensas fazendas, criando o ambiente perfeito para caçar as aves durante a temporada. No entanto, o complexo futebolístico da Anheuser-Busch, que inundava naturalmente, precisava ser drenado a um custo significativo.

August IV, que era conhecido em termos adequadamente imperiais como "O Quarto", tentara consertar a nau adernada da Anheuser desde que assumira o cargo de CEO um ano e meio antes, em dezembro de 2006. Essas não eram mudanças fáceis de serem feitas após décadas de excessos, sobretudo com o pai ainda na diretoria da empresa. Isso exigiria um grande esforço de toda a sua equipe.

Naquele dia, cada executivo apareceu com uma lista mental de coisas que podia oferecer. Alguns eram responsáveis por segmentos grandes da companhia, como as operações de fabricação, a unidade de entretenimento ou a gigantesca divisão de marketing. Não estavam acostumados a serem solicitados a retalhar seus orçamentos. Entretanto, essa não era a hora de contribuições inanes. Eles não estavam em pânico. Não haviam visto uma oferta genuína da InBev. Ainda que uma não se materializasse, no entanto, parecia provável que agora passariam os próximos anos lutando contra um ou outro assédio, viessem de rivais ou de acionistas. A companhia precisava ficar mais enxuta e agressiva, e o grupo tinha dois dias para descobrir como fazer isso.

Eles adentraram o salão de conferências no complexo futebolístico e pegaram ovos e bolos do bufê do café da manhã, formando círculos e conversando até August IV chegar e colocar seu material na cabeceira da mesa.

O Quarto era um usuário leal dos artigos da Bud; exibia frequentemente abotoaduras da Anheuser-Busch ou camisas com a logomarca da empresa bordada na frente. Usava botas de caubói quase todos os dias, muitas vezes em seu tom preferido de verde, como a pele de um réptil, e nos eventos de negócios mais elegantes ele tendia a combiná-las com um estranho terno de mesmo tom. As botas conferiam alguns centímetros adicionais à sua estatura de 1,78 metro, e ele podia agradecer a Tony Lama, seu fabricante de botas favorito, por isso – junto com, novamente, Warren Buffett, que se tornara o proprietário da companhia homônima de Tony Lama havia oito anos. O incremento na altura o ajudava com as mulheres, mas não atraía olhares de admiração semelhantes de seu comitê de estratégia. Os membros do comitê sabiam que O Quarto aprendera o artifício das botas com o pai, de baixa estatura, e não se impressionavam com aquilo.

August IV nunca gostara de usar seu escritório na sede da Anheuser no centro da cidade, mas se afastara ainda mais dele nos últimos meses. Montara um escritório e até mesmo uma sala de ginástica no complexo futebolístico e preferia trabalhar lá, usando as obras em uma das principais rodovias de St. Louis como desculpa. Ele, afinal, não pilotava um helicóptero para ir para o trabalho todas as manhãs, como o pai costumava fazer. Da mesma forma, sua decisão de isolar-se do resto de seus executivos ilustrava como a situação se complicara para O Quarto em sua própria empresa, a qual, exceto por um breve intervalo, ostentara um membro da família Busch em seu comando desde sua fundação. Ele se sentia frustrado, ineficaz e prejudicado pelo pai, e sua atitude cada vez mais distante contaminara o resto do comitê de estratégia. "Quando o gato sai, o rato faz a festa", um deles comentou.

"Ele estava ficando cada vez mais preguiçoso para ir ao escritório", essa pessoa acrescentou. "Ele dizia: 'Meu centro de operações estratégicas fica no complexo futebolístico.' Mas não foi bem assim. Tivemos reuniões na casa dele, no complexo futebolístico e, por ele voar tanto, no aeroporto, no hangar. Fizemos muitas reuniões lá." Essa prática remetia a tempos passados, quando O Quarto, como chefe de marketing da empresa, desaparecia do escritório por dias a fio e forçava seus subordinados a saírem atrás dele se havia trabalho a ser feito. "Ele nunca ia ao escritório", lembrou o membro do comitê de estratégia. "Nunca. O que foi uma pena, porque acho que esse foi um de seus maiores erros."

Com O Quarto instalado agora na cabeceira da mesa, o grupo começou os trabalhos. A programação começaria com uma apresentação de dois banqueiros do Goldman Sachs que assessoravam a Anheuser-Busch havia algum tempo: Tim Ingrassia, que acabara de ser nomeado o responsável do Goldman por Fusões e Aquisições nas Américas, 43 anos de idade, e Peter Gross, um dos principais "banqueiros de relacionamento", que era responsável por contatos com os clientes mais destacados do Goldman. Os dois se conheciam havia quase duas décadas, dos tempos em que trabalhavam na área de fusões e aquisições do banco, e mantiveram a amizade mesmo após suas trajetórias profissionais terem divergido. Gross fora solicitado, no meio de sua carreira, a assumir a responsabilidade pelos relacionamentos do Goldman com algumas das maiores empresas do mundo e desde então se tornou um banqueiro conhecido por trabalhar com clientes lucrativos, como o gigante do tabaco Altria. Quando o Goldman entrou na lista negra da Anheuser--Busch, Gross recuperou o prestígio de sua companhia ao fazer ligações telefônicas obstinadamente e bater em portas em St. Louis. Ele e Ingrassia complementavam bem um ao outro. Gross tinha a confiança de August IV, a quem considerava um amigo. Ingrassia, o mais jovem de dez irmãos e pai de quatro, não conhecia a Anheuser-Busch tão intimamente, mas era considerado um dos melhores banqueiros no ramo de fusões e possuía experiência em conduzir aquele tipo de negociação e a estatura que a Anheuser-Busch necessitaria se um dia viesse a ser atacada.

Após rumores sobre o interesse da InBev se tornarem públicos pela primeira vez no final de maio, a diretoria da Anheuser realizou uma reunião em que fez uma série de perguntas aos dois banqueiros. Sua principal preocupação era a real capacidade da InBev de financiar a transação no cenário da época, tendo em vista que os mercados creditícios estavam começando a se desintegrar e que a Anheuser-Busch talvez custasse 40 ou 50 bilhões de dólares. Apenas dois meses antes, o banco de investimentos Bear Stearns desmoronara e fora vendido a seu rival J.P. Morgan a preço de banana. Será que alguma empresa – mesmo uma tão grande quanto a InBev – encontraria bancos suficientes para emprestar-lhes tanto dinheiro?

Os banqueiros mostraram alguns dados que apontavam para uma resposta inequívoca: sim, provavelmente a InBev tinha a capacidade de fazer a oferta. Após determinar isso, a atenção da diretoria imediatamente se voltou para o que deveria ser feito para se preparar para esta pior hipótese possível. Com sorte, eles esperavam, a situação não chegaria a esse ponto. A InBev se intimidaria, e a Anheuser-Busch teria a tranquilidade necessária para se consertar.

Ingrassia e Gross estavam preparados para abordar justamente esta questão – consertar a empresa – naquela manhã no complexo futebolístico. Eles se levantaram diante do comitê executivo, os slides projetados em telas às suas costas, e começaram uma apresentação sobre o que a Anheuser precisava fazer para voltar a prosperar e proteger sua independência tão duradoura. O objetivo da sessão era revirar a empresa inteira, área por área, para ver quantos dólares poderiam ser gerados e em que prazo. Os investidores e analistas de Wall Street aguardavam o plano da Anheuser.

"Se nós mesmos não fizermos, alguém vai fazer em nosso lugar e, provavelmente, serão eles", Ingrassia informou ao grupo, referindo-se aos rumores da tentativa de tomada de controle por parte da InBev. "O que podemos fazer? E com que velocidade?"

"O tópico do dia foi 'Esta é uma emergência'", um membro do comitê de estratégia revelou. "Temos um problema aqui. Vamos ser o alvo de uma oferta de aquisição."

Mesmo assim, seria um grande desafio fazer com que alguns executivos da Anheuser mudassem sua opinião cristalizada. A empresa sempre fizera, sem pestanejar, determinados gastos que poderiam ser considerados frívolos.

Na noite anterior, após Ingrassia regressar tarde a seu aposento no Ritz-Carlton, ele ligara a televisão e ficara rodando canais a esmo. Um dos canais de esportes da ESPN atraiu sua atenção, e ele pausou no canal, piscando os olhos incrédulos. O canal mostrava um campeonato de algum esporte incrivelmente obscuro – poderia ser "bola ao balde" – e o torneio era patrocinado pela Budweiser. Ele sentou na beira da cama e ficou olhando a tela por alguns momentos, abanando a cabeça, antes de passar para o canal seguinte. Graças a esse incidente, naquela manhã, ele chegara com uma ideia de pelo menos um gasto que o grupo poderia cortar.

Os executivos sentados ao redor da mesa detalharam, um a um, os lugares onde poderiam eliminar custos. Publicidade. Parques temáticos. Operações de cervejaria. Embalagens. Nada estava isento. O exercício inteiro pareceu surreal. Havia alguns anos, eles trabalhavam para reduzir os gastos, mas não com essa intensidade. Dessa vez, eles estavam considerando de fato demissões de funcionários e cortes nos benefícios do plano de aposentadoria. Seria um golpe duro para St. Louis.

■ ■ ■

Na metade da manhã, enquanto a equipe do Goldman continuava sua apresentação, alguém entrou e passou um bilhete para August IV. Ele o leu rapidamente, os olhos passando como uma flecha pelo papel, antes de se levantar e deixar a sala abruptamente. Não era incomum que O Quarto saísse de uma reunião para atender a um telefonema rápido, mas, daquela vez, parecia diferente – parecia urgente, e ele não era propenso a lidar com os assuntos de urgência.

Os outros executivos da Anheuser trocaram olhares entre si, confirmando uma inquietude compartilhada. Pouco depois, um segurança que estivera no corredor do lado de fora confirmou seus temores. August fora chamado para atender a um telefonema urgente, e o homem do outro lado da linha era Carlos Brito, CEO da InBev. A Anheuser-Busch e a InBev tinham um acordo de parceria, os executivos sabiam, e O Quarto e Brito falavam de vez em quando por essa razão. No entanto, não havia qualquer motivo para eles discutirem esse assunto naquele momento. À medida que os minutos passavam, ficava cada vez mais evidente que isso só poderia significar uma coisa. A coesão na sala começou a se dissolver, e os executivos passaram a fazer telefonemas particulares e a cochichar em pequenos grupos.

Alguns momentos mais tarde, Gross e Ingrassia, além de um pequeno contingente dos mais altos funcionários da Anheuser – homens como o principal executivo financeiro, W. Randolph "Randy" Baker; o chefe de operações internacionais, Thomas Santel; o chefe de marketing, David Peacock; o chefe do departamento jurídico, Gary Rutledge; e o chefe interno de fusões e aquisições, Robert Golden –, foram convocados a se juntar a August IV em uma sala próxima. Ao entrarem, encontraram O Quarto com um semblante carrancudo.

Brito telefonara de Bruxelas para avisar, com a devida antecedência, que em breve enviaria uma carta com a proposta de aquisição, O Quarto revelou em voz baixa. O aviso de Brito representava um exemplo bizarro do decoro de Wall Street – uma maneira de dar um tapinha nas costas de uma pessoa antes de lhe dar uma bofetada na cara. A carta da InBev, que confirmaria formalmente os detalhes da proposta, seria encaminhada por fax. Contudo, com base em sua conversa com Brito, O Quarto já sabia o suficiente. A InBev estava propondo comprar a Anheuser-Busch por 65 dólares por ação, ou um total de 46,3 bilhões de dólares, o mesmo valor que fora aventado.

Havia alguns percalços e condições: a InBev queria acesso a informações financeiras confidenciais da Anheuser para se informar melhor, e não havia fornecido quaisquer detalhes específicos sobre como planejava pagar a oferta. Não havia como negar – um dos piores temores de cada um dos executivos enclausurados naquela sala de reunião iluminada por lâmpadas florescentes se tornara uma dura realidade. Na linguagem de Wall Street, a oferta da InBev se classificava como um típico "abraço de urso" – uma tentativa de aquisição hostil com uma oferta de valor tão alto que o alvo não pode se recusar a considerá-la. A Anheuser-Busch estava sendo sufocada.

O Quarto era esperto o bastante para saber que o pedido da InBev era importante. Mas ele nunca enfrentara uma situação como aquela.

"Digam-me o que fazer", ele exortou seus assessores. "O que faço agora?"

O grupo rapidamente entrou em ação e começou a delinear uma estratégia, cada executivo contribuindo com suas ideias. Eles precisariam contatar os integrantes da diretoria da Anheuser para organizá-los, uma vez que a empresa teria de se reunir em poucos dias para traçar um plano de ação. Precisavam informar os advogados para que montassem uma estratégia jurídica, então pegaram o telefone da sala de reunião para incluir Joseph Flom e Paul Schnell – dois sócios do gigantesco escritório de advocacia Skadden, Arps, Slate, Meagher & Flom, sediado em Nova York – e inteirá-los da situação. Flom, uma lenda de Wall Street, trabalhava como advogado da Anheuser-Busch havia décadas e tinha um relacionamento profissional com August III incrivelmente profundo.

Porque a InBev era uma cervejaria estrangeira que queria absorver uma empresa americana icônica, os executivos também sabiam que precisavam elaborar uma estratégia de relações-públicas rapidamente. Randy Baker telefonou para Lawrence Rand, sócio de longa data da empresa de relações-públicas nova-iorquina Kekst & Company, que trabalhava havia anos nos bastidores com a Anheuser-Busch na antecipação de um evento desse tipo. A Kekst aconselhava um elenco poderoso de empresas e firmas de investimento sobre como lidar com a imagem pública, e era especializada em tentativas de tomada de controle. A empresa precisaria instruir a equipe interna de relações-públicas da Anheuser sobre como lidar com a situação, ajudar a preparar materiais para empregados, acionistas e meios de comunicação e começar a pensar em que argumentos deveriam usar junto a políticos e organizações comunitárias.

Alguns dos homens naquela sala, quando encontraram tempo para respirar, decidiram que o momento da proposta da InBev fora sinistramente bem escolhido. Os brasileiros haviam lançado esta granada justo quando a Anheuser-Busch procurava estabelecer os elementos de seu plano de corte de custos para mostrá-lo aos analistas. Seria mera coincidência? Ou a InBev de alguma maneira sabia o que eles estavam tentando fazer?

Meia hora após O Quarto ter arrancado seus subordinados da reunião, o fax do complexo futebolístico entrou em ação e cuspiu a carta com a oferta da InBev, endereçada a August IV. Algumas frases chamavam atenção naquele frágil pedaço de papel. Uma fusão das duas empresas seria um "evento que transformaria a indústria", Brito escreveu. "A InBev está disposta a pagar 65 dólares por ação em dinheiro." Brito inserira uma mensagem aos distribuidores atacadistas de cerveja e aos empregados da Anheuser-Busch, dizendo que a sede das operações norte-americanas da nova empresa seria em St. Louis e que a InBev mudaria de nome para refletir a herança da Anheuser-Busch. Obviamente ele procurava diminuir a predisposição da Anheuser de impedir o negócio por meio da apelação a sentimentos populares.

Tom Santel, chefe de operações internacionais, que também fora responsável pelo planejamento estratégico da empresa ao longo dos últimos dez anos, monitorava a InBev por recomendação da diretoria da Anheuser havia quase dois anos. Todos sabiam que a Anheuser era vulnerável e que a InBev seria uma provável agressora, mas não haviam chegado a uma conclusão sobre como se defender. Com o fax da InBev agora em cima da mesa, parecia que as paredes estavam ficando cada vez mais próximas. "Ver algo assim em preto e branco faz tudo ficar mais real de repente", disse Santel. "Foi como, tudo bem, vamos nessa."

A salinha subitamente pareceu asfixiante, então alguns dos executivos voltaram a se juntar ao grupo maior, alguns outros foram para a varanda dos fundos do prédio para continuarem suas conversas. Outro grupo de funcionários da Anheuser-Busch, que estavam reunidos em uma área próxima, olhou para eles com curiosidade, tentando entender o que acontecia. Após os homens concluírem suas conversas em voz baixa, voltaram ao salão principal, famintos e procurando por comida.

Os outros integrantes angustiados do comitê de estratégia estavam espalhados ao redor de bandejas, devorando sanduíches e saladas enquanto aguardavam o recomeço da sessão. Era óbvio que algo acontecera – August IV ausentara-se, outros executivos graduados haviam sumido e os dois banqueiros que estavam fazendo uma apresentação para o grupo haviam desaparecido. Todos sabiam o que estava por vir. Seus mundos estavam prestes a mudar. Durante aqueles últimos segundos antes da catástrofe acontecer, no entanto, a incerteza ainda era tranquilizadora.

"Tenho uma lembrança surreal de estar em uma salinha com August, sabendo naquela hora o que certamente nos esperava, e de depois voltar a esse grupo de pessoas que não tinha qualquer ideia do que se passava, sentadas no bufê escolhendo comida, com todas as informações sobre o que estava por vir e que mudaria a vida deles para sempre", contou uma pessoa que fora chamada para sair da reunião por O Quarto. "Saber aquilo, pegar algo para comer e pensar sobre como isso alteraria radicalmente suas vidas e a cidade de St. Louis... Me lembro de achar tudo bastante surreal."

Cerca de uma hora após deixar o salão, O Quarto finalmente retornou ao recinto. Seus subordinados agitados viraram em sua direção e calaram-se na expectativa.

"Acabo de receber um telefonema", ele lhes comunicou, passando os olhos pela sala para conferir a reação de seus funcionários. Apresentou um resumo da oferta da InBev, segurando o fax da empresa na mão, e depois traçou as grandes linhas do que sua equipe preparara como resposta. Alguns focos de conversa nervosa surgiram à medida que o grupo começava a internalizar o que estava acontecendo.

"Vamos lutar contra isso?", perguntou O Quarto, após deixar um momento para que todos se dessem conta do significado da notícia. Ele subiu um pouco o tom de sua retórica. "Vamos continuar juntos e lutar contra isso? O que vocês acham?"

Todos na sala disseram que sim. Bem alto. O que mais podia ser dito? Ao mesmo tempo, suas mentes traumatizadas começaram a acelerar, a saltar seis meses ou um ano adiante, tentando imaginar o futuro da Anheuser-Busch. Trabalhavam setenta horas por semana havia décadas. A empresa era a vida de cada um deles. O que significaria não mais trabalhar para o empregador mais famoso de St. Louis? Não mais se sentir silenciosamente privilegiado nos jogos de beisebol dos Cardinals ou viver na única casa no quarteirão que estava sempre cheia de Budweiser gratuita? Era muito fácil atacar O Terceiro e O Quarto por seus pontos fracos, mas eles também os respeitavam.

"A maioria dessas pessoas é de St. Louis, e isso é, digamos, o sonho deles", afirmou um dos executivos. "Eles são a classe mais abastada de sua comunidade. Cresceram no sul da cidade sem nada e agora trabalham na A-B. Eles dão cerveja para os amigos nos fins de semana e são heróis em seus bairros. Abrir mão disso? Não estou tentando ser trivial, mas é assim que as pessoas pensam nesta cidade."

Para muitos dos principais executivos da empresa, uma batalha interna mais complicada também estava sendo travada. A oferta da InBev avaliava a Anheuser-Busch a um preço mais alto do que a ação atingira nos últimos anos. Quanto valeriam as pilhas de ações que possuíam a 65 dólares cada uma, eles pensavam, fazendo as contas mentalmente. E se a Anheuser-Busch conseguisse fazer a InBev aumentar sua oferta ainda mais? Isso talvez significasse uma casa de cinco quartos em Vail em vez de três, pensaram – ou talvez um iate de setenta pés em vez de uma lancha de 45.

"Você pensa 'Pelo menos valemos alguma coisa'", um deles confidenciou. "Existe uma pequena parte de você que diz 'Caramba, esse é um preço interessante. Não gosto da implicação disso. A única maneira de botar a mão em meu dinheiro é se esse lugar acabar'".

"Mas isso não é terrível e egoísta?"

Havia outro fator a acrescentar a seus cálculos tingidos de culpa. Se envidassem esforços para o que acabavam de prometer vocalmente e de fato lutassem contra a oferta da InBev, ali poderia estar o início de uma batalha de vários anos contra uma série de agressores de um tipo ou de outro. E se acabassem vencendo, continuariam a ter de aturar essa mesma equipe executiva ineficiente e a mesma diretoria paralisada. Era, de acordo com um executivo, "uma sensação não de medo, mas de fatalismo, na medida em que 'Tudo bem, vamos lutar contra isso e depois a mesma equipe de gerentes e a mesma diretoria continuam lá. E eles não nos deixam fazer nada.'"

Os executivos ficaram calados enquanto esses pensamentos passavam rapidamente por suas mentes, sentindo vergonha por algumas daquelas ideias e temor pela falta de luz no final do túnel. Contudo, um executivo graduado deixou transparecer sua opinião. "Precisamos fazer com que aumentem o preço", ele aparteou. O comentário inoportuno irritou seus colegas mais leais, mas eles não disseram nada. Todos estavam tão atônitos que deixaram passar.

"Todos sabíamos que era possível por causa dos rumores", revelou um executivo presente na sala naquele dia. "Mas quando a notícia finalmente chegou, foi como um soco direto no meu estômago. Foi duro."

O pedido formal da InBev acionou várias engrenagens na sede da Anheuser-Busch e, 1.500 quilômetros a leste, em todos os cantos de Wall Street. Reuniões de emergência foram convocadas enquanto August IV começava a telefonar para uma lista de pessoas que precisavam ser alertadas. Uma vez que a Anheuser e seus advogados haviam concluído que era necessário divulgar a oferta da InBev publicamente para manter informados os acionistas, comunicados à imprensa foram redigidos e revisados. Os 14 membros da diretoria da empresa começaram a tentar encontrar uma data para sua reunião, e advogados no Skadden, banqueiros no Goldman e legiões de outros profissionais que queriam participar dos acontecimentos pararam o que estavam fazendo e começaram a abrir espaço em suas agendas. Todos estavam preocupados, claro, com a possibilidade de uma empresa tão lendária quanto a Anheuser-Busch se tornar a presa de um gigante estrangeiro. Havia também uma leve empolgação na ideia de que estariam envolvidos na tentativa de aquisição mais badalada do ano e na mais alta oferta com pagamento em dinheiro da história.

■ ■ ■

Após o choque dos executivos da cervejaria se dissipar naquele dia, eles retomaram seus trabalhos ao redor da mesa. Dave Peacock e Randy Baker, que haviam retornado de sua reunião a portas fechadas com August IV ainda mais determinados, comandaram os esforços. Para ter alguma chance de repelir a InBev, precisariam convencer os acionistas da Anheuser de que, de repente, não apenas haviam se comprometido a cortar custos, mas também que seriam capazes de executar seus planos. Por uma série de razões frustrantes, a execução fora o ponto fraco da Anheuser desde que August IV assumira o cargo de CEO no final de 2006. Agora eles se dedicavam a seus trabalhos com uma intensidade renovada, e ideias começavam a brotar.

"Foi totalmente surreal, porque você está olhando para a pessoa do outro lado da mesa e sabe que nada será como antes", desabafou Bob Lachky. "Ninguém sabia o que estava por vir. Pela primeira vez em muito tempo, vimos pessoas que tinham controle sobre fontes de informações ou propriedades repentinamente se mostrarem um pouco mais dispostas a abrir mão de suas mordomias porque precisávamos fazer isso para o bem comum. Foi tipo, 'Tudo bem, abro mão de todas as minhas mordomias. Meu carro lindo'. Tudo está na mesa, desde os itens mais importantes do orçamento às mordomias dos principais executivos. Abra mão disso, abra mão daquilo."

Ficou imediatamente claro que muitos dos cortes eram constrangedoramente fáceis de identificar. A Anheuser-Busch obtivera um lucro tão substancial sobre cada garrafa de cerveja vendida por tantos anos que nunca controlara rigorosamente suas despesas. Nas palavras de um assessor: "Apesar de fracassar redondamente no controle das despesas, suas margens eram dez pontos mais altos do que as da Procter & Gamble." Muitas coisas poderiam ser feitas de forma diferente — ou não — para gerar mais dinheiro, e a InBev certamente as identificaria se a Anheuser-Busch não o fizesse antes. A Anheuser se isolara em sua bolha de gastança durante décadas, enquanto o mundo real progredia a seu redor.

Quando o grupo se dissolveu e tomou o rumo de casa após aquele primeiro longo dia, seus integrantes se deram conta de que haviam acabado de entrar para a história empresarial dos Estados Unidos. Não era um papel que desejavam representar. A Anheuser-Busch sempre fora o herói patriota e conquistador nacional, não um joguete suscetível a interesses estrangeiros. No entanto, essa era uma transação inquestionavelmente *gigantesca*. A enormidade do momento até levou alguns membros do comitê de estratégia a guardarem os documentos da reunião para a posteridade, assegurando, assim, que não fossem descartados.

Os banqueiros do Goldman voaram de volta para Nova York naquela noite para começarem a trabalhar arduamente na preparação da reunião de diretoria da Anheuser, mas a maior parte do grupo se reuniu novamente na quinta-feira para finalizar o exercício de corte de custos. Ao final de dois dias de reuniões intensas, eles haviam encontrado quase um bilhão de dólares em cortes adicionais, muitos dos quais seriam executados antes do fim do próximo ano. Quase um terço do total viria de cortes de empregos, que afetariam de 10 a 15% do corpo de funcionários da empresa. Esperava-se que muitos viriam de aposentadorias antecipadas e da rotatividade natural, mas com o mercado de trabalho americano encolhendo a cada mês, parecia pouco provável que tantas saídas voluntárias acontecessem. A empresa também decidiu aumentar os preços de seus produtos e reduzir drasticamente os gastos em maquinário e em outros investimentos caros.

"Por que não fizemos isso antes?", perguntaram-se os executivos, culpando a si mesmos, mas também amaldiçoando a miopia e as ilusões que sempre haviam prejudicado sua empresa. Ao esperar até que a InBev forçasse a empresa a reagir, eles talvez tivessem perdido a capacidade de controlar o próprio destino.

A arrogância e a ingenuidade da Anheuser haviam causado sua derrocada e serviam como uma comparação apropriada à condição mais ampla dos

Estados Unidos na época. Após anos minimizando ou ignorando o que acontecia em outras partes do mundo, presumindo que sua supremacia era imutável, o domínio político e financeiro dos Estados Unidos também estava em risco.

"Vou lhe dizer o que aquilo representou", disse um assessor da Anheuser. "Representou tudo o que aconteceu de errado com as empresas americanas nas últimas duas ou três décadas. Acho que aqueles caras pensavam que o sol nascia e se punha em St. Louis. Eles eram tão dominantes que não se deram conta do que acontecia no mundo a seu redor."

No final do dia, tudo parecia haver saído de controle. O preço das ações da Anheuser saltou mais 7% após a empresa confirmar o recebimento da oferta, e investidores começaram a esfregar as mãos e fazer apostas sobre a capacidade da Anheuser de repelir a InBev. Todos os que se reuniram naquela manhã no salão do complexo futebolístico haviam acabado de ficar mais ricos. Mas não sentiam vontade de celebrar.

"Foi estranho", desabafou um integrante do comitê de estratégia, refletindo sobre aquele dia agonizante "Foi um pouco parecido com aquela consulta médica que você vai e acha que está com câncer. E, quando o médico finalmente confirma, você não está pronto para ouvir aquilo."

Capítulo 2

O demente e o indolente em rota de colisão

A família Busch tem genes fortes. Não mudam nada de geração a geração.
— William Finnie, ex-executivo

Apelidos e caricaturas representaram os homens importantes da família Busch ao longo do tempo. August Anheuser Busch Jr., conhecido como "Gussie" ou "Junior", foi um entusiasmado e bem-amado que encantava tanto as massas que nunca foi criticado por ter 11 filhos com quatro mulheres diferentes. August III, chamado de "Augie" ou – pelas costas dele – de "Três varetas", foi o filho calculista, introvertido, sedento de poder que, após passar anos esperando que seu pai abrisse mão do controle, não conseguiu mais esperar e mudou o destino com as próprias mãos. E August IV, *seu* filho, que costumava ser chamado de "O Quarto", foi o playboy da quinta geração que lutou para fugir da sombra de seu passado de festeiro e que, apesar de ser mais simpático e mais amado do que seu pai, nunca mostrou o mesmo talento ou obteve a aprovação dele. Seguindo essa tradição, não demorou muito para os próprios assessores da Anheuser em Wall Street cunharem apelidos para O Terceiro e O Quarto: "Demente" e "Indolente", respectivamente.

August III ganhou a loteria genética em 16 de junho de 1937, o dia em que nasceu na rica família Busch de St. Louis, e, como filho mais velho de Gussie, recebeu o nome "August". O nome apenas não garantia um lugar no trono da empresa. Os nomes "August" e "Adolphus" eram patrimônios preciosos da família e atribuídos generosamente à prole do fanhoso Gussie, que atuou como presidente venerado da Anheuser-Busch e "segundo prefeito" de St. Louis por 29 anos. O meio-irmão do Terceiro, Adolphus, embora fosse quase 15 anos mais novo, certamente poderia ter tentado se alçar ao principal cargo da empresa. Em vez disso, Adolphus optou por não dedicar o resto da vida ao exigente negócio da família, deixando seu irmão mais velho e mais ambicioso livre e desimpedido para chegar ao cargo mais alto da Anheuser.

No entanto, a escalada do Terceiro ao topo foi difícil e isoladora. Seu comportamento inflexível e explosivo era repugnante para os funcionários da Anheuser-Busch, que preferiam a exuberância mais jovial de Gussie. Ambos eram extraordinariamente motivados para atingir o sucesso e assegurar que a Anheuser-Busch continuasse a ser a cervejaria mais poderosa dos Estados Unidos. Em vez de fazer disso um ponto comum que os aproximasse, no entanto, essa característica compartilhada foi o que os separou.

Gussie, cuja personalidade extraordinária mais do que compensava sua estatura baixa, era extremamente sociável, um sedutor, amigo de presidentes dos Estados Unidos e destaque na capa da revista *Time*. Nascido em St. Louis, em 28 de março de 1899, foi um soldado vigoroso que adorava jogar cartas por dinheiro, cigarros Winston e martínis Silver Bullet. O temperamento de Gussie, no entanto, era capaz de azedar quase instantaneamente. A família que ele gerou foi competitiva e desunida. E tanto o começo quanto o fim de seu mandato na direção da Anheuser-Busch foram maculados por tristeza e controvérsia.

Começou em 1922, após abandonar os estudos no nono ano, na cervejaria fundada por seu avô Adolphus, varrendo o chão e limpando tanques. Ascendeu rapidamente na hierarquia e tornou-se presidente em 1946, quando o irmão mais velho, Adolphus III, morreu prematuramente após tomar as rédeas de seu pai, que se suicidou com um tiro na barriga para terminar uma luta contra uma doença exatamente dois meses depois da revogação, em 1933, da Lei Seca, que proibia a venda de bebidas alcoólicas dos Estados Unidos.

O talento de Gussie como mestre da promoção mostrou-se evidente bem antes de se tornar presidente. Os icônicos cavalos Clydesdale, propriedades da empresa, foram ideia sua: quando a Lei Seca foi revogada, ele juntou um grupo de cavalos de tração – os quais costumavam puxar as carroças de cerveja na Alemanha, onde estavam as raízes da família – para levar a primeira caixa de Budweiser pós-Lei Seca pela Pennsylvania Avenue até a Casa Branca, para ser entregue ao presidente Franklin D. Roosevelt. O avô, igualmente carismático, tinha o costume de distribuir canivetes para seus colegas de trabalho, em vez de cartões de visita, e, quando viajou pelo país setenta anos mais tarde, Gussie ofereceu seus próprios canivetes. Ao deixar sua lâmina com um ou outro distribuidor de cerveja, eles costumavam colocá-la cuidadosamente sob uma redoma de vidro ou a exibiam para os amigos, para que pudessem ver, através de um buraco no cabo, um retrato do fundador, Adolphus.

"Costumávamos dar réplicas da antiga faca de Gussie como brindes", contou John "Jack" Purnell, um executivo de longa data da Anheuser-Busch, que foi contratado quando Gussie era chefe. "Gussie tinha a capacidade de encantar, ele conseguia encantar todo mundo. Tinha um talento natural para a publicidade."

Com esse talento, Gussie levou a Budweiser, a marca de cerveja que era o carro-chefe da empresa, para as massas sedentas do país. Adolphus começara a sonhar em vender cerveja por todos os Estados Unidos logo após fundar a empresa, mas Gussie teve a presciência de construir uma fábrica em Newark, Nova Jersey, na costa leste do país. A decisão foi arriscada e cara, mas aumentou a produção da Anheuser-Busch, facilitou a distribuição de cerveja em todo o país e virou uma plataforma para o crescimento da participação da empresa no mercado norte-americano. Quando Gussie foi forçado a deixar o cargo em 1975, a Anheuser-Busch era a maior cervejaria do mundo.

Gussie era mais conhecido, no entanto, por sua capacidade instintiva de se conectar com pessoas. O slogan da Anheuser-Busch, "Fazer amigos é nosso negócio", tinha muito a ver com ele. Trocando aviões e ônibus por seu luxuoso vagão ferroviário particular repleto de Budweiser, ele divulgava a cerveja e visitava os distribuidores em viagens com paradas breves por todo o país. Em 1954, para estimular os revendedores, ele convidou 11 mil atacadistas, varejistas e barmen para sua casa imponente, onde ele e a terceira mulher, Gertrude, apertaram as mãos de mil convidados por noite durante

11 noites consecutivas. "Quando chegava a meia-noite", contou ele à *Time*, "minha mão estava tão inchada que não conseguia movimentar os dedos". Ele passou até duas horas em cada uma dessas noites mergulhando as mãos em sal de Epsom. Toda a dor valeu a pena: as vendas de Budweiser em St. Louis subiram 400% após o evento.

Gussie também diversificou ao entrar no ramo do entretenimento familiar em 1959, quando inaugurou o parque temático Busch Gardens, em Tampa, Flórida, acreditando que parques bem-administrados ampliariam a atratividade da Anheuser-Busch. Ele, assim como as gerações anteriores da família Busch, sempre teve uma paixão por animais. A fazenda Grant, o complexo onde ele e outros membros da família viveram em diferentes épocas, abrigava uma coleção de mil animais em seus 114 hectares. Ele era um cavaleiro ávido, mas Gussie também tinha alguns gostos ao estilo Dr. Doolittle – do tipo que só a extrema riqueza pode satisfazer. Possuía um camelo e um elefante chamado Tessie, e tinha orgulho especial por seu trio de chimpanzés, os quais costumava vestir com trajes de caubói. Adalbert "Adie" von Gontard, seu primo, vestia os seus chimpanzés com smoking e os fazia sentar à mesa durante festas, bebendo Budweiser.

O esforço de diversificação mais notável de Gussie, no entanto, foi convencer a Anheuser-Busch a comprar o clube de beisebol St. Louis Cardinals quando o proprietário do time foi condenado à prisão por sonegação de impostos em 1953. Ele foi saudado como um herói de sua cidade natal por manter os Cardinals em St. Louis, mas a compra estava longe de ser uma demonstração de altruísmo – ser proprietário dos Cardinals proporcionava uma abundância de oportunidades para promover a Anheuser-Busch e sua cerveja. Rapidamente rebatizou o campo de Busch Stadium e, por décadas, dirigiu uma carroça de cerveja, rebocada por alguns Clydesdales, ao redor do campo para celebrar os jogos em casa. O que surpreendia era a reação dos torcedores na geral. Aqueles sujeitos, que ganhavam seis ou sete dólares por hora, corriam para comprar cerveja para brindar o bilionário "Gussie", disse Tom Schlafly, um fabricante de cerveja rival de St. Louis, em uma entrevista ao jornal local. "Se Diana foi a princesa do povo, ele foi o rei do povo."

Por mais que Gussie Busch estivesse à frente de sua época na compreensão da publicidade e da promoção para as grandes massas, o verdadeiro arquiteto da dominação total de Anheuser-Busch dos Estados Unidos foi seu filho August III, um homem caprichoso, intimidador e obcecado por detalhes, cujos olhos azul-claros transformavam até mesmo os banqueiros mais sofisticados de Wall Street em gelatinas. O Terceiro, assim como os rebentos da família Busch antes dele, fora alimentado com cinco gotas de cerveja Budweiser poucas horas após seu nascimento. Em contraste com seus predecessores, no entanto, ele não era o típico barão cervejeiro Busch bonachão. Evitava multidões e aparições em público sempre que possível e preferia passar alguns momentos de tempo livre isolado em sua fazenda de cem hectares nos arredores de St. Louis ou flutuando no ar sobre as massas em seu helicóptero Bell. As pessoas gostavam de brincar dizendo que ele mantinha as hélices do rotor do helicóptero girando do lado de fora enquanto fazia uma aparição rápida em funções sociais. O Terceiro parecia desconfortável quando era forçado a aparecer em posição de destaque em eventos protocolares e nos jogos dos Cardinals. E, mesmo em ambientes menores e relacionados ao trabalho, ele muitas vezes se isolava atrás de um grupo de seguranças ou subordinados para evitar convites para conversa fiada.

"Ele era uma pessoa diferente e muito reservada", revelou uma pessoa que trabalhou na empresa por décadas. "Em público, ele era muito, muito fascinante, mas só se interessava pelos negócios. Você nunca ia além da fachada. Ele de fato tinha muitas responsabilidades, e muitas delas ele próprio decidiu assumir. No entanto, ele gostava daquilo. Ele simplesmente só queria saber de negócios, o tempo inteiro."

Esse nem sempre foi o caso. As travessuras juvenis do Terceiro davam a entender que ele talvez não fosse talhado para o cargo de CEO. Ele passou sua adolescência e juventude voando para lá e para cá em peripécias arriscadas, esquiando e fazendo pesca submarina, e parecia dedicar mais tempo a tais diversões do que à educação formal, o que nunca foi uma prioridade na família Busch. Ele cursou a University of Arizona por dois anos no início da década de 1960, mas nunca se formou; em vez disso, obteve um certificado de mestre cervejeiro do Siebel Institute of Technology, uma escola de fabricação de cerveja em Chicago. Compreender o mundo dos negócios, pelo menos como ele era vivido fora de sua vida subsidiada pela cerveja, não era uma prioridade para O Terceiro naquela época.

Isso tudo mudou com rapidez impressionante assim que ele atingiu os vinte e poucos anos. Alguns anos depois de seu ingresso nos escalões inferiores da empresa, August III mudou tão abruptamente que fez a reinvenção pessoal parecer fácil. Ele se jogou com determinação em um rígido programa de autoaprendizagem e estudou cada aspecto do negócio da Anheuser-Busch, desde a publicidade às operações de sistemas.

Tais conversões tornaram-se um hábito para os descendentes masculinos da família Busch ao longo dos anos: a juventude de Gussie fora desregrada, e O Quarto mais tarde eclipsaria facilmente a reputação de playboy do pai e do avô. "Até os vinte e poucos anos, eles são mais devassos do que o inferno, seja por carros rápidos, mulheres passageiras ou, no caso de August III, por aviões rápidos. Eles ficam descontrolados", comentou William Finnie, um ex-executivo que trabalhou para a empresa por 26 anos, se referindo aos homens Busch. "Aí, em algum momento depois dos vinte anos, eles pegam toda aquela energia e descobrem que o mundo dos negócios é tão divertido quanto esses outros passatempos. Então, despejam tudo isso na empresa com resultados incríveis."

A reforma autoimpulsionada de August III em meados da década de 1960 foi de longe a mais radical da família e provou ser uma mostra precoce da sua força de vontade e espírito competitivo. Daí em diante, ele foi só trabalho. Edward Vogel, que era um dos vice-presidentes da empresa naquela época, disse que O Terceiro tinha "complexo de inferioridade" por causa de sua formação escolar incompleta. No entanto, August III começou a provar rapidamente que seu cérebro capaz de absorver tudo e sua rígida ética de trabalho mais do que compensavam a falta de uma educação formal. Na verdade, ele se tornou intransigente e assertivo demais para o gosto de muitos de seus colegas.

■ ■ ■

Não muito tempo após começar a trabalhar na Anheuser-Busch, O Terceiro percebeu que ela precisava ser modernizada. Começou defendendo a mudança de uma forma que mais tarde acabaria sendo irônica quando seu estilo de gerenciamento e perspectiva ficou ultrapassado. Apesar da resistência de Gussie, August III começou a recrutar funcionários das melhores faculdades de administração americanas – a Wharton School, da University of Pennsylvania; a Harvard Business School; a Columbia Business School; e a Kellogg

School, da Northwestern University – para levar a Anheuser-Busch a uma era mais moderna. Para que a Anheuser derrotasse seus concorrentes, ela precisava de mais poder de fogo intelectual do que as legiões de vendedores e cervejeiros da velha escola de Gussie poderiam oferecer. A decisão do Terceiro de recrutar um núcleo de auxiliares também gerou um benefício de longo prazo. Cercou-se de um quadro de companheiros leais – ele apelidou os MBAs de seus "comedores" – que deviam a ele terem obtido riqueza e sucesso. Esses comedores galgaram a hierarquia em seu rastro, recebendo centenas de milhares de opções sobre ações no processo.

"August não tem diploma universitário e estava confrontando não apenas Gussie, mas também toda a diretoria", disse Bill Finnie, que foi um dos membros daquele grupo. "Ele precisava ser muito bom e tinha consciência de que precisava de pessoas que poderiam ajudá-lo a ser bom."

Gussie, que defendia uma estratégia empresarial mais intuitiva, não disfarçou seu desdém pelo contingente crescente de MBAs angariados pelo filho. Ele não apreciava quando diziam que os funcionários leais contratados por ele – muitos deles vendedores e mestres cervejeiros da linha antiga com pouca instrução em negócios – estavam desatualizados e eram insuficientes. No entanto, os computadores modernos dos MBAs economizavam o dinheiro da empresa e indicavam as melhores maneiras de expandir. Assim, embora as relações entre os antigos e os novos tivessem passado por alguns momentos difíceis, Gussie, contrariado, permitiu que as planilhas começassem a ditar algumas das decisões que ele teria tomado com base simplesmente na coragem e na intuição.

"O velho, em sua época, foi excelente. No entanto, depois disso, a gestão científica prevaleceu", avaliou Jack Purnell, um dos primeiros seis MBAs que August III contratou. "August III se deu conta disso." A ideia de que O Terceiro tomou o controle intelectual da empresa aos trinta anos de idade é impressionante, considerando a vasta experiência e o longo mandato de Gussie. O Terceiro era o homem certo para realizar a tarefa naquele momento na história, exatamente como Gussie fora quando deu vida à Anheuser-Bush após a Lei Seca e a Grande Depressão.

"Acho que foi a coisa certa a fazer naquela época", afirmou Charlie Claggett, ex-diretor de criação de uma das agências de publicidade que trabalharam por muito tempo com a Anheuser-Busch. "Seu pai foi de uma era diferente; era um afável jovem fazendeiro. August era muito mais um engenheiro. Ele chegou quando as empresas de cigarros estavam dando um banho na Anheuser, dispensou todos os ignorantes desatualizados e recrutou alunos da Wharton."

Com Gussie ainda tecnicamente no comando, O Terceiro e seus comedores ajudaram a Anheuser-Busch a derrotar uma penca de concorrentes menores na década de 1960 ao cortar os custos de produção de cerveja e colocá-los em níveis que seus rivais não conseguiam acompanhar. Por si só, no entanto, essa estratégia não derrotaria a Miller Brewing Company, que começou a subir como um foguete no final da década. A gigante do tabaco Philip Morris comprou a Miller da W.R. Grace em 1969, cobrindo uma oferta da PepsiCo, e a transação tornou a Miller a rival mais odiada da Anheuser-Busch por décadas. A Joseph Schlitz Brewing Company, de Milwaukee, e a Coors Brewing Company, do Colorado, duas outras cervejarias de propriedade familiar, também eram concorrentes importantes. No entanto, nenhuma das duas tinha tanto dinheiro quanto a Miller. Com apoio adicional de sua controladora de carteiras recheadas, a Miller ameaçava esmagar a Anheuser-Busch.

August III passou bastante tempo durante as três décadas nas quais a Philip Morris foi proprietária da Miller reclamando que seu rival jogava sujo – canalizando dinheiro de sua lucrativa empresa de cigarros para transformar a Miller em uma concorrente mais forte para a Anheuser. A Philip Morris tinha o direito de redistribuir o dinheiro entre suas divisões, e a Anheuser-Busch poderia ter empregado a mesma estratégia se tivesse comprado uma gama de outras empresas. No entanto, O Terceiro odiava o "dinheiro do cigarro" e todos aqueles cujas mãos o tocavam e, frequentemente, admoestava seus colegas sobre os perigos do fumo. Gussie era menos tímido do que o filho com relação a ingerir bebidas destiladas e vinho e era conhecido por gostar de fumar. Quando expulsou o pai da empresa, O Terceiro, imediatamente, retirou as máquinas de venda de cigarros Winston do refeitório executivo da sede da Anheuser-Busch.

"Você não podia ter um maço de cigarros", lembrou o ex-publicitário da Budweiser, Charlie Claggett. "Se eles fossem de uma marca da Philip Morris, você seria fuzilado na hora. Mas ele tinha a mesma atitude com relação a qualquer cigarro. Ele desdenhava do pessoal do cigarro porque não eram cervejeiros, e a cerveja era tudo o que lhe interessava. Eles eram simplesmente grupos de conspiradores pegajosos e mercenários que queriam chegar e abocanhar sua parcela do mercado."

Após ser a primeira, em 1973, a comercializar uma cerveja light no mercado de massa, a Miller desfrutou de anos de domínio desimpedido nesse segmento enquanto Gussie não tinha certeza se Anheuser-Busch deveria lançar uma fórmula light própria. "O velho não achava que essa tal de 'Lite' fosse cerveja de verdade e ainda estava no controle no início da década de 1970", disse Jack Purnell. "Enquanto todos nós, inclusive August, estávamos muito preocupados com aquilo, ele não estava. Achava que era apenas fogo de palha."

A idade de Gussie começou a pesar no escritório no início da década de 1970, o que aumentou os desafios que a Anheuser-Busch já enfrentava. A empresa lutava para lidar com os controles sobre salários e preços impostos pelo presidente Nixon em 1971, os quais aumentaram os custos dos ingredientes da cerveja, e a rival Schlitz desenvolvera uma tática de competição inovadora: uma maneira de fabricar cerveja em apenas 15 dias, menos de metade do tempo que a Anheuser levava, usando técnicas novas que aceleravam o processo de fermentação.

Mesmo assim, Gussie ainda não se convencera de que seu filho estava pronto para dirigir a empresa. Em 1971, aos 72 anos de idade, ele nomeou o seu confiável vice Richard Meyer para o cargo de presidente da empresa. Gussie permaneceu nos cargos de CEO e presidente do conselho diretor, mas a decisão foi histórica, apesar de tudo: Meyer tornou-se a primeira pessoa fora da família Busch a ocupar um cargo tão elevado. Essa atitude de Gussie serviu como uma reprimenda poderosa para August III, que pusera alguns integrantes da velha guarda de Anheuser em estado de alerta com sua atitude abrasiva e seus esforços para encher a empresa com clones dele, viciados em trabalho.

"Os boatos", relatou a *BusinessWeek*, "diziam que o Busch mais velho estava ensinando um pouco de humildade ao filho frio e calculista".

Não funcionou. De fato, a decisão aumentou a motivação dos estridentes seguidores do Terceiro, os quais sentiam que Gussie estava decadente. "A empresa era administrada como a quitanda da esquina", criticou Robert Weinberg, um dos primeiros executivos recrutados por August III e que foi forçado a pedir demissão após entrar em choque com Gussie durante uma reunião de diretoria. "Eu não conseguia dar à minha secretária um aumento de 25 dólares por semana sem precisar pedir a aprovação do velho."

Em 1974, Gussie estava cada vez mais perturbado com a agressividade e o sucesso da Miller. À medida que os lucros e o preço das ações da Anheuser despencavam, ele começou a se agarrar a qualquer coisa em seu desespero para recuperar a empresa, cortando drasticamente os orçamentos de vendas e marketing e demitindo uma batelada de trabalhadores na sede, uma decisão chocante que deixou consternados os funcionários da Anheuser. Mais e mais pessoas começaram a se preocupar com uma possível perda de controle por parte de Gussie. Em 1974, após o imediato de Gussie, Richard Meyer, pedir demissão em protesto contra os cortes de emprego, Gussie finalmente empossou o filho – que já tinha 11 anos de experiência no conselho diretor da empresa – como presidente.

O Terceiro e seu bando de auxiliares leais tinham planos grandiosos para a Anheuser-Busch e estavam prontos para colocá-los em prática assim que ele se tornasse presidente. Primeiro, no entanto, precisavam travar uma guerra interna. Gussie não dava qualquer sinal de que planejava abrir mão do cargo de CEO. Para um homem com mais de setenta anos de idade, ele continuava cheio de vigor e combatividade – e isso, para O Terceiro, era o problema. A única coisa que ainda bloqueava seu caminho era seu próprio pai idoso.

Então, em maio de 1975, O Terceiro destituiu Gussie com a mesma eficiência fria e objetiva que se tornou uma marca registrada de seu mandato. Apropriadamente, para um homem cuja vida girava em torno da cervejaria, August III, aos 37 anos de idade, tomou o controle não por meio de uma conversa sincera com o pai na mesa de jantar da família, mas na atmosfera emocionalmente estéril da sede da Anheuser-Busch, através de um golpe de diretoria dramático e cuidadosamente coreografado. A conquista do poder deu ao Terceiro uma chance de mostrar sua extraordinária capacidade de fazer política corpo a corpo por trás de portas fechadas, uma tática que empregou com grande sucesso durante décadas com seu próprio conselho diretor. Ele cortejou cada membro da diretoria de Gussie individualmente, para ter certeza de que tinha o apoio necessário de seus membros, e conseguiu que muitos executivos se comprometessem a pedir demissão se ele não fosse eleito CEO. Confiante de que tinha aquilo de que necessitava, O Terceiro, então, solicitou que a questão fosse votada pelo conselho diretor.

Na noite anterior à reunião de diretoria programada, Gussie convocou cada diretor para uma conversa a sós no imponente "salão de armas" da fazenda Grant, um dos muitos exemplos na propriedade do fascínio duradouro que a família tinha pelas armas. Quando Walter C. "Buddy" Reisinger, um bisneto de Adolphus Busch, caminhou até à porta do salão de armas, ela abriu, e outro membro do conselho saiu, atirando-lhe um olhar acovardado.

"Buddy, só tenho uma pergunta a fazer", disse Gussie, aos 76 anos de idade, com voz rouca, momentos após a entrada de Reisinger. "Como você pretende votar amanhã?"

Reisinger, um dos muitos membros da família que tentaram intermediar a paz entre Gussie e O Terceiro durante o golpe, confessou que planejava votar a favor de August III e, em seguida, descreveu sucintamente sua posição. As camadas de politicagem e rivalidades internas eram confusas demais para serem abordadas. Entre essas questões estava, pelo menos, um ponto de vista tangível: o conselho diretor achava que August III tinha uma compreensão melhor da ameaça da Miller e de como lidar com ela.

"Esse deveria ser o melhor momento de sua vida", disse Reisenger a Gussie. "Sua administração foi muito bem-sucedida e você ainda está vivo e pode passar a empresa para seu filho. Isso deveria ser a melhor coisa que você pode fazer."

Gussie não se convenceu. No dia seguinte, após o voto favorável a seu filho, ele – que ficara emocionalmente arrasado poucos meses antes com a morte de sua filha de 8 anos de idade em um acidente de automóvel – atacou como um animal ferido os diretores e executivos que o traíram. A família se dividiu em facções com base no apoio ou na aversão à ascensão forçada de August. Os filhos mais jovens de Gussie com sua terceira esposa, Trudy, inclusive o meio-irmão do Terceiro, Adolphus IV, ficaram muito preocupados.

"August apunhalou meu pai pelas costas", queixou-se Peter Busch, outro filho de Trudy, para um mentor dele na época. Após 29 anos no comando da empresa, Gussie foi deixado com pouco mais do que seu adorado St. Louis Cardinals. Ele permaneceu na presidência do time de beisebol até morrer em 29 de setembro de 1989, em sua casa, próxima a St. Louis, aos 90 anos.

"Foi uma época difícil", lembrou Michael Roarty, um lendário executivo de marketing da empresa. "Mas acho que foi o momento certo."

"A Anheuser-Busch é uma empresa orgulhosa, e foi a família Busch que a fez assim", acrescentou Roarty. "Gussie era um homem orgulhoso. Mas, com o passar do tempo, August provou ser um excelente comandante. Muitas das excelentes coisas que vivemos podem ser diretamente atribuídas a August III. Alguns tendem a esquecer disso, mas não deveriam."

Quando perguntado mais de três décadas depois sobre o golpe, O Terceiro permanecia estoico e sucinto. "Meu pai construiu a empresa", contou. "Ele foi um visionário. Ele e eu tivemos um excelente relacionamento por anos, e eu tinha muito respeito por ele."

No entanto, daquele dia de maio em diante, até a morte de Gussie, mais de 14 anos depois, o relacionamento dos dois homens permaneceu tenso nos melhores momentos e inexistente nos piores. Eles não se falaram por aproximadamente uma década. Gussie contratou Louis Susman, um advogado de St. Louis, para representá-lo nas questões relacionadas à empresa, aos Cardinals e, após certo tempo, ao seu imenso patrimônio pessoal, e Susman acabou servindo como um intermediário entre Gussie e O Terceiro.

No momento de sua morte, Gussie controlava 13,5% das ações da empresa, com um valor aproximado de 1,5 bilhão de dólares. Por seu trabalho como executor do patrimônio, Susman recebeu 2% da renda do fideicomisso e 1% sobre as vendas da propriedade pessoal de Gussie e logo passou a valer milhões.

Em 2009, o presidente Obama surpreendeu muitas pessoas ao recompensar Susman com o cargo de embaixador no Reino Unido, um dos postos estrangeiros mais prestigiosos do país, apesar de sua falta de experiência em política internacional. A promoção permitiu a Susman morar na Winfield House, a suntuosa residência do embaixador americano em Londres, localizada no Regent's Park, a qual fazia a fazenda Grant parecer um estábulo. Muitos dos que apoiaram a indicação de Susman comentavam que ele adquirira experiência "diplomática" enquanto intermediava as negociações entre Gussie e O Terceiro, cuja animosidade parecia estar mais profundamente enraizada do que qualquer uma entre os Estados Unidos e o Reino Unido.

■■■

Os primeiros anos do Terceiro no cargo não foram muito mais fáceis do que fora a orquestração do golpe. Após finalmente tomar o controle da empresa, ele enfrentou uma greve dos Teamsters, um dos eventos mais desafiadores da história da Anheuser-Busch. O sindicato ameaçava cruzar os braços por causa das negociações salariais. Então, O Terceiro, que não tinha qualquer intenção de ceder às demandas deles, colocou seus diplomados nas linhas de produção da cervejaria para tentar manter o lugar em funcionamento. O episódio – o batismo de fogo do Terceiro – marcou o começo de seu relacionamento antagônico com os sindicatos.

"Foi um desastre, um desastre total", lembrou Bill Finnie. "O pessoal do sindicato absolutamente detestava a gerência em geral e August em particular, e a recíproca era verdadeira. Então, August não começou com o pé direito." Finnie passava as primeiras seis horas de cada dia limpando lascas de faia encharcadas dos gigantescos tanques de metal da cervejaria, engatinhando para dentro deles através de um buraco de sessenta centímetros enquanto segurava um desentupidor de vaso sanitário e um ancinho. Em seguida, ele e os outros executivos de nível médio passavam quatro ou cinco horas em suas mesas no escritório. Um de seus subordinados, graduado pelo renomado Massachusetts Institute of Technology, sofreu naquele verão por causa de sua falta de jeito e coordenação motora. "Ele dirigiu uma empilhadeira, e acho que sofreu alguns acidentes bastante sérios", acrescentou Finnie. "Foi bem feio. Porém, no almoço, eles nos davam cerveja bem fresca em grandes jarras de leite, e foi a cerveja mais saborosa que bebi em toda minha vida. A empresa acabou pagando um bônus de mil dólares a cada um dos trabalhadores de colarinho branco por sua lealdade.

O sindicato, ao qual August III pertencera quando trabalhara na fábrica, finalmente cedeu e concordou com o pacote de remuneração original que ele propusera. Sua postura rígida causou a mais longa greve da história da empresa, e também a mais custosa. A produção caiu pela metade, e a participação da Anheuser-Busch no mercado norte-americano baixou de 23,4% em 1975 para 19% no ano seguinte. A Miller, nesse ínterim, fez grandes avanços e ultrapassou a Schlitz como a cerveja número dois da nação.

August III voltou com toda força assim que a greve terminou – não para colocar a Miller de volta em seu lugar com o nariz sangrando, mas para aniquilá-la de vez. Não havia como duvidar de sua determinação. Era mais uma questão de execução. Para elevar o espírito de suas tropas e fornecer-lhes uma lembrança constante do tamanho do desafio, ele mandou imprimir "ASU", uma referência a seu novo lema, "Um sentido de urgência" ("A Sense of Urgency", em inglês), em bonés, camisetas e blocos de papel da empresa que ele, então, espalhou em grandes quantidades por todas as salas da Anheuser-Busch. Um ex-funcionário de agência de publicidade disse que ele ainda se arrepiava, décadas mais tarde, quando se lembrava dos blocos com o lema inscrito.

Capítulo 3

O colosso

É difícil encontrar palavras para descrever o excelente trabalho que ele fez transformando a A-B na maior cervejaria do mundo. Ele era como um colosso, apesar de sua estatura baixa.
— Executivo-chefe de uma cervejaria rival

August III não sentou docilmente no trono da Anheuser-Busch. Após assumir o controle à força, ele o usou como um posto de comando, dando ordens às suas tropas como um general na guerra. Foi nessa época, novo no cargo e com muitos desafios à vista, que sua personalidade estranha e seu estilo rígido de gestão se fizeram sentir com força total. Eles não eram apropriados para os fracos.

O Terceiro encantava seus subordinados com seu poder, sua vontade implacável de vencer e com a intensidade e a precisão de seus instintos e ética comerciais. Contudo, muitos desses mesmos colegas também se sentiam repelidos por seu potencial para ser brutalmente frio e crítico e por seu relacionamento bizarro com o filho, o que tornava difícil descrever a mistura de terror e admiração que o chefe simultaneamente inspirava.

"Ele era assustadoramente inteligente, e assustador. Ponto final", resumiu Steve Kopcha, ex-executivo de publicidade e criador de alguns dos anúncios mais conhecidos da Anheuser-Busch. "Era melhor não estar por perto quando ele estivesse zangado. Os olhos azuis dele parecem penetrar fundo; quero dizer, ele é um terror. Ninguém conseguia passar a perna nele. Eu respeitava muito August III."

Um dos "peixinhos" do Terceiro chamou-o de um "filho da puta frio" por se livrar de Gussie e por não comparecer aos funerais de empregados que haviam trabalhado na empresa a vida inteira, tendo depois acrescentado que ele era "na verdade, um de meus heróis".

"Ele é obcecado por controle", descreveu um ex-executivo de uma agência de publicidade. "Ele demandava lealdade completa e abjeta, como um monarca dos tempos antigos."

"Ele era muito controlador", concordou Mike Roarty, sem qualquer tom de maldade. "Seguia o próprio rumo." A esposa dele, Lee, sentada a seu lado, listou as peculiaridades de August: claustrofobia, medo de elevadores e aversão a multidões. Em seguida, Mike acrescentou: "Nos anos 1980, August III foi responsável por grande parte da inovação na empresa. Não há como negar sua contribuição."

Quanto a esse ponto, não há grande controvérsia. Durante os anos em que August III dirigiu a Anheuser-Busch, ele *foi* a Anheuser-Busch. Sua vida, por sua vez, era também definida quase exclusivamente por seu trabalho na empresa. E ele estruturou as operações de modo que a vida de seus subordinados também gravitaria em torno do escritório. O campus em volta da sede da Anheuser no centro da cidade continha uma variedade tão grande de instalações luxuosas que eliminava a maioria das desculpas que um executivo poderia ter para sair do local: academia de ginástica, restaurante empresarial chique e até mesmo uma barbearia. Muitos dos executivos mais precavidos evitavam esses lugares ao máximo, para escapar de ser questionado pelo Terceiro enquanto corriam na esteira ou esperavam na fila por uma mesa no café da manhã. No entanto, entre sessenta e setenta horas semanais de trabalho era a norma, até mesmo para aqueles que comiam seus ovos em casa – e, em geral, com algumas horas adicionais trabalhadas à noite ou nos fins de semana. Um funcionário da Anheuser nunca estava genuinamente "de folga".

"Se você trabalhasse com August, poderia esperar receber ligações a qualquer hora do dia ou da noite", recordou Charlie Claggett. "Lembro que, certa vez, havia mais de trinta centímetros de neve acumulados nas ruas e estávamos programados para sair do aeroporto Spirit of St. Louis às oito da manhã. A cidade estava completamente parada, mas não ocorreu a nenhum de nós que a reunião não aconteceria. Isso não estava em questão. Sabíamos que começaria às oito, e que, se você não estivesse lá, ela começaria sem a sua presença."

Os subordinados não estavam imunes nem no Natal nem no Ano-Novo, uma vez que O Terceiro preparava as avaliações de desempenho nessa época. Uma faceta de seu extraordinário talento para estar em todos os lugares ao mesmo tempo, ele avaliava pessoalmente entre trinta e cinquenta de seus executivos mais graduados todos os anos. Em horários marcados, os executivos entravam, um a um, na sala de espera da sala de reuniões que ficava ao lado do escritório dele e se sentavam desconfortáveis e suando em bicas, enquanto aguardavam a vez. A cada dez minutos, mais ou menos, quem estava sendo avaliado saía da sala de reunião cambaleante, com um semblante que indicava o resultado de sua avaliação, e o próximo entrava com hesitação.

"Você ficava lá na área de espera, e se ele tinha algum problema com um determinado funcionário, a entrevista dele demorava mais de dez ou quinze minutos e aí a sala ficava congestionada", lembrou um executivo que passou pelo processo por muitos anos. "Você acabava tendo três ou quatro caras sentados na sala de espera, olhando um para o outro como que se perguntando 'Como é que você acha que será sua avaliação esse ano?' Era muito esquisito."

O procedimento e a angústia extenuante que o antecedia tornava tenso o mês de dezembro. Mas também oferecia aos principais executivos alguns minutos da atenção pessoal do Terceiro, e as tropas nas camadas inferiores da hierarquia sempre esperavam ansiosamente por notícias de seus chefes a respeito das ideias de August.

"Algumas pessoas saíam da sala, e era para lá de ruim", o executivo queixou-se. "Mas, você recebia a notícia lá de cima, fosse ela boa ou ruim."

O Terceiro tendia a concentrar suas demandas nas áreas de vendas e marketing e nas agências de publicidade da empresa, as quais, por causa de sua capacidade para comover dezenas de milhões de consumidores americanos, eram a fonte do sucesso da empresa. A pressão sobre os publicitários atingia seu auge por volta do Natal e do Ano-Novo, cerca de um mês antes do espetáculo de marketing crucial e decisivo do Super Bowl.

"Me sentia mal por causa de alguns caras do marketing, porque eles estavam sob intenso escrutínio", revelou um executivo graduado de outra parte da empresa. Mas ninguém escapava quando O Terceiro queria algo. Ele chegava ao ponto de ligar para pedir ajuda a Henry Kissinger.

Certo ano, numa tentativa de injetar um pouco de espírito festivo no Terceiro, alguns executivos da agência de publicidade DDB Needham, em Chicago, formularam um plano. No começo dos anos 1990, toda sexta-feira, durante vários meses, O Terceiro mandava um avião pegá-los para que apresentassem novas propostas de anúncios, e eles deveriam encontrá-lo no hangar de aviação da empresa poucos dias antes do Natal. Para melhorar o humor do Terceiro, os publicitários decidiram contratar um trio de cantores de cânticos natalinos – duas mulheres e um homem vestidos em trajes do século XIX – para pegar uma carona no jatinho executivo da Anheuser-Busch durante a viagem até Missouri.

Quando o grupo sentou no avião, John Greening, gerente mundial das contas da Anheuser-Busch na DDB, se dirigiu aos cantores: "Vejam bem, esse cara não consegue se concentrar em algo por mais de trinta segundos, então quero que vocês cantem três cânticos diferentes e paramos por aí", disse ele. Os cantores concordaram e recostaram nos assentos confortáveis do jato, maravilhados com a própria sorte. Quando o avião parou no hangar da empresa em St. Louis, Greening rapidamente empurrou os cantores para dentro de um armário.

"Vamos ao trabalho!", exclamou O Terceiro em uma voz retumbante quando chegou alguns minutos mais tarde. Após algumas reclamações bem-humoradas sobre terem sido arrastados até St. Louis logo antes do Natal, os funcionários da DDB disseram a August III que haviam trazido um presente para ele. Do armário surgiram os cantores, que executaram os primeiros trinta segundos de "Noite feliz", conforme instruídos. Quando o trio rapidamente pausou para respirar antes de passar para a próxima canção, O Terceiro sentiu que havia uma brecha e, educada, mas firmemente, encerrou o espetáculo.

"Foi ótimo", disse. "Agora, vamos ao trabalho."

■ ■ ■

August III exercia um misto de admiração distante, respeito e terror sobre muitos de seus subordinados. Um antigo funcionário do departamento de marketing da empresa gostava de dizer a seus colegas que O Terceiro tinha apenas dois humores: puto da vida e desconfiado. Era difícil saber qual dos dois era o melhor.

Ele era mestre em deixar as pessoas constrangidas, parecia ter prazer em fazer isso. Tinha uma grande capacidade de absorver detalhes e fatos, e costumava estar certo, o que era incrivelmente intimidador. Quando ele olha fixamente para seus executivos, "a maior preocupação é que ele sabe mais do que eles, mesmo que o tópico seja a área de especialização deles", contou o ex-executivo financeiro principal Jerry Ritter à *BusinessWeek*.

"Se você não conhecesse o negócio tão bem quanto ele, não tinha qualquer chance", afirmou Charlie Claggett. "Não havia como enganá-lo. Ele sabia de tudo. Não havia um aspecto pequeno e insignificante do negócio que ele não conhecesse. Você precisava fazer o dever de casa. Caso não fizesse, ou fosse insincero, ele desconfiava e o atacava. Havia sempre uma sensação de medo permeando aquele lugar."

August III era conhecido por fazer perguntas diretas e inquisitivas durante reuniões e apresentações, as quais eram dirigidas não apenas à pessoa que apresentava o material, mas até mesmo aos jovens funcionários sentados, apavorados, nas cadeiras junto à parede.

"Minha mãe sempre dizia o seguinte: 'Aquele sujeito nunca fez uma pergunta para a qual já não tivesse a resposta'", disse Walter C. "Buddy" Reisinger Jr., um ex-funcionário da Anheuser-Busch cuja mãe se casou com um primo distante da família Busch. "Porém, se ele faz uma pergunta a você é porque está genuinamente interessado em saber o que você pensa, e você tem 120% da atenção daquele cara. Quando ele fala com você, você é dono dele. Ele é muito focado."

"Se você visse qualquer slide de uma apresentação da A-B, tinha quatro mil números espremidos lá", disse Reisinger. "Isso viola todas as regras de apresentação em PowerPoint. Tinha trezentos números lá e ele dizia 'Ei, o custo por barril de Bud Light na fábrica de Cartersville... Jimmy, você não me mostrou alguma coisa semana passada que era diferente em um décimo de um centavo?' Era assustador. Ele era capaz de fazer isso diversas vezes, com relação a qualquer assunto, em qualquer lugar, e você só está tentando sobreviver. O sujeito estava ligado o tempo inteiro."

Esse tipo de atmosfera, em que o vasto conhecimento do Terceiro sobre o negócio tocava os nervos expostos de seus subordinados, claramente levou alguns deles a cometer erros. Segundo O Terceiro, errar não era motivo para terror; cometer o mesmo erro duas vezes, no entanto, era outra história. Sua paciência com o desempenho aquém do desejado não ia muito longe.

Ele formou um comitê de política cujos integrantes eram os nove ou dez executivos mais importantes da empresa, o qual foi mais tarde expandido e transformado no comitê de estratégia, e conduzia as discussões usando o método socrático. Os funcionários precisavam apresentar e justificar suas opiniões sobre questões importantes, e eram formalmente forçados a se confrontar em "dialéticas" pré-programadas em que uma equipe passava semanas preparando um ponto de vista favorável enquanto outra avaliava os pontos negativos.

"Ele é exigente", afirmou um ex-membro do comitê de estratégia. "Ele fazia muitas perguntas, era intenso e focado. Qualquer um que dissesse que ele não era um pouco intimidador quando se levantava para fazer a apresentação estaria mentindo. E qualquer um que dissesse que se acostumou àquilo estaria mentindo também. Mas, a partir de um dado momento, você começava a ansiar pela intensidade e pelo desafio."

Esse desafio nem sempre foi superado. As broncas do Terceiro eram duras e, vez por outra, significavam o fim de uma carreira. Ele demitiu muitos funcionários ao longo dos anos. A maioria deles saiu da empresa ou, se trabalhava em uma agência de publicidade, era designada por seus superiores para trabalhar em outras contas ou outros escritórios regionais. "Se você não fazia bem seu trabalho, havia outro logo atrás que poderia tomar seu lugar. Eles tinham um banco de reservas muito forte", lembrou um executivo que chegou aos escalões mais altos da Anheuser.

Os muitos subordinados do Terceiro trabalhavam arduamente todos os dias para ganhar o respeito dele, acumulando semanas de trabalho exaustivas e passando longos períodos longe de suas famílias. Eles eram nativos despretensiosos do Meio Oeste — o tipo de homem que casa com a namoradinha do colégio –, e o Terceiro exigia sacrifícios. Como era suficientemente cativante, eles se sacrificavam.

"O Sr. Busch era um ótimo chefe; você seria capaz de fazer qualquer coisa por ele", um executivo graduado confessou. "E, se ele desse um tapinha nas suas costas, você se sentia capaz de aguentar aquele ritmo por mais seis meses, porque o amávamos e respeitávamos muito. Mas ele não é o tipo de homem que retribui este amor. Essa era a parte mais difícil."

Os executivos ambiciosos da Anheuser que eram prestativos repassavam certos conselhos para seus colegas menos experientes. Conhecer sua área de atuação de cabo a rabo era fundamental, pois era um delito capital um funcionário não conseguir dar uma resposta a August III sobre um assunto que deveria dominar. Caso isso acontecesse, era muito melhor dizer que voltaria logo com a informação do que tentar responder blefando. O detector de mentiras do Terceiro funcionava extremamente bem, e "se ele descobre, não vai ser nada bom," avisou um ex-executivo.

Era importante ter uma versão abreviada de cada proposta caso ele estivesse com a agenda lotada, porque quando O Terceiro dizia a alguém que tinha dois minutos, era literal. Algumas vezes, ele tirava o relógio e o colocava na mesa diante dele para chamar atenção para o limite de tempo.

E sempre, sempre o encare, os executivos graduados recomendavam.

"Nunca recebi essa instrução", refletiu um ex-executivo. "Porém, nunca me ocorreu agir de forma diferente."

■ ■ ■

Os interrogatórios realizados pelo Terceiro eram mais estressantes durante as viagens a bordo dos aviões da Anheuser-Busch. Os executivos que viajavam com August – e, em alguns casos, até mesmo suas esposas – sabiam que precisariam estar preparados para várias horas ininterruptas de sua atenção. Ele costumava pilotar o avião na volta para casa, ou no mínimo, abrir uma cerveja e descontrair. "A ida, no entanto, é seu pior pesadelo", revelou um ex--funcionário. "Você fica preso naquele avião por horas, e ele vai torturá-lo, fazendo pergunta atrás pergunta. Não havia como escapar. O que você pode fazer?"

August III adorava aparecer sem qualquer aviso prévio. Ele fazia inspeções de surpresa meticulosas e com frequência nas fábricas, nos parques temáticos, nas distribuidoras da Anheuser-Busch e até mesmo em restaurantes que serviam as cervejas da empresa. A rotina era simples: se a cerveja servida pelo restaurante ou entregue por uma distribuidora era velha, ele ia até a geladeira onde ficavam estocadas as bebidas e jogava tudo fora. Se os caminhos de um parque temático estivessem sujos, ele convocava por rádio o gerente geral em questão de segundos e colocava todos os funcionários para limparem tudo. Para dar o pontapé inicial em suas visitas, O Terceiro costumava ir direto ao banheiro – uma tática que seu pai também empregara no passado. "Quando visito uma de nossas fábricas ou instalações, vou direto aos banheiros", Gussie informou. "Não porque preciso usá-los... Se os banheiros não estão limpos, se não há sabão, toalhas ou papel higiênico, pode apostar que algo estará faltando em muitas outras fases daquela operação."

O desejo por controle e perfeição do Terceiro o levou a se envolver profundamente em quase todos os aspectos dos negócios da Anheuser-Busch. Certa vez, ele mandou que um anúncio de televisão fosse filmado mais uma vez porque os cavalos que apareciam nele eram magros demais. Seu amor pela cerveja – o cheiro e o gosto, a maneira como a luz atravessa um copo bem-servido e como ela era produzida com esmero, da colheita à chopeira – o tornou uma presença constante nas fábricas muito após o término oficial de seu mandato como CEO.

"Ele tinha uma paixão incrível pelo produto, pelas fábricas e por tudo relacionado com a fabricação de cerveja", lembrou um ex-membro do comitê executivo. "Essa área era dele."

Ritualisticamente, August III enfiava as mãos nos silos de lúpulo das fábricas, abria as cascas e inalava profundamente, avaliando sua qualidade pelo cheiro. Nas reuniões realizadas nas fábricas, ele gostava de jogar lúpulo em água quente para fazer "chá de lúpulo", que tinha um gosto tão diferente que até mesmo muitos amantes da cerveja o consideram repugnante.

Jantar com O Terceiro em um restaurante significava sentar diante de uma seleção de cervejas servidas no estabelecimento e passar a hora do jantar bebericando e gargarejando para ter certeza de que estavam frescas. Após o trabalho, ele gostava de ir até a sala de provas no último andar do departamento de produção. Até mesmo seu escritório servia como um laboratório de prova de cerveja. Por ser um mestre cervejeiro diplomado, era membro da equipe de supervisão de gosto da empresa, que provava cervejas das várias fábricas Anheuser-Busch todos os dias para saber se pequenos ajustes precisariam ser feitos no processo. Qualquer um que entrasse em seu escritório decorado em tons de marrom podia encontrar até cinquenta garrafas numeradas perfiladas em cima de sua mesa. Muitas noites, ele seguia o mesmo ritual em casa até se deitar às 20h30.

Um executivo que costumava inspecionar as fábricas da empresa com August III brincava: "Quando você fazia uma visita de inspeção com August, os pisos estavam sempre molhados. Quando ele visitava uma fábrica, era melhor usar sapatos com sola de borracha porque, antes de sua chegada, lavavam tudo."

Havia reclamações de que as fábricas da empresa tinham carta branca no que se referia a gastos, mesmo quando não pareciam necessários. "Era quase hilário participar de uma reunião do comitê de avaliação de investimentos de capital", revelou um executivo graduado. "Qualquer coisa que as fábricas quisessem, recebiam. Em um dado momento, havia trezentos engenheiros no corpo de funcionários, só criando coisas para não ficarem parados." Mesmo assim, aquilo valia cada centavo para August III.

Em um dado momento no final dos anos 1970 ou começo dos 1980, uma equipe composta de funcionários de uma agência de publicidade e executivos do departamento de marketing conduzia uma série de entrevistas com discussões em grupo em um centro comercial nos arredores de St. Louis.

"Quero ver um desses", August III ordenou, e os publicitários, claro, obedeceram. Então, O Terceiro chegou ao centro comercial naquela noite quando um grupo de consumidores se sentava ao redor de uma mesa para discutir a Anheuser-Busch e seus anúncios. O Terceiro e seu séquito de publicitários ficaram em uma sala próxima, atrás de um espelho unidirecional.

O grupo discutiu vários aspectos da indústria cervejeira antes de abordar o conceito de envelhecimento em barris de faia. Um senhor de meia-idade acrescentou seus conhecimentos: "É isso aí, fui à fábrica onde ficam aqueles barris imensos de faia. É mesmo, barris gigantes, vi com meus próprios olhos."

August III, postado atrás do espelho falso, fez uma cara de espanto. "Esse cara não sabe porra nenhuma", disse aos outros observadores. "Não temos isso, não temos nada disso." Era evidente que o homem nunca vira os tanques de envelhecimento de uma fábrica da Anheuser-Busch, os quais eram de metal, não de madeira, e tinham fundos cobertos por lascas de faia.

"Eu sei, August, mas isso é o que ele pensa, então essa é a realidade para ele", contrapôs Steve Kopcha, que comandava a discussão em grupo. Enquanto o grupo ouvia pacientemente, o homem continuou a revelar uma série de informações falsas sobre o processo de envelhecimento com faia até August III não aguentar mais. Então, ele se levantou, entrou na sala em que estava o grupo e, com a mão estendida, disse: "Oi, sou August Busch. Deixe-me explicar como fazemos tudo."

"Os caras ficaram sentados lá de boca aberta", Kopcha recordou mais tarde. "Durante cerca de uma hora, ele falou a eles sobre como fabricar cerveja da maneira correta. E vou lhe dizer, ele conquistou dez novos consumidores vitalícios de Budweiser. Vendeu muita cerveja naquela noite. Ele era assim. Se algo não estava certo, ele queria consertar."

Apesar de toda a dedicação do Terceiro à qualidade e de seus esforços para transformar os consumidores de cerveja cotidianos em "fanáticos", a Budweiser e a Michelob não são consideradas cervejas premium pelo público americano desde a década de 1950. Para muitos consumidores americanos e para ainda mais consumidores europeus, a Bud e a Bud Light são cervejas de barril para serem tomadas, cinco ou seis de cada vez, em frente à televisão.

"As pessoas não estão interessadas na maneira como ela é fabricada", explicou Kopcha, repetindo em termos mais contundentes o que os funcionários da Anheuser tentam abordar em termos mais delicados. "Eles presumem que ela seja fabricada em boas condições sanitárias, e é com isso que eles realmente se importam."

"Queria ganhar um dólar por todas as vezes que tentamos falar sobre ingredientes em uma discussão em grupo e alguém chegava e dizia: 'Olha, não me importo se ela é feita de urina de pantera. Se gosto, gosto e, se não gosto, não gosto.' Nunca conseguimos convencer August disso, embora, no fundo, soubesse que as pessoas diziam isso."

A meticulosidade de August III permeava toda a organização Anheuser-Busch, desde as suítes de escritórios dos principais executivos aos responsáveis por lavar os cavalos Clydesdale ou entregar caixas de cerveja. Na época dele, os entregadores de Budweiser costumavam expor todas as latas nas gôndolas das lojas com os rótulos virados para fora, e os vendedores tinham o hábito de passar pela mercearia de seus bairros, no caminho para casa, para reabastecer a geladeira de cerveja tiradas do depósito nos fundos da loja. Essa dedicação dos funcionários ajudou a Anheuser a derrotar a Miller durante os primeiros 15 anos de comando do Terceiro.

"Olhando em retrospectiva, podemos discordar de algumas coisas, mas é preciso ver as outras tantas que deram muito certo", Buddy Reisinger relembrou. "Ninguém trabalhava mais do que ele, nem ninguém gostava mais daquele lugar do que ele."

∎ ∎ ∎

Havia outra coisa que O Terceiro amava quase tanto quanto produzir cerveja: voar. A Anheuser-Busch era um dos melhores clientes da fabricante de jatos Dassault, e O Terceiro, que começara a pilotar aos 15 anos, adorava aproveitar oportunidades para acumular mais horas de voo dando uma volta em um dos aviões da empresa. Na verdade, a Anheuser arrendava sua frota de jatos e de helicópteros Bell de uma empresa criada por August III, a Ginnaire Rental, a um custo de várias centenas de milhares de dólares por ano, e declarava o fato no informe anual aos acionistas. Os pilotos da Anheuser nunca se importavam quando O Terceiro assumia os comandos a caminho de casa. "August era um piloto e tanto", elogiou um ex-funcionário. "Os pilotos o adoravam e o respeitavam. Ele sabia tudo."

Em vez de enfrentar o trânsito nas rodovias de St. Louis e ser forçado a aturar apertos de mão e conversa fiada na caminhada curta do estacionamento da empresa até seu escritório, ele preferia voar de helicóptero para o trabalho todas as manhãs ao deixar sua fazenda remota em St. Peters, que ficava a 65 quilômetros a leste da cidade. Ele tinha fobia de elevador, e voar até o trabalho permitia que descesse apenas um lance de escadas todas as manhãs, em vez de subir de elevador do andar térreo do edifício. O Terceiro chegava todos os dias antes das 7h45, e seus subordinados observavam a pontualidade de suas chegadas mais prosaicas pela presença ou não do helicóptero dele, pousado ameaçadoramente sobre o teto, quando entravam no estacionamento. A Anheuser-Busch operava em horário "Busch": os eventos eram ditados pela chegada do Terceiro, não pela posição de dois ponteiros no mostrador de um relógio. Todos que viajavam com ele nos jatos executivos da empresa sabiam que deveriam chegar com uma hora de antecedência, pois "assim que August chegar lá, partimos."

"A onipresença do Sr. Busch no escritório, o helicóptero cerimoniosamente pousado em cima do prédio, era enervante", confessou um ex-executivo de alto escalão. "Todo dia eu dirigia até aquele prédio nos anos em que ele esteve lá e via aquele helicóptero e sabia que poderia, a qualquer momento, estar naquela sala respondendo às perguntas, frequentemente pouco amistosas. Aquilo encorajava muito a pontualidade." Os funcionários que já haviam chegado tentavam ignorar o barulho dos rotores todas as manhãs quando o helicóptero pousava, por cima de suas cabeças, mas era difícil não prestar atenção à chegada do Terceiro.

"O helicóptero pousava bem em cima de minha cabeça quando eu trabalhava no nono andar, e eu achava aquilo muito perturbador", desabafou outro ex-executivo de primeiro escalão. "Após um tempo, tirei as garrafas expostas em minhas estantes porque não aguentava mais vê-las cair."

Muitas empresas pensariam duas vezes antes de permitir que seus CEOs andassem de helicóptero na ida e na volta ao trabalho todos os dias, sobretudo empresas listadas em bolsa com executivos tão influentes quanto August III. Mas ele nunca se sentiu sujeito às leis dos meros mortais. Graças à sua grande riqueza e a uma criação isolada e provinciana, ele tendia a evitar os aspectos mais duros da realidade, ou nunca teve a oportunidade de enfrentá-los para início de conversa. Durante uma visita a Nova York para uma reunião de negócios, sua equipe de segurança parou todo o trânsito na congestionada Sexta Avenida enquanto ele saía de um prédio para que Busch pudesse entrar em seu carro. "Este não é um homem consumido por falta de confiança em si mesmo", avaliou o chefe de uma cervejaria rival.

Uma história muito repetida diz respeito a uma viagem de August III e um grupo de executivos a Barcelona. O Terceiro se recusou a atrasar seu horário de jantar costumeiro (por volta das seis da tarde, para poder ir dormir cedo) ainda que os espanhóis tivessem o hábito de comer muito mais tarde. Eles precisaram encontrar um restaurante disposto a abrir mais cedo para atender ao Terceiro.

"Apesar de pertencer a uma das famílias mais ricas do mundo, ele não era muito viajado, nem tinha lido muitos livros", criticou um ex-dirigente de agência de publicidade. "Ele tinha pontos de vista extremamente provincianos. Tudo era St. Louis e caçar e pescar e a cervejaria."

Estivesse ele dentro ou fora de seu ambiente natural, no entanto, era relativamente fácil para O Terceiro exercer influência. Certo domingo de Super Bowl, August IV deu uma festa em sua casa para algumas dezenas de amigos e executivos de marketing para assistir ao jogo e, mais importante, monitorar a exposição da Anheuser-Busch durante o grande evento. O Quarto tinha um cronograma detalhado de quando cada anúncio da Anheuser seria transmitido, o qual dizia que, logo após a primeira série de anúncios, o locutor do jogo anunciaria uma vista aérea do estádio gerada a partir do dirigível da Budweiser, que pairava acima dele.

Quando o último anúncio programado acabou, todos chegaram um pouco mais perto, na expectativa de verem a tomada a partir do dirigível. E então... nada. Nenhuma vista de cima, do caríssimo veículo da Budweiser lá em cima. Apenas um bando de jogadores de futebol americano suados se preparando para a próxima jogada.

O Terceiro espumou de raiva e exigiu que o chefe da rede de televisão fosse imediatamente contatado. Não fazia sentido falar com algum subalterno quando ele gastava milhões de dólares em patrocínios. Em um intervalo que não pareceu durar nem trinta segundos, August III estava falando ao telefone com seu alvo pretendido. E, poucos minutos mais tarde, a transmissão abruptamente passou a mostrar imagens feitas do dirigível da Budweiser estrategicamente posicionado.

"Além de acontecer, aconteceu quase instantaneamente", disse um dos presentes naquela noite. "Se você é capaz de fazer isso o tempo todo, ter alguém dizendo a você que não pode jantar às seis da tarde e aí 'Porra nenhuma. Vou comer às seis. E vejam só, acabei de fazê-lo!' Tudo era assim com ele. É a realidade dele. Ele não é capaz de entender, porque é tudo na base de 'Quando peço algo, consigo'."

"Se você literalmente voa de St. Peters para o terraço de One Busch Place e depois voa de lá para o aeroporto Spirit of St. Louis... Ele não dirigia para lugar algum, exceto talvez de sua casa até o abrigo de caça a patos. Nunca acontecia. Por mais conectado e ligado que fosse com relação a muitas coisas, ele estava desconectado da realidade. Não que ele estivesse delirando, mas não tinha a menor ideia do que era, por exemplo, dirigir no trânsito."

Embora acostumado a uma vida de luxo, O Terceiro não se gabava disso. Em pessoa, era "humilde", revelou um ex-funcionário da Anheuser. "Nunca vi ele se vangloriar em sua vida. É claro que, se seu nome é Busch, você não precisa se gabar." O Terceiro parecia simplesmente acreditar que burlar as regras da vida "normal" permitia que ele fosse mais eficiente. E ele estava certo.

"Será que ele poderia fazer tudo que fazia se fosse uma pessoa normal e passasse duas horas por dia em um carro?", perguntou outro ex-funcionário. "Provavelmente não."

August III tomou muitas decisões acertadas, mas nunca esteve tão certo quanto em sua convicção de que a Anheuser-Busch poderia conquistar o controle de metade do mercado de cerveja dos Estados Unidos. O ex-executivo da Anheuser, Frank Sellinger, que deixou a empresa para chefiar a Schlitz em 1977, falou em nome de muitos integrantes da velha guarda de Gussie quando disse em 1980: "Não vejo nenhum produto de consumo, como a cerveja, dominando 50% do mercado. Não é possível prever as preferências e as aversões da geração mais jovem." Naquele ano, a Anheuser-Busch controlava 28% do mercado de cerveja dos Estados Unidos. Em 2002, o último ano de August III no cargo de CEO, essa participação inchara para 52%. Mais de uma em cada duas cervejas consumidas nos Estados Unidos no começo do novo milênio era fabricada pela Anheuser-Busch.

■ ■ ■

O Terceiro dedicava muito menos tempo às suas obrigações familiares do que à sua cervejaria. Sua própria criação fora complicada, com tantos meios-irmãos e meias-irmãs das outras esposas do pai Gussie, e esses laços tênues se esgarçaram ainda mais após seu golpe de sala de diretoria. Por essa razão, ele mal falava com Adolphus IV. Enquanto isso, outros meios-irmãos, em determinados momentos, tiveram problemas com a lei. Embora a família Busch tenha demonstrado uma aparente tendência a se envolver em atritos com a lei, mostrara ter um talento igualmente incomum para se recuperar.

O fascínio e a posse de grandes quantidades de armas de fogo se tornaram algo efetivamente mortífero quando Peter Busch, um dos filhos de Gussie, deu um tiro em um amigo na fazenda Grant em 1976, ano seguinte ao golpe de August III. Peter foi condenado por homicídio culposo. Billy Busch, outro meio-irmão do Terceiro, também teve sua dose de notoriedade quando se envolveu em uma briga de bar em 1981 e supostamente arrancou parte da orelha de alguém com uma mordida, assim como quando se envolveu em uma batalha pela custódia de um filho que chegou ao Supremo Tribunal de Missouri. Billy desapareceu dos noticiários após os escândalos, tendo investido em uma distribuidora gigantesca de Houston, juntamente com os irmãos Adolphus e Andy, e, em meados de 2009, formado uma nova empresa para fabricar e comercializar cervejas artesanais e outras bebidas.

Muitos dos filhos e filhas de Gussie e seus companheiros se envolveram com o negócio, de uma forma ou de outra, e a maioria deles morava em St. Louis ou na Flórida. August III, embora fosse o mais poderoso dentre os irmãos, carregava a cruz mais pesada. "Ele foi praticamente criado na fazenda Grant, com uma família das mais anormais, e a ele foi entregue essa dor de cabeça enorme", revelou alguém ligado à empresa. "Ele a administrou excepcionalmente bem, mas aquilo era sua vida."

O Terceiro se casou com Susan Hornibeck, uma nativa da área de Brentwood, em Los Angeles, em 17 de agosto de 1963, na igreja episcopal de Todos os Santos em Beverly Hills. Foi o mais próximo que St. Louis chegou de uma boda real, unindo o império cervejeiro da Busch à filha de um magnata do ramo da distribuição de cosméticos. Segundo Susan – que, em uma ironia cruel para alguém que se unia a uma dinastia cervejeira, nascera com quatro rins –, os dois se conheceram quando O Terceiro visitou a Costa Oeste para lançar a marca Busch Bavarian. Ela era uma jogadora de tênis e voleibol, de 23 anos, magra e loura, e ele tinha apenas 24. Eles se apaixonaram após saírem juntos pela primeira vez e ficaram noivos seis meses mais tarde. Após a recepção do casamento, realizada no jardim da casa dos pais dela, ela se mudou para a fazenda Waldmeister, de propriedade do Terceiro e localizada a oeste de St. Louis. Após cinco anos de casamento, Susan chegou à conclusão de que o relacionamento não estava dando certo. Eles tentaram reconciliar suas diferenças durante mais um ano, mas, sem qualquer resultado, se separaram.

Um dos rumores mais persistentes durante o divórcio foi de que Susan tivera um caso com o locutor esportivo de fala empolada Harry Caray. Ele fora contratado em 1945 para ser locutor dos Cardinals e serviu como a voz do time por 25 anos até um desentendimento com August III, que nunca foi bem explicado, levar os antigos amigos a cortarem relações. Em meio a rumores de que a rixa envolvia Susan, Caray deixou St. Louis e acabou se mudando para Chicago, onde trabalhou na cobertura dos White Sox e, mais tarde, na dos Chicago Cubs. Susan consistentemente negou os rumores, dizendo que seu relacionamento com Caray "era uma questão de amizade, mas nunca um caso romântico, de jeito nenhum". Ela disse que seus jantares com Caray eram puramente um encontro entre amigos e atribuiu o grande número de ligações de sua casa para Caray ao seu hábito de jogar baralho. Ela e O Terceiro costumavam sair com Caray e a esposa, Marion, para jogar.

Após o término do divórcio, Susan criou O Quarto e a irmã dele, Susie, quase sozinha, embora O Terceiro costumasse encontrá-los nos fins de semana. No entanto, em uma entrevista ao *St. Louis Post-Dispatch* anos mais tarde, Susan se referiu a seu ex-marido de forma elogiosa, dizendo que ele a impressionara por causa de "sua inteligência, personalidade e o senso de humor". Ela chamou Ginny, a segunda mulher dele, de "uma garota linda", e revelou que passara o Dia de Ação de Graças e o Natal com a família dele.

Virginia "Ginny" Lee Wiley, uma advogada e ex-defensora pública que se casou com O Terceiro em 1974, cinco anos após seu divórcio de Susan, era considerada por muitos em St. Louis como uma das poucas mulheres suficientemente duronas para aguentar se casar com O Terceiro. O relacionamento mostrou uma melhoria sensível com relação ao casamento anterior dele. "O segundo casamento dele foi muito diferente do primeiro", disse Buddy Reisinger. "Eles eram muito ligados; passavam muito tempo juntos. Ele valorizava a opinião dela, e ela é uma senhora muito inteligente."

Em 1980, quando August IV e Susie eram adolescentes e O Terceiro e Ginny tinham dois filhos próprios, O Terceiro indicou que tinha consciência de que seu ritmo de trabalho brutal contribuíra para o colapso de seu primeiro casamento. "Aprendi na casa dos vinte e trinta anos que é importante ter estabilidade em casa", declarou a um repórter enquanto consumia um hambúrguer e duas Michelobs no hotel Pierre em Nova York.

■ ■ ■

O Terceiro exigia uma lealdade incontestável de seus subordinados e tinha um magnetismo intrigantemente forte, muito embora soubessem que, quanto mais perto chegassem de seu núcleo central, mais probabilidade havia de se ferirem gravemente.

"Ele tinha uma presença muito, muito poderosa", relatou um membro do comitê de estratégia. "Ele era muito intenso; avaliava as pessoas muito rapidamente. Você precisava levar em consideração o paradigma pelo qual ele fora criado, tendo nascido em uma família como a Busch. Tenho certeza de que você encontrará exemplos parecidos em quase todas as famílias ricas e famosas, em termos de como aquele tipo de criação molda alguém."

"Se ele confiava em você, era de uma lealdade incrível. Era capaz de fazer tudo para ajudar alguém que ele acreditava vestir a camisa da empresa. Se ele não confiasse em você, cuidado."

Aqueles que não conseguiam se controlar se exauriam para ganhar um sinal ocasional de aprovação dele. À medida que seu tempo no comando passava, cada vez menos espaço ele deixava para alguém divergir de seus gostos e pontos de vista. Os críticos de sua forma de operar dizem que os responsáveis pelo planejamento empresarial da Anheuser serviam principalmente como seu "comitê de validação" adulador.

"Ele se cercava de pessoas com quem se sentia confortável", revelou um dos assessores da empresa. "Ele não é o tipo que vai sair por aí tentando encontrar alguém muito diferente dele para passar seu tempo. Esse cara não funciona assim. Eu ficava impressionado como ele conseguia influenciar todo mundo com sua personalidade. Eu olhava para ele e pensava: 'Esse cara não passa de um intimidador.'"

O Terceiro desconfiava muito dos meios de comunicação. Quando uma revista do setor publicou um artigo que não lhe agradou, ele iniciou uma investigação para tentar encontrar a fonte do vazamento. Como parte da investigação, questionou um dentista de St. Louis que era suspeito de passar informações ouvidas enquanto obturava os dentes de um executivo da Anheuser.

"Sua filosofia geral era 'Quando a imprensa começa a fazer perguntas, permaneça na defesa'", informou Harry Schuhmacher, um conhecido analista da indústria cervejeira que não conseguiu fazer uma única entrevista com O Terceiro, apesar de tentar durante anos. A primeira vez em que Schuhmacher encontrou-o foi na inauguração de uma distribuidora em San Antonio, quando ele se aproximou e se apresentou.

"É, já vi sua revista", comunicou O Terceiro, e partiu sem dizer mais nada, deixando que Schuhmacher tentasse entender o que ele verdadeiramente achava do trabalho dele. "Bem, pelo menos ele já viu!", brincou o homem a seu lado.

O medo do Terceiro de ter sua confiança abalada ficou mais pronunciado após um incidente em 1987 que estremeceu a empresa e levou às renúncias forçadas de vários executivos do alto escalão. Durante o processo de falência de uma agência de publicidade chamada Hanley Worldwide, surgiram suspeitas de que três executivos da Anheuser-Busch (o gerente de promoções John Lodge, o vice-presidente de operações de atacado Michael Orloff e o chefe de vendas Joseph Martino) haviam aceitado subornos e praticado outros atos corruptos. O processo de falência acusava Lodge de ter aceitado 13.500 dólares para ajudar na compra de um Porsche e incluía alegações de que Orloff e Martino talvez tivessem aceitado pagamentos questionáveis.

Orloff e Martino protestaram afirmando inocência, e o advogado de Lodge disse que ele não cometera qualquer ato ilícito intencionalmente. Embora a empresa tivesse uma política rígida que proibia seus empregados de aceitar brindes de parceiros comerciais, Martino, que acabou renunciando, disse que esse tipo de comportamento era parte da "cultura empresarial" na Anheuser-Busch. Relatos sobre outros gerentes terem aceitado presentes começaram a vazar. A demissão de todos os supostos envolvidos não foi suficiente para August III, cioso da imagem da empresa, e ele se voltou para Dennis Long, o segundo executivo mais graduado da Anheuser e um de seus amigos mais chegados, em busca de respostas. Como chefe das operações de cervejaria, os três se reportavam para ele. Long não foi capaz de conter a pressão de August III e renunciou, assumindo a responsabilidade pelas supostas infrações dos executivos.

Foi difícil para O Terceiro engolir aquilo. Long era seu protegido, companheiro constante de viagem e confidente para assuntos mais íntimos, além de ter sido um dos arquitetos da era dourada da luta da empresa contra a Miller nos anos 1980. Ele fora o "líder inspirador" da Anheuser-Busch, contou um ex-executivo, o complemento perfeito para o detalhista August. A determinação do Terceiro de extirpar o câncer da Anheuser superou as ligações com seu amigo. "Augie não perdoa", disse um ex-executivo.

Depois desse incidente, a vida na empresa mudou sensivelmente e, na maior parte, para pior. O Terceiro assumira controle de 38% do mercado americano de cerveja, mas repentinamente se encontrou sem um CEO para a importantíssima divisão de fabricação e com uma equipe de vendedores sem chefe. Para preencher o vácuo, ele anunciou que assumiria as responsabilidades de Long e seria o presidente da subsidiária de fabricação.

Os analistas de Wall Street esperavam que ele encontrasse um novo chefe para as fábricas, e vários nomes foram ventilados. Em vez disso, August III disse aos investidores que exerceria ambos os cargos por, ao menos, dois anos. Ele fez isso e muito mais. Quase três anos mais tarde, com O Terceiro ainda ocupando os dois cargos, o *St. Louis Post-Dispatch* publicou uma coluna que parecia um anúncio classificado para o antigo cargo de Long.

"Ele não estava disposto a promover qualquer pessoa a um cargo importante na empresa porque, para ser franco, não confiava em ninguém", revelou um membro do comitê de estratégia. "Esse foi um momento decisivo. Quando ele perdeu a confiança nas pessoas à sua volta, aquele ambiente de trabalho ficou muito complicado. Eu sentia toda a desconfiança que havia das pessoas em geral por causa do golpe que a empresa sofrera, sobretudo por parte do Sr. Busch."

■ ■ ■

Essa desconfiança só serviu para aumentar a má vontade do Terceiro com relação às questões ligadas à delegação de autoridade ou com o questionamento de suas opiniões. Ele queria se entrincheirar e consolidar seu poder, não entregá-lo a outro.

"Eu tinha um cliente que costumava dizer: 'Grandes homens têm grandes fraquezas'" –, confidenciou Charlie Claggett. "Acho isso muito certo. Acho que August era assim. Uma de suas fraquezas também era um de seus pontos fortes: a falta de confiança. Você precisava provar quem era todos os dias ou não ficava a seu lado."

Um antigo funcionário comparou August III a Frederico, o Grande, rei da Prússia, que teve uma infância difícil por causa de seu pai brutal e gostava de conversar com seus queridos galgos italianos. "Ele conversava com seus cães de estimação, mas tinha tanta confiança na própria capacidade que não precisava falar com mais ninguém. Ele simplesmente mandava fazerem o que ele queria."

"Não tinha como deixar August III descontraído", disse o ex-chefe de uma agência de publicidade. "Ele tinha uma personalidade muito limitada. Era restrito, tanto emocional quanto intelectualmente. Ele amealhou todos os seus recursos e talentos e se concentrou inteiramente na venda de cerveja. E aprendeu a fazer isso incrivelmente bem."

Capítulo 4

Vendendo o sonho americano

Ele toma decisões seguindo seu instinto. Ele entendia claramente que os anúncios precisavam cair no gosto de homens jovens, homens na idade de beber. Ele entendia a importância da música para aquele grupo, assim como a do sexo, do atletismo e dos esportes.

— Roy Bostock, ex-chefe de agência de publicidade

Ninguém simplesmente toma cerveja. Toma-se a marca por trás da cerveja. E, embora muitas marcas definidoras de imagem, como Mercedes ou Gucci, sejam caras, até mesmo a melhor das cervejas é um luxo acessível – uma maneira de o homem comum fazer uma extravagância sem arrasar a conta bancária. Quando alguém entra em um bar e vai até o balcão para pedir uma cerveja, a marca que escolhe diz algo sobre essa pessoa. August Busch III reconhecia esse fato e o explorava.

"Se você pensa em cerveja, entre seus conhecidos provavelmente haverá alguns que bebem uma cerveja em um bar e outra em casa, onde ninguém os vê", um ex-executivo da Anheuser analisou. "Há uma gama de atributos associados à garrafa que você segura quando está em público ou com seus amigos, e isso é importante. Não acontece por acaso. Acontece porque as cervejarias derramaram rios de dinheiro para desenvolver as imagens de suas marcas."

A Anheuser-Busch não se tornou a cervejaria mais famosa do mundo por causa da qualidade superior de seus produtos. Muitos conhecedores de cerveja desprezam a Budweiser por ser "gasosa", "amarela" e "insossa". Demorou um século e meio de cultivo extremamente cuidadoso para transformar a supostamente medíocre Budweiser no Rei das Cervejas. Graças a bilhões de dólares em gastos publicitários que ajudaram a estimular o culto à Budweiser, os americanos amam não apenas a cerveja Anheuser-Busch, mas cerveja em geral. O mero som de uma lata sendo aberta traz recordações de férias de verão, churrascos no quintal e vitórias esportivas emocionantes. A cerveja faz parte do tecido cultural dos Estados Unidos. E era nesse ponto que o gênio do Terceiro ficava mais evidente.

"Ele sabia claramente que a publicidade era a marca", revelou Roy Bostock. "Então, como CEO, se envolvia a fundo na publicidade. Muitos CEOs costumam dizer que a publicidade é responsabilidade de outra pessoa. Mas August não pensava assim. Ele sabia da importância da publicidade para as marcas. A Budweiser foi criada por anúncios."

E era isso que a InBev queria comprar: todo o estresse, o suor e as lágrimas por meio dos quais a Anheuser-Busch magicamente transformara suas cervejas para lá de convencionais em um movimento patriótico. A Budweiser, Brito gostava de dizer, era como "a América engarrafada". E ela não apenas bate outras cervejas, como a Miller ou a Coors; ela se classifica bem entre todas as marcas mais conhecidas do mundo, e ponto final. Medir o valor de uma marca é mais arte do que ciência, mas eram as marcas da Anheuser-Busch, não suas fábricas feitas de tijolo ou suas linhas de embalagem, que representavam uma parcela enorme do valor da oferta de 46,3 bilhões de dólares feita pela InBev.

A Budweiser foi classificada como a 16ª marca mais valiosa do mundo em 2010, de acordo com a BrandFinance, que colocou a Bud à frente do McDonald's, da Disney e da Apple. O valor da marca Budweiser em dólares? Em maio de 2008, logo antes de a InBev fazer sua oferta, ela foi avaliada em 17,2 bilhões de dólares, quase 40% do preço da oferta da InBev.

Os cavalos Clydesdale e as viagens de trem de Gussie foram exemplos precoces do talento da Anheuser-Busch em termos de publicidade contingente, mas foi O Terceiro que, em última análise, propulsionou a imagem da Budweiser rumo à estratosfera.

"Antes de August virar CEO, o departamento de marketing era um pouco como o *O clube dos cafajestes*", disse um ex-executivo, referindo-se ao ambiente de república estudantil mostrado no filme com John Belushi. "Era uma loucura." August III controlou aquela energia livre e a direcionou para anúncios que buscavam atrair os tipos certos de consumidores. Ele entendia que a publicidade precisava ser um dos produtos mais importantes da Anheuser-Busch. Alguns diriam que ela se tornou mais importante para o sucesso da empresa do que a cerveja propriamente dita. Durante seu mandato, a Anheuser-Busch foi capaz de transformar o vício de beber álcool – que fora banido nos Estados Unidos havia poucas décadas – em algo que conjurava imagens felizes e ajudava a congregar pessoas.

O Terceiro não tinha qualquer formação acadêmica em marketing, mas um diploma de mestrado não era necessário para saber quem ele precisava caçar – e como. Com um foco preciso em seus consumidores mais importantes, a empresa consistentemente veiculou dois tipos de campanhas: anúncios de "qualidade" que mostravam cerveja saindo de uma torneira e cavalos Clydesdale marchando em campos cobertos de neve, e anúncios engraçados e irreverentes direcionados a consumidores mais jovens.

■ ■ ■

A grande investida de August na publicidade começou logo depois que ele se tornou CEO no final dos anos 1970. A taxa de crescimento da Miller superava a da Anheuser-Busch; a Miller Lite era um sucesso estrondoso; e a campanha de anúncios "Miller Time" (É hora de Miller), que celebrava a camaradagem de trabalhadores manuais, era um enorme sucesso. John Murphy, o presidente da Miller, tinha um boneco vodu que ele apelidara de August e tinha um capacho ornado com a logomarca "A&Eagle" da Anheuser embaixo da mesa em seu escritório e com o qual limpava as solas dos sapatos todas as manhãs. Os principais executivos da Miller afirmavam que eles logo chegariam ao primeiro lugar, o que deixava O Terceiro enfurecido. "Nunca vou me esquecer da cara dele", contou William K. Coors, presidente da rival Adolph Coors à *BusinessWeek* na época. "Ele disse: 'Só se for por cima do meu cadáver.' E ele falava sério."

August III sentiu que a publicidade era o ingrediente que faltava para derrotar a Miller e elevar a participação de mercado da Anheuser para 50%.

Quando a greve dos Teamsters finalmente acabou, ele veio com toda força, demitindo funcionários e tomando a decisão estratégica de nomear Mike Roarty como diretor de marketing. Roarty, um irlandês afável conhecido por sua inteligência irônica, foi tão importante durante seus 41 anos na Anheuser-Busch que uma das três bandeiras que costumavam tremular diante da sede da empresa era a da Irlanda. "Os americanos não querem saber da Alemanha", Roarty gracejava, fazendo pouco das raízes étnicas da família Busch.

Roarty era o comediante e O Terceiro era sua contraparte, a "escada" – a face pública da Anheuser-Busch no final da década de 1970 e durante toda a de 1980. Tanto um quanto outro tinham egos inflados, mas as semelhanças paravam aí. Roarty era um showman e um gênio criativo popular que tinha sempre um brilho no olhar e o hábito enervante de se atrasar para reuniões. "Michael é muito mais engraçado do que eu", dizia Busch. "Ele é um orador melhor. Sou mais direto, fico zangado com mais facilidade." Mas Roarty e August III se davam bem um com o outro quando o negócio era vender cerveja, e os dois se respeitavam muito. Roarty tinha um Clydesdale de brinquedo estofado em seu escritório cheio de memorabilia, com cerca de um metro de altura, e sempre sentia vontade de rir cada vez que O Terceiro entrava na sala e sentava nele, de lado, enquanto discutia algum assunto. "Ele reconhecia a importância das redes de televisão e da programação esportiva, da grande criatividade e tudo mais, e ele comandava aquilo", Roy Bostock declarou. "Ele conseguia trabalhar com August III, e não era qualquer um que conseguia."

O primeiro da série de megassucessos publicitários da Anheuser-Busch veio em 1979, quando uma equipe da agência de publicidade D'Arcy apresentou um punhado de propostas ao Terceiro. Nessa época, ele contratava várias agências ao mesmo tempo e jogava uma contra a outra para ver quem produziria um trabalho mais criativo. Não era barato, mas gerou algumas campanhas brilhantes. Uma das ideias de chavão da D'Arcy naquele ano, obra de Charlie Claggett, foi "This Bud's for You" (Essa Bud é para você). O Terceiro gostou daquilo imediatamente, e a frase logo se tornou uma das mais famosas homenagens ao trabalhador americano mais usada pela Anheuser.

"August escolheu essa entre quatro propostas de campanha dizendo 'Esses são os anúncios que queremos'", Jack Purnell revelou. "E acabou sendo maior e melhor, superando a 'Miller Time' da Miller. Homenageamos todos os trabalhadores que você poderia imaginar nos sete ou oito anos seguintes.

Homenageamos árbitros, todo tipo de trabalhador de colarinho branco e de operários, homenageamos trabalhadoras, todos que você possa imaginar."

O Terceiro não gostava muito de esportes profissionais. Suas raras visitas aos jogos dos Cardinals costumavam ser constrangedoras para todos os envolvidos. Mesmo assim, ele reconhecia a importância da mídia esportiva e gastava somas astronômicas para patrocinar uma vasta gama de eventos desse tipo, desde a Copa do Mundo, a NASCAR e o Super Bowl, no futebol americano, às ligas de *softball* em cidades pequenas. Em 1985, a Anheuser-Busch era o maior patrocinador esportivo nos Estados Unidos. Uma década depois, começou a introduzir latas nas cores dos times; "latas para fãs" para as ligas de beisebol e futebol americano; e, depois, para esportes universitários, o que gerou controvérsia por parecer se direcionar a consumidores abaixo da idade mínima para consumir álcool. A total saturação do mercado levava os aficionados a inextricavelmente associar a Budweiser aos esportes. Se você estivesse em um evento esportivo, assistisse a um na televisão ou escutasse um no rádio, era quase impossível evitar a Anheuser-Busch.

"Eles sabem tudo sobre o marketing esportivo", afirmou Charlie Claggett. "Isso envolveu colocar placas da Budweiser em todos os estádios em todas as cidades e inventar programas e promoções locais. Acho que ter a Budweiser como patrocinadora significava muito para as pessoas. Eles atacavam por todos os lados, desde os grandes anúncios nacionais durante o Super Bowl, os quais eram vistos por milhões, a patrocínios em qualquer bairro em que pudessem marcar presença." A empresa, sistematicamente, batia seus próprios recordes de gastos com publicidade: em 1989, foram gastos 5 milhões de dólares em uma série de seis anúncios de trinta segundos cada durante o Super Bowl – duas vezes o que gastara no ano anterior – e o valor continuou subindo desde então.

A Anheuser-Busch dedicava tantas centenas de milhões de dólares à publicidade todo ano que tinha os recursos para patrocinar todas aquelas ligas de bairro e ainda comprar direitos exclusivos de publicidade nos eventos mais importantes. Em 2006, ela comprou os direitos para ser o único anunciante de bebidas alcoólicas no Super Bowl até 2012, estendendo seu monopólio sobre o maior evento esportivo do mundo por 24 anos seguidos. Ela concluiu um negócio parecido de exclusividade de patrocínio para os jogos finais do campeonato universitário de futebol americano até 2010. Quando outras cervejarias tentaram imitar a Anheuser no marketing esportivo, descobriram ser impossível ter o mesmo tipo de acesso, e reclamações da Stroh Brewing levaram o Departamento de Justiça dos Estados Unidos a investigar se estava dentro da lei as emissoras de televisão permitirem que um anunciante alijasse seus concorrentes. Nada resultou da investigação.

■ ■ ■

O Terceiro não apenas ditava a estratégia geral de marketing da Anheuser-Busch, ele comandava o grupo desde as trincheiras. E, embora a publicidade seja uma das disciplinas mais intuitivas do mundo dos negócios, O Terceiro chefiava seu departamento de marketing com um chicote. Conseguir com que ele aprovasse uma ideia nunca era fácil, e, ao contrário de muitos CEOs que deixam todas, menos as decisões mais importantes sobre marketing, a cargo de subordinados, ele tinha a palavra final sobre quase tudo.

"Quando eu o via lidando com seus funcionários e com os das agências que haviam trabalhado com a Anheuser e lá construíram suas carreiras, ele os intimidava", disse um ex-diretor de agência de publicidade. "Eram atitudes de um perfeito intimidador."

"August III costumava tomar decisões em cima do laço, o que não era fácil", desabafou um ex-executivo graduado do departamento de marketing. "Certas horas, era possível provar que ele estava errado e, mais tarde, ele seria só elogios, mas era difícil conviver com ele durante o processo."

Ainda assim, a mágoa e o estresse valiam a pena pela oportunidade de abocanhar um dos maiores orçamentos publicitários do mundo e pela chance de exibir em rede nacional trabalhos criativos corajosos que, em muitas outras empresas, teriam seu tom abrandado. Os funcionários das agências de publicidade se esforçavam para trabalhar na conta da Anheuser-Busch, apesar das demandas frequentemente irracionais do cliente, porque, no final, os anúncios que criavam eram do tipo que ganhavam pencas de prêmios da indústria publicitária todos os anos. Quem não gostaria de ver um anúncio que criara ser veiculado durante o Super Bowl em vez de tê-lo colado na parede dos fundos de um banheiro público?

Apesar da preferência do Terceiro por diplomados em escolas de administração movidos a números, sua maneira favorita de testar campanhas publicitárias era arrastar executivos para a sala de diretoria e fazer perguntas a todo mundo em volta da mesa, um a um, para saber o que achavam daquilo. O desafio, se seu ponto de vista não combinava com o do Terceiro, era encontrar uma maneira de apresentar sua opinião com diplomacia suficiente para evitar ser demitido.

No entanto, August costumava estar certo. "Ele era intuitivamente bom quando se tratava de trabalho criativo", revelou um ex-diretor de agência publicitária. "Em minha opinião, ele era melhor do que O Quarto nessa área ou do que praticamente qualquer um na empresa. Esse é um cara de quem eu pessoalmente não gostava. Mas ele tinha ouvido para a música, um entendimento intuitivo do que atrai os homens jovens – o público-alvo – e sabia que a publicidade era essencial para seu negócio. Queria coisas de vanguarda, de última geração. Nem sempre estava certo, mas não me lembro de nenhuma vez... em que achei que ele estivesse errado." A Anheuser-Busch acertou diversas vezes na escolha de suas publicidades durante a era de August III, o que acabou levando à sua vitória sobre a Miller nas assim chamadas "guerras da cerveja" durante a década de 1990. Essa capacidade mostra como uma empresa pode usar a publicidade para se diferenciar do resto sem mudar quase nada o produto que produzia.

"Muitas partes da indústria da cerveja são 'commoditizadas', e a imagem é o grande diferencial", informou Bob Lachky, reconhecendo que ele seria taxado de herege por admitir que a maioria das cervejas era bastante parecida. "A publicidade estava intrinsicamente entranhada no sistema nervoso da empresa."

O triunfo do Terceiro na guerra contra a Miller teve um gosto ainda mais doce ao se levar em conta o dinheiro que a Miller tinha à sua disposição. "Se você pensar bem, August era o Davi contra o Golias", Charlie Claggett observou. "Se você puder imaginar como ele deve ter se sentido intimidado quando, ainda jovem, tomou o controle dessa empresa e teve de enfrentar a Philip Morris, com todo o dinheiro e poder de mercado dela. Ele não sabia o que fazer, nunca fez universidade. E precisava, de alguma maneira, enfrentar aquele gigante e matá-lo, porque, se não fizesse isso, eles viriam matá-lo. E, meu Deus, ele venceu."

O Terceiro não economizava quando o assunto era publicidade, uma área cuja qualidade, juntamente com as fábricas, era o que mais importava para ele. Rotineiramente, ele exigia coisas consideradas impossíveis e se recusava a aceitar uma redução na qualidade do produto final por causa do número finito de horas em um dia ou do possível custo de algo. Enquanto filmavam e refilmavam anúncios caros e voavam pelo país em jatinhos particulares, seus funcionários passaram a achar que tempo e dinheiro não importavam.

"Ele deixou os custos escaparem do controle", criticou um ex-diretor de uma agência de publicidade. "Não havia dúvida de que ele gastaria o que fosse necessário em publicidade, mídia, promoções e na produção de anúncios para tornar aquele produto o melhor do mundo. E ele assim fez. Isso ajudou a criar alguns dos melhores anúncios de todos os tempos."

■ ■ ■

O dinheiro da empresa alocado para marketing não era gasto apenas com os consumidores – a Anheuser gastava grandes somas fazendo com que seus empregados e distribuidores de cerveja também se sentissem especiais. Ela operava o que era chamado de sistema de "três camadas", que consistia na empresa em si, nas centenas de distribuidoras que serviam de intermediários regionais e nos varejistas que compravam cerveja das distribuidoras. Uma parte de suma importância do sistema era manter as distribuidoras satisfeitas. E uma das maneiras mais comprovadamente eficientes de fazer isso era a convenção anual de atacadistas. Tecnicamente, as convenções serviam como um fórum para compartilhar informações e apresentar novas campanhas publicitárias. A verdadeira agenda da Anheuser-Busch parecia enfatizar que ela era a maior e mais ponderosa cervejaria do mundo. Seus distribuidores – em sua maioria homens milionários ou que estavam a caminho de se tornar – chegavam de *black tie*, suas esposas elegantemente vestidas com casacos de pele e joias, para festejar o sucesso do ano anterior e homenagear a empresa que os ajudava a enriquecer. "O Terceiro transformou tantos daqueles distribuidores em multimilionários que eles o teriam seguido aonde quer que ele fosse", revelou uma pessoa que participou das convenções. "Havia muita deferência, muito respeito. Ninguém questionava uma decisão de Busch, mesmo em um sistema de três camadas, o que é estranho."

Para marcar as festividades, a Anheuser-Busch exibia todos os seus brinquedos enfeitados com as marcas da empresa – o hidroplano, o carro de corrida, o balão de ar quente – e usava todo o poder de seu nome e de sua carteira para atrair a presença de lendas de Hollywood, tais como Lucille Ball, Frank Sinatra, Sammy Davis Jr. e Paul Newman. O ás do marketing Mike Roarty tinha contato com todos eles, e até mesmo, em uma noite glamorosa em 1988, serviu como mestre de cerimônias, ao lado de Bob Hope e um contingente de dançarinas que desfilaram diante de uma cortina feita com contas douradas. Quando as convenções eram realizadas na Califórnia, a plateia e a lista de artistas que se apresentavam eram tão cheias de grandes estrelas do cinema que "você acabava enjoando daquilo depois de certo tempo", confessou um dos presentes.

"O que queríamos mostrar era um grande espetáculo, deixar todos saberem que somos a número um", disse o idoso Roarty, vinte anos mais tarde, enquanto relembrava esses tempos em sua casa, num subúrbio próspero de St. Louis. "Foi um grande sucesso e nos deu uma oportunidade para dizer aos nossos distribuidores: 'Somos a número um e não se fala mais disso.'"

Dois esboços de Roarty por Al Hirschfeld, o caricaturista mais famoso do mundo, estavam pendurados em belas molduras na parede perto de onde ele se sentava, e a casa inteira era lotada de fotografias dele com ricos e famosos – um testemunho dos contatos da Anheuser-Busch no mundo do entretenimento, dos esportes e da política. Os olhos de Roarty brilharam de emoção quando ele contou sobre a filmagem de um anúncio com Frank Sinatra, um entre vários integrantes do "Rat Pack" que ele conhecera bem. "Nos divertimos muito, Frank e eu", disse Roarty, repetindo o comentário cinco minutos mais tarde com relação a Milton Berle. Estrelas de cinema, lendas do esporte e políticos importantes eram imprescindíveis aos esforços da Anheuser para mostrar aos distribuidores que sua dedicação à empresa valia muito a pena.

As convenções nem sempre eram fáceis, contudo, para os publicitários da Anheuser. Todo ano, O Terceiro gostava de mostrar os anúncios do ano seguinte para um salão de convenções lotado com o intuito de provocar emoção e fazer com que os vendedores voltassem para casa muito animados. Com grande expectativa, cada anúncio de TV era ovacionado assim que as telas gigantes na frente do salão escureciam. Mas nem sempre foi assim.

Durante uma das convenções anuais da empresa, a plateia reagiu com pouco entusiasmo a um anúncio vanguardista da Budweiser produzido pela D'Arcy. Aferindo a decepção da multidão, August III se levantou e perguntou: "Quantos de vocês detestam esse anúncio tanto quanto eu?" Quando o comentário provocou uma ruidosa vaia coletiva, os funcionários da D'Arcy tentaram se esconder.

"Vou dizer a vocês o que vou fazer nesse momento", avisou O Terceiro, acenando para que os principais executivos da D'Arcy que estavam presentes se levantassem para que a multidão os pudesse ver. "Vou botar todo mundo da agência em um avião esta noite, vão voltar para St. Louis e criar novos anúncios para a Budweiser." Enquanto a multidão gritava sua aprovação, a equipe penitente da D'Arcy ficou maravilhada pela maneira habilidosa com que O Terceiro conseguira transformar o encontro em um espetáculo tribal solidificador do poder.

■ ■ ■

O Terceiro exigia padrões incrivelmente altos de seus publicitários, tanto em termos de desempenho quanto de comportamento. "Era uma empresa familiar com toneladas de tradição e toneladas de ego", observou um ex-dirigente de agência de publicidade. "Era um pouco como trabalhar com a realeza. Era preciso praticar certo decoro. Você falava quando solicitado, expressava seu ponto de vista uma vez, mas nunca uma segunda. Uma vez decidido, estava decidido." August III gostava de testar os novos funcionários imediatamente, levando alguns a comparar esse momento ao treinamento inicial dos recrutas dos fuzileiros navais.

A publicidade era a tábua de salvação do Terceiro nos tempos difíceis, e ela costumava funcionar. Logo antes do Natal de 1976, ele chamou um grupo de gerentes de marketing para uma sala de reunião, ligou o projetor e apresentou uma transparência que mostrava as vendas da Miller subindo como um foguete. Ele sacou uma caneta hidrográfica, apertou a ponta porosa contra a tela e fez dois riscos, estendendo as linhas das duas empresas e mostrando que a Miller logo ultrapassaria a Anheuser-Busch. Voltou o olhar gelado para os homens naquela sala, encarando cada um deles, um por um. "Se estas tendências não tiverem mudado muito daqui a um ano, muitos de vocês não estarão nesta sala", ele ameaçou. Então, desligou o projetor, desejou a todos um Feliz Natal e foi embora.

O Terceiro tinha um talento para dispensar, criteriosamente, tratamento especial como uma recompensa pelo estresse, embora os incentivos fossem muitas vezes calibrados para apenas compensar a severidade das punições. A empresa dava com generosidade itens caros, porém estranhamente inúteis para empregados diletos e funcionários de agências de publicidade. No Natal, um executivo recebeu um conjunto inteiro de talheres adornados com o emblema da Anheuser-Busch. Outro recebeu de presente uma estátua gigantesca de uma águia, meticulosamente esculpida em alabastro branco, em sua festa de aposentadoria.

Uma das mordomias favoritas, no entanto, era uma ida ao complexo de propriedade da empresa no Lake of the Ozarks, um lago artificial sinuoso, com 150 quilômetros de comprimento, a oeste de St. Louis, que fica lotado de lanchas poderosas, festeiros embriagados e mulheres de biquíni precariamente equilibradas durante os meses agitados do verão. O Terceiro costumava convidar publicitários promissores de várias agências para passar alguns dias no lugar, que também era usado para reuniões e retiros estratégicos da empresa. O local fica a três ou quatro horas de St. Louis de carro, mas a Anheuser-Busch frequentemente transportava convidados até lá de helicóptero, muitas vezes pilotado pelo próprio Terceiro. Em uma viagem muito assustadora para seus companheiros de viagem, O Terceiro mergulhou com habilidade em direção ao solo e espantou uma manada de vacas que pastava.

A decoração do complexo lacustre permaneceu congelada no estilo dos anos 1970, com carpetes felpudos e colchas de couro artificial, até o fim dos 1980 e começo dos 1990. "Era bem Hugh Hefner", observou um convidado frequente durante aquela época. "Era um flerte com a época logo após o período das discotecas. Muito luxuoso, mas parecia um pouco datado." Atrás de um terreno com aposentos havia quadras de tênis e um ponto de pouso elevado para helicópteros. De um lado, havia um espaço gramado para jogos de vôlei e peteca, perto da piscina, e vários refrigeradores cheios de cerveja bem gelada espalhados pela propriedade para facilitar o acesso.

August IV gostava de lanchas de corrida e adorava relaxar dando umas voltas pelo lago nas lanchas que a Anheuser-Busch mantinha fundeadas no complexo, andando a velocidades assustadoras enquanto o casco batia com força na água. "Era um teste para ver quanto eu poderia aguentar", disse um dos passageiros involuntários da lancha do Quarto que sentiu seu cérebro sacudir dentro do capacete em um dos passeios. O Quarto o instruíra a tocar em sua mão caso a velocidade fosse excessiva. "Pensei, não há a menor hipótese de eu tocar em alguma parte do corpo dele para ele andar mais devagar!", contou o passageiro. Então, O Quarto acelerou a lancha até o limite. "Estávamos andando a 175 quilômetros por hora, derrubando as pessoas dos barcos de pesca em nosso rastro. O vento e a gravidade deformavam nossos rostos. Pensei: 'Que maneira estúpida de morrer.'"

O complexo nos Ozarks servia para testar a masculinidade e a virilidade, pelo menos daqueles azarados que eram sujeitos aos desafios ocasionais do Terceiro e do Quarto. Dos escritórios dos executivos de primeiro escalão às cervejarias e rotas de entrega, a cultura da Anheuser-Busch era extremamente machista. Só um imbecil não notaria aquele clima de vestiário esportivo, vários ex-funcionários e assessores comentaram com ironia. Afinal, a Anheuser-Busch vendia cerveja, não bombas para tirar leite materno. O ar livre do interior de Missouri tendia a elevar a agitação movida à testosterona dos executivos. Gary Prindiville, um judoca faixa preta de sexto grau e ex-policial que trabalhava como segurança para Gussie, O Terceiro e O Quarto, realizou várias proezas físicas de masculinidade em resposta aos desafios dos Busch.

Em uma tarde ensolarada durante a presidência do Terceiro, um grupo de funcionários do departamento de marketing estava na beira d'água, onde ficavam fundeadas as lanchas. Alguns deles já haviam consumido várias cervejas e, enquanto olhavam para o lago em um estado de embriaguez, O Terceiro voltou-se para Prindiville e apostou que ele não conseguiria nadar até a margem oposta e voltar. Apesar do estado ébrio do grupo, era evidente que o lago era bastante largo, provavelmente quase um quilômetro. A extensão das margens do lago, na verdade um rio represado, era mais longa do que o litoral do estado da Califórnia, e esse lago fica cheio de lanchas possantes.

Não importa, Prindiville pensou. Ele foi até o píer, mergulhou e nadou ida e volta. Mais tarde, perdeu 34 quilos e completou o triatlo Ironman, no Havaí, para novamente demonstrar sua coragem para seus patrões na Anheuser.

O Terceiro mantinha uma boa forma física, e O Quarto empregava um guarda-costas muito entusiástico chamado Bong Yul Shin, um carismático mestre coreano de tae kwon do e judô, que tinha o hábito de levar funcionários para a sala de treino cedo de manhã, por piores que fossem suas ressacas. Por um tempo, Sr. Shin e O Quarto foram inseparáveis. Ele até acompanhava O Quarto nas corridas por áreas menos favorecidas de St. Louis ou em outras cidades durante viagens de negócios.

"Não se engane!", gritava o Sr. Shin do outro lado da sala, enquanto executivos bocejantes socavam o ar e suavam seus quimonos, lançando olhares de vez em quando para saber se estavam impressionando alguém.

Na maioria das vezes, as viagens recreativas do Terceiro ao lago serviam como reuniões de trabalho maldisfarçadas. Muitas vezes, as idas eram tão carregadas de tensão e estresse quanto os dias passados na sede, trabalhando arduamente embaixo das hélices giratórias do helicóptero no terraço. Qualquer um que quisesse treinar judô bem cedo precisava acrescentar aquilo a uma extensa lista de tarefas matinais, até mesmo no lago. "Passávamos bastante tempo nos preparando, e não era nada fácil", lembra um executivo de publicidade que participou de diversas reuniões de planejamento lá, com uma duração total de várias semanas, ao longo dos anos. O Terceiro deitava às 20h30, mesmo que todo mundo ficasse acordado até mais tarde, e as apresentações começavam pontualmente todas as manhãs às sete. "Quando chegava a hora do almoço, mais parecia jantar", acrescentou o executivo.

No lago, O Terceiro gostava de fazer várias coisas ao mesmo tempo, inclusive ouvir apresentações sobre temas de negócios durante as refeições. Seus subordinados realizavam o desejo dele, claro, mas saíam da mesa famintos. Certa noite no começo dos anos 1990, John Greening, o principal executivo da DDB Needham e responsável pela conta da Anheuser-Busch, foi convocado para jantar na casa do Terceiro no complexo lacustre para apresentar os trabalhos mais recentes de sua agência. Após trocar amenidades e rapidamente organizar os materiais, Greening e Susan Gillette, diretora da filial de Chicago da DDB, começaram sua apresentação. O Terceiro, ouvindo atentamente, destroçou uma costeleta de porco que seu garçom pessoal posicionara cuidadosamente em seu prato.

Quarenta e cinco minutos mais tarde, após apresentarem suas novas propostas, Greening sentou-se para comer seu prato de carne, que estava gelado e tão duro quanto sola de sapato. Ele fez um sinal ao garçom. "Essa costeleta de porco ficou fria e dura. Será que você poderia me dar um pouco de molho de churrasco?"

O garçom parou, virou-se calmamente e abaixou-se para cochichar no ouvido de Greening. "Ele não gosta de molho de churrasco", o homem avisou, acenando com a cabeça na direção do Terceiro antes de voltar para a cozinha.

Charlie Claggett foi apenas uma vez ao complexo lacustre, mas os resultados foram similares. Bob Lachky, o principal contato de Claggett no departamento de marketing da Anheuser, certa tarde chegou até ele com um pedido exasperante:

"August gostaria de jantar com você."

"Maravilha!", respondeu Claggett alegremente enquanto tinha um leve ataque de pânico. Ele chegou aos aposentos de August III naquela noite e encontrou um pequeno grupo de publicitários que também esperavam para se sentarem à mesa comprida. Andrew Steinhubl, o mais graduado mestre cervejeiro da Anheuser-Busch, aguardava constrangido na sala de estar ao lado.

"Andy, já vou lhe atender", gritou O Terceiro. "Sente-se no sofá." Steinhubl obedientemente acomodou seu corpo substancial no móvel mais próximo.

Após o grupo sentar em volta da mesa de jantar, um garçom entrou e começou a cuidadosamente distribuir galinhas indianas, uma a uma, começando pelo Terceiro na cabeceira da mesa. A Anheuser-Busch estava preparando o lançamento da Bud Light e, em seu estilo típico de programa de perguntas e respostas, O Terceiro começou a disparar perguntas. "O que você acha?", ele saiu perguntado a cada um, cortando vigorosamente sua galinha e enfiando pedaços de carne na boca enquanto consultava os presentes. "Você acha que deveríamos fazer isso?" Os convidados estavam preocupados demais em preservar seus empregos para notar que os próprios pratos continuavam vazios.

Após mais alguns minutos de rápida inquietação sentida pelo grupo, August chegou aos últimos pedaços de carne que ainda estavam presos à carcaça de sua galinha. O garçom, que continuava a servir pratos a uma velocidade comicamente lenta, cuidadosamente colocou uma galinha diante do próximo executivo faminto a ser servido, a poucos lugares do assento de August III.

"Muito bem, senhores, obrigado", disse abruptamente O Terceiro, se despedindo e focando sua atenção em Steinhubl, na sala de estar. "Andy, vamos."

"E esse foi meu jantar com August", Claggett ironizou, às risadas, anos mais tarde. O prato dele continuava vazio quando O Terceiro deixou a sala naquela noite.

■ ■ ■

A Anheuser-Busch não era um lugar bom para pessoas que precisam de tapinhas frequentes nas costas porque fazem um bom trabalho. Ela atraía aqueles para quem a mera sobrevivência e, se possível, algum sucesso naquele tipo de ambiente eram recompensas suficientes.

"O Sr. Busch foi o melhor marechal de campo que você poderia escolher para trabalhar", disse Bob Lachky. "Claro, era fácil dizer que ele era durão e agia de maneira inconsistente. Mas, sabe, quando você recebia um tapinha nas costas daquele homem, se sentia disposto a atravessar uma parede por causa dele."

"Para mim, o maior incentivo era alcançar o sucesso", Charlie Claggett declarou. "Você sabia que, se conquistasse aquela colina específica, estava fazendo aquilo que outras pessoas não tinham a oportunidade de fazer. Trabalhar na empresa era motivo de grande orgulho. E os executivos eram muito bem pagos."

Isso era verdade. Graças à reputação da Anheuser de pagar salários acima da média, as casas de seus executivos estavam espalhadas pelas colinas onduladas dos mais atraentes subúrbios de St. Louis. Os filhos estudavam nas melhores escolas particulares, as esposas dirigiam carros luxuosos e eles participavam dos conselhos dos melhores hospitais e organizações artísticas da região.

Contudo, nenhum desses confortos materiais podia ser dado como certo. Muitos funcionários do departamento de marketing foram demitidos por August III ou, se trabalhassem em uma agência, teriam as contas da empresa retiradas de sua responsabilidade após desagradá-lo. "Nunca fui solicitado a deixar uma reunião, nunca", lembrou um executivo de agência de publicidade que trabalhou com a A-B durante anos. "Considero esse fato um dos pontos altos de minha carreira. Mas o verdadeiro ponto mais alto foi conseguir fazer um trabalho criativo da mais alta qualidade em um ambiente tão conturbado."

■ ■ ■

A dispensa de Denny Long durante o escândalo do suborno talvez tenha sido a demissão mais controversa da era do Terceiro. Contudo, foi a D'Arcy, agência de publicidade da Anheuser-Busch havia 79 anos, que pode afirmar ter sofrido a decapitação mais dramática e definitiva.

Em 1994, a revista *Advertising Age* informou que a unidade da D'Arcy em Nova York responsável pela compra de espaço em mídia aceitara encomendas da Miller Brewing, a arqui-inimiga da Anheuser-Busch. Para August III, não podia haver uma ofensa maior do que essa, tendo em vista o ódio que sentia pela Miller e por sua controladora, a Philip Morris. William Melzer, gerente-executivo da filial de St. Louis da D'Arcy na época, entrou na sala de Charlie Claggett na manhã do dia em que a notícia foi divulgada.

"Você tem algum conhecimento disso?", perguntou Melzer. "Compra de espaço em mídia para a Miller?"

"Não é possível", respondeu Claggett. "Por que faríamos tal coisa?"

"Acho melhor eu ligar para Nova York para saber o que está acontecendo", Melzer sugeriu, voltando para sua sala.

Na próxima vez que Claggett se encontrou com Melzer, este estava furioso. "É verdade. Fizemos", confirmou. "Compramos espaço em mídia para a Miller." Conhecedores do temperamento imprevisível do Terceiro, os dois discutiram qual deles confrontaria o mais importante cliente deles com a novidade. O Terceiro já ouvira falar do que acontecera bem antes de Melzer o contatar, contudo, e ficou apoplético. Seriam necessários mais do que os esforços de Melzer para acalmar a tempestade.

Roy Bostock, presidente e executivo-chefe da agência, imediatamente pegou um voo de Nova York para St. Louis para tentar minimizar os estragos. Ele encontrara August III algumas vezes anteriormente, uma vez durante a celebração do 75º aniversário do relacionamento da Anheuser com a D'Arcy, realizada na fazenda Grant alguns anos antes. Bostock subira no palco e presenteara August III com um filhote de Clydesdale chamado D'Arcy. A conversa entre os dois homens e suas mulheres na mesa de honra fora enfadonha e a amizade não se aprofundara desde então. Bostock era um executivo ambicioso de Wall Street, exatamente o tipo que o provinciano August III adorava detestar. Ele controlava a D'Arcy de Manhattan, onde eram criadas pessoas em quem O Terceiro não confiava e, nos 15 anos seguintes, tornou-se uma força destacada no mundo dos negócios norte-americano exercendo o cargo de presidente da Yahoo! durante a tentativa frustrada da Microsoft de adquirir a empresa, o de presidente da Northwest Airlines e o de diretor do Morgan Stanley quando da luta daquela empresa para sobreviver ao longo da crise financeira de 2008. Enquanto isso, o estilo brusco e intimidador de August III era igualmente repugnante para Bostock, a quem O Terceiro atacara em público durante a convenção de distribuidores por causa do anúncio feito pela D'Arcy.

Bostock sabia, do ponto de vista da lucratividade, que o relacionamento da D'Arcy com a Philip Morris era muito mais rentável do que seu relacionamento com a Anheuser-Busch. Em um momento, a Anheuser até sugerira que a D'Arcy deveria, de bom grado, administrar sua conta com prejuízo porque ela ajudava a melhorar a reputação da agência.

Bostock se encontrou com August III e August IV para explicar que a D'Arcy não estava comprando espaço em mídia diretamente para a Miller. Ela estava comprando blocos imensos de tempo para a Philip Morris, o gigante que controlava a Miller, a qual depois, independentemente, alocava o tempo entre suas várias marcas. Essa era uma prática comum que já durava décadas, Bostock observou. D'Arcy também comprava espaço em mídia tanto para a Procter & Gamble, que era proprietária da marca de café Folgers, quanto para a General Foods, proprietária da concorrente Maxwell House.

O Terceiro fez várias perguntas zangadas para Bostock, mas pareceu deixar tudo como estava. Portanto, quando Claggett recebeu um telefonema de Bob Lachky em uma tarde de sábado daquele novembro, a reação foi de curiosidade em vez de pânico. "O Chefe quer ver você no hangar amanhã", disse Lachky, tendo sido cooptado involuntariamente por August III para ajudar a administrar a situação.

"Do que se trata?", perguntou Claggett. "Vou deixar que ele mesmo conte a você", respondeu Lachky.

No dia seguinte, August III, Patrick Stokes, o diretor de fabricação nos Estados Unidos, e Lachky entraram no estacionamento ao lado do hangar da empresa no aeroporto Spirit of St. Louis no mesmo instante que Claggett. Os homens se cumprimentaram rapidamente na calçada antes de entrarem no edifício.

"Pode entrar, você primeiro", um deles sugeriu, enquanto conduziam Claggett até o prédio, deixando-o com a impressão de que algo estava errado. Parecia um assassinato encomendado pela Máfia.

Eles entraram em uma sala pequena no hangar, e August III fez uma introdução rápida antes de falar do motivo da reunião. "Precisamos encerrar nosso relacionamento", disse repentinamente.

"O que é que você está querendo dizer?", perguntou Claggett.

"Que vocês não são mais a nossa agência", respondeu O Terceiro.

"Isso significa... então, você está retirando a conta da Budweiser?"

"Toda ela".

"A Michelob, a Natural Light, a O'Doul's?"

"Isso mesmo, tudo."

"Nossos negócios em Israel, Europa, Ásia?", Claggett gaguejou, cada vez mais atordoado enquanto internalizava as próprias palavras. "A Busch..."

"Charlie, *tudo*."

Claggett não conseguia falar. Essas contas representavam 80% do faturamento de sua filial. Contudo, O Terceiro não confiava mais na agência, e era quase impossível reconquistar sua confiança. A reunião estava basicamente encerrada, então ele voltou calado até seu carro, sentou no banco do motorista e telefonou para Bostock em Nova York.

A resposta de Bostock deixou claro o que ele achava das notícias.

"Aquilo é uma quadrilha de bandidos."

Mais tarde, O Terceiro telefonou para Bostock para propor uma trégua entre as duas partes, pelo menos em público, para que a Anheuser-Busch não fosse criticada pela decisão. Bostock também não queria que a reputação de sua agência fosse maculada.

"Vamos agir de forma civilizada", O Terceiro sugeriu. "Sem que ninguém saia mal."

No entanto, a derrota da D'Arcy foi uma vitória imensa para a filial de Chicago da DDB Needham, uma subsidiária da Omnicom, que ganhou a conta da Budweiser. No dia seguinte à despensa da D'Arcy, Lachky telefonou para John Greening, da DDB.

"John, já fiz o telefonema triste e agora tenho a chance de fazer o telefonema feliz", disse Lachky. "Vocês vão trabalhar a marca Budweiser, e vamos visitar vocês na segunda-feira." A ocasião era suficientemente importante para merecer uma rara visita de August III ao escritório da agência em cima do famoso AON Center, em Chicago, o segundo prédio mais alto da cidade na época. Isso representava um problema para August III, que preferia encontrar os colegas que tinham escritório em arranha-céus no saguão do edifício antes de partir para um destino mais próximo ao nível do mar.

Ele reuniu coragem suficiente para entrar no elevador com seu guarda-costas, Gary Prindiville, que mandou os executivos da DDB olharem O Terceiro no olho e continuarem a falar enquanto o elevador acelerava rumo ao último andar. Os funcionários da agência olharam diretamente nos olhos de August III e começaram a balbuciar tudo que vinha à mente — a equipe local de hóquei no gelo, os Blackhawks, o clima — até o elevador desacelerar, parar e as portas abrirem.

■ ■ ■

O Terceiro tomou muitas decisões controversas, mas era difícil questioná-las quando se examinavam os resultados. A participação da Anheuser no mercado americano de cerveja dobrou, de 22 a 44%, entre 1977 e 1990, e, quatro anos mais tarde, a Bud Light superou a Miller Lite e virou a cerveja light mais vendida. August III atingiu sua meta de dominar os Estados Unidos em grande parte por causa do poder da propaganda.

"Quando entrei na empresa, tínhamos 10% do mercado americano de cerveja", Jack Purnell lembrou. "Quando me aposentei, tínhamos quase 50%. E August III foi a força propulsora."

Capítulo 5

O Quarto aguarda

Adoro meu pai. Dê uma olhada em minha casa, parece um museu dele. Todas as fotografias nas paredes são dele ou dele comigo. Chega ao ponto de minha mãe me perguntar "Onde estão todas as minhas fotos?", mas ele foi muito duro comigo. Talvez o nome seja amor exigente.
— August Busch IV (Gerry Khermouch, Julie Forster, e John Cady, "Is This Bud for You, August IV?" *BusinessWeek*, 11 de novembro de 2002)

Alguns dos melhores anúncios durante a era dourada da Anheuser-Busch nos anos 1990 foram capitaneados não por August III, mas por seu filho, uma estrela ascendente no departamento de marketing que tinha um dom para escolher vencedores irreverentes. No entanto, O Terceiro foi muito rígido com o filho e ainda menos generoso com elogios do que Gussie fora com ele.

Em 15 de junho de 1964, com dez horas de idade e 3,6 quilos de peso, August IV recebeu suas primeiras gotículas de cerveja Budweiser. E, como o pai, o pequeno August IV fez sua estreia na Anheuser-Busch em uma idade muito tenra. Isso não era surpreendente, pois o escritório era um dos poucos lugares em que os dois conseguiam consistentemente interagir. O executivo de agência de publicidade Steve Kopcha lembra-se de ver O Quarto entrar saltitante na sala de diretoria da Anheuser-Busch, seguido por uma assistente do Terceiro, com cinco ou seis anos – por volta da época em que seus pais estavam se divorciando. Enquanto Kopcha e sua equipe recolhiam seus materiais após o fim de uma reunião de marketing, O Quarto se atirou na enorme cadeira de couro vermelho e começou a girá-la lentamente.

"Muito bem, Sr. Busch, vou levá-lo agora", a assistente do Terceiro sugeriu, após alguns momentos.

"Que nada!", respondeu O Terceiro. "Deixa ele ficar aqui para ver como tudo é feito." Então, o jovem August IV ficou para a reunião seguinte e teve um vislumbre antecipado do que a vida poderia ser dali a trinta anos se fizesse as coisas certas. Na segunda série ele já participava das sessões de estratégia empresarial.

"Lá estavam todos aqueles velhos poderosos sentados à mesa e um garotinho de cinco anos", disse Kopcha. "E, anos depois, ele é o cara."

■ ■ ■

O Quarto começou a trabalhar na Anheuser-Busch na adolescência, dirigindo uma empilhadeira e fazendo a cultura da levedura. Ele viajava com o pai nos jatos executivos da empresa, às vezes até atirando como copiloto, para visitar distribuidoras e inspecionar fábricas em todo o país. Em seu último ano de ensino médio, trabalhou mais de 15 horas por semana na cervejaria, algumas das quais valendo créditos na escola.

Susan Busch, cujo casamento de seis anos com O Terceiro terminou em 1969, costuma receber elogios por seus esforços para criar as duas crianças, August IV e Susie, sozinha.

"Um dos benefícios de August ter sido criado a uma determinada distância do pai é que ele teve uma criação mais ou menos normal", disse Bob Lachky. "Ela é uma mulher maravilhosa, uma mulher maravilhosa com uma ótima personalidade."

Apesar do ritmo exigente do Terceiro, da riqueza e da história complicada da família, e até mesmo, segundo Susan, de "ameaças concretas ao longo dos anos" de sequestro, August IV e sua irmã tiveram um desempenho relativamente bom sob o controle e tutela da mãe e alcançaram níveis mais avançados de escolaridade do que as gerações anteriores da família Busch. Mesmo assim, eles sofriam da visão de mundo insular que o pai tinha. O Quarto teve uma vida imensamente privilegiada, mas viveu a maior parte dela em St. Louis e na cervejaria, não dominando as artes liberais ou viajando pelo mundo para aumentar seus conhecimentos sobre outras culturas.

Uma vez, enquanto corria com August IV, Claggett, da agência D'Arcy, começou a falar com o jovem sobre amenidades. "Então, você tem algum passatempo?", perguntou.

"Sim, esse é meu passatempo", O Quarto respondeu; ele, naquela época, virara uma versão um pouco mais alta do pai, mais atarracado.

"Correr?"

"Não, trabalhar na Anheuser-Busch."

Claggett, que acabara de retornar, após viver em Londres por alguns anos, perguntou se O Quarto viajara muito. Ele fora uma vez à Europa, O Quarto respondeu.

"Ele e sua irmã Susie passaram quase a vida inteira focados na cervejaria", contou Claggett mais tarde. "Você não acha, se tivesse todo o dinheiro do mundo, você não gostaria de expandir seus horizontes um pouco e ver o que estava acontecendo?" Era certamente possível que O Quarto tivesse tido tais objetivos, mas esbarrou na resistência do pai, que deixava os confortos de sua fazenda e da cidade de St. Louis somente quando necessário.

Quando O Quarto foi para a universidade, no entanto – e escapou das restrições físicas do Terceiro e da proteção dos habitantes de St. Louis –, ele começou a experimentar mais agressivamente as tentações da juventude. Seu comportamento imprudente trouxe repercussões para seu currículo, sua família e a empresa.

Ele se inscreveu na University of Arizona, em Tucson, um garoto riquinho no campus da antiga universidade do pai, e passou o primeiro ano, em 1982, livre de controvérsias. Essa situação mudou em um instante na madrugada de 13 de novembro de 1983, quando o novo e reluzente Corvette preto de August IV, 19 anos, capotou e bateu a alguns quilômetros do campus, em uma estrada deserta e sinuosa, matando Michele Frederick, uma garçonete de 22 anos que estava no banco do carona e voou pelo teto solar. O Quarto, ferido e atordoado, foi encontrado horas mais tarde em sua casa. A polícia encontrou um revólver Magnum nos destroços do carro, além de uma carteira de habilitação do Missouri falsa, segundo a qual ele tinha 23 anos. Após uma investigação de sete meses que atraiu muita atenção dos meios de comunicação, os promotores locais chegaram à conclusão de que não poderiam acusá-lo de homicídio culposo e abandono do local de um acidente. Eles não tinham como provar que ele estava na direção nem provas definitivas de que ele estivera sob a influência de álcool no momento do acidente.

Susan, que tomou conhecimento do ocorrido quando contatada pelas autoridades, disse mais tarde que se sentiu "absolutamente inconsolável pelo jovem August ter de passar por algo dessa natureza". Ela acreditava que o filho fora tratado injustamente porque "não existe tratamento justo para famílias com um nome e dinheiro". Quando perguntado sobre o incidente 15 anos mais tarde, August IV respondeu: "Alguém vai sempre levantar esse assunto. Adoraria que aquilo não fosse verdade, não apenas por mim, mas para outros cujas vidas foram afetadas." Ele disse que o álcool não foi a razão da capotagem.

O Quarto deixou a University of Arizona prematuramente, como o pai, voltou para St. Louis e se inscreveu na St. Louis University, onde começou tirando notas boas no curso de administração. Mas não ficou longe dos prontuários policiais por muito tempo. Seja por não ter absorvido as lições da batida ou, como alegava sua família, por haver virado alvo de atenção injusta, ele se envolveu em outra confusão menos de um ano após escapar de ser indiciado no Arizona.

À 1h30 do dia 31 de maio de 1985, August IV foi alvo de uma perseguição de alta velocidade pela Central West End de St. Louis, a qual acabou quando um detetive finalmente deu um tiro no pneu de seu Mercedes-Benz prateado. Ele passara perigosamente perto de um carro policial à paisana em uma rodovia de St. Louis – a polícia informou – e depois disparou em alta velocidade após os agentes da delegacia de narcóticos no carro tentarem fazê-lo parar. Foi iniciada uma perseguição com velocidades que ultrapassaram 130 quilômetros por hora.

Após furar o pneu com um tiro, a polícia encontrou um revólver calibre .38 carregado no assoalho atrás do banco do motorista do Quarto. Ele foi preso e indiciado com duas acusações de agressão em terceiro grau, uso ilegal de arma de fogo e diversas violações de trânsito. As acusações de agressão resultaram da alegação de que ele quase batera nos dois agentes que tentaram se aproximar de seu veículo. Quando se deram conta de quem haviam prendido, no entanto, os policiais se puseram a trabalhar e trocaram o pneu do Quarto, dizendo o quanto adoravam a fazenda Grant. O Quarto disse que não andava no trenzinho que circundava o complexo desde que tinha 12 anos de idade, o que deixou um dos policiais impressionados.

"Se vocês me tirarem dessa", O Quarto ofereceu, de acordo com *Under the Influence*, um livro sobre a família Busch, "dou a vocês a porra do trenzinho".

O porta-voz do Quarto disse, no dia seguinte, que ele não parara durante a perseguição porque os agentes à paisana pareciam criminosos – achara que eram sequestradores. A polícia disse que iniciara a perseguição porque achou que O Quarto era um traficante de drogas que dirigia um carro parecido. Após um julgamento de três dias, August IV, 21 anos, foi inocentado, e seu pai levantou-se e cumprimentou pessoalmente os jurados.

As indignidades resultantes dessas demonstrações públicas do caráter e da criação privilegiada de August IV foram muitas. Todo habitante de St. Louis podia contar com habilidade uma história picante sobre a escandalosa família Busch, e as delinquências do Quarto serviam apenas para piorar a situação. Elas também dificultavam sua mudança de rumo e a dedicação à empresa da mesma maneira que seu pai fizera. Em 1997, O Terceiro já dizia à mídia que o passado do filho não estava mais em questão. No entanto, mesmo no auge da batalha com a InBev, 25 anos após o acidente no Arizona, o *New York Times* decidiu escavar e reapresentar todos os detalhes sórdidos mais uma vez. "Eu não daria muita importância a isso", falou O Quarto a um de seus assessores no dia da reportagem do *Times*, indiferente após tantos anos de aborrecimento. "Eles vão ser usados para embrulhar peixe amanhã."

Embora os escândalos extremamente públicos manchassem a reputação do Quarto, o que inviabilizaria muitos futuros pretendentes a CEO, eles não a prejudicaram a ponto de impossibilitar a realização de sua maior ambição, e ele se dedicou à empresa da família alguns anos após retornar a St. Louis. A "reforma" profissional não foi nem de longe tão radical ou abrangente quanto a do pai; ele nunca progrediu até poder ser considerado austero.

"Ele sempre teve, e ainda tem, demônios pessoais", disse Harry Schuhmacher. Mas certamente fez um esforço para se livrar do passado e provar que os críticos estavam errados.

■ ■ ■

Em muitos aspectos, o começo de sua carreira na Anheuser-Busch espelhou o do pai. De uma forma muito específica, contudo, a abordagem do Quarto foi completamente diferente. Por não ter presciência de montar uma equipe de pessoas leais a ele e ajudá-las a subir na hierarquia, como O Terceiro fizera com sua turma, O Quarto se deixou dirigir pelo Terceiro. "Quando eu estava lá, todos pensavam 'Quando August IV vai deslanchar, e quando ele vai construir uma equipe daquele tipo?'", revelou um ex-funcionário. "Seus amigos mais próximos eram festeiros, com uma vida social intensa, e não lhe diziam a verdade." O Quarto tinha um estilo de liderança mais informal que o pai e, embora isso ajudasse seus subordinados a se sentirem menos constrangidos, também os deixava em dúvida quanto à sua garra e sua motivação para dirigir uma empresa global. Muitos conhecedores da situação diziam que, se ele não tivesse nascido com o nome August Busch IV, nunca teria sido um candidato à promoção para o cargo mais alto.

O Quarto trabalhava com afinco, talvez porque conhecesse bem demais os argumentos de seus detratores. Em 1991, ele reconheceu como era difícil sentar em sua cadeira. "Todos pensam 'Deve ser fácil para você'", disse ele. "Talvez a coisa mais difícil do mundo seja ser quem eu sou e trabalhar sob tanta pressão. Você precisa ser três vezes tão bom quanto o outro para acharem que você está fazendo o mesmo trabalho que ele."

August IV passou os primeiros anos de seu vínculo empregatício formal com a Anheuser-Busch aprendendo a fabricar cerveja. Por cerca de um ano, trabalhou como assistente do lendário mestre cervejeiro Gerhardt Kraemer, passou outro ano como capataz na linha de produção e três como aprendiz de cervejeiro, chegando ao ponto de se afiliar à 6ª Seção do Sindicato de Cervejeiros em uma homenagem simbólica aos operários da empresa. Após largar a University of Arizona, ele se formou em finanças pela St. Louis University em 1987 e depois foi para a Europa, onde recebeu o diploma de mestre cervejeiro da renomada academia berlinense Versuchs und Lehranstalt für Brauerei.

Uma vez formado nos assuntos referentes à fabricação, O Quarto foi escolhido para ocupar a posição invejável de assistente de Mike Roarty. Ao longo dos anos, muitos dos principais executivos da empresa fizeram carreira no departamento de marketing, e essa mudança posicionava August IV como o núcleo potencial da próxima geração.

Dado o envolvimento intenso de August III no trabalho de marketing da Anheuser-Busch, a promoção do Quarto significava que ele passaria mais tempo com o pai. Essa situação os colocava em rota de colisão em uma disciplina criativa em que as decisões podem ser extremamente subjetivas. Quando começou a trabalhar com Roarty, O Quarto descobriu que tinha certo dom para o marketing — e, sobretudo, para entender as gerações mais jovens de consumidores de cerveja, cujos hábitos e humor O Terceiro tinha problemas para compreender. August IV instintivamente sentiu que o mercado jovem queria ver campanhas publicitárias que fossem animadas e irreverentes, não as melosas que pregavam os méritos do envelhecimento com barris de faia.

Em fevereiro de 1990, O Quarto ganhou seu primeiro grande posto. Tinha 25 anos quando se tornou gerente sênior da marca Bud Dry. Era um cargo desafiador. A ideia das cervejas secas, fabricadas para ter menos gosto residual, não conquistara os americanos. Mas essas cervejas eram mais rentáveis. O Quarto foi encarregado de encontrar uma maneira de transformar a Bud Dry em ouro.

Sob a liderança do Quarto, a empresa começou a veicular anúncios que usavam a frase "Why Ask Why? Try Bud Dry". [Por que perguntar o motivo? Prove a Bud Dry], e as vendas da marca aceleraram logo após seu lançamento em abril de 1990, vendendo, em apenas nove meses, o dobro do volume de cerveja que a Miller Lite vendera em seu primeiro ano. Apesar de seu começo promissor, contudo, a categoria das cervejas secas não prosperou no longo prazo, e a Bud Dry acabou adernando e afundou. Isso não foi problema para August IV, contudo, que já fora nomeado gerente sênior da marca carro-chefe Budweiser no verão de 1991.

Sob o comando dele, a imagem da Budweiser se tornou mais informal e acessível, adotando um humor mais espirituoso, que provou ser um sucesso incrível. Seus esforços foram reconhecidos pelo Terceiro, que promoveu o jovem August IV em 1994 ao cargo elevado de vice-presidente de gestão de marcas, responsável por todas as marcas de cerveja da empresa.

Nos primeiros anos de seu mandato como CEO, O Terceiro demandava informes frequentes, em pessoa, do departamento de marketing e das agências de publicidade para assegurar que estavam desenvolvendo ideias novas aceitáveis. Toda semana, ele examinava os novos storyboards e dava luz verde ou vermelha. À medida que O Quarto ganhava destaque dentro do departamento de marketing, as agências de publicidade começaram a apresentar suas ideias diretamente a ele. Ele, então, encampava certos conceitos e os propunha a seu pai a portas fechadas.

Esse método de estilo revezamento parecia desenhado para moldar O Quarto em um candidato mais forte à liderança, mas também tornava mais fácil a vida das agências, que usavam August IV como um escudo contra o pai. O Quarto tinha muita experiência em lidar com o pai rabugento, e ele mostrou perícia em dar cobertura para que os tipos criativos da empresa pudessem trabalhar sem muita interferência externa.

"Ele absorvia os tiros, nos protegendo das saraivadas de balas que poderiam vir dos sessentões no nono andar", um ex-executivo de marketing lembrou. "Ele podia levar cinco ou seis balas sem morrer, e eu apenas duas. A armadura dele era mais grossa do que as nossas."

"Acho que tudo fez parte de um processo para ganhar experiência", avaliou outro ex-executivo de agência de publicidade. "Acho que o pai queria vê-lo em ação. O Quarto tinha instintos e acreditava neles. Ele não era um terno vazio ou o filho do dono. Era uma presença e um fator em si mesmo, e defendia trabalhos que o pai nunca teria aprovado."

O maior sucesso de marketing do Quarto talvez tenha sido a campanha publicitária dos "Sapos" da Budweiser, na qual três sapos grandes coaxavam a palavra "Budweiser" uma sílaba por vez. Uma equipe de criação da D'Arcy propôs a ideia em formato de storyboard para August IV e Bob Lachky em 1994. O anúncio não tinha nenhum dos truques visuais tradicionais da Anheuser-Busch, mas era diferente, chamava atenção e tinha o potencial de transformar a palavra "Budweiser" em um chavão da cultura popular. O Quarto se entusiasmou imediatamente e apresentou o conceito ao pai.

"Ele gostou da ideia e levou ao pai, mas ele não entendeu nada", disse Charlie Claggett. "Eles estavam a sós. Dizem que tiveram uma espécie de briga por causa da campanha, porque ela quebrava todas as regras. Não tinha uma cena de cerveja sendo servida, além de muitas outras coisas. E August III simplesmente não entendia por que ela era engraçada e qual sua relevância para o mercado mais jovem. Contudo, ele merece o crédito por ter deixado August IV ir adiante."

A campanha publicitária não apenas beirava o bizarro, como também era cara. Ninguém sabia quanto custaria para fazer com que três sapos dissessem "Bud-wei-ser", mas a equipe da D'Arcy sentia que não seria barato.

"Então começamos a contatar produtoras de Hollywood, perguntando 'O que vamos fazer? Como vamos fazer isso? Não podemos simplesmente pegar três sapos e pregar seus pezinhos palmípedes a uma tábua e forçá-los a dizer Budweiser'", Claggett gracejou. "A única maneira de fazê-lo era usar *animatronics*, o que não saía barato. Para nosso horror, voltamos com uma estimativa de custo de 1,25 milhão de dólares, o que era, vinte anos atrás, muito dinheiro por um anúncio de trinta segundos de que August III nem gostava tanto. No entanto, essa era uma empresa guiada por instinto e sentimento, e August IV achava aquilo ótimo. Houve muita angústia e preocupação, mas disseram 'OK, faça'. Então fizemos." Após críticas muito positivas em alguns mercados experimentais, o anúncio foi lançado em rede nacional durante o Super Bowl, no começo de 1995, e ele ainda é considerado um dos melhores anúncios da história do Super Bowl.

O Quarto deixou claro a seus colegas do departamento de marketing que ele reconhecia que o trabalho árduo que fizeram ajudou-o a se projetar. Ele disse a vários executivos da área de criação nos anos 1980 e 1990 que suas chances de chegar ao topo da escada da Anheuser-Busch dependiam, em parte, deles.

"O Quarto é astuto e sensível", avaliou um ex-publicitário que trabalhou com ele diretamente. "Por causa disso, ele nunca chegaria a dizer: 'Você me ajudaria a ser presidente da empresa?' Mas ele diria: 'Meu futuro depende muito do trabalho de vocês. Eu darei todo apoio a vocês contanto que vocês me ajudem a me projetar.' Ele não precisava dizer isso, pois estava subentendido. Era como se ele pudesse perder o cargo se fizesse qualquer besteira. Nunca foi como *Falcon Crest* ou *Dallas*, cobiçando o cargo e pensando, 'Faço tudo que for preciso para consegui-lo'."

Bob Lachky, que era dez anos mais velho do que August IV, sofria, em determinados momentos, pela coincidência de ser igual a ele em tudo, menos no sobrenome. Lachky foi agressivamente assediado pelo Terceiro e acabou sendo contratado, deixando a DDB Needham em 1990 para gerenciar a marca Bud Light da Anheuser, mas ele passou mais tempo do que queria nesse cargo, após August IV ser escolhido em seu lugar para gerenciar a família de marcas Budweiser dois anos mais tarde. Os dois não se conheciam bem na época, mas O Quarto fez um esforço especial para tentar manter um bom relacionamento.

"Ele chegou para mim e disse 'Veja bem, eu sei que o cargo era seu e que você o merecia. Estou fazendo isso por ser quem sou, reconheço. Mas vamos trabalhar juntos'", Lachky lembrou. Ele e O Quarto se tornaram amigos naquele dia. "Alguns consideravam aquilo uma fraqueza", revelou Lachky. "Na verdade, essa é uma de suas maiores virtudes. Ele queria claramente que outros se levantassem e fossem reconhecidos. Eu disse 'August, tenho uma dívida com você por toda a vida.' Eu não era ingênuo. Eu era suficientemente inteligente para saber que ele seria meu chefe um dia."

"É fácil falar mal dele", acrescentou Lachky. "Mas acho que não houve uma promoção naquela empresa que ele não tenha merecido."

Quando O Quarto, por fim, virou CEO, acabou tendo menos apoio do que precisava. Durante seus dias no departamento de marketing, ele tinha o dom para o trabalho e uma rede de pessoas muito qualificadas e bem-sucedidas à sua volta. "A coisa foi estruturada para que ele sempre tivesse algum amparo", explicou um ex-executivo de agência de publicidade. "Tudo era organizado para que as pessoas à sua volta o preparassem."

Com esse amparo como um catalisador, o mandato do Quarto à frente do marketing produziu uma série de sucessos que marcaram a melhor fase da Anheuser-Busch. Ele tinha uma capacidade extraordinária para identificar anúncios pouco convencionais que funcionavam. Em 1999, quatro anos após o lançamento da campanha dos "Sapos", August IV foi decisivo na aprovação de outro anúncio polêmico que se tornou um megassucesso igualmente memorável.

"Posso lhe dizer categoricamente que a 'Whassup?' não teria sido exibida sem O Quarto", ponderou um executivo de agência de publicidade que trabalhou na campanha, que era estrelada por um grupo de malandros que falavam a gíria "Whassup?" ("Qualé?") um para o outro como saudação. "Seu pai viu e disse, 'Não entendo. O que significa isso?' E O Quarto respondeu, 'É engraçado, confie em mim'."

"Então, você vai exibi-lo bem tarde da noite?", perguntou O Terceiro. A empresa sempre exibia os anúncios mais polêmicos à noite, para espectadores mais velhos.

"Não, pai, vou exibir em horário nobre", retrucou O Quarto, deixando O Terceiro em uma posição ainda mais defensiva.

"Mas O Quarto assumiu responsabilidade por tudo", o executivo de agência lembrou mais tarde. "E exortou: 'Caras, meu pai aprovou. Mas todos precisamos torcer para que funcione.'"

Conta a lenda que circula entre os publicitários da Anheuser-Busch que foi em uma sexta-feira, apenas dois dias antes do primeiro anúncio "Whassup?" ser veiculado em rede nacional de televisão, que O Terceiro e O Quarto ainda debatiam se a campanha realmente funcionaria. O Terceiro queria pensar mais um pouco antes de dar a luz verde às redes, mas não havia tempo suficiente se a empresa quisesse exibir o anúncio naquele domingo. Então O Quarto mandou colocar equipamentos de vídeo e uma televisão em uma caminhonete e foi até uma colina muito conhecida em St. Louis onde havia uma concentração de restaurantes italianos. Ele estacionou o veículo atrás de um dos restaurantes e, com a permissão do gerente, mostrou o anúncio para a equipe de cozinheiros.

"Eles morreram de rir, aí ele disse: 'Pai, vou mandar exibir'. O resto é história", contou John Greening, da DDB, que estava esperando pela aprovação do Terceiro. "Me lembro de pensar 'Vamos ter sinal verde para exibir? Ou vamos ficar mostrando aquelas velharias de sempre?' O Quarto me telefonou, ou talvez alguém tenha me mandado um e-mail, e ordenou: 'Pode ir em frente.' E aí eu pensei 'Oba!'"

"Apresentamos o anúncio em uma convenção, onde havia uns seis mil distribuidores em um salão de conferências em Houston", continuou Greening. "Exibimos o anúncio 'Whassup?' e a plateia foi à loucura. Lembro que coisas caíam do teto, balões, e que estávamos todos nos abraçando como se tivéssemos ganhado a presidência ou algo parecido."

■ ■ ■

O Quarto parecia passar parte de seus dias se esquivando dos socos do pai, mas seu cargo gozava de certa proteção porque, afinal, era o filho do chefe. Nem todos tiveram a mesma sorte.

"Em minha entrevista de desligamento da empresa, falei, em tom de piada, que aquela era a terceira ou quarta vez em que fora demitido", lembrou Bob Lachky. "E era verdade."

Para Lachky, o mais assustador desses episódios aconteceu no final de 1997, quando ele tentou convencer O Terceiro de que uma série de anúncios em que um lagarto invejoso tentava assassinar os sapos da Budweiser se encaixaria melhor na programação do Super Bowl, que se aproximava, do que um anúncio que mostrava o próprio Terceiro falando do passado da empresa. O Terceiro se tornara cada vez mais apaixonado por sua própria série de anúncios, os quais eram polêmicos, tendo em vista sua personalidade severa. "August Busch III sempre pareceu um pouco austero demais para cair no gosto do típico consumidor de cerveja", escreveu um jornalista de St. Louis em uma coluna cujo título era "Vender cerveja requer mais do que um olhar feroz". No entanto, o primeiro conjunto de anúncios do Terceiro recebera reações favoráveis, e ele fazia uma forte pressão não só para filmar mais deles, mas também para ter mais controle sobre a direção e os roteiros. Lachky, por outro lado, achava que o Super Bowl merecia uma nova série de anúncios engraçados que se refeririam à campanha bem-sucedida, porém já muito batida, dos "Sapos". A situação logo se tornou problemática para os publicitários e os responsáveis pelas filmagens, os ansiosos para manter O Terceiro satisfeito, mas também convencidos de que Louie, o Lagarto era uma estrela mais indicada para o evento decisivo daquele ano.

O debate atingiu o auge logo antes do Natal, quando O Terceiro recebeu a informação de que testes haviam revelado que os anúncios dele não tinham tido um desempenho tão bom quanto os de Louie. Ele insinuou rispidamente que Lachky, então, deveria fazer as malas e ir embora. August IV foi ver Lachky mais tarde naquele dia e o encontrou desesperado, deitado no chão de sua sala.

"Amigo, não se preocupe, se você for embora, eu vou também", afirmou O Quarto, tentando animar o colega que pensava como sustentaria os filhos pequenos.

"August, nem pense nisso", Lachky contrapôs desconsiderando a solidariedade dele. "Não me venha com essa. Você não vai a lugar nenhum."

"Tudo vai dar certo. Não se preocupe, é passageiro."

E assim foi. August IV convenceu o pai a examinar as reações positivas que Louie, o Lagarto, teve durante as festas de fim de ano e o cargo de Lachky continuava lá quando ele voltou. O estresse e a pressão foram quase insuportáveis, contudo, e Lachky se solidarizou com os apuros do Quarto ainda mais do que antes.

"August IV passava por aquilo todo dia", Lachky lembrou. "Você pode imaginar como seria se todos os seus dias envolvessem superar esse tipo de problema? Eu passei por isso três ou quatro vezes em minha carreira. Ele passou a vida sendo demitido. Todos os dias ele passa por isso."

"O que as pessoas não reconhecem é o papel que ele desempenhou, em termos de proteger pessoas como eu e aquilo em que acreditamos. Era muito desgastante."

O relacionamento do Quarto com o pai nunca foi fácil. A vida e o comportamento de August III também foram marcados por uma dose de ironia, e um dos maiores exemplos disso talvez seja que, embora ele tenha feito de tudo para nunca cometer o mesmo erro duas vezes na Anheuser-Busch – e, embora ridicularizasse, punisse e, por vezes, demitisse aqueles que assim o faziam –, ele repetiu alguns dos piores erros do pai em casa. A tensão entre O Terceiro e alguns de seus meios-irmãos é conhecida, mas quando ele casou com a segunda mulher, Ginny, e teve dois filhos com ela, não apenas deixou surgir uma rivalidade entre os meios-irmãos Steven e August IV, mas também parecia gostar de fomentá-la.

"Isso faz parte de toda a dinâmica pai/filho", analisou Reisinger, outro membro da família Busch. "Quando o príncipe Charles nasceu, desde o primeiro minuto de vida, todo mundo na Inglaterra que apoiava a monarquia disse: 'OK, este é o futuro rei. Prepare-o.' Desde o momento em que o cara nasceu, eles começaram a prepará-lo e a dizer 'Você é o escolhido, e vamos prepará-lo e apoiá-lo'."

No caso de August IV, Reisinger lembrou, "foi sempre tipo 'Vamos ver, vamos ver.' Nenhum apoio, depreciar, depreciar... é uma abordagem radicalmente oposta. Se dissessem a você desde sempre que você talvez nunca esteja preparado, ou seja, que não é suficientemente bom, o que vai pensar de si mesmo? Esse nível de ataque e tortura mental não é bom. Por que isso aconteceu, quem sabe? Mas é uma abordagem completamente diferente. É uma pena".

Steven era 13 anos mais jovem do que August IV. O Terceiro começou a levá-lo às reuniões e a lhe dar tarefas na empresa quando Steven amadureceu e entrou na adolescência. Alguns funcionários da Anheuser-Busch achavam que a aparente rivalidade entre August IV e Steven se transformaria na grande batalha da próxima geração da família. "Houve uma época em que as pessoas chegavam para O Quarto e diziam: 'Ei, é a mãe dele que dorme com seu pai toda noite, não a sua'", recordou um ex-funcionário da Anheuser-

-Busch. Já havia muita especulação em 1991, quando Steven tinha apenas 12 anos, de que ele competiria com O Quarto pelo trono. "Esperemos que isso não aconteça", a mãe do Quarto contrapôs. Em 2002, quando Steven tinha 25 anos, gente de dentro da empresa dizia que August IV acreditava que sua madrasta, Ginny, queria que Steven assumisse o controle da empresa. "Durante os últimos 12 anos, O Quarto disse abertamente que sua madrasta queria que ele fracassasse e que o filho dela, Steve, passasse a dirigir a empresa", revelou um conhecedor da situação. "Não sei se isso é verdade, mas sei que é assim que O Quarto se sente."

No entanto, havia outros que achavam que Steven era apenas uma distração. Ele passou cinco anos trabalhando como assistente executivo do pai em vez de ocupar novos cargos para ampliar seus conhecimentos. Quando a maioria dos novatos promissores ingressava no antiquado programa de assistentes executivos da Anheuser-Busch, no qual assessoravam um determinado executivo durante anos – um relacionamento que era metade mentoria e metade relacionamento amo-escravo –, eles geralmente passavam de um a três anos lá antes de mudar para outros cargos, a fim de serem preparados para ocupar posições de liderança. A imobilidade de Steven no cargo tornou sua candidatura a um posto mais alto cada vez menos viável com o passar do tempo.

"Nunca acreditei nessa coisa do Steven", um membro do comitê de estratégia confessou. "Ele nunca foi um fator. Nunca foi uma ameaça. Era apenas o auxiliar do pai. Ele teria sido destruído no primeiro dia."

Steven acabou se distanciando da empresa e, em outubro de 2006, menos de um mês após a diretoria votar a favor de O Quarto assumir o controle da empresa, Steven, na época com 29 anos, deixou a Anheuser-Busch e adquiriu a Krey Distributing, uma das distribuidoras independentes mais rentáveis da empresa e cuja sede ficava perto de St. Louis e fora administrada pelo melhor amigo de escola do Terceiro.

"Eu não podia estar mais feliz com a escolha que fiz", disse Steven a um periódico local. "Meu irmão está fazendo um ótimo trabalho na administração da cervejaria. Ele foi treinado para isso e está no lugar certo; combinação perfeita. Não era o que eu procurava." Susie Busch Transou, a irmã de August IV, que voltara à Anheuser-Busch após completar um curso de MBA, também deixou a empresa para administrar a Tri-Eagle Sales, uma distribuidora Anheuser-Busch em Tallahassee, Flórida, junto com o marido.

Era difícil culpar os irmãos do Quarto por se afastarem dos holofotes. Dirigir a empresa era uma cruz incrivelmente pesada para carregar e, como outros integrantes da família Busch que tinham evitado trabalhar na empresa há décadas, eles seriam fabulosamente ricos a vida inteira mesmo se não passassem sequer um dia na sede da Anheuser-Busch. Por que assumir esse fardo adicional?

As saídas deles eliminaram uma grande fonte de pressão no Terceiro. "Quando Steven e a irmã dele, Susie, saíram, fiquei muito surpreso. Acho que August III adorava ter Steven, sobretudo, pressionando O Quarto", lembrou um ex-funcionário da Anheuser-Busch.

■ ■ ■

Em novembro de 1996, August IV, então com 32 anos, foi nomeado vice-presidente de marketing, o que o tornou responsável pelas atividades de vendas e publicidade da empresa inteira e o colocou respondendo diretamente a Patrick Stokes, presidente da cervejaria. August III parecia ter uma enorme confiança de que o filho manteria a posição de liderança da Anheuser-Busch. As campanhas publicitárias da empresa estavam reconquistando os jovens consumidores de cerveja que vinham abandonando a Budweiser no começo da década de 1990. Os lucros voltaram a subir e alcançaram dois dígitos. E o preço das ações da empresa também subira.

"A Budweiser não é mais a cerveja do pai", confirmou O Terceiro a um jornalista poucos meses após instalar O Quarto no cargo de CEO. "Aos 65 anos me aposento. Nessa altura, será um jogo para jovens." No entanto, quando o jornalista lhe disse que os entendidos acreditavam que as probabilidades de August IV ser o próximo CEO eram 99%, O Terceiro contestou. "Acho que ninguém pode dizer que existe uma probabilidade de 99% de qualquer coisa na vida."

Susie riu dos comentários enigmáticos do pai. "Se meu irmão continuar tendo o mesmo desempenho, é 100% certo que ele ocupará o cargo."

Dois anos mais tarde, um problema de saúde colocou a vida e a mortalidade em uma perspectiva mais clara para August III. Após passar mal enquanto fazia exercícios em uma esteira em casa num domingo de setembro de 1999, Busch consultou um médico no dia seguinte e foi informado de que precisava implantar quatro pontes de safena. Magro e, até então, aparentemente em bom estado físico, August III, 62 anos, queria fazer a operação o mais rápido possível. Mais tarde no mesmo dia, ele foi levado para ser operado no centro médico St. John's e deixou a sala de operação em boas condições.

O incidente suscitou de imediato perguntas sobre seus planos de sucessão. A Anheuser-Busch informou aos investidores que não houvera necessidade de que qualquer pessoa na cervejaria assumisse as responsabilidades do Terceiro porque nenhuma emergência ocorrera e a operação transcorrera bem. Todos os executivos mais graduados da Anheuser-Busch eram obrigados a notificar a diretoria quem assumiria seu cargo em caso de alguma emergência, mas o porta-voz da Anheuser se recusou a divulgar quem substituiria August III em uma situação desse tipo. O Terceiro recuperou-se do desgaste físico da operação de sua maneira caracteristicamente agressiva e eficiente. "Eu me lembro, umas quatro semanas após o enfarte, ele chegou de helicóptero no complexo futebolístico com uma aparência ótima", disse um ex-executivo de agência de publicidade. "Ele sempre se cuidou bem. Ele se mantinha em boa forma física e comia de forma regrada."

Mesmo assim, tinha ficado claro para muitos executivos da Anheuser-Busch que um plano de sucessão precisaria ser implementado, e essa convicção derivava não de sua opinião a respeito da capacidade física do Terceiro, mas de uma mudança observada em sua condição mental.

"Ficou visível naquele começo de milênio que ele estava envelhecendo", um ex-executivo analisou. "Embora ninguém o conhecesse bem, ele temia a morte. Sua vida inteira, sua alma inteira, ele dera para a empresa. E ver aquilo começar a se dissipar…"

O Quarto não estava disposto a derrubar o pai da mesma maneira que o avô fora expulso. Felizmente, ele não precisou fazê-lo. A Anheuser-Busch sempre fora uma empresa familiar até a saída forçada de Gussie, mas, graças a uma decisão do Terceiro de listar a empresa na Bolsa de Valores de Nova York em 1980, ela agora tinha uma multidão de acionistas e obedecia a regras mais rígidas – umas das quais ditava que o principal executivo teria de se aposentar aos 65 anos ou até antes. O Terceiro completaria 65 anos em junho de 2002 e, embora fosse um homem poderoso, não havia qualquer chance de ele usar esse poder para anular a regra sobre a idade enquanto estivesse sob o escrutínio dos acionistas. Ele era proprietário de apenas 3,4 milhões de ações da Anheuser-Busch, menos de 1% das ações da empresa. Não tinha qualquer controle sobre o voto nessa questão. O Quarto teria de trabalhar duro para convencer os diretores a lhe darem o cargo de CEO, mas pelo menos ele não precisaria expulsar o pai. "Considerando a história de meu pai e meu avô", O Quarto comunicou em 1997, se referindo ao golpe, "ele sabia que se aposentaria aos 65".

Alguns executivos da Anheuser disseram que os maiores temores do Terceiro giravam em torno de se tornar profissionalmente obsoleto e não da morte em si.

"Acho que ele estava encarando a própria mortalidade — não que eu quisesse dramatizar tudo — por causa da política de aposentadoria compulsória da empresa", avaliou um ex-funcionário do comitê de estratégia. "Acredito que, se fosse permitido trabalhar até morrer naquele cargo, ele o teria feito. Sem dúvida, ele não queria se aposentar." Este executivo uma vez entreouviu uma conversa entre August III e Edward Whitacre, um membro de longa data da diretoria da Anheuser e amigo de August, que era quatro anos mais moço e que, na época, ocupava os cargos de presidente e executivo-chefe da AT&T. Uma noite logo antes de uma reunião de diretoria, na mesa de jantar, os dois lamentaram ser forçados a se aposentar justo quando chegaram ao que consideravam ser a melhor fase de suas vidas.

"August me disse certa vez: 'Você sabe, pessoas como nós, nunca se aposentam'", o ex-executivo recordou. "E eu senti vontade de dizer: 'O que você está dizendo, pessoas como nós? Pessoas como você!'" No entanto, ele pensou melhor, sorriu e ficou calado.

Alguns anos antes de O Terceiro fazer 65 anos, analistas de Wall Street começaram a discutir se o filho era o candidato certo para o cargo. Muitos analistas presumiam que ele era o sucessor mais provável do pai. "Eu não presumiria que o sucessor de August Terceiro fosse outra pessoa que não August Quarto", um analista do Salomon Smith Barney revelou em 1998. Contudo, outros especulavam sobre a possibilidade de O Terceiro encontrar um interino – supostamente Pat Stokes, chefe de operações de cerveja e superior imediato de August IV – para dirigir a empresa até que O Quarto estivesse suficientemente preparado.

Apesar de todo esforço da Anheuser, alguns investidores sempre ficavam com a impressão de que August IV era jovem e inexperiente demais, e que promovê-lo naquele momento específico seria um ato de nepotismo prejudicial ao futuro da empresa. Alguns achavam que ele não tinha formação, tanto intelectual quanto administrativa, suficientemente abrangente para dar conta do cargo mais alto. Ele desempenhara um papel de suma importância nos esforços de marketing da empresa, mas não operara as 12 fábricas da Anheuser-Busch, gerenciara seus parques temáticos, dirigira suas operações internacionais ou lidara com a rede de distribuidores dogmáticos da empresa. E, embora O Quarto tivesse apagado algumas das fogueiras que surgiram com relação à batida no Arizona e a outros problemas jurídicos e estivesse chegando perto dos quarenta anos, ele tinha uma imagem de festeiro que continuava a persegui-lo. Com mais alguns anos de experiência, ele talvez estivesse pronto para assumir a direção.

Em uma entrevista de 1995, Susan Busch descreveu o filho como "um homem incrivelmente forte" que estava "fazendo sucesso na vida", e disse acreditar que ele, provavelmente, seria o herdeiro. "Acho que sim", confirmou. "Ele tem capacidade e definitivamente deseja ser, então acho que ele será o próximo."

Perguntado, três anos depois, sobre o que ele faria se não fosse nomeado CEO, O Quarto mostrou que não havia sequer pensado nessa possibilidade. "O que eu faria? Não sei. Não vou considerar esta opção nesse momento." Quando 2002 chegou, e junto com ele o 65º aniversário do Terceiro, outros membros da família Busch também foram citados dizendo que esperavam que O Quarto fosse efetivado no cargo. Afinal, O Terceiro não preparara quaisquer outros candidatos de dentro da família.

"August Busch IV é uma incógnita", disse um analista naquele ano. "Wall Street não sabe se ele é inteligente, se é um bom líder. Ele não foi testado, nem tem experiência."

Em 1º de julho de 2002, um mês após o 65º aniversário de August III, ele e os outros membros da diretoria da Anheuser-Busch anunciaram que Pat Stokes, 59 anos, assumiria o comando da empresa no dia a dia como presidente e CEO. O Terceiro manteria o cargo de presidente do conselho diretor e continuaria a ser membro do comitê de estratégia que estabelecia a agenda da empresa, o que significava que ele ainda influenciaria a operação inteira. As implicações da decisão eram monumentais, conforme a própria Anheuser-Busch fez questão de ressaltar. Pela primeira vez em 142 anos, a empresa seria dirigida por alguém que não era membro das famílias Busch ou Anheuser. A dinastia estava chegando ao fim.

A promoção de Stokes imediatamente fez com que as pessoas se perguntassem se a decisão do Terceiro de "dar uma volta" no filho significava que O Quarto talvez nunca correspondesse às suas expectativas e chegasse ao cargo mais elevado. A maioria dos observadores da Anheuser-Busch presumiu que O Terceiro estava apenas dando mais tempo para que o filho ficasse pronto. "Acho que ele pensava que August IV ainda não estava pronto, então deram a ele várias responsabilidades adicionais", analisou James Jones, ex-embaixador dos Estados Unidos no México, que era membro da diretoria da Anheuser na época.

"Acredito que ele queria mesmo passar tudo para o filho, mas acho que o filho não era muito bom", Charlie Claggett avaliou. "August costumava dizer 'Você está pensando com o coração e não com a cabeça.' E acho que esse era o ponto fraco do filho. Ele não tinha aquela disposição implacável de cortar as pernas de alguém na altura dos joelhos caso necessitasse – que é a única maneira de administrar uma cervejaria. E, vamos ser francos, qualquer um pode fabricar cerveja. É apenas uma questão de quem tem mais dinheiro e poder, e de quem está disposto a fazer o necessário."

A *BusinessWeek* chamou a decisão do Terceiro de abrir mão de seus cargos operacionais, mas de permanecer presidente da empresa, de "um processo sucessório tão rigidamente orquestrado quanto os da família real britânica". Embora O Terceiro tivesse escolhido uma pessoa de fora da família e negado o cargo ao filho, a revista se juntou aos cínicos na censura a ele e à diretoria por aquilo que ela disse parecer uma anomalia "extremamente temporária" no legado de sucessões da família Busch. "Em uma época em que a imagem do chefe como rei é mais do que simplesmente problemática, a família Busch de alguma maneira parece estar isenta de muitas das restrições atualmente impostas a outras empresas dos Estados Unidos", a revista publicou. O Terceiro e sua diretoria haviam deixado o conturbado debate sobre a sucessão chegar ao ponto em que seriam condenados se nomeassem O Quarto ao cargo de CEO e condenados se não o fizessem.

O Quarto foi promovido ao antigo cargo de Stokes, chefe das operações cervejeiras americanas da empresa, o que teria sido visto como um excelente trabalho se ele não estivesse cotado para ser CEO. Em vez disso, ele foi forçado a confrontar seu futuro duvidoso. "Eu não acho que tudo já tenha sido decidido nesta empresa", O Quarto revelou um ano após não ter sido escolhido para o posto. "Não está escrito nas estrelas que vou subir ainda mais."

"O Quarto era jovem", lembra um ex-executivo graduado da Anheuser, que afirmou que a empresa tinha um problema com o tempo. "Se você voltar a 1990, ele era jovem demais para ser considerado para a presidência. Ele ainda não exercera cargos suficientes na cervejaria. Então, havia uma lacuna que, cronologicamente, precisava ser preenchida. As pessoas se surpreenderam? Eu era muito amigo de Pat para não ficar surpreso. August tinha muita confiança nele, e ele era um cara esperto."

A diretoria empossou Stokes com um entendimento quase implícito de que ele serviria como interino enquanto August IV amadurecia, revelou o general Henry Hugh Shelton, membro da diretoria que ajudou a tomar aquela decisão. O objetivo era que O Quarto fosse claramente visto como o futuro herdeiro quando Stokes estivesse pronto para se aposentar.

"Pat foi colocado lá para ser o cara que podia ficar de olho enquanto O Quarto adquiria experiência", concordou um ex-executivo de uma grande agência de publicidade. "Ele ainda não estava pronto. A diretoria nunca o teria aprovado quando houve aquele problema cardíaco, e então Pat assumiu. Mas veja bem, era O Terceiro quem controlava tudo."

Em um gesto muito elegante, August III insistiu que Stokes mudasse para sua sala quando ele se tornou CEO. No entanto, O Terceiro passou a usar uma sala no mesmo corredor e, com a cumplicidade da diretoria, controlou tanto Stokes quanto o filho com rédeas curtas a partir de meados de 2002. De qualquer maneira, Stokes nunca fora propenso a fantasiar. Em vez de galgar a hierarquia da Anheuser pelas funções mais glamorosas, como fabricação, marketing ou vendas, entrara pela porta dos fundos. Ele marcou um tento importante quando foi nomeado assistente de August III pouco tempo após entrar na empresa, em 1969. Dois anos mais tarde, contudo, ele mudou para a divisão de compras e passou os 15 anos seguintes comprando matéria-prima e decifrando a teia das operações de transporte da Anheuser.

Stokes usou bem todas as suas habilidades após ser escolhido em meados dos anos 1980 para dirigir a Campbell Taggart e a Eagle Snacks, duas unidades problemáticas que a Anheuser tentara fazer crescer e que estavam muito distantes de suas operações de cervejaria. Após 15 anos lidando com cerveja,

Stokes se tornou um vendedor de Pretzels e um padeiro – e, pelos seis anos seguintes, procurou resolver as ineficiências de produção e distribuição de ambas as unidades. Ele nunca conseguiu transformar a claudicante Campbell Taggart em um orgulho da empresa, e a Eagle Snacks nunca fez muita sombra à gigante Frito-Lay. Stokes ajudou a evitar mais perdas ainda na esteira da aquisição equivocada dessas empresas por parte da Anheuser. Quando O Terceiro finalmente decidiu escolher alguém para tomar o lugar de Denny Long como chefe de operações de cerveja, ele escolheu Stokes, projetando-o novamente na Anheuser.

Stokes não tinha seu próprio contingente de seguidores. Ele não era o tipo de se promover ou passar tempo usando as relações pessoais para progredir. "Pat nunca foi conhecido por ser amável", revelou um ex-executivo que trabalhou com ele diretamente. "Digamos que a personalidade de Pat não era multidimensional."

August III confiava nas orientações de Stokes, pelo menos na medida em que confiava em alguém. Eles se sentavam juntos nas reuniões do comitê de política, e, por conhecer a perícia de Stokes com números, O Terceiro gostava de consultá-lo para saber sua opinião ou análise. "Pat era incrivelmente inteligente", um de seus ex-colegas lembrou. "O cara sabia tudo de números, tinha uma memória fotográfica. Eu não diria que August dependia de Pat, mas ele costumava solicitar a opinião dele sobre muitos assuntos. Então, desse ponto de vista, acho que ninguém deveria ter ficado surpreso."

"Stokes é uma pessoa incrivelmente intensa, tão fria, analítica e dura quanto O Terceiro", descreveu Bill Finnie, outro ex-colega. "Acho que eles são quase clones um do outro." Estes traços de personalidade, além da dedicação duradoura de Stokes à empresa, tornavam-no um candidato ideal a CEO para alguém como O Terceiro, que queria manter um grau grande de controle sobre o negócio durante sua "aposentadoria". "Naquela época, acho que havia um entendimento entre Pat e August III de que Pat dirigiria a empresa enquanto August tomaria conta da cerveja", analisou um ex-executivo graduado da Anheuser-Busch.

"Todas as decisões ainda eram feitas por alguém chamado Busch", avaliou alguém ligado à empresa. "Pat é um cara muito inteligente e um executivo capaz. Ele não é um terno vazio, de jeito nenhum. Mas estava trabalhando em um ambiente que não era nenhuma democracia."

A nomeação de Stokes — e a maneira com que O Quarto tentou administrar a política interna da Anheuser após ser preterido para a promoção — tornou tudo mais complicado na sede. O Terceiro continuava sendo uma figura tão imponente quanto antes, e sua posição no comitê de estratégia permitia que ele tivesse acesso a tudo o que a empresa fazia em seus níveis mais altos. A nova e intricada estrutura de gestão da empresa não inspirava confiança em termos de desempenho ou de estado de ânimo.

"Foi impressionante como tudo começou a desmoronar quando August não foi escolhido para o cargo de CEO", lembrou um ex-membro do comitê de estratégia. "A dinâmica acima dele o perturbava, e toda vez que ele fazia algo causava confusão abaixo dele, porque ele não estava mais prestando atenção. Ele olhava para cima para tentar gerenciar sua situação e não prestava atenção suficiente ao que estava acontecendo abaixo dele. Era uma situação clássica."

■ ■ ■

A Anheuser-Busch também começava a perder ímpeto frente a uma Miller cada vez mais agressiva no começo do milênio, e sua hegemonia no mercado americano de cerveja enfraqueceu, caindo do impressionante pico de 52% atingido durante o último ano do Terceiro no cargo de CEO. Mesmo se O Terceiro tivesse continuado no comando, é provável que não houvesse outra opção. A Miller estava veiculando anúncios agressivos e provocadores, que vinham se mostrando bastante eficientes em estancar a queda da Miller Lite frente à Bud Light que já durava uma década. Enquanto isso, o gosto dos consumidores de cerveja mudava, com mais e mais pessoas começando a preferir vinho, bebidas destiladas e cervejas artesanais às marcas convencionais como a Budweiser.

À medida que o domínio da Anheuser sobre o mercado começou a afrouxar, O Terceiro, como presidente, junto com Stokes, como seu CEO, ajudaram a implementar algumas decisões estratégicas que atraíram críticas de dentro da hierarquia da empresa. Quando o furacão Katrina atingiu Nova Orleans em 2005 e fez com que os estoques de cerveja da Anheuser se avolumassem nas áreas afetadas pelo furacão, a empresa tinha duas opções: cortar preços para vender a cerveja rapidamente ou deixá-la estragar nas prateleiras para proteger seu poder sobre os preços. A Anheuser escolheu a primeira e, na condição de líder do mercado americano, deflagrou uma guerra de preços intensa contra as outras cervejarias, causando uma queda duradoura em sua participação de mercado. O lucro da empresa caiu quase 25% no terceiro trimestre do ano. "Se essa é uma política de descontos bem-sucedida, uma fracassada pareceria preferível", gracejou um analista da indústria.

"Ele instigou uma guerra de preços", disse um membro do comitê de estratégia. "Começou a cortar preços para punir os outros e reduziu violentamente o faturamento do setor. E, então, culpou todo mundo, nos culpou, culpou o pessoal de marketing, August IV. Houve uma farta distribuição de culpa."

August III também incentivou fortemente que a Anheuser-Busch revidasse os ataques da Miller, estratégia que muitos de dentro da empresa achavam que rebaixaria a empresa.

"Foi aí que ele começou a nos atacar, os caras do marketing, vociferando: 'Ninguém pode falar de nós dessa maneira! Ataquem!'", lembrou Bob Lachky. "Foi nessa época que vimos ele começar a mudar, quando ficou muito agressivo e acusava: 'Nossa falta de crescimento é culpa do marketing.'" Pela primeira vez na memória de todos, August III mostrava sinais de medo e reagia de maneira impensada como consequência.

Apesar dos protestos de alguns dos principais publicitários da empresa, a Anheuser-Busch contra-atacou. Veiculou anúncios que chamavam a Miller de "rainha dos carboidratos", numa época em que a dieta Atkins, rica em proteínas, transformara "carboidrato" em um palavrão. E, despudoradamente, enfatizou suas raízes norte-americanas enquanto chamava a atenção para o fato de a Miller ser propriedade de estrangeiros.

Os anúncios protecionistas do Terceiro causaram desconforto em alguns funcionários da Anheuser-Busch, sobretudo após ele cobrir o parque temático Busch Gardens com palavras de ordem e cartazes que enfatizavam aos frequentadores, que desconheciam o fato, que a Miller era de propriedade estrangeira. A propaganda parecia algo tramado pelo Big Brother e deslocada em um ambiente que era supostamente voltado para a saudável diversão em família.

"Estávamos fazendo loucuras", lembrou um ex-executivo de alto escalão. "Nossos parques temáticos estavam cobertos de cartazes que diziam 'Beba americano, não Miller', e foi um horror. Os consumidores não pensam assim. E alguém que tivesse acabado de chegar ao nosso país poderia interpretar aquilo de forma errada. Esse tipo de comportamento está totalmente equivocado nos dias de hoje. É fruto do desespero. Pega muito mal."

Um dos assessores da Anheuser-Busch em Wall Street viu os cartazes durante um passeio com a família em Busch Gardens, em Tampa, Flórida, três ou quatro anos antes da oferta de aquisição da InBev.

"Lá estava eu com meus filhos", recordou o assessor. "E, no banheiro masculino de Busch Gardens, havia um monte de cartazes contra a SABMiller. 'Ela não é americana.' 'SAB' quer dizer África do Sul.' Beirava a loucura racista. Lembro-me de olhar aquele banheiro e pensar 'Que merda é essa?' Acho que havia uns dez cartazes daqueles."

August III era um estudioso da história de sua família. Costumava ler cartas antigas que Adolphus escrevera sobre seu tempo no comando da empresa e as levava a sério, às vezes citando "Meu avô fazia isso" ou "... aquilo". Ele sabia que houvera pontos cruciais na história em que a Anheuser quase chegara à ruína, sobretudo durante a Lei Seca.

"Ele sempre se lembrava das agruras terríveis pelas quais a empresa passara e não queria de jeito nenhum que aquilo acontecesse com ele. Não queria perder a empresa", um membro do comitê de estratégia analisou. "Houve uma farta distribuição de culpa."

"Ele passou a não confiar em ninguém. Alguns dizem que Augie estava enlouquecendo. Que nada! Ele não confiava na equipe. Não queria que o barco afundasse. Resolveria tudo sozinho."

As reuniões do comitê de estratégia da Anheuser se tornaram mais contenciosas, à medida que cada vez mais executivos chegavam à conclusão de que a empresa precisava se fundir com uma rival, ou ao menos estabelecer uma aliança forte, para continuar a ser competitiva. O Quarto continuava trabalhando sob o comando de Stokes no cargo de presidente da importantíssima divisão de cervejas, tentando finalmente provar que tinha capacidade de ser CEO. Conforme o ambiente competitivo ficava cada vez mais complicado, ficou claro que ele talvez tivesse um número dolorosamente limitado de opções a seu dispor para assegurar o sucesso da empresa no caso de sua eventual promoção. Na condição de diretor de cervejas, O Quarto envidou alguns esforços para reverter a queda da empresa, fortalecendo a carteira de cervejas da Anheuser-Busch pela adição de novas marcas a seu sistema de distribuição e procurando entrar no mercado de cervejas premium. Ele também acrescentou bebidas não alcoólicas da Hansen Natural Corp. à rede de distribuição da Anheuser e procurou fazer com que seu pai considerasse a aquisição por inteiro da Hansen ou outras aquisições.

E, embora a visão do Quarto sobre a indústria cervejeira fosse mais global do que a do Terceiro, ele também adotou a retórica americocêntrica do pai para deixar clara sua dedicação à empresa. Em uma convenção de distribuidores em março de 2005, August IV deixou o grupo exaltado com sua descrição da Anheuser-Busch como a única cervejaria de capital norte-americano ainda em atividade na esteira da fusão entre a Molson e a Coors. Para deflagrar o fervor patriota entre os presentes, ele declarou que os anúncios da Miller que atacavam a Budweiser, na verdade, profanavam os Estados Unidos. Quando a agitação entre a multidão atingiu o auge, ele dirigiu-se à cadeira em que o pai estava sentado, parou e se ajoelhou à sua frente. Os olhos do Terceiro ficaram visivelmente marejados de lágrimas, deixando os distribuidores extasiados com seu gesto.

■ ■ ■

Estava claro para muitos dos funcionários da Anheuser-Busch que August IV fatalmente assumiria o cargo de CEO. Os membros da diretoria o haviam encorajado a agir como eles; assim, ele se tornou membro da diretoria da FedEx em 2003. Contudo, algumas lacunas em seu currículo ainda precisavam ser preenchidas e diziam respeito tanto à sua imagem quanto ao seu verdadeiro grau de competência. O Quarto ainda enfrentava o problema de ser considerado um playboy.

Os homens da família Busch tinham fama de mulherengos. August IV, contudo, foi muito além deles, ao ponto de alguns funcionários da Anheuser questionarem o que ele tentava provar com aquele comportamento. Ele era conhecido por entrar em boates e comprar rodadas de Budweiser para todos os presentes, sendo frequentemente visto nos pontos mais badalados de St. Louis com uma modelo ou outra namorada a seu lado, ou se divertindo em Lake of the Ozarks em uma das lanchas da empresa, rodeado por mulheres de biquíni. Sua casa, anteriormente propriedade do astro de hóquei no gelo

Brett Hull, foi descrita como uma toca de playboy imbatível. Ela tinha uma enorme banheira de hidromassagem e torneiras com chope na cozinha, e dizia-se que ele costumava levar mulheres em suas viagens de negócios. Um assessor da empresa foi informado certa vez por um empresário destacado de St. Louis que August IV "arrasara nossas secretárias da mesma maneira que Sherman fez com a Geórgia na Guerra de Secessão".

Embora o general William T. Sherman tivesse deixado para trás um rastro de florestas e campos queimados durante sua marcha em direção ao porto de Savannah em 1864, O Quarto era mais propenso a deixar uma série de corações partidos e bebidas derramadas. Ele foi noivo de uma modelo de Missouri chamada Judy Buchmiller, mas eles remarcaram o casamento duas vezes. "Estou muito apaixonado pela garota de quem estou noivo", ele revelou no começo de 1991. "Esperamos ainda casar. Estamos muito apaixonados. Quero casar com aquela garota." O noivado foi desfeito definitivamente mais tarde naquele mesmo ano.

"Vou casar na hora certa", ele anunciou em 1997, quando estava namorando uma mulher chamada Sage Linville, que se mudara da Califórnia para ficar perto dele em St. Louis. "Existe uma garota e estou muito apaixonado por ela", revelou. "Sage Busch* é um nome interessante, não? Não vou fazer previsões a esse respeito."

O Quarto, que compartilhava a predileção do pai por louras, diminuiu seus ímpetos festeiros na casa dos trinta anos, embora certamente não os tenha abandonado. Ele passou muito tempo viajando mundo afora na companhia de Ronald Burkle, um investidor e magnata do setor de supermercados que morava na Califórnia. O Quarto passava boa parte do tempo se divertindo na luxuosa propriedade de Burkle em Los Angeles. Chegava ao ponto de fazer chamadas telefônicas para discutir assuntos profissionais daquele lugar, e Burkle descreveu August IV como seu melhor amigo no começo do milênio. Burkle apresentou O Quarto a Yusef Jackson, filho do reverendo Jesse Jackson, durante uma festa em sua casa em 1996, e Jackson e seu irmão Jonathan foram posteriormente escolhidos para comprar uma importante distribuidora da Anheuser-Busch em Chicago, gerando acusações de favorecimento que os Jacksons negaram.

---

* Pronunciado da mesma maneira que "arbusto de salva" em inglês (N. do T.).

Em 1998, August IV, 34 anos, revelou a um jornalista que, embora não fosse celibatário, pelo contrário, não compartilhava sua casa com qualquer outra companhia além de seus três rottweilers. Seu envolvimento mais intenso na empresa, O Quarto esclareceu, dificultava o estabelecimento de uma vida pessoal.

"Se eu não procurar desenvolver um relacionamento sério, daqui a dez anos vou olhar para trás e dizer: 'Bem, fui um sucesso nos negócios, mas falhei em outro campo'", ponderou.

Oito anos após fazer essa declaração, e ainda dentro do prazo de acordo com sua sinopse, ele finalmente sossegou. Em meio a fofocas insistentes de que ser casado era um pré-requisito para que assumisse o cargo de CEO, O Quarto se casou com Kathryn Thatcher, de 25 anos, uma nativa de Fairlee, Vermont, na data auspiciosa de 5 de agosto de 2006, em uma referência, talvez, a um potencial herdeiro no futuro. A tia de August, Beatrice Busch von Gontard, contou na época que sempre se perguntava por quanto tempo o ciclo de nomes "August" continuaria. "Qual é o limite? Ou damos uma de Henrique Oitavo e vamos seguindo em frente?"

O casal foi levado da cerimônia de casamento, realizada em Bradford, Vermont, por um conjunto de oito Clydesdales que puxavam uma carroça vermelha de cerveja, adornada com laços brancos e que ostentava na traseira uma placa dizendo "Recém-casados". Os cocheiros, vestidos em uniformes verdes e empoleirados no banco da direção ao lado de um dálmata, pararam diante do local da recepção nupcial, no Hanover Inn, do outro lado da divisa no estado de New Hampshire para as fotografias de praxe. Para descontentamento de alguns moradores desgostosos, vários dos bares e restaurantes mais badalados de Hanover concordaram em dar um destaque maior às cervejas da Anheuser-Busch enquanto os convidados estavam na cidade para as festividades.

A decisão tomada pelo Quarto de se casar "foi talvez tão importante" na soma de seus esforços para se tornar CEO quanto os quatro anos no comando das operações de cerveja da empresa nos Estados Unidos, declarou o *Financial Times*, porque ela atenuava "a imagem de playboy que levantava dúvidas sobre sua capacidade de ocupar o cargo mais alto". De acordo com a *Fortune*, O Quarto "há muito compreendera que precisaria casar para fazer com que o pai, o presidente August Busch III, e a diretoria o levassem a sério".

"Essa foi sempre a troca implícita", revelou um ex-empregado da Anheuser à revista. "Era: 'August, até que você sossegue e pare de se esbaldar por aí, nada vai acontecer.'"

Até mesmo o casamento do Quarto, no entanto, o qual o pai supostamente apoiava em teoria, causou problemas na relação entre os dois. "Parte da tensão entre ele e o pai, acho... estava relacionada ao fato de que ele ocasionalmente largava o trabalho para ficar com a esposa e ir ao lago com ela ou fazer outra coisa, para ter um pouco de tempo a sós com ela e longe do trabalho", o general Shelton explicou. "Quando casou, acho que a vida dele ficou mais equilibrada, porque misturou o lado social com o trabalho, o que eu considerava muito positivo para ele e para a empresa."

O casamento só não lhe trouxe uma coisa: a aprovação da diretoria. Finalmente, ela foi concedida em setembro de 2006, quando a diretoria anunciou que escolhera O Quarto como sucessor de Stokes e afirmou que a Anheuser teria tudo a ganhar com sua liderança.

Surgiram relatos de discórdia entre os membros da diretoria. "Ele adora uma festa, não há como negar", afirmou o analista da indústria Harry Schuhmacher. "O número de pessoas que sabe de tudo isso é grande demais. A piscina de hidromassagem na sala de estar, as dançarinas e festas até altas horas da manhã... Isso ocorreu o tempo inteiro e continua a ocorrer hoje, tenho certeza. É da natureza dele. Mas Richard Branson também é um festeiro. Isso impede que alguém dirija uma empresa de grande porte?"

A diretoria decidiu que não. E, francamente, não havia outros candidatos que conseguissem igualar a amplitude dos conhecimentos de August IV sobre a indústria cervejeira norte-americana. Ele era capaz de citar as estatísticas de venda da Budweiser em pequenas vilas do Tennessee de memória e, literalmente, crescera em uma cervejaria. Não era o candidato perfeito, mas O Terceiro não cultivara quaisquer outros. Comparado com a segunda melhor opção da empresa – trazer um executivo com experiência em produtos de consumidor que não conhecia o volúvel mercado de cerveja –, O Quarto foi considerado a melhor escolha da Anheuser.

"August IV se preparou com esmero ao dirigir as operações de cerveja nos Estados Unidos em uma época de grandes mudanças e desafios", seu pai escreveu em um comunicado à imprensa datado de 27 de setembro. "Ele traz consigo as ideias novas de sua geração, mas também a apreciação pelos grandes valores e tradições desta empresa."

■ ■ ■

Após 49 anos na Anheuser-Busch, August III, aos 68 anos, se aposentou como presidente do conselho diretor em 30 de novembro, cedendo mais um pouco de seu controle oficial sobre o grupo. Stokes, 64, que trabalhava na empresa há 37 anos e trabalhara diretamente com O Terceiro por mais de trinta deles, assumiu o cargo de presidente.

Ambos negociaram contratos lucrativos para continuarem a ser consultores da empresa, seguindo a tradição de muitos dos executivos da Anheuser que se afastaram ou foram demitidos. August III concordou em prestar consultoria em tempo parcial durante seis anos, e a Anheuser se comprometeu a cobrir suas despesas com viagens de negócios, escritório e segurança, além de continuar a arrendar os aviões executivos da empresa dele. A empresa também se comprometeu a lhe entregar cerveja gratuitamente em sua casa, tanto em barril quanto em garrafas e latas, quando solicitado. Em dezembro, ele optou por receber sua aposentadoria de 37 milhões de dólares, juntamente com outros 27 milhões de remuneração cujo recebimento havia sido postergado, de uma só vez, em vez de receber uma série de pagamentos distribuídos ao longo de muitos anos. Stokes tomou uma decisão semelhante e recebeu 34,6 milhões de dólares por conta de aposentadoria e remuneração postergada, fazendo com que o montante pago pela Anheuser a seus dois antigos dirigentes naquele mês chegasse a quase 99 milhões de dólares.

Após passar exatamente metade de sua vida trabalhando na Anheuser-Busch, aos 42 anos August IV – que literalmente nascera para ser o principal executivo – assumiu o controle no dia 1º de dezembro e trouxe consigo um estilo de liderança descontraído e acessível, o qual contrastava fortemente com o do pai.

O estado de espírito na empresa, no entanto, estava longe de ser eufórico. Investidores e analistas estavam preocupados com a grande dependência nos Estados Unidos, onde havia poucas oportunidades de crescimento. A participação de mercado da Budweiser vinha caindo há anos, e nem O Terceiro nem Stokes tinham sido capazes de estancar esse processo. A popularidade do vinho e das cervejas artesanais e importadas continuava a subir, e a Anheuser-Busch encontrava dificuldades para inventar "ocasiões cervejeiras" que serviam como desculpas para beber. A parcela do mercado total de bebidas alcoólicas ocupada pela cerveja caíra a 55%, desde o pico de 60% registrado em 1995. O mercado também estava chegando ao limite no que se referia aos consumidores de cerveja inveterados. A barriga humana tem um tamanho limitado, apesar do grande problema da obesidade nos Estados Unidos, e era pouco provável que, por mais que tentasse, a Anheuser-Busch conseguisse convencer alguém a sorver uma caixa com 24 latas de Budweiser todos os dias.

O preço estagnado das ações da empresa refletia essas preocupações, e os investidores começavam a ficar frustrados. Essa foi a época mais difícil para a empresa desde que O Terceiro assumira as rédeas nos anos 1970. August IV se deparou com uma montanha de trabalho duríssimo.

Algumas coisas mudaram depois que ele tomou posse. Com a empresa enfrentando pressão intensa para cortar custos, ele logo decidiu fechar o suntuoso refeitório dos executivos da Anheuser. Esse lugar luxuoso servira como um local de descanso para Gussie e O Terceiro durante décadas, mas era pouco mais de um enervante campo minado para muitos de seus subordinados.

"Ele costumava tomar o café da manhã no refeitório, que parecia o restaurante executivo de um banco e não um banco em si", revelou Bob Lachky se referindo a August III. "Era magnífico. [O Quarto] fechou o lugar e transformou aquilo em uma central de atendimento telefônico. Ele disse que era ridículo que apenas certas pessoas em determinadas categorias salariais pudessem usá-lo e que aquilo começava a dividir os funcionários. Além disso, acho que O Quarto nunca o usou." Muitos dos outros executivos de alto escalão da Anheuser também evitavam aquele lugar como se fosse a peste. Eles não sentiam qualquer entusiasmo ao serem abordados e repreendidos por August III enquanto comiam um sanduíche de presunto. Mesmo assim, a maioria deles se lembra de ser convocada para ir lá em algum momento.

Certa manhã após sua aposentadoria, O Terceiro chegou de helicóptero à sede e telefonou para pedir o café da manhã, sem saber que o filho fechara o refeitório.

"E disseram: 'Mas, senhor, o refeitório não existe mais'", contou Lachky. "Ele disse espantado: 'O quê?' E eles retrucaram: 'Bem, não é aqui mais. Foi fechado. August IV mandou fechar.' E ele esbravejou: '*O quê?*' Ele achou que tinha voltado a seus antigos domínios, mas eles não existiam mais."

Uma fonte muito maior de polêmica entre pai e filho relacionada a corte de custos, no entanto, foi a decisão do Quarto de cancelar a entrega de um novo Dassault Falcon 7X – o primeiro avião com controles digitais da Dassault –, no valor de 40 milhões de dólares, que era capaz de voar de St. Louis à China sem escalas. O Terceiro aguardava ansiosamente pelo avião havia anos, e estava previsto que a Anheuser-Busch seria o primeiro comprador do avião nos Estados Unidos. O Quarto se opôs veementemente à ideia, contudo, alegando que os acionistas ficariam com uma imagem equivocada da situação da empresa. Ele cancelou o pedido, o que gerou uma das maiores desavenças que o azedo relacionamento entre os dois jamais sofrera.

"Houve muita comoção em torno daquela decisão", lembrou o general Shelton, membro da diretoria. "Não sei o que aconteceu nos bastidores, mas talvez, pensando bem, não foi feita uma coordenação prévia antes da decisão para que não parecesse uma ofensa descarada ao pai dele."

Mas essas eram modificações culturais pequenas. O Quarto precisaria vencer uma grande batalha contra a inércia histórica da Anheuser se quisesse instituir mudanças significativas. Embora agora fosse oficialmente o CEO, muitos em Wall Street suspeitavam de que ele ainda não exerceria muito controle sobre a empresa com o pai de 69 anos ainda espreitando por trás das cortinas e com Stokes agindo como presidente. "O Sr. Busch agora está sozinho no palco, mas ainda falta confirmar se essa empresa é realmente dele e se ele tem a vontade, e o apoio total da diretoria, para levar o Rei das Cervejas na nova e ousada direção que precisa tomar para gerar valor para os acionistas", comentou o analista Carlos Laboy.

Stokes poderia ajudar a orientar O Quarto durante a transição. Após 38 anos trabalhando na empresa, ele sabia exatamente o que fazer em cada situação e conseguia trabalhar com pai e filho. Porém, sua presença contínua parecia ajudar a fortalecer o controle do Terceiro.

"Pat era um bom executivo, ele sabia onde estavam todas as alavancas, e estava lá, aparentemente, para ajudar O Quarto", lembrou um ex-executivo de primeiro escalão e membro do comitê de estratégia. "Mas instalar Pat na presidência da diretoria foi basicamente uma tentativa transparente de manter controle sobre tudo o que acontecia."

"Era esquisito", acrescentou o ex-executivo, resumindo o ambiente dentro da empresa após O Quarto ser alçado ao comando. "Foi a maneira que o pai encontrou para controlar August. Ao manter Pat lá, era como se o pai dissesse: 'Você ainda não está pronto. Você tem o título, mas ainda não está pronto.'"

Os antigos funcionários da Anheuser tinham opiniões divergentes quanto à capacidade de Stokes de suavizar o impacto da transição do Quarto e quanto a ele ter sido igualmente paralisado pelo Terceiro. "Se existe alguma culpa que eu possa atribuir a Stokes é que ele não ajudou a desenvolver O Quarto", acusou Bill Finnie. "Dou a ele o benefício da dúvida, ou seja, que talvez tenha sido impossível para ele introduzir mudanças. Stokes talvez não pudesse ter feito muito quando era CEO. Mas ele bem que podia ter se certificado de que seu sucessor seria capaz de implementar mudanças. Se Stokes tivesse ajudado a desenvolver O Quarto, e este tivesse um séquito próprio, formado por pessoas com os mesmos *cojones* que o grupo do Terceiro possuía... a história teria sido diferente."

No começo, O Quarto fez algumas tentativas de promover novos executivos de sua escolha. Ele fez uma grande pressão para nomear um potencial diretor de operações, mas O Terceiro discordou e arrasou as chances do candidato. Ele fez o mesmo com várias outras nomeações de seu filho, e até mesmo atacou executivos que já estavam na empresa e acabaram saindo devido à pressão.

"Ele já não confiava em mais ninguém", revelou um ex-membro do comitê de estratégia. "Seu filho disse: 'Veja bem, se você quer que eu seja o cara, eu deveria poder escolher minha equipe, e você deveria me dar liberdade para tomar algumas decisões estratégicas.'" O Terceiro rejeitou muitos nomes, no entanto, por estar livre de qualquer controle por parte de uma diretoria cujos integrantes ele conhecia havia anos, senão décadas.

"Se não posso ter minha equipe, como posso ser responsabilizado pelos resultados?", argumentou O Quarto em uma entrevista a um jornal.

O Terceiro e O Quarto eram extremos opostos no que se referia à capacidade de confiar e delegar. O mais velho era leal principalmente àqueles que haviam prestado serviços louváveis à Anheuser-Busch. Seu filho apreciava os que podiam ser amigos leais e era tão confiante neles ao ponto de o pai considerar essa característica um defeito. O Quarto dependia muito de assessores de vários tipos, tanto no escritório quanto em outros ambientes, e tinha problemas em distinguir entre os que eram genuinamente competentes em suas funções e aqueles que eram bons apenas como amigos. O Terceiro parecia determinado a não deixar o filho cometer certos erros — mesmo que isso significasse construir um ambiente de trabalho que oferecesse poucas amizades de verdade ao filho.

Se August IV tivesse se imposto com mais força, talvez tivesse conseguido evitar ser castrado profissionalmente pelo pai. Ele nunca estabeleceu o próprio núcleo de poder para ajudá-lo a tomar o controle do pai na hora certa. Mesmo na época da oferta da InBev em 2008, muitos na Anheuser-Busch ainda se definiam como "caras do III" ou "caras do IV". O Quarto tinha muito apoio das equipes de vendas e de marketing, mas nunca conquistou a aceitação necessária dos funcionários em outras áreas importantes da empresa: fabricação, operações, e planejamento empresarial.

O Quarto, contudo, talvez nunca tivesse sido capaz de reunir a pura força de vontade necessária para superar o imenso poder do pai. Comparados um ao outro, O Terceiro parecia ter uma estatura incomparavelmente maior que a do filho. "Sr. Busch nunca largou a base de poder", declarou Bob Lachky. "August IV nunca teve uma oportunidade verdadeira de construí-la, uma vez que o pai exerce um controle rígido. Não foi falta de esforço por parte de August IV. Ele estava simplesmente bloqueado."

"Acho que ele idolatrava o pai", Charlie Claggett analisou. "Acho que queria agradá-lo desesperadamente, queria fazer a coisa certa. Mas esse era o problema. Em última análise, acho que o pai sabia que O Quarto precisaria fazer com ele o que ele fizera com o pai. Para ser um líder bem-sucedido, você precisa ter iniciativa. Você não pode sair correndo até o velho a toda hora. Você precisa estar disposto a assumir riscos e colocar você e sua reputação em jogo. Acho que O Terceiro não achava o filho capaz de fazer isso, ou então achava que ele conseguiria fazer, mas não muito bem."

Os contrastes marcantes de personalidade entre os CEOs da família Busch não eram ignorados por analistas e pelos meios de comunicação. "Sr. Busch permanece como certo enigma enquanto líder, embora seja considerado sociável e extrovertido sobretudo se comparado ao pai, que é visto como austero e distante", informou o *Wall Street Journal*. Após August IV subir ao cargo, os observadores da indústria se recostaram e esperaram curiosos para ver como funcionaria o novo arranjo no topo da empresa.

O Quarto ofereceu pelo menos um ramo da oliveira ao pai na tentativa de provar que suas metas para a Anheuser-Busch não eram mutuamente excludentes. Pouco tempo após virar CEO, ele convidou O Terceiro para assistir a uma reunião do comitê de estratégia na qual cada executivo apresentaria sua visão do futuro da empresa. O Quarto não tinha obrigação de incluir o pai, mas O Terceiro aceitou o convite e se sentou com o resto do grupo naquele dia para ver uma série de apresentações de vinte minutos.

Logo ficou claro que ele não estava gostando do que via. "Ele visivelmente rejeitou os comentários de determinadas pessoas. Pessoas que tinham a audácia de falar 'Deveríamos comprar a Miller' ou 'Deveríamos fazer isso'", revelou alguém que fez uma apresentação naquele encontro. "Ele estava ficando cada vez mais furioso. Era óbvio que aquele era um ambiente hostil para a introdução de ideias novas. Mas, mesmo assim, lá estava ele, porque sabia que controlava a diretoria."

"O Quarto estava se esforçando para que o pai soubesse que era respeitado", o executivo analisou. "O Quarto queria que o pai fosse um provedor, um mentor. O Sr. Busch nunca poderia ser um mentor. Ele não é do tipo que faz isso. Ele não é o tipo de pessoa que diz 'Meu legado será ajudar a próxima geração'. Você está brincando comigo? Ele é a única geração que importa. Tratava-se da personificação da luta entre a paixão de August IV contra a frieza do pai."

Se alguma vez houve um momento para O Quarto mostrar sua capacidade para o exigente pai, era esse. "Sr. Busch está assumindo o controle em um momento verdadeiramente decisivo", escreveu o analista Carlos Laboy. "No limiar da era August Busch IV, a A-B tem algumas opções para reconquistar seu ritmo de crescimento, mas está cada vez mais claro para nós que o atual modelo está perdendo força."

O Quarto examinou um leque amplo de possíveis soluções, e os investidores ficaram encorajados por sentirem que ele estava mais aberto a mudar a estratégia da empresa do que o pai. Contudo, mesmo após chegar ao cargo mais alto da Anheuser-Busch e aceitar muitas das demandas do Terceiro, August IV ainda lutava para obter sua aprovação. Ele admitiu o fato em uma entrevista ao *Wall Street Journal*, em maio de 2008, considerada vergonhosa por muitos.

"O amor e o respeito dele virão quando eu for bem-sucedido", O Quarto desabafou, confessando que sua transição ao cargo de CEO fora uma "situação muito difícil e instável". Ele nunca tivera "um relacionamento pai/filho" com o pai, prosseguiu. "É puramente comercial." E concluiu: "Creio piamente que se fracassar em minha vida profissional, será muito mais difícil algum dia ganhar o respeito dele."

Mais tarde, ele se mostrou arrependido por ter feito esses comentários, que abalaram a confiança de seus assessores e hoje chegam a constrangê-lo — sobretudo por ter admitido que carregava consigo os poucos bilhetes de aprovação do pai. Em sua primeira década de trabalho em tempo integral na empresa, ele recebera apenas cinco. Os analistas da indústria admiravam-se de a equipe de relações-públicas do Quarto haver permitido uma entrevista desse tipo, e houve algumas reações incrédulas entre os dirigentes da InBev. "Ficamos ao redor de uma mesa dizendo 'O que é isso? Nos metemos em algum drama familiar bizarro'", revelou uma pessoa próxima da empresa.

O Terceiro, como sempre, não se manifestou sobre o assunto.

Capítulo 6

O dedo do caçador congelado no gatilho

Quando o mundo tornou-se globalizado, ele virou um peixe fora d'água.
— Frase ouvida de um cervejeiro rival

Havia um sentimento claro, na época em que August IV assumiu o comando, de que a era de ouro da Anheuser-Busch estava encerrada; e ele logo se tornou paranoico com a ideia de que a empresa estaria vulnerável a uma oferta de aquisição ou às manobras de acionistas ativistas como Nelson Peltz, Eddie Lampert e Bill Ackman, cujos fundos de investimento atacavam empresas voltadas ao consumo que haviam se tornado gordas e complacentes. O Quarto tinha boas razões para se preocupar. Havia fortes rumores de que um ativista ou outro estava comprando as ações sub-repticiamente.

Os concorrentes da empresa não eram mais um punhado de cervejarias pequenas que poderiam ser facilmente esmagadas, e, provavelmente, não se poderia confiar na continuidade das imensas margens de lucro que ela havia colhido enquanto surfava a alta do mercado ao longo dos anos. Outra alavanca precisava ser acionada, e esperava-se que August IV, que não escolhera o momento mais propício para se tornar o novo CEO da empresa, a encontrasse.

A maior tacada que ele poderia fazer – uma que seria muito mais poderosa do que simplesmente cortar custos por todos os lados – era executar uma fusão capaz de mudar a cara da empresa. Mas havia um grande problema com essa ideia. Aquele barco já deixara o porto, com quase todas as outras cervejarias a bordo, enquanto seu pai e Stokes estavam no comando. Todos os grandes rivais de Anheuser-Busch haviam tomado iniciativas próprias de consolidação de grande porte, com a SABMiller e a InBev na dianteira, e a Anheuser fora largada sozinha no cais.

O aspecto mais frustrante para O Quarto e sua equipe gerencial foi o fato de que o problema que eles agora precisavam resolver – a estratégia global lamentavelmente inadequada da Anheuser-Busch – era um problema que o pai demorara quase três décadas para criar. Após O Terceiro atingir o objetivo de sua vida e dominar metade do mercado cervejeiro norte-americano, a Anheuser-Busch se deparara com um dilema importante: o que viria em seguida? O Terceiro focara os olhos tão incansavelmente em esmagar a Miller nos Estados Unidos que parecia cego para o que estava acontecendo no resto do mundo, ou simplesmente desinteressado. Essa arrogância – esse descaso insensível com relação à concorrência global da Anheuser-Busch – agora parecia tola e mesquinha.

O Terceiro fizera uma escolha crucial durante seu mandato. Se a Anheuser-Busch desejava continuar a crescer, precisava expandir para outros países ou começar a produzir outros tipos de produtos de consumo, transformando-se em uma empresa mais parecida com a Philip Morris. Em vez de escolher uma dessas opções e persegui-la com vigor, o cauteloso August III deu passos pequenos em ambas as direções.

■ ■ ■

Em 1982, a Anheuser-Busch fez sua primeira investida em outros tipos de produtos de consumo, comprando a Campbell Taggart, a segunda maior confeitaria dos Estados Unidos, e criando a unidade de produtos alimentícios Eagle Snacks. Os executivos da Anheuser achavam que entendiam do ramo de confeitaria e lanches rápidos porque lidavam com produtos simples vendidos em loja. Eles calcularam que seus distribuidores gostariam de diversificar suas atividades e começar a entregar pacotes de pretzels e pães para as mesmas lojas que já faziam encomendas de cerveja. Contudo, os lucros da Campell Taggart despencaram e, apesar dos melhores esforços de Pat Stokes, a operação nunca se recuperou de verdade.

"Achávamos que entendíamos de produtos vendidos em loja", confessou um ex-executivo graduado. "Achávamos que nossos distribuidores gostariam daquilo, mas simplesmente não funcionou. Entramos em um período de queda cíclica e terminamos com uma responsabilidade por algo que ficou muito longe de nossas previsões." Jerry Ritter, diretor financeiro da Anheuser na época, admitiu que a compra da Campbell Taggart fora feita de forma afobada e a um preço excessivo, apesar da tendência de O Terceiro avaliar minuciosamente tais decisões. August III até admitiu não compreender a transação tão bem quanto deveria. "Cometemos alguns erros, mas agora estamos bastante otimistas", disse ele.

Um dos poucos negócios que a Anheuser-Busch fez certo ao tentar a diversificação – a compra, por 1,1 bilhão de dólares, do parque temático Sea World, da Harcourt Brace Jovanovich em 1989 – pareceu uma comédia de erros a princípio. A Anheuser pagou cerca de 50% mais do que as pessoas esperavam e, após a negociação custosa ter sido concluída, ficou claro que os direitos sobre a Shamu, a facilmente reconhecida e famosa baleia assassina responsável por atrair plateias ao Sea World todos os anos, continuavam sendo propriedade de uma pequena empresa de animação sediada na Califórnia. A Anheuser precisou pagar mais 6 milhões de dólares, e engolir seu orgulho, para adquirir os direitos sobre o animal.

Em certa medida, a decisão da Anheuser de se envolver em parque temáticos, confeitarias e lanches rápidos fez todo sentido. Aquelas transações ajudaram a desviar as críticas e eram uma tentativa de minimizar o risco que ela corria como uma empresa centralizada apenas na cerveja. Como um ex-executivo explicou: "Se você está no negócio de parques temáticos, é possível influenciar positivamente milhões de consumidores todos os dias e mostrar-lhes como é possível ser uma empresa excelente de uma forma que não remeta ao álcool."

No entanto, de uma perspectiva financeira, nada mais se comparou à forma com que a Anheuser cunhava dinheiro na fabricação de cerveja. As pessoas simplesmente não estavam dispostas a pagar a mesma margem de lucro que pagavam na cerveja pelos pretzels. Portanto, em 1996, a Anheuser-Busch transformou a Campbell Taggart e a Eagle em unidades independentes e voltou ao papel anterior de uma empresa puramente cervejeira, agora acoplada a alguns parques temáticos.

"As outras empresas não tinham o mesmo retorno sobre o investimento que a cervejaria e, medidas por esse padrão, não se comparavam favoravelmente", analisou um ex-executivo. "Teria sido difícil ter um retorno sobre o investimento parecido com o da cervejaria. Qualquer que fosse o ramo de negócios. Provavelmente, elas foram comparadas por um nível de referência irreal."

Todas as horas gastas pelos principais executivos da Anheuser com produtos menos relevantes, como salgadinhos e pães de cachorro quente, prejudicaram a empresa onde ela mais precisava de ajuda – fabricar e vender cerveja em outros países. Ao contrário da maioria das empresas gigantes de produtos de consumo, a Anheuser-Busch não empregava um monte de funcionários experientes, viajados e dotados de opiniões fortes sobre a estratégia de crescimento global da empresa. Em vez disso, O Terceiro, às vezes, usava a unidade internacional como um depósito para empregados que não o satisfaziam em outros lugares.

"Não havia uma só pessoa na empresa que tivesse uma profunda experiência estrangeira", revelou Rick Hill, ex-tesoureiro assistente da Anheuser, que atualmente trabalha como consultor de investimento para muitos ex-executivos da Anheuser em St. Louis. "Até mesmo os responsáveis pela fabricação internacional de cervejas eram norte-americanos; e não falavam nenhuma outra língua além do inglês."

"Do ponto de vista de um jovem que olhava para o futuro da empresa e examinava o que as outras companhias faziam no mercado internacional, a abordagem deles era completamente louca", acrescentou Buddy Reisinger, seu sócio, que trabalhou na Anheuser-Busch por mais de uma década. "Muitas vezes, isso era totalmente desencorajado. Por que diabos alguém escolheria trabalhar em outro país?"

"Aposto que 90% dos empregados vieram da região ao sul da Highway 40, entre a 270 e o rio", Reisinger acrescentou, demarcando uma região ao sul e a oeste da cidade de St. Louis.

■ ■ ■

A Anheuser-Busch perdeu diversas oportunidades de expansão global graças à insularidade exageradamente cautelosa do Terceiro. Ele desprezou diversas possibilidades de celebrar acordos que teriam redesenhado o mapa da indústria cervejeira global e escudado a Anheuser-Busch contra tentativas de tomada de controle. No processo, ele tomou algumas decisões que acabaram sendo irreversíveis.

A Anheuser-Busch tentou repetidamente, por exemplo, lançar a Budweiser na África do Sul na década de 1990. Embora a South African Breweries, a cervejaria líder no mercado local, fosse a única empresa em quem a Anheuser confiava para fabricar a Budweiser no país, Graham Mackay, o dirigente da SAB, não se mostrou interessado. Mackay e O Terceiro continuaram a se reunir de vez em quando. Mackay visitou a Anheuser nos Estados Unidos no início da década de 1990, quando a África do Sul estava na lista negra norte-americana por causa das leis de segregação e discriminação racial vigentes na época. E, nas viagens ocasionais deles à África do Sul, os executivos principais da Anheuser costumavam visitá-lo.

Em uma dessas viagens mais memoráveis, que ocorreu quando a Anheuser estava vagamente considerando a SAB como um possível alvo de aquisição, August III viajou com Jack Purnell e John Jacob, que dirigia a National Urban League e era membro da diretoria da Anheuser. A SAB não ocupava uma posição alta na lista de alvos na época porque suas vendas estavam pesadamente concentradas em uma região, mas a Anheuser, todavia, achava que uma viagem de "apresentação" era justificada.

A viagem serviu para enfatizar que não havia química suficiente entre O Terceiro e Mackay para fundamentar uma aquisição. Mackay era cativante e autoconfiante, mas um pouco arrogante demais do ponto de vista da Anheuser. "Isso não significa que ele era uma má pessoa", contrapôs alguém ligado à empresa. "Acho que sua autoconfiança tinha uma razão de ser. Porém, de qualquer forma, essa é a imagem que ele projeta. Você não verá sorrisos." O triunvirato da Anheuser visitou algumas fábricas de cerveja da SAB durante sua estada e até se reuniu por duas horas com Nelson Mandela, que tentava convencer mais empresas a investirem no país.

Na viagem de volta, os executivos da Anheuser planejavam fazer uma parada em Munique para que August III pudesse proferir uma palestra em um imenso conclave de fabricantes de cerveja. No entanto, quando o jato deles cruzou o espaço aéreo da Zâmbia, os controladores de tráfego aéreo disseram que não havia permissão para prosseguir, e o avião foi instruído a aterrissar ou voltar. A ideia de descer na Zâmbia sem aviso não era muito convidativa; logo, o jato fez uma manobra e retornou para a África do Sul para garantir a permissão de que precisavam. Purnell, percebendo que não chegariam a Munique naquela noite, telefonou para sua secretária em St. Louis da pista do aeroporto e lhe disse para solicitar à Abercrombie & Kent, uma agência especializada em viagens de turismo ultraluxuosas, que reservasse o que estivesse disponível entre a África do Sul e a Alemanha naquela noite.

A Abercrombie aconselhou aos executivos da Anheuser que pousassem naquela noite em Luxor, onde meia dúzia de egípcios em traje tradicional saíram de um mini-ônibus para cumprimentá-los quando chegaram. Eles pernoitaram em um dos hotéis mais luxuosos da cidade, confiantes de que a viagem fora um enorme sucesso.

O sentimento não foi recíproco. O Terceiro não impressionara muito bem seus colegas na África do Sul. A equipe da SAB planejara levar seus convidados americanos para Soweto, uma favela pobre de população negra, localizada próximo à cidade de Joanesburgo, palco de algumas das principais rebeliões contra a segregação racial. No entanto, ao saber sobre os planos, a onipresente equipe de segurança do Terceiro se recusou a deixá-lo ir. Apenas o restante do grupo, incluindo outros membros da equipe da Anheuser-Busch, passou parte do dia aprendendo sobre o comovente Levante de Soweto. O Terceiro esteve ausente por questões de segurança.

Mackay considerava sua contraparte americana um homem tímido, inseguro e um tanto estranho, e o desentendimento deles na África não fora o único momento constrangedor entre os dois executivos-chefes.

No final da década de 1990, uma participação minoritária na SAB, de propriedade de uma empresa chamada Bevcon, foi colocada à venda. O Goldman Sachs estava administrando o processo de leilão, e havia rumores de que quem comprasse aquela pequena quantidade de ações teria uma dose desproporcionalmente grande de controle sobre a SAB.

A Anheuser-Busch expressou interesse na transação, então O Terceiro e Mackay enviaram suas equipes a Londres para uma reunião. Antes de Mackay e seus representantes terem até mesmo tomado seus assentos, O Terceiro, que nunca fora uma pessoa de seguir as convenções sociais costumeiras, abruptamente apresentou sua proposta: desejava o controle total da empresa se fechasse o negócio, comunicou estalando os dedos em certo momento para chamar a atenção de Purnell, que estava atrás dele, e obter uma informação que faltava. O controle da SAB era mais do que Mackay estava disposto a ceder, sobretudo em um estágio tão preliminar, e ele recostou no assento, desgostoso com a audácia do Terceiro, mas pensando que provavelmente havia espaço para uma negociação. O Terceiro não estava interessado em qualquer meio-termo. Ele avaliou a resposta de Mackay, agradeceu à equipe da SAB pelo tempo deles e, em seguida, os deixou sentados à mesa, atônitos, poucos minutos após a reunião ter começado.

No conclave de cervejeiros de Munique, em 1997, O Terceiro, como dirigente da maior cervejaria do mundo, admitiu que ingressara tarde no jogo da expansão internacional. "Devido ao potencial de lucro do mercado norte-americano", confessou em seu discurso "não começamos a exploração do mercado internacional até 1980." Ele, então, prometeu focar na construção de parcerias internacionais. "Nosso objetivo é fazer da Budweiser uma marca global. A globalização da cultura americana também é boa para a Bud."

Ele continuou resistente após reconhecer aqueles erros. A SAB, por outro lado, não ficou parada esperando que os norte-americanos mudassem de ideia. Ela se transformou de uma cervejaria de um país remoto do mundo subdesenvolvido em um jogador global de primeira linha em apenas uma década. Após ter ganhado mais liberdade para expandir quando a África do Sul realizou suas primeiras eleições democráticas em 1994, a SAB investiu pesadamente em mercados em desenvolvimento da Europa oriental – territórios com alto consumo de cerveja, como Hungria, Polônia e República Tcheca – e mudou sua sede para Londres em 1999. Em 2002, a cervejaria que a Anheuser-Busch descartara anos antes por ser demasiadamente centrada na África do Sul concluiu uma transação audaciosa que atingiu em cheio a Anheuser: a compra da Miller por 5,6 bilhões de dólares. A transação deu à SAB acesso imediato e amplo aos Estados Unidos, o mercado de cerveja mais lucrativo do mundo, e enraizou-a profundamente no território da Anheuser.

Com esse negócio, a SABMiller se tornou a segunda maior empresa de cerveja do mundo, atrás da Anheuser-Busch.

∎ ∎ ∎

O Terceiro continuou a consumir defensivamente pequenas fatias da torta durante as décadas de 1980 e 1990. Ele avaliou a possibilidade de *leveraged buyout* no início da década de 1980, quando as aquisições desse tipo estavam na moda, mas nada aconteceu. Em 1980, em vez de comprar o controle da Labatt, ele assinou um acordo de licenciamento por meio do qual a empresa fabricaria a cerveja Budweiser no Canadá, deixando a cervejaria canadense disponível para ser adquirida pela Interbrew 15 anos mais tarde. Em 1986, ele assinou um acordo semelhante com a Guinness para fabricar e vender a cerveja Budweiser na Irlanda, permitindo que a Guinness, mais tarde, se fundisse com o gigante do setor de bebidas Diageo. A Anheuser-Busch se associou à Birra Peroni em 1993 para distribuir a Budweiser na Itália, à Kirin nesse mesmo ano para fabricá-la no Japão, ao Grupo Damm em 1995 para fabricá-la na Espanha e à Kronenbourg em 1996 para fabricá-la na França. No final da década de 1990, ficou óbvio que o crescimento da indústria cervejeira viria de fora dos Estados Unidos. Os rivais do Terceiro estavam adquirindo ativos por todos os lados àquela altura, e os preços haviam disparado.

"A empresa ficou um tanto isolada, com algumas participações acionárias parciais", analisou um ex-executivo. "Algumas dessas decisões deveriam ter sido feitas na década de 1980 e no início da década de 1990. Tivemos muitas oportunidades de expansão naquela época."

"Poderíamos culpar a globalização, mas ele foi mesquinho", ponderou alguém ligado à empresa. "Acho que a questão pode ter sido o fato de que ter o nome dele na porta o tornou menos disposto a assumir os riscos necessários para se globalizar. Alguém com uma mente menos fechada teria visto que isso aconteceria."

"Parte do problema foi que já éramos a maior cervejaria do mundo", essa pessoa acrescentou. "Acho que ele nunca viu a ameaça vinda de fora. Acho que ele sempre olhou mais para dentro. Qualquer que seja a razão, O Terceiro não queria assumir aquele nível de risco. Será uma dessas coisas que ele levará para o túmulo."

De todas as oportunidades perdidas pela Anheuser-Busch, a mais fatal foi uma chance que O Terceiro teve de asfixiar a InBev antes que esta fosse criada. No início da década de 1990, a Anheuser decidiu que desejava estabelecer uma parceria com uma das duas maiores cervejarias no Brasil para lançar a Budweiser neste país em rápido desenvolvimento. Ela entrevistou a cervejaria principal, a Brahma, e sua segunda maior concorrente, a Antarctica, e acabou iniciando negociações com ambas para ver qual ofereceria a melhor oportunidade.

A Brahma era capitaneada por um trio poderoso de banqueiros de investimento – Marcel Telles, Carlos Alberto da Veiga Sicupira e Jorge Paulo Lemann, o banqueiro mais famoso no Brasil, conhecido tanto pela frustrada tentativa de sequestro de seus três filhos em 1999 quanto por seus sucessos profissionais. Dois atiradores dispararam uma saraivada de balas à queima-roupa no motorista do sedan que transportava seus filhos, mas a blindagem do carro salvou a vida deles. Logo depois, Lemann se mudou com a família para a Suíça, país de origem de seu pai.

O recluso Lemann e seus dois sócios haviam assumido o controle da Brahma em 1989 após venderem o Garantia, banco de investimento conhecido como o "Goldman Sachs do Brasil", para o Credit Suisse First Boston por 675 milhões de dólares. Eles investiram uma parcela desse montante em seu novo empreendimento cervejeiro. Telles tornou-se presidente e CEO da Brahma, e os três homens infundiram naquela cervejaria sonolenta o estilo próprio da cultura bancária competitiva.

Os três banqueiros da Brahma se revelaram negociadores difíceis, então a Anheuser-Busch enveredou pelo caminho mais fácil em 1994 e, em vez disso, comprou um interesse minoritário na segunda colocada – a Antarctica. A sociedade funcionou bem por vários anos até que a Brahma reapareceu, deixando atônitos O Terceiro e o restante de sua equipe ao fazer uma oferta para comprar toda a Antarctica. Os dirigentes da Anheuser-Busch analisaram a situação e concluíram que as autoridades brasileiras nunca permitiriam a conclusão do negócio por razões antitruste – a negociação fundiria as duas maiores fabricantes de cerveja do país, que teria imenso poder e influência regional.

Eles estavam errados.

A Brahma recebeu permissão para ir adiante com o negócio e se fundiu com a Antarctica em 1999, criando a AmBev. Sob a direção do trio de dirigentes banqueiros, a AmBev decolou como um foguete.

Infelizmente, O Terceiro avaliara mal o que ele enfrentava no Brasil, embora tenha tido diversas chances para ajudar a influenciar os rumos da AmBev. Em meados da década de 1990, os obcecados por crescimento Telles e Lemann haviam desenvolvido uma visão abrangente do futuro da indústria cervejeira global e convidaram O Terceiro para fazer parte do plano. Telles, que passara algum tempo com Lemann, O Terceiro e Purnell durante uma viagem exploratória em 1991 ao parque temático Busch Gardens, em Williamsburg, Virginia, telefonou para solicitar outra reunião, dessa vez em St. Louis. Ele apareceu sozinho na matriz da Anheuser, trazendo consigo uma proposta arrojada.

"Vamos formar a Coca-Cola da cerveja", anunciou para O Terceiro e Purnell, explicando que, se a Brahma, a Antarctica e a Anheuser-Busch se fundissem, a empresa combinada teria controle total sobre os mercados de cerveja da América do Norte e do Sul.

"Tratava-se de uma visão do futuro nas Américas, onde eles mandariam em outros países e nós mandaríamos nos Estados Unidos", esclareceu Purnell. "Era uma proposta de fusão, do tipo 'Vamos nos casar, viveremos melhor juntos do que sozinhos'."

O Terceiro e Purnell nunca haviam encontrado alguém com intenções tão grandiosas. A extrema autoconfiança de Telles – a sensação de destino manifesto que ele irradiava – era desanimadora para a dupla de St. Louis, que sentia ainda estar em uma fase de aprendizagem no front internacional. A proposta de Telles deixava claro que ele estava muito à frente deles.

"A proposta não atraiu August", Purnell revelou. O Terceiro não conseguia digerir o conceito de uma associação que deixaria os brasileiros no controle fora dos Estados Unidos. Então, quando a Brahma e a Antarctica decidiram unir forças, a Anheuser-Busch se retirou.

"Isso acabou se mostrando uma decisão fatídica. Eu não diria 'fatal', mas 'fatídica'", Purnell ponderou. "Terminamos exercitando a opção de vender nossa participação na Antarctica em vez de participar da diretoria consolidada das duas empresas. Eles, então, adquiriram a Labatt no Canadá; em seguida, foram para a Europa e, aí, finalmente, voltaram para fazer sua oferta pela A-B."

O Terceiro parecia se esforçar tanto para encontrar formas de evitar realizar transações quanto teria administrando-as se elas tivessem, de fato, acontecido. Nas poucas ocasiões em que as transações chegaram perto de serem concluídas, a equipe da Anheuser voltava no último segundo e exigia um preço mais baixo ou melhores condições. Quando obtinha o que havia pedido, pedia um pouco mais – e, em seguida, um pouco mais, até que a outra parte, finalmente, se recusava a ceder e as negociações emperravam.

"Ele sempre tentava concluir uma transação que traria benefícios máximos para a A-B", contou um ex-membro do comitê estratégico. "Isso inviabilizou várias delas. Havia sempre aquele pequeno dispositivo a nosso favor que a impedia de sair da sala da diretoria. Essa era uma forma clássica de frear tudo."

"Não podíamos concluir uma transação a menos que alguém estivesse disposto a nos vender as joias da coroa por um preço baixo, sem qualquer risco. Por alguma razão, ninguém estava disposto a fazer isso", explicou o ex-executivo Bill Finnie, com uma ampla dose de sarcasmo.

Em vez de comprar ativos importantes, O Terceiro e o restante da velha guarda da Anheuser adquiriram o hábito de encontrar formas de justificar a imobilidade. Sempre parecia haver uma razão por que cada um dos ativos estava aquém para a Anheuser-Busch. Era um "culto de admiração", um consultor da empresa analisou. "Era como uma sociedade de admiração mútua." Eles criticavam os rivais por fazerem negócios que mostravam suas ambições globais e acabavam percebendo mais tarde que os negócios haviam sido bem-sucedidos. "Não tínhamos qualquer tipo de planejamento empresarial de longo prazo", revelou um ex-executivo, que criticou a equipe de planejamento empresarial da Anheuser por ser dominada pelo Terceiro. "Nós não tínhamos nada."

"Ficávamos sentados lá zombando da Coors por entrar no Reino Unido, zombando da SAB por comprar uma participação na Miller", o executivo acrescentou. "Como você pode continuar criticando as pessoas dessa forma? Como você pode olhar para cada negócio como se ele não fosse funcionar, não fosse funcionar, não fosse funcionar? Está funcionando!"

Mostrando sua frustração, o ex-diretor John Jacob pediu a palavra durante uma reunião e perguntou: "Por que nunca conseguimos justificar a compra de alguém, embora menosprezemos todos os outros que compraram alguém? E, então, um ano mais tarde, nos reunimos aqui e nos damos conta de que agora eles estão ganhando dinheiro?"

"Ele fez esse tipo de pergunta inconveniente por cerca de um ano ou um ano e meio até desistir", revelou um de seus ex-colegas.

"Simplesmente deixamos o barco correr por 15 anos porque éramos muito fortes. E acabamos pagando o preço", concordou Bill Finnie, se referindo ao final dos anos 1980 e à década de 1990. "Eles ficaram sem uma estratégia de verdade por cerca de dez ou 15 anos."

Para ser justo com O Terceiro, havia argumentos legítimos contrários a algumas dessas transações. A decisão de expandir em mercados emergentes embrionários não era algo tão óbvio assim. As duas cervejarias gigantes que foram bem-sucedidas nessa empreitada – a SABMiller, da África do Sul, e a InBev, do Brasil – não tinham alternativa. Elas começaram lá.

"Quando você tem uma empresa que era tão lucrativa quanto à dele, em que os lucros eram tão grandes quanto os dele, não tenho certeza se alguém teria sido tão inteligente a ponto de dizer 'Precisamos controlar o mundo'", ponderou um consultor da Anheuser-Busch. "Hoje entendemos por que ele deveria tê-lo feito, mas essa estratégia teria diluído suas margens e seus lucros. Então, não era óbvio. Acho difícil criticá-lo por isso, embora seja muito fácil fazê-lo agora."

O Terceiro mandou seus funcionários fazerem cálculos, repetidas vezes, para avaliar uma gama de possíveis transações. Eles consideraram todas as eventualidades. O veredito era, em geral, igual. Por que a Anheuser desejaria colocar dinheiro em alguma cervejaria estrangeira arriscada quando poderia gerar muito mais lucro investindo o mesmo montante nos Estados Unidos? A expansão internacional não parecia fazer muito sentido na época, pelo menos no curto prazo.

"Ao comparar outras transações com o mercado norte-americano... quase qualquer outro investimento parecia débil", explicou um ex-executivo de primeiro escalão da Anheuser-Busch. "Porém, chega uma hora em que é necessário pensar além do ano seguinte ou dos três próximos anos e dizer: 'Em dez anos, o mapa será global, não será doméstico, e essas outras empresas estão expandindo. Preciso me preparar para essa eventualidade tomando decisões hoje que podem prejudicar o retorno sobre o investimento no curto prazo, mas que são inteligentes em um contexto mais amplo'".

O Terceiro tinha uma forte aversão, em particular, por assumir muitas dívidas, o que teria sido necessário para fazer quaisquer aquisições significativas. A crise financeira global que começou em 2007 mostrou os perigos do excesso de endividamento, e muitas empresas cujos executivos de primeiro escalão haviam sido menos cautelosos do que O Terceiro afundaram. No entanto, a aversão ao risco – tanto financeiro quanto operacional – de August III limitou as oportunidades de expansão da Anheuser-Busch. Ele preferiu reinvestir as bateladas de dinheiro que a Anheuser gerava todos os anos em sua própria empresa.

"Essa é a parte que simplesmente não entendo", contrapôs um ex-executivo que observou O Terceiro desistir de uma longa série de transações potenciais. "Sendo tão esperto em matéria de finanças como era, ele sabia que tinha dinheiro suficiente para concluir essas transações. A A-B estava abarrotada de dinheiro."

"A A-B não era apenas mais bem-financiada, era a maior cervejaria do mundo na época", observou o analista da indústria cervejeira Harry Schuhmacher. "Eles poderiam ter, facilmente, estendido um pouco seus balanços para realizar essas negociações, mas não estavam dispostos a fazê-lo."

Fazer as contas fecharem não era o único obstáculo no front internacional. O Terceiro era um fanático por controle da mais alta ordem, e era impossível imaginar que alguém poderia administrar uma operação da Anheuser-Busch no exterior com o mesmo grau de supervisão e intensidade que ele mostrava em St. Louis. Em muitos casos ao longo dos anos, sua dedicação rigorosa à qualidade se mostrara acertada. No entanto, isso não facilitava encontrar alvos de aquisição adequados – ou alguém para administrá-los.

"Ficou claro para mim que ele não tinha como ir além dos Estados Unidos", avaliou Rick Hill. "Ele não era um bom sócio para ninguém. Seríamos um sócio minoritário, mas August nunca conseguiria dizer 'Você conhece o mercado melhor do que eu, então tome conta dele'. Os sócios minoritários, tenho certeza, teriam dificuldade em lidar com ele. Ele era esse tipo de cara. Era muito rígido."

Em vez de subcontratar a fabricação de cerveja na Ásia, por exemplo, a Anheuser costumava enviar cerveja em contêineres lacrados dos Estados Unidos para o Japão. Esse procedimento dava aos japoneses um gosto do verdadeiro Rei das Cervejas, mas os custos eram enormes.

"Nunca tivemos respeito algum pela capacidade de fabricar cerveja de quem quer que fosse", revelou um ex-executivo. "Não confiávamos em ninguém. Não confiávamos em consultores, não confiávamos em assessores. Confiávamos somente na opinião de um homem com relação ao que deveríamos ou não fazer."

■ ■ ■

Embora O Terceiro tivesse o dom de parecer estar em todos os lugares ao mesmo tempo, até mesmo ele não podia ter o melhor de dois mundos quando se tratava de expansão global. Não havia a mínima chance de ele comandar as operações em outros países da forma como fazia em St. Louis, se intrometendo em cada detalhe. No entanto, a alternativa — relaxar e deixar outra pessoa exercer o controle dos ativos estrangeiros no dia a dia — o fazia se sentir extremamente desconfortável.

Ele preferia recorrer às mesmas ferramentas que sempre haviam gerado crescimento para a Anheuser-Busch: focar na publicidade e na fabricação de cerveja consistente. No entanto, as ferramentas usuais não mais funcionariam. Para competir no novo mercado de cerveja globalizado, a Anheuser-Busch precisava de economias de escala — a redução de custos que as grandes empresas conseguem gerar relativo à suas contrapartes menores. Enquanto seus rivais se transformavam em gigantes, a Anheuser-Busch engendrava a própria destruição ao tornar-se exageradamente dependente dos consumidores norte-americanos e ao ignorar centenas de milhões de consumidores cada vez mais abundantes pelo mundo afora.

"Tínhamos uma consciência aguda de que passáramos da maior cervejaria no mundo a uma empresa que admirava a InBev", observou Douglas A. "Sandy" Warner III, ex-presidente do J.P. Morgan Chase e um dos membros mais poderosos da diretoria da Anheuser-Busch. "Eu me lembro, como se fosse ontem, de estar sentado na sala de reuniões da diretoria e alguém dizer: 'Estamos confortáveis com o fato de que, como consequência das decisões que estamos tomando, nosso tamanho e escala relativos estejam diminuindo? Estamos confortáveis com isso? Porque isso tem implicações.' E estávamos. Acho que era unânime. Achávamos que estávamos fazendo tudo certo."

"O Terceiro fez um estrago na empresa", apontou um conselheiro da Anheuser-Busch. "Lembre-se, a InBev era 'desse' tamanho, a SAB era 'desse' tamanho, e a A-B era 'desse' tamanho", explicou, separando as mãos cada vez mais enquanto nomeava cada cervejaria. "A Anheuser permaneceu daquele tamanho. Lembre-se, a primeira negociação que a AmBev, dos brasileiros, tentou fazer foi uma fusão com a Anheuser-Busch lá no começo, e foi descartada. Os brasileiros, então, fizeram a transação com a Interbrew. Ele nunca globalizou. Ele recusou todas as oportunidades."

■ ■ ■

Em 2004, a Anheuser-Busch, cujos funcionários, havia muito, gabavam-se de trabalhar para a maior fabricante de cerveja do mundo, repentinamente perdeu aquele título. A AmBev, cujas propostas de domínio global a Anheuser desprezara, anunciou naquele março que faria uma fusão com o gigante cervejeiro belga Interbrew, em uma transação com valor de 11,4 bilhões de dólares, para criar a maior cervejaria do mundo em termos de volume. A SABMiller ultrapassou a Anheuser em termos de tamanho logo em seguida.

O comitê de estratégia da Anheuser-Busch, o qual começara a debater os méritos de uma grande aquisição anos antes, iniciou uma discussão ativa sobre a necessidade de uma fusão com outra cervejaria, e suas reuniões tornaram-se acaloradas e contenciosas. "Tudo aconteceu de uma só vez", disse um membro do comitê. "As reuniões foram impressionantes, porque todos simplesmente culpavam todo mundo."

Os executivos da Anheuser começaram a debater uma gama de opções, todas tinham sido examinadas exaustivamente no passado. Alguns desejavam comprar a SABMiller, o que exigiria um endividamento imenso, se é que Mackay, da SABMiller, estava mesmo disposto a aceitar. Outros examinavam a possibilidade de adquirir o restante do Grupo Modelo, a cervejaria mexicana da qual a Anheuser-Busch já acumulara metade das ações. No entanto, o pessoal da Modelo não gostava de August III e de muitos dos outros membros da velha guarda da Anheuser-Busch. Foi até cogitada uma fusão com a cervejaria holandesa Heineken, mas lidar com a família Heineken era complicado demais. O Terceiro não deixara muito espaço para o filho trabalhar.

Ele deveria ter empregado uma "estratégia de fusões e aquisições que ajudasse a empresa a crescer e fosse mais global", comentou um assessor da empresa. "Eles eram muito limitados em termos de penetração no mercado internacional e de estrutura de custos. Não era só O Quarto que agia assim. Na verdade, O Quarto entrou e tentou se concentrar mais no futuro, e O Terceiro não queria que ele fizesse isso."

"Meu entendimento era de que ele estava apenas tentando incitar o pai a fazer mais no mercado internacional, ao que o pai dizia: 'Isso não é da sua competência'", observou Harry Schuhmacher. "Sua responsabilidade é os Estados Unidos."

À medida que a Anheuser-Busch começava a buscar formas de tirar o atraso, a China era a resposta óbvia. O Terceiro reconhecera que a China era um mercado lucrativo que crescia rapidamente, mas seus investimentos lá tinham sido cautelosos. A Anheuser era proprietária de uma pequena participação acionária na Tsingtao e também começara a produzir a Budweiser localmente em 1995, após comprar uma participação majoritária na Wuhan International Brewery da China. Então, em 2002, com Pat Stokes no comando, a empresa decidiu reforçar sua exposição na China assinando um acordo para lentamente aumentar sua participação na Tsingtao de 4,5% para 27%. O preço que a Anheuser pagou foi alto em relação à influência adicional limitada que ganhou: o governo chinês permaneceu sendo o acionista majoritário da Tsingtao. No entanto, esta cervejaria era algo concreto que os habitantes de St. Louis podiam exibir, e isso incentivou a empresa quando a Harbin Brewery, a quarta maior fabricante chinesa de cerveja na época, se tornou disponível em 2004. Em uma decisão atípica que indicou que a Anheuser-Busch colocara de lado parte de sua relutância, após um mês de luta, ela obteve o controle da Harbin quando a SABMiller retirou a oferta. No entanto, a vitória não foi barata. A SABMiller já era proprietária de uma quantidade significativa de ações da Harbin, e a Anheuser teve de pagar um preço inflado, tanto à SABMiller quanto aos outros acionistas da Harbin, para adquirir as ações que ainda não possuía.

Mesmo após mostrar agressividade na batalha pela Harbin, aqueles que achavam que a Anheuser já estava muito atrasada não calaram suas críticas. "A China foi, digamos, um acidente", um assessor da empresa observou. "Um negócio relativamente pequeno."

"Eles perderam a oportunidade por completo quando a Europa Oriental se abriu e havia crescimento na América Latina", analisou Harry Schuhmacher. "Eles agiram cedo na China, mas, com relação ao restante do mundo, a Anheuser-Busch permitiu que a SABMiller e, mais tarde, a InBev aproveitassem todas aquelas oportunidades. Essa era a cultura. Era uma cultura do Meio-Oeste de conservadorismo, insularidade e camaradagem. Ela começou a se abrir para o mundo quando August Busch IV subiu na hierarquia."

Infelizmente, os esforços do Quarto foram muito tímidos e muito, muito atrasados. Em meados de 2008, quando a InBev fez sua oferta, os resultados de décadas de paralisia expansionista por parte da Anheuser-Busch eram visivelmente claros. Em um mapa-múndi pendurado no saguão da sede da empresa em St. Louis, uma série de lâmpadas minúsculas espalhadas deveria destacar a amplitude e o alcance de suas instalações ao redor do mundo. Os Estados Unidos e a China estavam bem-iluminados, mas a maior parte do restante do mapa permanecia completamente apagada.

Capítulo 7

Um ingênuo no mercado

Ele era como Bambi, como um cervo paralisado pelos faróis de um carro.
— Consultor da Anheuser-Busch

No momento em que, após se tornar CEO, O Quarto começou a contatar alguns daqueles que o pai havia alienado ao longo dos anos, ficou evidente que ele operava com uma mão amarrada atrás das costas e que fora o próprio pai quem dera o nó. O Terceiro não abrira mão inteiramente do controle sobre a empresa. Um ano após o filho assumir o comando, continuava sendo uma presença imponente na empresa. Ainda visitava os distribuidores, deixando em dúvida quem deveria ser o interlocutor deles em St. Louis. Ele só deixou definitivamente seu escritório na sede da Anheuser-Busch no final de 2007, quando a diretoria forçou tanto ele quanto Pat Stokes a saírem do edifício.

"A sucessão de um CEO forte, como a de Jack Welch para Jeff Immelt, é difícil", observou o membro da diretoria Sandy Warner, se referindo à General Electric, onde ele também serviu como diretor. "No caso de Immelt e Welch, que eu acompanhei, Welch não entrou no edifício uma única vez depois que se aposentou como CEO."

"August Busch III manteve seu escritório", Warner acrescentou. "Nunca mudou de lugar. Assim, é difícil começar quando seu antecessor foi um CEO com uma carreira brilhante, bem-sucedida e duradoura. É duplamente difícil quando o cara ainda está na diretoria, ainda em sua cadeira, ainda no mesmo lugar em que todos se acostumaram a vê-lo por vinte anos... Então, acrescente a tudo isso que ele é seu pai, e assim foi criada uma situação absolutamente impossível."

"Ele conhecia a empresa, desde o funcionário mais humilde ao executivo com o cargo mais elevado, além de todos os procedimentos e processos. Acho que foi difícil para ele largar tudo aquilo", constatou o embaixador Jones, outro membro da diretoria. "Acho que houve alguns telefonemas reprobatórios e algumas decisões gerenciais com as quais o Terceiro não concordou e outras ainda das quais discordou veementemente."

O Quarto ganhara a promoção que sempre almejara. Ao puxar um cartão de visita do bolso, lia o título sob seu nome, que dizia: CEO. Contudo, ele nunca sentia que realmente estava no comando. Era enlouquecedor. Como observou um ex-membro do comitê de estratégia: "Não consigo lembrar os títulos dos cargos que todos tinham, porque a realidade era que August III sempre estava lá."

August IV preocupava-se com a vulnerabilidade da Anheuser-Busch a uma tentativa de tomada de controle, e estava desesperado para transmitir seu sentimento crescente de mal-estar e urgência aos seus colegas.

Durante uma reunião em St. Louis com O Quarto e Randy Baker, diretor financeiro da Anheuser, pouco tempo após O Quarto assumir o comando, um banqueiro de alto escalão do Citigroup chamado Leon Kalvaria apresentou uma lista das ameaças que a Anheuser-Busch enfrentava por parte de seus rivais. As ligações de Kalvaria com a indústria cervejeira eram profundas – ele assessorara Lemann, Telles, Sicupira e outros brasileiros da AmBev durante sua fusão com a Interbrew, e observara como os brasileiros haviam tomado o controle da operação e expulsado John Brock, o CEO da Interbrew. Kalvaria também trabalhara algumas vezes com a SABMiller, quando ela assumiu uma participação majoritária na cervejaria italiana Peroni, em 2003, e quando comprou o Grupo Empresarial Bavaria, a maior cervejaria da Colômbia, por 7,8 bilhões de dólares em 2005. Após trabalhar por tantos anos com a indústria cervejeira e passar tanto tempo com os principais executivos do setor, ele conhecia as motivações de cada concorrente da Anheuser e quais eram seus segredos comprometedores.

As advertências de Kalvaria foram suficientes para levar August IV a convidar o Citigroup, o Goldman Sachs, o J.P. Morgan e alguns outros banqueiros de Wall Street para irem a Cancún, México, alguns meses mais tarde, em 7 de fevereiro de 2007, para apresentar suas ideias a um grupo de executivos da Anheuser. August IV encorajou os banqueiros a serem criativos, esperando que ajudassem a incutir em seu grupo a necessidade de agirem com urgência.

Já se passara quase um ano e meio desde que Wilma, um furacão de categoria cinco, devastara Cancún, destruindo os cais onde os navios de turismo atracavam, derrubando hotéis e arrasando praias inteiras. A maior parte da área fora reconstruída e começava a parecer funcional novamente. As tempestades que passaram pela cidade naquela semana, no entanto, haviam derrubado galhos e inundado o terreno ao redor do Ritz Carlton, onde os executivos cervejeiros estavam reunidos. Isso tornou periclitante a corrida matinal de Tim Ingrassia, do Goldman Sachs, mas ele precisava se concentrar e pensar naquilo que prometia ser um encontro interessante.

Embora o Goldman Sachs agora fosse bem-visto pela Anheuser, seu relacionamento com a Anheuser-Busch, no passado, fora conturbado e complicado. O banco e a cervejaria haviam se aproximado muito durante toda a década de 1990. Porém, da perspectiva do Goldman, o problema com a Anheuser-Busch era de que ela raramente concluía os tipos de transações que pagavam os melhores honorários: as grandes fusões e aquisições. Em meados de 2001, quando a cervejaria alemã Beck's foi colocada à venda em um leilão administrado pelo Goldman, o relacionamento das duas empresas se desfez. Byron Trott, que acabou tornando-se conhecido por ser o banqueiro favorito de Warren Buffett, trabalhava no escritório de Chicago do Goldman para manter o relacionamento com a Anheuser-Busch.

A Anheuser submeteu uma proposta para aquisição da Beck's na primeira rodada de ofertas, mas o preço foi tão baixo que o Goldman excluiu a Anheuser da segunda. August III ficou furioso.

"Ele decidiu que o Goldman era um grupo de imbecis, mas, na verdade, a Anheuser-Busch simplesmente não tinha feito uma oferta suficientemente alta", comentou um conhecedor da transação. "A ideia era a de que aquilo passaria", explicou alguém com conhecimento dos fatos. "Mas o Terceiro costuma guardar ressentimento. Pensando nisso agora, a mensagem que ouvimos foi a seguinte: o Goldman Sachs não é bem-vindo por aqui."

Demorou anos para que esse relacionamento fracassado fosse reconstruído e, no ínterim, a responsabilidade pela relação com a Anheuser-Busch foi dividida entre vários representantes relutantes do Goldman antes de cair no colo de Peter Gross. Gross tinha a reputação de perseverar diante de todos os tipos de adversidades, mas a Anheuser-Busch era um caso dos mais difíceis. Sua empresa ofendera August III tão profundamente que a resposta quando ele telefonou para lá foi: "Nem pense em ligar para cá. Ninguém falará com qualquer representante do Goldman Sachs."

Gross mudou de estratégia. Pediu desculpas a Randy Baker, o diretor financeiro, por qualquer coisa feita pelo Goldman que tivesse aborrecido a empresa e decidiu focar seus esforços nas iniciativas estrangeiras da Anheuser, incluindo um problema especial que ela tinha: sua batalha secular contra a minúscula cervejaria tcheca Budejovicky Budvar, que também alega produzir a única cerveja Budweiser genuína do mundo. Gross até mesmo ajudou a organizar uma reunião em Praga entre August IV e o primeiro-ministro da República Tcheca na época.

O Goldman não conseguiu resolver o problema com a Budvar. No entanto, ao gastar tanto tempo com uma questão tão irritante e, ao evitar, estrategicamente, desentendimentos com o ainda amargo August III enquanto o fazia, Gross conseguiu reconquistar a boa vontade da Anheuser a ponto de tornar o Goldman novamente relevante e construir um relacionamento com O Quarto. O Quarto parecia acreditar que Gross, por ter dedicado tanto tempo a questões tão pouco significativas, seria o melhor conselheiro.

■ ■ ■

Na noite em que chegaram a Cancún, Gross e Ingrassia se reuniram com alguns outros banqueiros que tinham viajado de Nova York, juntamente com cerca de vinte executivos da Anheuser, para tomar drinques e jantar no Ritz. Alguns dos banqueiros esperavam um encontro relativamente privado com os principais executivos da Anheuser, mas, quando chegaram ao bar do Ritz, se viram rodeados pelos mesmos concorrentes com os quais esbarravam nos bares populares de Nova York. Foi a primeira vez que alguns deles entenderam que estariam apresentando suas propostas diante de tantos concorrentes no dia seguinte. Parecia que seria, no linguajar de Wall Street, um "concurso de beleza".

"Eu conhecia todos os presentes, então não foi nada constrangedor", comentou um dos banqueiros participantes. "Mas acho que nenhum de nós, necessariamente, achou que iríamos para lá para beber uns com os outros."

Na manhã seguinte, enquanto viram cerca de cem dos principais gerentes da empresa se acomodarem em seus assentos no salão do hotel, os banqueiros também perceberam que não iriam fazer apresentações íntimas para uma plateia seleta de executivos da Anheuser-Busch. Telas multimídia grandes tinham sido instaladas na frente do salão para facilitar a visualização dos slides de PowerPoint, e parecia que metade da empresa se mudara para o México para comparecer às festividades.

Os banqueiros fizeram suas apresentações de noventa minutos, uma equipe por vez, todos enfatizaram ideias semelhantes. As mensagens do Goldman e do Citigroup foram as mais contundentes. Kalvaria e seus colegas do Citigroup, Jeffrey Schackner e John Boord, passaram alguns minutos derrubando a noção de que a Anheuser-Busch deveria lançar marcas de bebidas destiladas, uma ideia que consumira algum tempo de August IV e, depois, desdenharam das desculpas que a Anheuser estivera usando para explicar por que seus negócios iam tão mal. A empresa vinha evitando tais perguntas em vez de respondê-las, culpando desde os novos projetos de latas de seus concorrentes ao amadurecimento do mercado norte-americano. Durante uma reunião de diretoria, o executivo de vendas a varejo e atacado Evan Athanas mostrou um slide que indicava que as vendas da Bud Light tinham um desempenho muito inferior às da Coors Light. Diante da reação apática da plateia, Athanas estava prestes a passar para o slide seguinte quando um membro da diretoria, James Forese, o interrompeu.

"Um minuto. Por que isso está acontecendo?", perguntou Forese, olhando pelo salão com espanto para ver se algum outro diretor também estava preocupado com o desempenho decepcionante da empresa.

A Coors lançara uma lata de Coors Light com um orifício bocal maior, Athanas respondeu sem demonstrar grande preocupação – tudo não passara de uma jogada de efeito, na verdade. A explicação pareceu satisfazer muitos dos outros executivos no salão.

"Pode ser apenas uma jogada de efeito, mas nossa participação no mercado está despencando!", exclamou Forese, perplexo porque ninguém mais vira isso como motivo de preocupação. "Não deveríamos dedicar um tempinho para discutir esse assunto? Estamos sendo massacrados!"

A equipe do Citigroup reforçou essa preocupação em Cancún. "Se vocês não conseguem fazer crescer o mercado de cerveja nos Estados Unidos, por que a Corona e a Sam Adams estão se dando tão bem em seus domínios?", perguntaram. Kalvaria focou especificamente em um slide que mostrava que a Modelo, do México, era responsável por grande parte do crescimento da Anheuser, e a dinâmica no salão ficou brevemente desconfortável – o dirigente da Modelo, Carlos Fernández, membro da diretoria da Anheuser-Busch, estava sentado na plateia. Em seguida, a equipe do Citigroup apresentou as transações que achava que a Anheuser deveria considerar: eles poderiam comprar o restante da Modelo, e haveria uma sinergia natural com a InBev. No entanto, a InBev, que crescia velozmente e já era controlada com rédeas curtas por um grupo pequeno de acionistas, dificilmente estaria disposta a abrir mão de sua independência.

Gross e Ingrassia, do Goldman, foram os seguintes, e pegaram pesado. Gross disse que, se a Anheuser-Busch não fizesse algumas mudanças significativas, seria apenas uma questão de tempo até a InBev bater à porta. Tinham de 18 a 24 meses até a InBev fazer uma tentativa de assumir o controle, ele e Ingrassia previram, olhando para os presentes para ter certeza de que os temas iniciais de sua apresentação estavam sendo absorvidos. Parecia que estavam. Os membros do comitê de estratégia já haviam ouvido esta advertência um milhão de vezes. Os outros presentes pareceram assustados. "Se você se encontra em uma posição tão elevada quanto a da Anheuser-Busch, é muito difícil também se considerar vulnerável", observou alguém que estava lá naquele dia. Então, os banqueiros continuaram.

Mesmo se a InBev não se tornasse um predador, disseram, a Anheuser-Busch continuaria sendo um alvo fácil para acionistas ativistas. Era uma empresa muitíssimo bem-sucedida e bem-posicionada que deixara suas vantagens imensas se dissolverem nos últimos anos. Enquanto os executivos da Anheuser jogavam a culpa pela estagnação dos lucros da empresa nos preços altos dos insumos, a Coca-Cola e a Pepsi – as quais também estavam no negócio de embalar líquidos em metal e vendê-los para clientes – cresciam da mesma forma que as outras cervejarias no mundo.

"Se a InBev e a SABMiller continuarem fazendo o que estão fazendo, viraremos alvo de ataques", Ingrassia alertou enquanto observava que, por enquanto, a Anheuser-Busch ainda ganhava mais dinheiro e fabricava mais cerveja do que qualquer um no mundo. "Se vocês não assumirem controle da situação, outros o farão."

Aquele dia permanece na memória de diversos componentes da equipe da Anheuser como o momento em que o sentimento mudou. O comitê de planejamento empresarial da Anheuser analisara se a InBev teria condições de comprar a Anheuser e decidira que os brasileiros não conseguiriam concluir a transação. Esses resultados tranquilizaram alguns dos executivos de primeiro escalão da empresa. Outros achavam que o grupo de planejamento da Anheuser não tinha a competência necessária para avaliar a situação, e ainda era muito controlado pelo Terceiro. "Pedir a um grupo de subordinados para determinar se você está vulnerável é igual a perguntar à minha esposa se sou bonito", ironizou um dos assessores da Anheuser. "Se você só consulta determinadas pessoas, ouvirá o que deseja ouvir." Com a Anheuser em transição sob o comando de um novo CEO, os banqueiros deixaram claro no México que a InBev talvez atacasse.

"Acho que foi uma epifania para muitas pessoas", comentou um membro do comitê de estratégia que ficou especialmente sensibilizado com os alertas. "Sempre houve muitos estudos sobre 'Quem possivelmente poderia comprar a empresa'. Era escandaloso que alguém chegasse e comprasse a Anheuser-Busch. Muitos achavam que era simplesmente impossível que alguém pudesse ter dinheiro suficiente para comprá-la."

"Foi quando começamos a conversar seriamente sobre como precisávamos lidar com a conjuntura mais abrangente", avaliou o executivo. "A equipe gerencial percebeu que era hora de irmos em frente e fazer algumas mudanças fundamentais na forma como a empresa era administrada."

Essas mudanças precisariam envolver um trabalho árduo para reduzir os custos inflados da empresa. Diversos banqueiros repreenderam o grupo por terem perdido o foco e ignorado a necessidade de manter os custos baixos.

"Uma A-B bem-administrada teria sido à prova de tentativas de tomada de controle. Foi isso o que dissemos em Cancún", afirmou um dos banqueiros que fizeram apresentações naquele dia. "Eles eram os maiores e os mais ameaçadores no mercado mais lucrativo: os Estados Unidos. Era por isso que todos queriam estar lá. É o mercado mais lucrativo do mundo."

"Eles estavam perdendo participação de mercado para seus concorrentes, que não tinham todas as vantagens que eles tinham. Eles viviam em seu pequeno microcosmo enquanto o mundo real evoluía ao seu redor. A empresa tinha tanto dinheiro que eles se tornaram gordos e satisfeitos. E subestimaram as ameaças ao seu negócio e à sua organização."

Alguns dos banqueiros tinham, propositalmente, evitado dizer que uma grande fusão resolveria os problemas da Anheurser. Eles sabiam que pareceria que eles estavam procurando por negócios. Muitos dos funcionários da empresa ainda se sentiam como se tivessem sido esbofeteados pelos mandachuvas de Wall Street cujos bônus dependiam de sua capacidade para criar fusões e aquisições.

"Foi uma discussão muito boa, porque éramos uma empresa muito insular e nunca tínhamos tido esse tipo de discussão franca", admitiu um membro do comitê de estratégia. "Mas August traz aqueles sujeitos e cada um nos apresenta um cenário pior do que o outro. 'Vocês vão perder o controle da empresa se não fizerem isso.' Aqueles caras todos chegam com um sorriso largo e dizem: 'Eu fiz a transação da Cheerios.' E você fica com ar de enfado e dizendo: 'Entendi'. A mensagem deixou muitos de nós bastante irritados porque todos aqueles caras de Wall Street chegavam e nos diziam: 'Vocês estão condenados. Vocês serão adquiridos. No entanto, eis onde podemos ajudá-los! Vocês deveriam comprar esses caras, vocês deveriam fazer isso... o tempo está passando!'"

No entanto, tais críticas e ressentimentos pareciam despropositados para outro executivo de primeiro escalão que revelou que a Anheuser já estava afundando na época em que o grupo chegou a Cancún. Todos que estavam sentados no salão de baile e que perceberam pela primeira vez que a InBev era uma ameaça estavam iludidos, afirmou o executivo. A situação fora clara por anos. Gostassem ou não das táticas de persuasão dos banqueiros, eles estavam certos.

"Foi a arrogância que nos levou a ignorá-los por tanto tempo."

■ ■ ■

A mesma arrogância fez com que a preocupação provocada nas pessoas presentes naquele encontro no México diminuísse com o tempo. Após alguns meses passarem e nenhum dos concorrentes tentar qualquer ação sinistra, muitos dos executivos da empresa voltaram à rotina de sempre. "Se você sabe que uma ameaça se aproxima, reconhecê-la é uma coisa. Mas é preciso agir para enfrentá-la", aconselhou um assessor da empresa. "Existe uma grande diferença na vida entre reconhecer uma ameaça potencial e realmente enfrentar a possibilidade de ela existir e tomar as providências necessárias."

"Acho que se fôssemos olhar para trás, provavelmente todos concordaríamos que deveríamos ter tomado algumas decisões mais cedo."

August IV de fato ensaiou alguns passos nessa direção. Após Cancún, ele contratou o Goldman e o Citigroup, e envolveu o Skadden — o escritório de advocacia comercial da empresa que a defendia havia anos — para avaliar as opções da Anheuser e defendê-la contra avanços indesejados. A equipe rapidamente conduziu uma avaliação que durou aproximadamente seis meses. O Quarto também colocou o CFO da Anheuser, Randy Baker, para trabalhar juntamente com a firma de relações-públicas Kekst e o incumbiu de uma missão que foi, em grande medida, mantida em sigilo: prepará-los para enfrentar um ataque potencial de um investidor ativista.

No entanto, ao lançar sua invectiva na fazenda para caça na Flórida, O Terceiro tinha alguma razão.

"Eu fiquei muito, muito nervoso com o fato de um monte de bancos apresentarem seus pontos de vista", confessou um dos banqueiros que fez uma apresentação em Cancún. "Fiquei preocupado por estarem trazendo tantos bancos para conversar com eles e por eles poderem ser honestos demais com bancos demais. Alguns dos bancos não selecionados teriam um grande incentivo para sair por aí e vender algumas das informações que haviam recebido em um ambiente extremamente confidencial."

A inclusão pelo Quarto de tantos bancos no México pareceu ter sido um tiro no próprio pé da empresa após a InBev fazer sua proposta pela Anheuser. O J.P. Morgan, cuja apresentação em Cancún não havia sido apreciada pela plateia, não foi escolhido para assessorar a Anheuser em sua estratégia de defesa. No entanto, esse fato acabou por satisfazer o J.P. Morgan. Quando a InBev começou a montar seu plano de tomada de controle cerca de um ano mais tarde, justo quando os mercados financeiros começavam a se desintegrar no rastro do colapso do Bear Stearns, ela sabia que precisaria recrutar um ou dois dos bancos mais fortes do mundo se quisesse conseguir um financiamento de quarenta ou cinquenta bilhões de dólares. A primeira pessoa que a InBev procurou foi Jamie Dimon, o principal dirigente do J.P. Morgan, que tinha acabado de assumir o controle do Bear Stearns e estava se tornando um dos sócios preferidos do governo americano em Wall Street. Dimon ficou feliz de aceitar um negócio tão lucrativo.

"O Terceiro estava certo", afirmou um dos assessores da Anheuser-Busch. "O J.P. Morgan não foi escolhido e, depois, trabalhou para o outro lado."

Randy Baker, o diretor financeiro esbelto, de maxilar angular e quase sempre tranquilo da Anheuser, ficou muito furioso com a maneira como a situação se desenrolou. O J.P. Morgan havia sido, desde sempre, o banco ao qual a Anheuser recorria para obter crédito, e poucas semanas antes de o banco se aliar à InBev seus representantes conversaram com a Anheuser-Busch para tentar saber como poderiam ser úteis.

Tendo em vista o relacionamento de longa data entre as duas empresas, o J.P. Morgan era o banco ao qual a Anheuser-Busch teria recorrido para pedir dinheiro emprestado se tivesse desejado comprar a outra metade da cervejaria mexicana Modelo. Em última análise, o banco rompeu seu vínculo antigo para aceitar uma comissão mais lucrativa assessorando a InBev. A diretoria da Anheuser ficou furiosa. O Citigroup indicou que estava disposto a ajudar a financiar a empresa quando foi contratado para prestar consultoria estratégica, o que compensou a perda do J.P. Morgan até determinado ponto. O J.P. Morgan era o banco mais forte do mercado na época e, após anos de acesso ao seu crédito, a Anheuser-Busch, repentinamente, encontrou a porta fechada. Uma vez que o ex-dirigente do J.P. Morgan, Sandy Warner, era um membro importante da diretoria da Anheuser-Busch, tudo ficou ainda mais constrangedor.

"O J.P. tinha um relacionamento histórico de longa data com a Anheuser-Busch e fez muitas operações de financiamento para a empresa", contou um assessor. "Acredito que a Anheuser-Busch tenha considerado um ato incrivelmente desleal do J.P. aparecer ao lado da InBev. Apesar disso, para ser justo com o J.P., eles, de fato, não foram solicitados a prestar assessoria. O J.P. Morgan ficou extremamente decepcionado porque a Anheuser-Busch não desejava usá-lo. E, quando a InBev começou a procurar por dinheiro..."

■ ■ ■

O Quarto, abatido pela ira do pai, porém não acovardado, começou a fazer um esforço em 2007 para mostrar que era receptivo às ideias de fusão que dariam à Anheuser-Busch uma presença global maior. Ele construíra um relacionamento com Paul Walsh, CEO da gigante de bebidas destiladas Diageo, na diretoria da FedEx. Walsh parecia interessado em explorar a possibilidade da Diageo e da Anheuser-Busch fazerem algum tipo de acordo, e os dois executivos tiveram uma série de conversas discretas, mas objetivas, que se centraram em torno de duas potenciais transações diferentes.

Uma hipótese era a de que a Diageo, com sede em Londres, vendesse a Guinness para Anheuser-Busch em troca de uma participação de cerca de 20 ou 25%. Mas a Anheurser não se entusiasmou com a perspectiva de ser proprietária da Guinness, e, embora a transação fosse discutida de vez em quando, ela nunca foi considerada a sério. As duas empresas também discutiram um assunto que teria levado as coisas mais adiante: uma fusão total que unisse o império cervejeiro da Anheuser-Busch ao das bebidas destiladas e do vinho da Diageo. A Diageo era proprietária de algumas das marcas mais conhecidas do mundo, inclusive a vodca Smirnoff, o uísque Johnnie Walker e o rum Captain Morgan. Em determinados aspectos, combinar essas marcas com a Budweiser, a Busch e a Michelob parecia um conceito magnífico.

As empresas de cerveja e de bebidas destiladas lutavam, havia muito, para encontrar uma solução mágica que fizesse a fusão de seus negócios valer a pena. Os dois produtos são fabricados, distribuídos e comercializados de formas diferentes; assim, não existem muitas maneiras de combinar esforços e diminuir custos. Além disso, os investidores davam maior valor às empresas de bebidas destiladas do que às cervejarias, o que resultava em um descompasso financeiro difícil de acertar. A Anheuser-Busch e a Diageo não conseguiram preparar uma receita que funcionasse.

A conexão entre as duas empresas permaneceu suficientemente boa, para que Kalvaria, do Citigroup, procurasse Walsh logo depois que a InBev fez sua oferta de aquisição. Kalvaria pediu para ouvir o ponto de vista de Walsh sobre a oferta, em busca de um sinal de que a Diageo estaria interessada em ser um *white knight** para a Anheuser-Busch – alguém que poderia

---

* Literalmente "cavaleiro branco", jargão do mercado financeiro para um investidor amigável procurado por uma empresa para defendê-la de uma tentativa de aquisição de controle indesejada. (N. do T.)

resgatá-la das garras da InBev. Walsh sabia que a Diageo não conseguiria oferecer, nem de longe, as mesmas economias nos custos que a InBev. Ele não estava prestes a entrar em um leilão no qual quase certamente acabaria do lado perdedor.

"Esqueça", disse Walsh para Kalvaria. "Vou ficar bem longe disso."

Enquanto analisavam as opções da empresa em 2007, diversos executivos de primeiro escalão da Anheuser-Busch continuavam a apoiar algo ainda mais ousado: uma fusão total com a gigante global SABMiller, a qual procurava manter a dianteira enquanto a indústria continuava a se consolidar.

Naquele verão, August IV e David Peacock, seu assessor direto, se encontraram com Graham Mackay, da SABMiller, para jantar no restaurante Four Seasons, em Nova York, localizado no andar térreo do edifício Seagram, projetado por Mies van der Rohe, na Park Avenue, em Manhattan. O Pool Room do Four Seasons, um local da moda para os ricos e famosos dos ramos das finanças e dos meios de comunicação de Nova York, não era um ambiente muito discreto para discussões sobre megafusões. O objetivo do jantar era basicamente ajudar O Quarto e Mackay a se conhecerem melhor, mas não entrar em conversas dissimuladas sobre transações específicas.

Os dois passaram o jantar conversando sobre suas respectivas empresas, mal tocando no assunto da possibilidade de uma se encaixar na outra. Após a conta ser paga e August IV e Peacock saírem, Mackay e Kalvaria se reuniram para tomar um drinque no hotel Four Seasons, onde Mackay estava hospedado. O jantar tinha sido bastante amistoso para que passos adicionais fossem considerados passíveis de serem dados, mas havia algumas perguntas importantes que precisavam ser respondidas. Qual seria a estrutura resultante da fusão das duas cervejarias gigantes? Onde seria a sede da empresa fundida? E quem a administraria? Se Mackay permanecesse no cargo de CEO, August IV talvez pudesse administrar os negócios da empresa nas Américas. E, apesar do relacionamento conturbado entre O Terceiro e Mackay, também poderia valer a pena atribuir um papel a August III. Em vez de continuar na sede da SABMiller em Londres ou se mudar para St. Louis, adorada pela Anheuser, mas pouco acessível, eles poderiam chegar a um meio-termo e se sediarem em Nova York. O conceito ainda engatinhava, mas Mackay e August IV indicaram após aquela reunião que desejavam continuar a conversar, e as duas empresas passaram mais tempo analisando um possível acordo.

Ele se tornou uma das opções mais comumente discutidas do comitê de estratégia da Anheuser-Busch mais tarde naquele verão.

A solução para o negócio era como lidar com a Miller. As autoridades antitruste do governo americano nunca permitiriam uma fusão que juntasse as duas maiores cervejarias do país. No entanto, parecia existir uma solução simples – a SABMiller venderia a Miller para a Molson Coors, a terceira maior cervejaria norte-americana. De uma perspectiva antitruste, não havia garantias de que essa solução funcionaria, mas os assessores das empresas achavam que a transação seria aprovada. Foi o suficiente para animar o comitê de estratégia da Anheuser e colocá-lo em ação. "Houve uma enxurrada de análises e de outras atividades em torno da viabilidade de uma fusão com a SABMiller, e o que ela significaria", revelou um dos assessores da empresa.

Como a maioria dos namoricos da Anheuser-Busch com suas rivais, no entanto, o negócio com a SABMiller foi abortado no nascedouro. Eram duas empresas grandes e orgulhosas que desejavam desempenhar o papel de comprador em vez de alvo, e não desejavam pagar um prêmio pelo outro. A desconexão constante entre August III e o filho também jogou água fria no esforço. O Terceiro deixou a equipe gerencial do Quarto fazer uma avaliação da transação potencial, mas alguns executivos nunca acharam que a opção da SABMiller tivesse qualquer chance real.

"Na realidade, acho que August IV foi brecado pelo Terceiro, que teria dito: 'Não siga esse caminho'", comentou alguém com conhecimento das conversas. "O golpe da tomada de controle estava ocorrendo e com ele a demissão da maioria das pessoas de quem O Quarto gostava, o que ocorreu justo na época do encerramento daquelas discussões", observou outro.

Um membro do comitê de estratégia concordou, referindo-se às conversas infrutíferas entre a SABMiller e a Diageo. "Acho que jamais houve um plano de fazer uma transação, porque ele nunca conseguiria a aprovação do pai. O ponto mais importante foi que nada podia ser feito sem a aprovação do Terceiro ou da diretoria. Era como 'Você pode falar para quem quiser, mas não permitirei que aconteça.'"

Enquanto isso, a SABMiller também estivera conversando sobre uma fusão com a InBev, e alguns dos membros da diretoria desta pareciam preferir uma negociação com a SABMiller a uma com a Anheuser-Busch. A SABMiller não se encaixava tão bem com a InBev quanto a Anheuser-Busch, mas uma transação com os sul-africanos poderia ser muito mais fácil de ser executada do que uma com os relutantes americanos. A InBev e a SABMiller tiveram uma breve rodada de discussões, mas as conversas esbarraram em diversos empecilhos importantes. A SABMiller estava desconfortável com a forte posição controladora das famílias proprietárias da maior parte da InBev e achava que seus acionistas não estariam dispostos a aceitar tal estrutura. A InBev, nesse ínterim, desejava pagar pouco ou nenhum prêmio.

"A atitude da SAB foi 'Quer saber uma coisa? Se vocês querem comprar a empresa, apresentem um preço. Mas nós não vamos entrar nessa brincadeira'", revelou uma pessoa envolvida nas conversas. As discussões não vingaram, e a ideia foi deixada de lado.

Em outubro de 2007, a SABMiller já não aguentava mais protelação. Cinco anos depois de comprar a Miller para obter uma fatia do mercado norte-americano, ela anunciou uma negociação pioneira para fundir aquelas operações nos Estados Unidos em um joint venture com a Molson Coors que seria denominada "MillerCoors". A transação uniu a segunda e a terceira maiores cervejarias dos Estados Unidos para criar um concorrente muito mais forte para a Anheuser-Busch, e isso foi extremamente doloroso, porque a Anheuser encerrara suas conversas com a SABMiller poucos meses antes. Agora a SABMiller estava fincando uma segunda posição bem no meio do quintal da Anheuser.

Kalvaria, do Citigroup, rapidamente telefonou para Graham Mackay para saber se a Anheuser poderia convencê-la a abandonar o negócio ou integrar a Anheuser nele. "Por que você fez isso em vez de tentar explorar um pouco mais as possibilidades conosco?", perguntou Kalvaria antes de ressaltar que a SABMiller poderia ter o melhor dos dois mundos. A Anheuser e a SAB ainda poderiam se fundir e, depois, vender a Miller para a Molson Coors, exatamente como haviam discutido meses atrás. Isso poderia até mesmo facilitar a negociação.

Mackay agradeceu Kalvaria pelo interesse, mas descartou a ideia. A certeza da transação com a Molson Coors era valiosa demais para sacrificar em troca da chance de participar de mais um jogo de espera com a Anheuser-Busch.

Após o anúncio da formação MillerCoors, a legião de analistas e investidores de Wall Street começou a apostar em qual gigante do setor cervejeiro seria o próximo a fazer uma transação de grande porte, e muitos focaram na Anheuser-Busch. August IV afrouxara as regras que limitavam o montante de endividamento que a Anheuser poderia assumir, o que lhe dava a flexibilidade financeira de que precisava para ser um comprador ativo. Nessa época, no entanto, ela parecia, cada vez mais, um alvo atraente.

■ ■ ■

Para tratar das preocupações com relação à superioridade declinante da Anheuser-Busch, a equipe do Quarto focou com ainda mais força em um programa de cortes de custos que foi batizado de "Oceano Azul". Os esforços para diminuir o desperdício começaram primeiro na divisão de fabricação da empresa sob o comando de Doug Muhleman, um californiano tranquilo que tinha uma queda por referências náuticas. O Quarto logo implementou o programa de maneira mais abrangente, inicialmente estabelecendo como objetivo cortes de 300 a 400 milhões de dólares em um prazo de quatro anos. A Anheuser-Busch sempre mantivera suas interações com Wall Street em níveis mínimos durante o mandato do Terceiro, mas, com o filho no comando, o comitê de estratégia começou a avaliar a conveniência de dar ou não aos analistas um resumo detalhado de seus planos de corte de custos para provar que a empresa estava tomando a direção certa.

Toda essa ênfase na economia de algumas centenas de milhões de dólares, no entanto, indicava para alguns observadores da indústria que a Anheuser-Busch ignorava completamente o que estava em jogo. A resposta correta para a investida dramática da SABMiller nos Estados Unidos não era uma campanha pífia de corte de custos. Do outro lado do Atlântico, em Leuven, na Bélgica, a InBev interpretou a decisão da SABMiller como um motivo para agir rapidamente.

Em outubro de 2007, não muito depois da formação MillerCoors ser revelada, August IV se reuniu informalmente com Jorge Paulo Lemann, o banqueiro bilionário, entusiasta de caça submarina e ex-tenista de Wimbledon que fora um dos criadores da InBev e era um dos membros mais influentes da diretoria daquela empresa. Lemann, Telles e Sicupira haviam chegado ao topo da indústria cervejeira após serem rechaçados tempos atrás pelo Terceiro.

Por meio de sua megatransação em 2004 para fundir a AmBev com a Interbrew da Bélgica, o trio adquirira uma participação significativa na InBev e três assentos na diretoria da nova empresa. Brasileiros e belgas concordaram em compartilhar o controle, mas não demorou muito para a sede da InBev em Leuven começar a parecer como se tivesse transplantada de São Paulo para a Bélgica. Muitos dos cargos mais importantes da InBev foram logo preenchidos por executivos da AmBev.

O Quarto forjara uma conexão com Lemann através de um joint venture importante que as duas empresas haviam negociado justo quando ele assumia o controle da Anheuser no ano anterior. A reunião em Nova York não pareceu muito anormal para o grupo do lado da Anheuser, tendo em vista aquele relacionamento.

A reunião teve muito mais importância para o pessoal do lado da InBev. Lemann, após se referir à transação que a SABMiller acabara de fechar, sugeriu a August IV naquele dia que suas empresas deveriam considerar a possibilidade de uma fusão. O Quarto rapidamente se mostrou contrário. Ele tinha planos para ressuscitar a Anheuser-Busch e estava ansioso para voltar a St. Louis e focar em sua campanha de cortes de custos. O comentário de Lemann não foi suficiente para aparecer formalmente na tela de radar da Anheuser. Segundo um registro junto às autoridades reguladoras feito um ano mais tarde, "nenhuma proposta de aquisição foi feita pela InBev" em 2007 ou no início de 2008. No entanto, aquilo representou um sinal de alerta para alguns.

"Se você já estava no nível três da escala de perigo, tudo passou para o nível quatro ou cinco", observou alguém ligado à Anheuser-Busch. "Aquilo não foi percebido como algo inocente e casual. Você meio que sentia que tinha havido uma mudança que gerara mais preparativos e muito mais análises. Você meio que sentia que as probabilidades de que algo aconteceria eram maiores do que tinham sido no passado."

O Quarto pode ter sentido que os comentários de Lemann não passavam de uma observação espontânea. Eles foram muito propositais, todavia. Sua recusa imediata da ideia de uma fusão sugeria à InBev que ela precisava considerar maneiras mais vigorosas de negociar com a Anheuser. "Eles sempre disseram que desejavam juntar as duas empresas, mas não naquele momento", disse alguém ligado à InBev.

Embora August IV tenha rechaçado Lemann naquele dia, ele disse aos executivos da Anheuser, a portas fechadas, que uma fusão com a InBev poderia ser uma excelente maneira de a Anheuser-Busch gerar sinergias valiosas. "Contudo, não acredito que ninguém do nosso lado jamais tenha cogitado a possibilidade de perder o controle da empresa, que perderíamos o controle no nível da diretoria", confessou um executivo da A-B, que postulou que a InBev começou a retalhar a Anheuser-Busch assim que Lemann e O Quarto se sentaram.

"August IV foi muito ingênuo naquela reunião."

Capítulo 8

O velho truque do deserto de Gobi

O conceito básico era "Falem a verdade. Somos todos adultos aqui. O que está acontecendo?"

— Um funcionário da Anheuser-Busch, sobre a viagem do Quarto a Tampa

Embora os encontros do Quarto com a SABMiller e a InBev, além da reunião que ele organizou em Cancún, ingenuamente, tenham atraído a atenção pública, seus instintos estavam certos. A Anheuser-Busch estava em uma situação vulnerável. Na verdade, um pouco antes de seu começo oficial como CEO, ele contribuiu ainda mais para o problema ao resolver ir adiante com uma joint venture com a InBev, apesar das advertências do pai.

As empresas consideraram primeiro a possibilidade de um acordo para tornar a Anheuser a importadora exclusiva, nos Estados Unidos, das marcas europeias da InBev logo no início de 2005, com Pat Stokes como CEO. Foram quase seis meses negociando os termos do acordo antes de as conversas fracassarem. Houve uma nova tentativa no ano seguinte após Carlos Brito, que permanecera em Toronto durante a primeira rodada de negociações, ser nomeado CEO da InBev. Nessa época, Brito lidava diretamente com August IV, que se tornaria o CEO dali a alguns meses. Negociações foram feitas e informações trocadas, mas, novamente, os contatos foram interrompidos.

No final de 2006, quando O Quarto estava prestes a se tornar CEO, ele e sua equipe finalmente decidiram que assinar o acordo animaria os distribuidores e ajudaria a lidar com a estagnação do crescimento da empresa. O Quarto queria que o acordo fosse a primeira grande medida instituída por ele enquanto fazia a transição ao cargo mais alto da empresa. Ele e sua equipe fizeram questão de que a terceira rodada de negociações com a InBev fosse um êxito, e o acordo foi anunciado imediatamente após o Dia de Ação de Graças.

A associação gerara muitos benefícios – a Anheuser-Busch ganhou a capacidade de oferecer aos consumidores americanos uma variedade mais ampla de cervejas, como a Stella Artois, a Beck's e a Hoegaarden. A ânsia do Quarto por fechar o negócio, no entanto, trouxe consequências preocupantes.

Muitos acordos de joint venture incluem uma cláusula de "pausa" que impede que os sócios comprem ações uns dos outros, ataquem a diretoria uns dos outros ou tomem outras medidas que poderiam ser interpretadas como passos em direção a uma tentativa de aquisição não solicitada. O Terceiro opusera-se à ideia de uma negociação que não protegesse legalmente a independência da Anheuser, e teria sido perfeitamente razoável para a Anheuser-Busch forçar a InBev a concordar com uma pausa. Mas isso nunca aconteceu. No momento em que a terceira rodada de conversas entre as empresas foi iniciada, em 2006, exigir um dispositivo de pausa para se proteger de uma tentativa de aquisição não era uma grande preocupação para O Quarto.

Em sua defesa, pode-se dizer que, em condições normais, o escopo da joint venture era muito restrito para fazer jus a um acordo de pausa. "Tenho certeza de que a A-B poderia tê-lo incluído", afirmou um assessor da empresa. "Acho que teria sido interessante abordar o tema. No entanto, provavelmente teria sido desproporcional, em comparação com o escopo daquela JV."

"Se a A-B continuasse a trilhar o caminho em que estava, e a InBev continuasse a trilhar o caminho em que ela estava, não sei se uma pausa teria feito diferença em algum ponto", o assessor acrescentou. "A pressão pública [para fundir as empresas] poderia ter sido bastante forte, apesar de tudo. No entanto, na verdade, uma pausa é uma pausa e, certamente, teria sido uma ferramenta útil contra um ataque."

Curiosamente, apesar de todos os outros esforços que O Terceiro empreendeu para limitar a autonomia do filho, ele o deixou prosseguir com a transação em vez de usar seu poder de veto. "O pai dele achava que era um negócio tolo, mas deixou que o filho seguisse em frente e o fizesse", informou alguém ligado à Anheuser-Busch. Embora não fosse evidente na época, a disposição para consentir mostrada pelo Terceiro teve uma influência significativa no futuro da empresa e no sucesso do reinado do filho.

■ ■ ■

A parceria abriu as portas para os executivos da InBev e deixou-os livres para conferir tudo e ver se a Anheuser-Busch valia a pena ser comprada — e por quanto.

"A joint venture lhes proporcionou uma foto instantânea, tirada de dentro, de quão inchada a empresa estava, porque deixamos aqueles caras nos seguirem por alguns anos", comentou um ex-executivo da Anheuser-Busch. "Eles viram todos aqueles executivos viajando de jatinho. Ficaram estupefatos com o excesso de custos fixos da empresa."

"Acho que eles puderam ver o quanto poderiam cortar depois que entrassem", o executivo acrescentou. "Apesar da crise econômica mundial, aquilo lhes deu a estratégia e a confiança de que, se pudessem fechar o negócio, conseguiriam realizar economias nos custos."

A joint venture deixou a InBev coabitar por algum tempo com a Anheuser-Busch antes de decidir se se casaria com ela. Ela mostrou à InBev onde fazer os cortes e como melhorar os negócios da Anheuser-Busch. O ano e meio de coabitação das empresas pode ter feito com que O Quarto passasse a confiar em Carlos Brito, mas a A-B entregou de bandeja um estoque de munição à InBev. Não importava que O Quarto começaria a tentar cortar custos assim que se tornasse CEO. Com toda a sua experiência de contenção, a InBev sabia que poderia pegar qualquer plano de economia do Quarto e superá-lo.

"A forma faraônica como a A-B administrava seus negócios não foi simplesmente uma invenção de August Busch IV", um conselheiro da empresa observou. "Ela foi implantada ao longo de várias gerações. Os representantes da InBev fizeram uma análise detalhada daquilo e pensaram, quando viram todos os aviões, o hangar e tudo o mais: 'Cara, será que existem muitos custos que poderíamos cortar?' A resposta foi positiva."

O Quarto chegou a convidar Brito para uma das convenções anuais das distribuidoras da empresa, quando ele teve a oportunidade de ver com os próprios olhos o quanto a Anheuser-Busch gastava em itens supérfluos. August IV não poderia ter escolhido um convidado mais impróprio para sua festa suntuosa.

"Levar o cara foi uma demonstração da ingenuidade de August", comentou um ex-executivo da Anheuser.

Sob a administração de Brito, que era avesso à ostentação de riqueza pelas empresas, a InBev nunca fora um lugar cômodo para trabalhar. A empresa ganhou a reputação de ser o "Wal-Mart das cervejarias" logo após sua criação, e Brito, formado em administração por Stanford, e sua legião de MBAs formados nos Estados Unidos levaram ao extremo a análise e o uso de estatísticas – a ponto de os críticos alegarem que eles estavam arruinando o negócio da cerveja.

Brito, um protegido de Jorge Paulo Lemann, trabalhava em uma mesa grande em um escritório sem divisórias, cercado de funcionários subordinados a ele. Ele desprezava tudo que pudesse ser interpretado como um símbolo de status profissional, voando em classe econômica em todas as viagens exceto as mais longas. Como ele gostava de enfatizar, a maioria dos clientes consumidores de cerveja da InBev também não voava de primeira classe.

No apogeu da Anheuser-Busch, seus executivos se hospedavam no suntuoso hotel Pierre, situado na Quinta Avenida, em Nova York, na esquina sudeste do Central Park. Brito, no entanto, seguia a mesma política de hospedagem que a InBev impunha a toda a sua organização, ou seja, ele não se hospedava no Four Seasons enquanto seus subalternos ficavam alojados em uma estalagem de quinta categoria. Ele frequentava uma categoria de hotel mais modesta – do tipo que era aconselhável dar uma olhada atrás da cabeceira da cama para verificar se havia percevejos e se precaver. Antes de a AmBev fundir com a InBev e os belgas se posicionarem sobre o assunto, dizia-se que os brasileiros até mesmo dividiam quartos em algumas viagens de negócios para economizar dinheiro.

Casado, pai de quatro filhos e natural do Rio de Janeiro, o uniforme de trabalho de Brito era informal e simples: uma calça jeans azul com uma camisa social, às vezes, com um suéter por cima. As calças jeans eram a norma na InBev, e muitos as usavam até mesmo nas reuniões de diretoria da empresa. Para um evento de importância modesta, Brito poderia elevar o nível do vestuário e vestir uma calça cáqui.

Até mesmo o nome Brito deixava pouco espaço para frivolidade. Havia vários meninos chamados Carlos em sua turma na escola católica em que estudara na juventude, o que causava confusão. Por causa disso, seus professores e colegas de classe começaram a usar seu sobrenome no lugar do nome. Desse ponto em diante até a idade adulta, as únicas duas pessoas que o chamavam de "Carlos" eram a mãe e, mais tarde, a esposa. Comparado a alguma das personalidades mais espalhafatosas que haviam comandado a indústria cervejeira ao longo dos anos, Brito era um exemplo de moderação deliberada.

O único contraponto a isso, no entanto, era sua fome por competição e desejo de ganhar. Ele costumava apimentar suas falas com ditos populares e jargões típicos dos negócios – daqueles que são, frequentemente, colocados em pôsteres embaixo da imagem de uma baleia dando um salto para fora d'água ou de uma cascata. Apesar de sua afinidade por números e objetivos, Brito encarava o trabalho como uma busca por entender o que motiva o comportamento dos consumidores – ou, em seu caso, o que faz alguém rejeitar uma marca de cerveja em vez de outra numa noitada de sexta-feira. Da mesma forma que August III, ele era um evangelista da cerveja. Era capaz de discorrer em minúcias sobre o tipo apropriado de copo no qual cada uma das cervejas da InBev deveria ser derramada ou sobre o que o rótulo em cada garrafa dizia sobre quem a tomava.

Foi natural Brito enxergar sua joint venture com a Anheuser-Busch como um campo de provas fértil para uma fusão. Para muitos em Wall Street, uma fusão entre as empresas assumira um ar de inevitabilidade até mesmo antes de a joint venture ter sido concluída. O debate fora inicialmente centrado sobre qual seria a agressora e qual seria o alvo. À medida que a InBev aumentava de tamanho, a Anheuser perdia o direito de reivindicar a primazia na direção.

Mesmo após a InBev superar a Anheuser-Busch em tamanho, contudo, a Anheuser conservava uma vantagem importante. Sua cultura e sua história estavam saturadas de tradição familiar, histórias da época da Lei Seca, referências na cultura popular e espírito patriótico, o que fazia a imagem austera e sem sal da InBev parecer tediosa. Isso poderia ser uma questão irrelevante em algumas indústrias, mas as cervejarias precisam vender uma "história" e um estilo de vida, não apenas uma lata cheia de líquido. A InBev tentava projetar uma imagem multifacetada e costumava ressaltar que suas raízes na Europa datavam de 1366. Por trás de portas fechadas, no entanto, seus executivos sabiam que sua história não comovia ninguém. Eles se envergonhavam dela. Seus escritórios em São Paulo pareciam mais aqueles de um fundo de hedge do que os de uma cervejaria.

A Anheuser-Busch era o alvo dos sonhos para os brasileiros por muitas razões. Esperava-se que a taxa de crescimento da InBev começasse a desacelerar, e eles precisavam de uma nova maneira de aumentar os lucros. "A InBev estava chegando ao limite", um banqueiro observou. "Crescer tornara-se um grande desafio. E a indústria cervejeira não é exatamente uma indústria com uma forte tendência de crescimento. A InBev precisava claramente encontrar algo para alimentar aquela máquina." A Anheuser-Busch era uma candidata perfeita: cheia de desperdício fácil de eliminar. Do ponto de vista cultural, a Anheuser era a "anti-InBev", o que também a tornava atraente. Havia bastante sabedoria e cultura popular associadas à Anheuser-Busch para compensar a falta de uma história esplendorosa por parte da InBev.

"Desde a entrada na indústria cervejeira, eles encararam a A-B como um grande ícone americano e vieram a considerar a conquista daquilo que era o suprassumo da indústria essencialmente como a realização de um objetivo profissional", contou alguém ligado à empresa.

A InBev começou a trabalhar com afinco após a reunião de Lemann com O Quarto ter deixado claro que ele não estava ansioso por um acordo. As duas tinham muitas conexões que poderiam rapidamente complicar se a InBev fosse agressiva demais, então Brito quis evitar um confronto aberto com a Anheuser. Em vez disso, esboçou um plano que abordava como as duas empresas seriam organizadas após uma eventual fusão, como uma negociação poderia aumentar a taxa de crescimento da InBev e quanto ela poderia pagar por aquilo.

■ ■ ■

Quando chegou a segunda-feira 28 de abril de 2008, esse esboço pouco detalhado se transformara em uma ideia pronta para ser apresentada à diretoria da empresa. Sua reunião estava agendada para o dia anterior à assembleia anual de acionistas, a qual seria realizada na terça-feira em um hotel em Bruxelas, e, embora a diretoria costumasse se reunir em Leuven, o plano dessa vez era realizar a sessão nos escritórios da Clifford Chance, uma firma de advocacia da capital belga.

A equipe de banqueiros e advogados da InBev, que não era regida pela frugal política de despesas de viagem da empresa, dormiu na noite de domingo no Hotel Amigo, um hotel de nome simples, porém luxuoso, situado na famosa praça central de Bruxelas, após passarem a maior parte do dia preparando-se para a reunião de diretoria. Eles queriam ter certeza de que estavam o mais bem-posicionados possível para responder à inevitável enxurrada de perguntas do grupo. Brito, para quem a reunião seria especialmente importante, até passou por lá na volta de um batizado para conferir o progresso deles.

Na manhã de segunda-feira, a diretoria composta apenas de homens da InBev – muitos dos quais tinham nomes longos e apropriadamente cosmopolitas que pareciam ter sido pinçados de um roteiro de *Missão: Impossível* – sentou-se a uma mesa grande e preparou-se para a sessão do dia. Seus trajes informais ajudavam a distingui-los dos banqueiros, gerentes de relações-públicas e advogados vestidos de terno. Uma pequena mudança da guarda estava prevista para acontecer após a assembleia de acionistas na terça-feira: a InBev nomeara Stéfan Descheemaeker, o executivo belga responsável pela elaboração da estratégia da empresa, para substituir Allan Chapin, que servira na diretoria durante 14 anos.

O interesse da InBev na Anheuser-Busch estava previsto para ser um dos tópicos mais importantes da reunião daquele dia, e os assessores da empresa haviam feito um trabalho sistemático para compilar e distribuir "maços" de material para a diretoria, os quais incluíam um monte de cálculos e projeções relacionados à fusão. Seguindo a tradição de Wall Street, a InBev e a Anheuser-Busch receberam nomes cifrados para se protegerem contra a possibilidade remota de alguém esquecer um dos livretos em uma Starbucks ou ser ouvido, por acaso, falando sobre a transação enquanto estivesse no trem. A Anheuser foi apelidada de "Alumínio" e a InBev de "Ninho". Embora os preparativos da InBev tivessem chegado ao ponto de formalidade em que nomes cifrados haviam sido atribuídos, a reunião de diretoria naquele dia não era considerada um momento de pegar ou largar. A InBev achava que tinha bastante tempo à sua disposição e, com August IV avesso à ideia de uma fusão, mantinha-se muito tranquila. A diretoria ainda esperava fazer a Anheuser-Busch se dobrar sem recorrer à força.

"Foi definitivamente um momento de decisão, e o resultado poderia ser 'Vamos adiante', poderia ser 'Não vamos adiante' e poderia ser 'Vamos pensar mais um pouco sobre isso, mas sem tomar nenhuma decisão por enquanto'", avaliou alguém ligado à InBev. "Certamente, havia muita gente lá que achava que era a hora de ir em frente. No entanto, desde o início havia também, até certo ponto, um desejo genuíno de que aquilo não precisava ser hostil."

A probabilidade de um acerto amigável na primeira tentativa, no entanto, era baixa, como os dois assessores mais próximos da InBev, o banqueiro Antonio Weiss, do Lazard, com sede em Paris, e o advogado Frank Aquila, da Sullivan & Cromwell, com sede em Nova York, informaram à diretoria. Eles poderiam almejar que a Anheuser-Busch mudasse sua atitude belicosamente independente e se sentasse para conversar sobre a fusão, mas precisavam estar preparados para um embate ferrenho, tendo em vista o significado cultural da Anheuser nos Estados Unidos. Eles teriam de entrar no processo com esta mentalidade para serem bem-sucedidos.

O grupo passou parte da sessão debatendo quais estratégias funcionariam melhor do que outras do ponto de vista das relações-públicas. Nina Devlin (sócia na empresa de relações-públicas Brunswick Group, que mais tarde ganhou notoriedade quando o marido declarou-se culpado pelo uso de informações privilegiadas após ter surrupiado dela dados relacionados a várias transações, algumas das quais envolviam a Anheuser-Busch) expôs todos os questionamentos que os acionistas e os funcionários da Anheuser poderiam levantar se a InBev lançasse um ataque. Para seus defensores, a Anheuser-Busch significava muito mais do que apenas uma montanha de dinheiro. Era repleta de significados culturais, dos cavalos Clydesdale que desfilavam em cidades pequenas aos patrocínios da Budweiser que financiavam incontáveis equipes esportivas. Se a InBev fizesse uma oferta pela empresa, muitos dos políticos e dos operários desejariam saber imediatamente quais seriam seus planos para os funcionários, a comunidade e a fábrica de St. Louis. A InBev precisava decidir que promessas faria à Anheuser desde o início e quais guardaria na manga como pontos de barganha para um momento posterior, caso as empresas chegassem ao ponto de começar a debater o preço real da Anheuser.

"Eles não achavam que essas concessões os ajudariam muito no que tange ao preço, mas achavam que os ajudariam bastante em termos dos sentimentos envolvidos", revelou uma pessoa ligada à InBev. "Eles achavam que não chegariam nem perto de uma posição de negociar o preço se criassem uma tempestade em torno de todas essas outras considerações."

Alguns "sacrifícios" eram fáceis de fazer. Manter as fórmulas de fabricação de cerveja da Anheuser, por exemplo, era crucial. A InBev não queria dar aos consumidores leais da Bud uma desculpa para mudar para outra cerveja. E mudar o nome pouco inspirador da InBev para incorporar "Anheuser-Busch" também fazia sentido: era uma marca excelente. "O nome não era um grande problema", avaliou um conselheiro. "Brito estava disposto a chamar a empresa de qualquer coisa."

O debate sobre a localização da sede norte-americana da empresa, e como tratar St. Louis em geral, era mais complicado. A operação da fábrica da Anheuser-Busch naquela cidade era cara, e Brito estava preocupado com o fato de que as ideias de alguns dos trabalhadores locais estavam muito arraigadas, a ponto de ele não conseguir fazer grandes mudanças sem tirar a empresa do Missouri. Se ele mudasse a sede norte-americana para outro lugar e levasse as melhores pessoas de St. Louis junto, ele evitaria ficar atrelado ao passado.

"Acho que a reação de Brito foi do tipo 'Não poderíamos simplesmente colocá-la na cidade de Nova York ou em algum outro lugar?'", ponderou alguém ligado à empresa. "Para os habitantes de St. Louis, transferir a sede para Nova York era igual a transferi-la para a ilha de Guam."

Brito acabou reconhecendo que, com a cidade de St. Louis já sofrendo bastante por causa da crise econômica, fechar a fábrica da Anheuser lá seria uma pílula amarga demais para engolir. Um dos pontos políticos fracos da InBev era sua cultura fria e ultracompetitiva, e fechar a fábrica de St. Louis apenas enfatizaria o abismo cultural que a separava da Anheuser-Busch. Poderia resultar em uma enxurrada de críticas políticas à InBev. A equipe de Brito decidiu manter uma presença em St. Louis e focar, em vez disso, em quais facetas do negócio permaneceriam lá em vez de transferir tudo para outro lugar.

A maioria desses argumentos ocorreu entre os executivos da InBev e seus assessores, e não diante da diretoria. Naquela segunda-feira em Bruxelas, os diretores também expressaram com veemência suas opiniões sobre determinadas questões e se concentraram em um punhado de perguntas cruciais. A ameaça de um imenso alvoroço político era realista? E qual o impacto que isso poderia ter sobre a tentativa de aquisição deles? A Anheuser-Busch poderia, de fato, bloquear uma aquisição usando uma efusão de apoio popular a seu favor? E, mesmo se não conseguisse, a angústia causada pela tentativa de aquisição afetaria sua capacidade de vender cerveja nos Estados Unidos? A InBev não queria dar um tiro no próprio pé. O grupo teve uma discussão saudável, mas deixou tudo em aberto para ser debatido no futuro.

"Naquele momento, o cronograma parecia bastante amplo. Em nossa opinião, ainda faltavam alguns meses para o desdobramento", observou um assessor da empresa. "Era mais 'Esses são os temas que precisamos analisar e avaliar.'"

Até mesmo para chegar ao ponto em que o sucesso fosse uma opção, a InBev precisaria de dinheiro. Não havia qualquer chance de ela pagar pela transação com recursos próprios, e o mercado financeiro estava piorando a cada dia. A InBev havia, informalmente, acertado um pacote de financiamento com valor aproximado de cinquenta bilhões de dólares com o J.P. Morgan e o Santander, um banco espanhol, mas isso era apenas a ponta do iceberg. Aqueles dois bancos queriam distribuir sua exposição entre outros bancos, sobretudo naquele ambiente creditício avesso a riscos, e este processo poderia demorar algumas semanas, pelo menos. Felizmente, o J.P. Morgan e o Santander eram dois dos bancos mais bem-posicionados em meio aos problemas crescentes de outras instituições. Essa foi a razão pela qual a InBev foi direto a Jamie Dimon, do J.P. Morgan, e ao dirigente do Santander, Emilio Botín, quando começou a procurar por financiamento.

Qual a real capacidade do sistema global de empréstimos naquela conjuntura por uma transação como aquela, eles se perguntavam: 25 bilhões de dólares, talvez 40 bilhões? Não estava nada claro se a InBev conseguiria levantar 45 bilhões de dólares ou mais. Ela enfrentava o pior ambiente creditício desde a Grande Depressão. A InBev também precisava ter cautela – a cada banco novo que eles consultavam na busca por financiamento, aumentava o risco de que as notícias sobre os planos deles vazariam para os meios de comunicação. O preço das ações da Anheuser já começara a subir porque o volume anormal de transações de opções mostrava um risco crescente de uma tentativa de aquisição – notícias vazavam dos bancos que a InBev consultara. A InBev já estava brincando com fogo, e não era provável que pudesse se dar ao luxo de esperar muito mais tempo para consolidar um megapacote financeiro.

Enquanto a diretoria discutia o estado incipiente de seu financiamento naquele dia, a preferência dos diretores ficou clara: seria imprudente dar a largada a uma oferta antes de ter o dinheiro. Agir precipitadamente tinha o potencial de arruinar a única oportunidade de comprar a Anheuser-Busch que eles jamais poderiam ter. Se fizessem uma oferta com financiamento fraco, tudo que a Anheuser precisaria fazer para que os acionistas rejeitassem a InBev seria duvidar de sua capacidade de efetuar o pagamento.

A diretoria estava programada para se reunir novamente no final de maio na China, então os diretores decidiram deixar tudo como estava por algumas semanas e retomar a discussão em solo asiático. Nesse ínterim, eles deram ao seu banco de investimento principal, o Lazard, sinal verde para começar a trabalhar mais de perto com o J.P. Morgan na proposta de financiamento da oferta. Talvez conseguissem comprometimentos suficientes nas semanas seguintes.

"Acho que eles esperavam conversar mais sobre questões estratégicas e sobre como concluir o negócio, mas a questão do financiamento, de fato, quase se tornou o foco de toda a discussão", lembrou um participante da reunião em Bruxelas. "Eles ainda trabalhavam nela, havia preocupações quanto a isso. Acho que uma porção maior de tempo foi dedicada ao financiamento do que inicialmente previsto, razão pela qual houve a decisão de rever tudo. Eles precisavam ter uma ideia melhor sobre a viabilidade de obtenção do financiamento."

■ ■ ■

O grupo se reuniu novamente por dois dias menos de um mês mais tarde, em 21 e 22 de maio, na China. Os diretores da InBev costumavam visitar algumas de suas operações estrangeiras todo ano para se manterem familiarizados com o negócio, e aquela se qualificava como uma dessas visitas. Eles estavam muito distantes de suas sedes, então, várias pessoas e consultores importantes fizeram contato por telefone em vez de comparecerem pessoalmente.

Os banqueiros do Lazard apresentaram a proposta de fusão para a diretoria mais uma vez e disseram que progressos haviam sido feitos com relação ao dinheiro. Eles ainda não haviam consolidado um pacote de financiamento completo, mas um número maior de bancos mostrava interesse.

A diretoria continuava desconfortável. Seus membros haviam passado grande parte do tempo avaliando as lacunas em seu caso – tudo que a Anheuser-Busch poderia usar contra eles – e haviam trabalhado arduamente para preenchê-las uma a uma. Eles não achavam, por exemplo, que a fusão seria vista como anticompetitiva pelos reguladores nos Estados Unidos e na Europa. No entanto, eles precisavam mais do que promessas vagas de um punhado de banqueiros para tornar o financiamento de sua oferta absolutamente certo.

"Uma vez que não havia qualquer obstáculo antitruste, o financiamento era a única coisa que eles consideraram necessário explorar", comentou alguém ligado à InBev. E a InBev simplesmente não chegara a esse ponto com seus bancos. Então, novamente, a diretoria decidiu aguardar.

Naquela sexta-feira, Frank Aquila, um dos advogados externos mais importantes da InBev, estava em seu escritório em uma teleconferência quando um e-mail surgiu na tela de seu computador solicitando que ele atendesse outra chamada imediatamente. Ele o ignorou. Outra mensagem urgente surgiu e, segundos mais tarde, seu telefone celular tocou.

"Ligue imediatamente", Antonio Weiss exclamou do outro lado da linha.

"Veja bem, estou em uma chamada e tenho outra daqui a meia hora", disse Aquila.

"Desligue essa porcaria de teleconferência", respondeu Weiss mais enfaticamente. "Ligue imediatamente. Houve um vazamento."

"Ah, as pessoas falam sobre isso o tempo todo", Aquila retrucou. Ele não estava muito disposto a largar a transação que discutia por mais um boato de mercado.

"Não, houve um vazamento de uma fonte confiável", Weiss contrapôs, marcando as duas últimas palavras para dar ênfase.

Um artigo que acabara de ser publicado no site Alphaville, do *Financial Times*, estava atraindo uma atenção imensa e por boas razões. Ele afirmava que a InBev estava trabalhando em uma oferta de aquisição da Anheuser-Busch com valor de 46 bilhões de dólares e dizia que a InBev poderia apelar diretamente para os acionistas da Anheuser se August IV não estivesse interessado em uma fusão amistosa. O artigo informava que o preço era de 65 dólares por ação, revelava os nomes cifrados que haviam sido atribuídos às empresas e assinalava uma lista dos atributos que elas teriam se fossem combinadas – todas as informações tiradas diretamente dos materiais que os banqueiros da InBev haviam apresentado em Bruxelas um mês antes. Ele, inclusive, se referia a um contato informal que a InBev teria feito com a Anheuser-Busch em outubro do ano anterior – a reunião entre August IV e Lemann – e identificava o J.P. Morgan e o Santander como os bancos que ajudariam a InBev a pagar pela tentativa.

O que vazara parecia imediatamente claro. Alguém tomara uma decisão por conta própria e distribuíra informações, seja como um teste com a pretensão de avaliar a opinião do mercado sobre o negócio ou como um esforço de acelerar o processo dos dois lados. Com os planos da InBev agora divulgados publicamente, sua diretoria – após meses de protelação – finalmente teria de decidir se puxaria o gatilho. E a Anheuser-Busch seria forçada a considerar uma oferta.

A InBev alterou seus planos no momento em que as notícias foram divulgadas. Brito e a diretoria ainda tinham esperança de convencer August IV a começar as negociações, mas o vazamento impossibilitou uma abordagem discreta. A diretoria precisava tomar uma decisão rapidamente. "Não havia nada que pudéssemos confirmar; não havia nada além de uma hipótese", lembrou um assessor da InBev ao explicar a reação da empresa. "Estávamos simplesmente preocupados em sermos colocados em uma posição defensiva, preocupados que a A-B agora tivesse a oportunidade de realmente começar a amealhar recursos."

Para complicar a situação, Brito e muitos dos diretores e executivos de primeiro escalão da InBev estavam incomunicáveis em longos voos de volta para a Europa ou ainda espalhados pela Ásia após a reunião de diretoria. Alguns membros do grupo ficaram chocados ao perceberem que sua relutância em chegar a uma decisão na China poderia ter motivado o vazamento. Eles agora não tinham escolha a não ser abordar a questão.

A diretoria teria, primeiro, de decidir se desistiria de tudo. Eles poderiam negar qualquer interesse na Anheuser-Busch, descartar a ideia e talvez reconsiderá-la em algum outro momento no futuro. O financiamento ainda não fora acertado e, dada a fragilidade dos mercados, não havia garantia de que eles conseguiriam o dinheiro. Ninguém queria perder a chance de um prêmio tão cobiçado por causa de condições de mercado que estavam além de seu controle.

Contanto que a InBev não estivesse disposta a se fazer de desentendida e desistir de tudo – se ela sentisse que aquela era sua melhor chance para afixar a joia da Anheuser-Busch no topo de sua coroa –, estava na hora de acelerar o passo. Representantes da imprensa e investidores já estavam congestionando as linhas telefônicas no escritório de comunicação da InBev, e a empresa estava dizendo que não tinha qualquer comentário a fazer a respeito da notícia. O J.P. Morgan e o Santander deram a mesma resposta. Para muitos observadores do mercado, no entanto, um "sem comentários" é uma admissão de culpa. Se a InBev não estivesse realmente interessada, ela simplesmente diria isso sem hesitações e acabaria com os boatos.

À primeira vista, o mercado parecia gostar da ideia de uma fusão. Era um conceito que muitos acionistas da Anheuser já haviam considerado, tendo em vista os rumores constantes no mundo das aquisições. As ações da Anheuser-Busch subiram aproximadamente 7% naquele dia e, embora as ações da InBev tivessem caído ligeiramente, ela tinha a maioria de seus acionistas sob controle. Em vez de ser propriedade de um bando de negociantes de ações com uma perspectiva de curto prazo, a vasta maioria das ações da InBev era de propriedade de famílias belgas e brasileiras bem-estabelecidas e de fideicomissos que operavam com uma visão de longo prazo e tinham representação na diretoria da empresa.

Foi outro fator, no entanto, não a reação do mercado, que principalmente orientou a decisão da diretoria. O telefone da InBev começou a tocar na tarde de sexta-feira com chamadas de bancos do mundo inteiro. As atividades de fusão estavam em baixa por causa da situação econômica adversa, não havendo muitas oportunidades para fazer negócios ou lugares para concentrar dinheiro com segurança. Envolver-se no que talvez fosse a maior batalha de fusão do ano era uma necessidade absoluta. "As dúvidas a respeito do financiamento mudaram um pouco à medida que os bancos começaram a ligar dizendo: 'Não se esqueça de nós, não se esqueça de nós. Temos dinheiro'", contou alguém com conhecimento profundo da questão.

Então a InBev, que um dia antes se preocupara com a possibilidade de não conseguir levantar financiamento suficiente, encontrou-se na situação de receber chamadas telefônicas de banqueiros dispostos a tomar providências durante o final de semana para rapidamente assumir compromissos. A disposição deles deu à InBev a sensação de que encontrar cerca de 50 bilhões de dólares em financiamento era possível – além de oferecer uma ideia de quais bancos estavam assessorando a Anheuser-Busch. Segundo fontes, nem o Goldman Sachs nem o Citigroup telefonaram para oferecer seus serviços.

Durante aquele final de semana, com muitos membros da diretoria ainda espalhados pela Ásia e seus assessores em Nova York e na Europa correndo para se ajustarem, a InBev decidiu não renunciar a seus planos. A diretoria decidiu usar os boatos como um catalisador para juntar o financiamento e aproveitar a oportunidade que surgira – e antes de os mercados despencarem ainda mais. Eles poderiam manter seu silêncio público por uma semana ou duas enquanto trabalhavam febrilmente nos bastidores em busca de empréstimos, Brito e seus assessores pensavam assim.

"A opinião era a de que os planos estavam bem adiantados e a resposta do mercado parecia ser muito positiva", informou alguém ligado à empresa.

Nas palavras de um assessor da Anheuser-Busch: "Eles jogaram o próprio jogo de 'tudo ou nada' com os credores. Adiantaram-se aos próprios desejos nesta questão, em parte, acredito, convencendo seus credores: 'Olha, isso vai acontecer, e vai acontecer sem você. Então, é melhor você fazer parte disso.'"

■ ■ ■

Em 23 de maio, a mesma sexta-feira em que os assessores da InBev foram arrancados de suas mesas por causa do vazamento das informações, August IV e Randy Baker, o diretor financeiro da Anheuser, começaram a receber algumas chamadas telefônicas urgentes. Todos pareciam ter o mesmo ponto de vista: os brasileiros estavam a caminho. Era apenas uma questão de tempo.

Kalavaria, do Citigroup, telefonou para O Quarto das calçadas de Manhattan para falar sobre estratégias. "Os caras estão a caminho, e vocês precisam se preparar", Kalvaria instruiu. "Mas não façam nada precipitado."

Baker, nesse ínterim, repentinamente tornara-se muito popular em Wall Street, à medida que banqueiros de empresas grandes e pequenas começaram a fazer ofertas para ajudar na defesa da A-B. Ele não vira as notícias assim que elas apareceram. A primeira vez que ouviu sobre os rumores fora durante o fim de semana prolongado, quando Larry Rand, da empresa de relações-públicas Kekst, os recebeu em seu BlackBerry e telefonou para Baker de seu jardim.

"Ouvimos esse tipo de rumor o tempo inteiro", Baker tranquilizou Rand a princípio quando este o informou sobre as últimas notícias. Ele desmentira tantos rumores de tomada de controle que eles começavam a virar um bolo só, e muitos deles haviam envolvido a InBev. Seu primeiro instinto foi que aquele não era diferente.

"Esse parece ter um pouco mais de substância", respondeu Rand, rolando o texto com as notícias com seu polegar. "Eles têm nomes cifrados e um plano financeiro. Parece um código de banqueiro nesse caso. Meus instintos me dizem que esse boato tem mais credibilidade do que os outros."

"Bem, não vamos fazer qualquer comentário", respondeu Baker enquanto digeria as notícias. O que poderiam dizer, de qualquer forma? Eles não haviam recebido qualquer comunicação da InBev. Antes de Baker e Rand desligarem, com os planos de relaxar durante o fim de semana prolongado arruinados, concordaram em colaborar com a equipe de relações-públicas da Anheuser e com os advogados da empresa no Skadden para preparar respostas no caso de a InBev aparecer com uma oferta.

A pior parte da situação para August IV naquele final de semana foi a ideia de que devia esperar sentado para a InBev dar o pontapé inicial. Ele e alguns dos executivos de alto escalão da InBev se conheciam há muito tempo. Qual era a razão de se construir relacionamentos comerciais se eles não poderiam ser usados em um caso como esse? Ele desejava saber se as notícias eram verdadeiras e sentia que tinha o direito de perguntar. Então, pouco depois de as histórias estourarem nos jornais, ele preparou um e-mail breve, porém objetivo, para o membro da diretoria da InBev que ele conhecia melhor.

"Ele enviou um e-mail para Jorge Paulo Lemann e, basicamente, disse: 'Esses rumores são muito perturbadores. Devíamos conversar para acabarmos com os boatos'", contou alguém ligado à InBev.

Tendo em vista a seriedade da questão, O Quarto poderia ter esperado receber uma resposta rápida de seu colega brasileiro. No entanto, Lemann, que ainda estava na Ásia, optou por deixá-lo na incerteza. Em vez de responder ao Quarto imediatamente, ele provocou um jogo sutil de gato e rato.

"Lemman não respondeu durante alguns dias e depois replicou algo como, 'Estive no deserto de Gobi e fiquei sem comunicação. Acabei de receber seu e-mail. Estou entrando no avião para voltar. Talvez seja bom termos uma reunião'", revelou alguém ligado à InBev. "A propósito, ele não estava tão incomunicável quanto fez parecer." Estava, no entanto, do outro lado do mundo; assim, a equipe da InBev sabia que ele não poderia se reunir com O Quarto por alguns dias, na melhor das hipóteses. Por que não deixá-lo na incerteza por um tempo?

"Uma vez que uma reunião não seria possível por alguns dias de qualquer forma, pensamos: 'Vamos dar tempo ao tempo; vejamos como ficam as coisas e joguemos o velho truque do estou dando uma volta pelo deserto de Gobi por um tempo'", brincou uma pessoa ligada à empresa.

Assim que finalmente estabeleceram contato, Lemann e O Quarto concordaram em se reunir em Tampa, na Flórida, em 2 de junho. Na primeira sessão da diretoria da Anheuser após o surgimento dos boatos, ela debatera a conveniência de solicitar esclarecimentos à InBev. Os membros concordaram que era sensato fazê-lo. "Dissemos: 'Veja bem, vamos descobrir o que eles querem fazer, sobre o que estão falando'", sugeriu o diretor James Forese. "Fizemos isso simplesmente porque, do ponto de vista comercial, fazia sentido descobrir o que estava acontecendo. Em geral, você quer descobrir o que seus inimigos estão fazendo."

Muita gente do lado da Anheuser tinha dúvidas quanto a enviar O Quarto para Tampa sem apoio. Lemann e seu sócio Marcel Telles, que também planejava estar presente, eram homens de negócios sofisticados e estrategistas, e havia um enorme desequilíbrio no volume de informações entre os dois lados. Os brasileiros sabiam exatamente o que a InBev planejava fazer, mas August IV não tinha nada a oferecer a eles.

Alguns membros da equipe da Anheuser não estavam confortáveis com a ideia da reunião com a InBev, ponto final. Não importava quem representaria o lado deles. Eles achavam que o vazamento fora deliberado – autorizado, pelo menos em parte, pelos principais responsáveis pelas decisões da InBev. Havia muitas razões para alguém na InBev, ou alguém trabalhando em nome dela, desejar que a informação fosse divulgada. A notícia já estimulara os especialistas em arbitragem de fusões – que apostam em transações desse tipo e, frequentemente, têm interesse em que alguma se concretize – a comprar ações da Anheuser. Agora, ela estava convencendo August IV de que ele deveria se reunir com dois dos diretores mais poderosos da InBev, muito embora eles estivessem em uma posição vantajosa. Parecia que a Anheuser estava caindo na armadilha da InBev. O Quarto era o CEO da empresa, e a reunião fora marcada com o entendimento de que ele seria o representante da Anheuser. Não havia sentimento negativo suficiente para mudar aquilo na época.

O Quarto passou boa parte de tempo em consultoria com o Goldman e outros assessores antes de partir para Tampa, delineando o que poderia divulgar e se certificando de que ele sabia o que dizer.

Quando Lemann e Telles o encontraram nas proximidades do aeroporto de Tampa naquela segunda-feira, os brasileiros não tinham certeza se a diretoria da Anheuser, na realidade, até mesmo sabia o que O Quarto pretendia fazer. Não estava claro que a diretoria autorizara a reunião, ou até mesmo que aprovara o e-mail que O Quarto enviara antes para Lemann. No entanto, August IV era o CEO da Anheuser-Busch. Eles precisavam presumir que ele falava em nome da empresa como um todo. E, segundo o membro da diretoria Sandy Warner, isso era verdade. "August IV e a diretoria discutiram todos os aspectos daquilo", revelou. "Ele fazia questão de manter-nos informados. Não houve qualquer problema nesse sentido."

Lemann e Telles estavam andando em uma corda bamba estreita. A InBev ainda não conseguira o financiamento, portanto eles não desejavam fazer qualquer menção a uma oferta formal por mais que O Quarto pressionasse por uma. No entanto, eles queriam transmitir a ideia de que os rumores de uma tentativa de tomada de controle eram verdadeiros. Se August IV soubesse que a InBev estava prestes a fechar o cerco à sua empresa, ele poderia se dispor a fazer uma negociação amigável antes de a situação se tornar conflituosa.

Quando o trio reuniu-se em Tampa, "August IV basicamente disse: 'Sabe de uma coisa? Vocês nem sequer nos fizeram uma oferta'", informou alguém ligado à InBev. "Acho que, na verdade, ele estava tentando dizer: 'Ei, não estamos à venda; vão embora.'"

Não funcionou. Após muito debate sobre a conveniência de se reunir com a InBev e muita consultoria e reflexão sobre como abordar a questão, August IV voltou para St. Louis naquela tarde com quase nada. Ele perguntara se Lemann e Telles tinham uma oferta formal a fazer, e eles responderam que não. Além disso, seu encontro cara a cara, frustrantemente, não fornecera muitos esclarecimentos e durara apenas dez minutos. Foi difícil para a equipe de Anheuser saber se Lemann e Telles haviam agido de forma dissimulada ou se O Quarto simplesmente os interpretara equivocadamente.

"O ideal para mim teria sido que outra pessoa estivesse lá com ele, alguém capaz de interpretar o que foi dito e o que aquilo significava", comentou alguém ligado à empresa. De certa forma, a reunião acabou sendo um não acontecimento, a não ser por ter confirmado que algo existia. Claramente havia algo lá. Essa foi mais ou menos a conclusão. Tampa mostrou que eles estavam, evidentemente, trabalhando em algo.

Após não chegar a lugar algum com Lemann e Telles, August IV concluiu que a InBev planejava fazer uma oferta, mas não estava pronta para agir. A equipe da Anheuser já deduzira que a oferta precisaria ser inteiramente ou quase inteiramente em dinheiro se a InBev realmente quisesse ganhar, então eles presumiram que Lemann e Telles tinham ficado calados porque a empresa ainda não conseguira encher seus cofres.

"Nossa conclusão na época foi: 'Esses caras adorariam fazer algo, é evidente que eles estão tentando fazer algo e, se tiverem sucesso, talvez entrem em contato'", ponderou um consultor da Anheuser. "Caso contrário, não teremos nenhuma resposta deles."

Eles tiveram. Apenas nove dias mais tarde, a InBev surpreendeu o grupo que se reunira no complexo futebolístico da Anheuser com uma oferta de aquisição com valor de 46,3 bilhões de dólares. Na carta que a InBev enviou por fax para O Quarto naquele dia, Brito fez questão de dizer que "Jorge Paulo Lemann e Marcel Telles ficaram tremendamente gratos pelo tempo que você dedicou ao encontro com eles no dia 2 de junho em Tampa". Era como esfregar sal na ferida.

Capítulo 9

Sr. Brito vai a Washington

Desculpe-me. O lema de meu estado é "Mostre-me". Você terá que me mostrar.
— Christopher "Kit" Bond, senador federal pelo Missouri

Quase uma semana se passara desde que a InBev fizera sua oferta, mas os brasileiros não tinham recebido qualquer resposta da diretoria da Anheuser. Os políticos, em Missouri e em Washington, haviam encontrado tempo suficiente para tomar partido, no entanto, e um alvoroço ameaçava surgir.

A situação tinha toda a dinâmica de uma tempestade política e midiática. O ataque da InBev provocou reações viscerais em todo o mundo, mas o tumulto ecoava mais alto, evidentemente, nos Estados Unidos. Era o verão antes de uma das mais importantes eleições presidenciais na história do país, e os senadores Hillary Clinton e Barack Obama ainda se digladiavam nas eleições primárias para determinar quem enfrentaria seu colega republicano John McCain nas urnas em novembro. Em Missouri, onde McCain acabou ganhando de Obama por apenas alguns milhares de votos – 49,4 a 49,3% –, a eleição para governador era objeto de uma disputa acirrada. O país olhava atentamente enquanto os políticos se esmeravam em fazer tudo que estivesse ao seu alcance para aumentar sua popularidade entre os eleitores.

Graças à oferta da InBev, os norte-americanos que haviam descaradamente endossado a expansão dos tentáculos do país para outras nações estavam sendo forçados a pensar se era correto ou não estrangeiros comprarem suas empresas importantes. Alguns alegaram que nenhum norte-americano que se respeitasse continuaria a beber Budweiser se a transação fosse concluída. Outros apoiavam a globalização que levara a InBev da Bélgica à porta de entrada da Anheuser, e se davam conta de que precisavam aceitar os aspectos positivos e os negativos também. Quando a Toyota entrou no mercado automobilístico dos Estados Unidos pela primeira vez, eles enfatizaram, a indignação foi tão violenta que parecia que os japoneses estavam bombardeando Pearl Harbor outra vez. Poucos anos mais tarde, os carros japoneses entulhavam as rodovias do país, e poucos consumidores pareceram se importar, sobretudo porque muitos dos carros estavam sendo fabricados nos Estados Unidos por trabalhadores norte-americanos.

Um casal da Flórida que não tinha qualquer conexão com a Anheuser-Busch, além de visitar o Sea World para ver Shamu, criou um portal virtual chamado SaveBudweiser.com para gerar apoio para a Anheuser-Busch. "Somos grandes defensores das Forças Armadas", Wren Fowler, que montou o portal com seu marido, informou ao *Wall Street Journal*. "A Anheuser-Busch também parece aprovar o que estamos fazendo. Daquele ponto em diante, admitíamos apenas produtos da Bud em nossa casa." A questão não era a cerveja, ela acrescentou, mas os cortes de custos que a InBev implementaria e as doações caridosas que podia eliminar. "Eu gosto da cerveja", ela afirmou. "Mas trata-se de uma questão que vai muito além disso."

Christopher "Kit" Bond, senador do estado do Missouri, solicitou que o Departamento de Justiça e a Federal Trade Commission examinassem a transação proposta, alegando que era sua responsabilidade fazer com que a administração do presidente Bush considerasse o possível impacto da transação sobre os consumidores e o mercado. Em uma carta dirigida ao procurador-geral da república, Bond disse que a opinião do estado do Missouri era veementemente contrária à transação e "pretendia exercer um papel ativo" e "se fortalecer cada vez mais". A democrata Claire McCaskill, a outra representante do estado no Senado Federal, expressou um nível de angústia semelhante.

Os observadores da indústria ficaram aguardando a entrada no embate dos candidatos à presidência, e os meios de comunicação fizeram de tudo para forçá-los a se manifestar. John McCain, cuja mulher, Cindy, era herdeira da Hensley and Co., sediada em Phoenix e a terceira maior distribuidora da Anheuser no país, permaneceu em silêncio – provavelmente uma decisão sábia, dada a controvérsia que seria levantada por causa de seu conflito de interesses. Cindy McCain, conhecida em Phoenix por dirigir um carro cujas placas tinham letras que diziam "MS BUD", controlava entre quarenta e oitenta mil ações da Anheuser, com um valor entre 2,5 a 5 milhões de dólares.

Barack Obama, que não dissera nada sobre o assunto durante quase um mês, finalmente declarou no dia 7 de julho que seria "uma pena" se a Anheuser fosse adquirida por uma empresa estrangeira. "Acho que deveríamos ser capazes de encontrar uma empresa norte-americana interessada em comprar a Anheuser-Busch, se ela de fato pensa que a venda é necessária", comentou. Foi nesse momento crucial que Obama pela insinuou primeira vez que ele apoiava o tipo de intervenção governamental no setor privado norte-americano que se tornou uma marca registrada do começo de seu mandato. Poucos meses após tomar posse no começo de 2009, o governo dos Estados Unidos comprou a General Motors e a Chrysler para amenizar a recessão que se aprofundava e evitar a perda de muitos empregos.

O presidente Obama, casualmente, parecia gostar de usar a cerveja como uma ferramenta diplomática. Ele convocou aquilo que seria chamado de "a reunião de cúpula da cerveja" na Casa Branca durante o verão de 2009 – uma tentativa de conciliar um professor de Harvard negro e um policial branco que o prendera após os dois terem uma desavença controversa. E, quando os Estados Unidos jogaram contra a Inglaterra na Copa do Mundo em junho do ano seguinte, Obama sugeriu ao primeiro-ministro britânico David Cameron que eles apostassem a melhor cerveja de seus respectivos países no resultado da partida. O jogo terminou empatado, deixando no ar a questão de qual cerveja o presidente considerava a melhor do país.

■ ■ ■

Até então, a InBev fora capaz de se antecipar às reações dos meios de comunicação, mas ela temia não conseguir continuar a fazer isso à medida que a oposição à transação ameaçava crescer. A equipe da InBev sabia que não podia deixar os sentimentos políticos pró-americanos saírem de controle. Isso acontecera em algumas outras instâncias no passado recente, e os resultados não tinham sido bons. Em 2006, a Dubai Ports World desistiu de comprar a empresa que administrava os portos americanos por causa do furor gerado no Congresso, e empresas chinesas haviam abdicado de suas intenções de adquirir tanto a empresa petrolífera Unocal, em 2005, quanto o fabricante de roteadores para a internet 3Com, em março de 2008, apenas alguns meses antes, diante da oposição política por causa de potenciais ameaças à segurança nacional.

A ideia de que a venda da Anheuser-Busch poderia ter alguma relação com a segurança nacional parecia absurda. Será que alguém ousaria afirmar que uma cervejaria era vital aos interesses dos Estados Unidos? Tinha alguma importância o fato de a Budweiser ser produzida por uma empresa norte-americana ou belga, sobretudo se a cerveja ainda fosse fabricada nos Estados Unidos por trabalhadores norte-americanos?

A equipe da InBev certamente achava que não, mas não valia a pena descobrir a resposta a esta pergunta. A InBev precisava suavizar toda a história para aplacar os políticos e os meios de comunicação antes que a pressão ficasse pesada demais. Então, Brito viajou para Washington, para defender a posição de sua empresa.

No começo, ele relutou. "A opinião de Brito era: 'Por que desperdiçar meu tempo? Eles nunca vão gostar de mim, nunca vão me apoiar'", informou alguém vinculado à InBev. Mas mudou de ideia quando os assessores da InBev argumentaram que estava na hora de dar à empresa uma cara pública acessível e mostrar que ela não era uma vilã estrangeira insensível. Eles não necessariamente esperavam um boicote, mas sabiam que estavam lidando com um país em que os conservadores haviam começado a chamar as batatas fritas [conhecidas nos Estados Unidos como "French fries", ou seja, "fritas francesas"] de *freedom fries* [fritas da liberdade] quando a França se opôs à invasão do Iraque em 2003 – muito embora as batatas fritas na verdade viessem da Bélgica, país sede da InBev.

"Você pode ser um forasteiro sem nome e sem rosto, ou pode ser o Brito inteligente, bem-articulado, esperto e apresentável", disse a equipe da InBev a seu CEO. "Se você tem alguém daquele tipo que tem presença de espírito e fala inglês bem", ponderou um assessor, "por que não destacá-lo e dizer 'Poxa, esse não é um esquisitão das favelas do Rio de Janeiro. É uma pessoa genuína, sabe, que estudou na faculdade de administração de Stanford.'"

Então, naquela segunda-feira, Brito foi a Washington. O objetivo era desmistificar a empresa, neutralizar uma possível oposição e acalmar aqueles membros do Congresso que estavam apelando para a retórica sobre a injustiça de deixar uma instituição norte-americana ser adquirida por um rival estrangeiro. Estava bastante claro que os políticos mais vociferantes continuariam a ser contrários à transação, mas apertar sua mão diante das câmeras certamente não prejudicaria a InBev.

Foram dois dias difíceis. A Anheuser-Busch se tornara uma força influente na política norte-americana ao longo de seus 150 anos de existência, e Brito estava tentando ir contra todo o dinheiro que a Anheuser gastara nesse tempo para garantir que ela fosse representada nos corredores do Congresso.

Os políticos de Missouri sempre pareceram estar inteiramente sobre o jugo da Anheuser-Busch porque ela empregava muitos trabalhadores naquele estado – o qual, não era coincidência, tem algumas das leis relativas ao consumo de álcool mais permissivas de qualquer jurisdição dos Estados Unidos. Os passageiros em carros em movimento podem beber álcool legalmente e não existe qualquer lei contra o consumo em público.

A Anheuser-Busch também tinha muita influência em nível nacional. Seu comitê de ação política (PAC, na sigla em inglês), veículo através do qual ela distribuía contribuições para campanhas políticas, era um dos maiores de Washington e administrava uma das mais ativas organizações de lobby da capital, com cerca de uma dúzia de escritórios de lobistas contratados, incluindo: o Gephardt Group, do ex-deputado de St. Louis Dick Gephardt; a Public Strategies Washington, de Michael McCurry, ex-secretário de imprensa da Casa Branca; e as poderosas empresas Akin Gump Strauss Hauer & Feld e Timmons & Co. No auge de suas contribuições políticas, durante o ciclo de eleições de 2002, a Anheuser-Busch e seus funcionários gastaram

2,3 milhões de dólares em candidatos, sendo 57% do dinheiro destinado a republicanos. Em 1993, um conjunto de oito Clydesdales da Anheuser até marchou pela Pennsylvania Avenue durante o desfile de tomada de posse do presidente Bill Clinton, apesar dos protestos de grupos defensores da saúde e contra o consumo de álcool.

A Anheuser-Busch também tinha o apoio de grupos com interesses semelhantes, como a National Beer Wholesalers Association (NBWA), sediada nos arredores de Washington, que representa mais de 2.850 distribuidoras de cerveja de todas as partes do país e é consistentemente uma das PACs que mais gasta dinheiro nos Estados Unidos. Em meados de 2010, a NBWA estava classificada como a quinta maior PAC que contribuía para os candidatos políticos no ciclo eleitoral 2009–2010, após repartir mais de 1,8 milhão de dólares – 57% para democratas e o restante para republicanos – naquele período. Isso a colocava na frente de outras PACs extremamente ativas como a American Bankers Association e o Teamsters Union.

O fato de a Anheuser-Busch fabricar cerveja sempre dificultou suas tentativas de fazer lobby. Ela sempre enfrentou a oposição de grupos como a Mothers Against Drunk Driving (MADD), além de outros, que alegavam que o marketing da empresa era dirigido a pessoas abaixo da idade legal para consumir álcool. Era justamente por causa da delicadeza das questões que envolviam bebida alcoólica que a Anheuser precisava exercer uma influência política tão significativa. A empresa já passara pela experiência da Lei Seca, e estava determinada a criar raízes tão profundas no solo de Washington para impedir que mudanças na opinião pública devastassem seus negócios outra vez.

Assim como seus ancestrais, August III entendia como o negócio da cerveja e a política interagiam e trabalhava arduamente para sempre agir e se antecipar aos acontecimentos. Em uma época em que havia uma pressão crescente sobre Washington para proibir por completo a publicidade de bebidas alcoólicas, ele habilidosamente lidou com as críticas da MADD gastando pencas de dinheiro no esforço para diminuir a embriaguez ao volante. "O foco mudou lentamente para a questão da direção", observou Charlie Claggett, que administrava a campanha de moderação da Anheuser, com o bordão "Know When to Say When" [Saiba quando parar]. "A cerveja não é a inimiga, mas sim beber e dirigir. Essa combinação é o inimigo. Peça a alguém para dirigir para você, e não dirija embriagado. Tome conta de si mesmo e de seus amigos. Aquilo mudou tudo."

O Terceiro também tomou providências para acabar com a frustração com relação às latas de cerveja descartadas, endossando a campanha "Pitch In", que incentivava os consumidores a descartarem o lixo de forma apropriada, e criando, em 1978, uma unidade de reciclagem que reciclou mais de 430 bilhões de latas de alumínio em seus primeiros trinta anos de existência. E quando Jesse Jackson, o líder de direitos civis, atacou a Anheuser-Busch em 1982 por causa do número pequeno de distribuidoras cujos proprietários vinham de grupos minoritários, o boicote fracassou. O Terceiro se recusou a se encontrar com Jackson em vez de se submeter a ele da forma que muitos outros CEOs haviam feito, e decidiu resistir mostrando como as políticas da empresa beneficiavam as minorias.

A Anheuser-Busch também gastou muito dinheiro em Washington para ajudar a assegurar que sua crescente parcela do mercado nunca se tornasse motivo de controvérsia política. No começo da década de 1990, o desejo do Terceiro de controlar metade do mercado cervejeiro dos Estados Unidos se tornara implacável. Muitos outros CEOs, conscientes de que abocanhar metade de seu mercado os tornaria um alvo da ira do público, teriam ficado satisfeitos em conquistar 49% para evitar a controvérsia. Mas August III não pensava assim.

"Sr. Busch, por quê?", Buddy Reisinger se lembra de perguntar ao Terceiro. "Você detesta a exposição pública, detesta o governo, a Securities and Exchange Commission. Por que você desejaria colocar uma indústria que é efetivamente um oligopólio... por que atrair a atenção do governo? Quando a participação atingir os 50%, um sininho vai tocar. Por que isso é tão importante?"

O Terceiro não se intimidou e prosseguiu com vigor. Atingir aquele número mágico foi como ele definira o próximo patamar de sucesso, e o risco de enfrentar o escrutínio político para consegui-lo valia a pena. Era mais do que provável que os dólares que ele gastava em Washington ajudariam a abrandar a oposição. E foi o que aconteceu.

A InBev, defensora do mesmo ponto de vista, contratou quatro das mais bem conhecidas empresas de lobby e relações-públicas de Washington para acalmar os ânimos com relação à sua oferta de tomada de controle, incluindo uma administrada pelos ex-senadores Trent Lott e John Breaux e outra dirigida por Joe Lockhart, ex-secretário de imprensa da Casa Branca. Ela começou a pagar funcionários da Mercury Public Affairs para chamar políticos locais em todo o país e dar informações sobre por que a empresa desejava comprar a Anheuser-Busch e o que a transação significaria para os eleitores. E ela mandou duas cartas para importantes autoridades políticas nos principais estados explicando a negociação e os compromissos que pretendia assumir.

Por dois dias, vários dos recém-contratados lobistas de Brito o acompanharam até os escritórios de cinco representantes de Missouri no Congresso e a uma reunião com James Clyburn, da Carolina do Sul, o terceiro mais importante deputado democrata. O espetáculo extremamente coreografado, que levou um bando de repórteres a seguir os passos de Brito, foi pouco mais de um jogo de cena caro e bem-preparado. Brito não iria convencer qualquer um daqueles políticos a apoiar a oferta de tomada de controle – a publicidade que receberiam por rejeitarem a transação era importante demais para as próximas eleições. E ele certamente não recuaria e retiraria a oferta da InBev por causa de um pouquinho de agitação vinda de Missouri. A viagem de Brito a Washington tinha como objetivo fazer contatos pessoais e beijar mãos, e não obter resultados tangíveis.

McCaskill se reuniu com Brito e dois de seus assessores ao meio-dia da terça-feira e ofereceu a eles uma escolha entre três cervejas da Anheuser-Busch. Brito e McCaskill pegaram Bud Lights, e ela fez um breve brinde – "À Anheuser-Busch!" – antes de proferir um sermão sobre como seria difícil para a InBev conquistar a boa vontade dos eleitores no Missouri. A reunião durou meia hora e, em seguida, McCaskill falou muito rápido com a horda de repórteres que acompanhava Brito.

"Eles basicamente vieram para tentar conquistar meu apoio, por assim dizer", contou McCaskill aos repórteres. "Eu disse a eles: 'Sem chance'", a retórica que ela usou foi despudorada. "Nós não temos uma placa de 'Vende-se' plantada em frente à nossa casa nos Estados Unidos", falou para o *St. Louis Post-Dispatch* em uma entrevista, chamando a oferta da InBev de um "lucro fantástico para os investidores em um fundo de hedge". Brito descreveu sua reunião com McCaskill como "muito, muito, proveitosa". Naquele mesmo dia, ela enviou uma carta à diretoria da Anheuser conclamando-a a rejeitar a oferta da InBev.

Gussie era uma espécie de Dr. Doolittle — ele tinha um camelo e um elefante e nutria um orgulho especial por seu trio de chimpanzés que, frequentemente, vestia com roupas de caubói.

Fonte: Time & Life Pictures/Getty Images

August Busch III, Marcel Telles e Jorge Paulo Lemann durante uma fatídica reunião em 1991 em Williamsburg, Virgínia, quando a Anheuser-Busch e a Brahma do Brasil estudavam uma aliança e ambas as cervejarias eram número 1 em seus países.

Fonte: Copyright © MaxImages@gmx.com

August Busch IV, CEO da Anheuser-Busch na época da aquisição, numa foto de 1991, segurando as rédeas de um Clydesdale, quando ele era executivo sênior de marketing.

Fonte: Time & Life Pictures/Getty Images

August Busch III, Jorge Paulo Lemann e Marcel Telles inspecionam a linha de enlatamento da cervejaria da Anheuser-Busch em Williamsburg, Virginia.

Copyright © MaxImages@gmx.com

Edward Whitacre, ex-membro do conselho da Anheuser-Busch,

Fonte: Getty Images

Timothy Ingrassia, chefe de fusões e aquisições para as Américas do Goldman Sachs

Fonte: Copyright © PatrickMcMullan.com

Douglas A. "Sandy" Warner III, ex-líder dos diretores independentes da Anheuser-Busch

Joseph Flom, sócio da firma Skadden, Arps, Slate, Meagher & Flom

Fonte: Copyright © PatrickMcMullan.com

Leon Kalvaria, chefe de operações globais de produtos de consumo e serviços de saúde, Citigroup

Peter Gross, sócio, Goldman Sachs

Antonio Weiss, vice-presidente do conselho do banco de investimento Lazard

Fonte: Copyright © Stéphane Gizard

Robert Kindler, vice-presidente do conselho do banco de investimento Morgan Stanley

Fonte: Jeff Connell, Wagner International Photos

Frank Aquila, sócio da firma Sullivan & Cromwell

Carlos Brito, CEO da InBev, ergue uma Stella Artois em Leuven, Bélgica, para brindar os resultados da InBev em 2007

Fonte: AFP/Getty Images

Diretores da InBev Carlos Sicupira, Jorge Paulo Lemann e Marcel Telles

Fonte: Webb Chappell: Wonderful Machine

Jorge Paulo Lemann, Marcel Telles, Jack Purnell e August Busch III examinam uma caldeira de cerveja da Anheuser-Busch em Williamsburg, Virginia, em 1991.

Fonte: Copyright © MaxImages@gmx.com

Maria Asunción Aramburuzabala, vice-presidente do conselho do Grupo Modelo, com o marido Tony Garza, ex-embaixador dos Estados Unidos no México, e a ex-primeira dama Laura Bush.

Fonte: Embaixada dos Estados Unidos no México

Carlos Fernández González, presidente e CEO do Grupo Modelo

Fonte: El Universal, Compañía Periodística Nacional

Don Antonino Fernández aceita uma camisa de futebol personalizada em abril de 2010 na ocasião em que as seleções do México e da Espanha anunciam planos para um jogo amistoso na Cidade do México.

Fonte: LatinContent/Getty Images

Fonte: Time & Life Pictures Getty Images

Fonte: © SCOTT ROVAK/epa/Corbis

"A Anheuser-Busch é uma empresa 'nós'. É administração por equipe. Ela é honestidade e integridade. É criatividade e inventividade. É a aplicação da ciência da administração. Acima de tudo, ela é gente, bom senso e trabalho árduo. Não sabemos o significado das palavras 'não pode ser feito'."

– Relatório Anual de 1987

Fonte: © Carl & Ann Purcell/CORBIS

Fonte: © Richard Cummins/CORBIS

Brito teve um encontro com Kit Bond no dia seguinte e este também usou a oportunidade para expressar sua oposição à transação. Ela significaria perda de empregos em St. Louis, um baque para a economia do Missouri, e perda de contribuições para entidades caridosas em St. Louis, anunciou Bond, que não conseguiu resistir e usou a linguagem típica de um político: "Meus eleitores no Missouri dizem que esta Bud não é para você."

■ ■ ■

Deixando de lado a pompa e a circunstância, a ida de Brito a Washington acabou ajudando os dois lados a conseguir o que queriam. Ele conseguiu promover a causa da InBev e gerar notícias, e os políticos que se importavam com a Anheuser-Busch puderam deixar a impressão de que estavam resistindo, embora estivesse claro que havia pouco ao alcance deles para parar a negociação. Brito precisou fazer apenas aquela viagem à capital do país. O clamor político despertado pela oferta da InBev durou pouco, mas isso não se deu porque ele havia, com seu charme, conquistado os corações dos consumidores de cerveja dos Estados Unidos. Foi porque eles tinham muitos outros problemas com os quais se preocupar.

Quando a InBev lançou seu ataque à cervejaria favorita dos Estados Unidos, a geração do "baby boom" estava começando a despertar da sensação intoxicante de viver além de suas possibilidades por três décadas. Os proprietários de Cadillac Escalade e mansões extravagantes no subúrbio, de repente, tiveram de enfrentar parcelas de hipotecas atrasadas, fundos de aposentadorias vazios e a fila do desemprego. Não obstante a quantidade de caixas de Bud empilhadas em suas garagens com capacidade para quatro carros, eles tinham pouca vontade de fazer uma revolta popular a favor da Anheuser – uma empresa que se tornara tão gorda e iludida durante os bons tempos quanto eles. A relevância da Anheuser na vida dessa geração, ou pelo menos o orgulho que tinham de consumir cerveja norte-americana, diminuíra ao ponto em que a tentativa de aquisição hostil da empresa parecia absolutamente normal quando tanto nos Estados Unidos parecia ter dado errado.

Dada a loucura dos acontecimentos nos mercados e na vida cotidiana dos norte-americanos, parte da cobertura jornalística da batalha pela aquisição da Anheuser, que em outro momento teria recebido manchetes na primeira página dos maiores jornais do mundo, foi relegada às páginas centrais – ou foram inteiramente excluídas. "Foi como se tivesse apenas recebido uma menção passageira no noticiário noturno da CBS", avaliou o membro da diretoria general Shelton. "Achei que seria visto como um acontecimento muito mais importante, mas obviamente não foi."

"Minha preocupação é que a mesma coisa está acontecendo em todos os cantos dos Estados Unidos", desabafou. "Talvez isso não seja de todo ruim. Sou um grande defensor da globalização e da economia mundial, e de tudo que possa ajudar a fortalecer a paz no longo prazo. Porém, fico preocupado quando tantas empresas norte-americanas são compradas por estrangeiros."

Em alguns momentos da história dos Estados Unidos, a retórica protecionista por si só talvez tivesse gerado raiva popular suficiente para impedir a tentativa de tomada de controle feita pela InBev. Mas essa não era uma época para frivolidades políticas ou econômicas. As pessoas estavam distraídas demais com a agitação causada pelo aperto do crédito em suas vidas para se importarem se a Budweiser seria fabricada por uma empresa norte-americana ou belga. Perder tempo com esse tipo de debate filosófico só se justificaria se as pessoas pudessem se dar ao luxo de ter tempo livre e não precisarem buscar um emprego ou tentar salvar o que tinham.

Portanto, embora a oferta de aquisição feita pela InBev embutisse dois tipos importantes de risco – financeiro e político –, um acabou ajudando a anular o outro. Os norte-americanos que, em outros tempos, talvez protestassem em altos brados estavam distraídos pelos mercados financeiros que ameaçavam desmoronar e criar uma situação ruinosa. E os políticos tinham dificuldades para justificar gastar tempo com a Anheuser-Busch em vez de lidar com o desemprego crescente, os déficits orçamentários e os mercados imobiliários em estado calamitoso. Sim, eles trabalhariam ostensivamente para salvar empregos norte-americanos ao endossar a independência da Anheuser. Estariam também ajudando a socorrer uma empresa dirigida por multimilionários e que fora ineficiente por anos. Já parecia provável que teriam de intervir para salvar os destroços de outra empresa norte-americana emblemática – a General Motors – cujos dirigentes haviam sido subservientes demais aos interesses familiares, tinham se tornado obesos, felizes e preguiçosos, acabando por causar um desastre.

A iniciativa de relações-públicas de Brito foi proveitosa, mas a capacidade da InBev de aplacar o descontentamento público teve menos a ver com seus esforços do que com a complacência, resignação e distração do público norte-americano. Os sentimentos protecionistas, fossem eles lógicos ou não, simplesmente não tinham força suficiente – o Congresso digladiou-se alguns meses mais tarde por causa da possível inclusão de um dispositivo "Compre produtos fabricados nos Estados Unidos" na lei de estímulo econômico do presidente Obama, com valor total de 787 bilhões de dólares, mas a polêmica em torno desta questão logo desapareceu. As palavras mais fortes proferidas contra a InBev, na verdade, podem ter saído da boca de Stephen Colbert, o humorista do *Comedy Central* que afogou suas mágoas diante das câmeras em uma tentativa de beber tanta Budweiser quanto podia "antes que aqueles vendedores de waffle alterassem a fórmula."

"A reação violenta que alguns haviam previsto acabou nunca acontecendo", observou Harry Schuhmacher. "Houve alguma em St. Louis, mas fora do Missouri ninguém parece saber ou se importar com o lugar onde é fabricada a sua cerveja. Acho que é uma questão de apatia dos consumidores de cerveja light. Eles não pensam sobre a cerveja que tomam. É apenas uma maneira gostosa e refrescante de colocar etanol para dentro do corpo."

As chances da Anheuser-Busch eram pequenas. Mesmo se ela tivesse produzido um plano brilhante para aniquilar a InBev na imprensa, fazendo uso de todos os argumentos protecionistas e apelando para os sentimentos patrióticos, muito daquilo teria caído em ouvidos moucos puramente por uma questão circunstancial que todos enfrentavam.

Curiosamente, no entanto, a Anheuser não elaborou um contra-ataque brilhante. Ela optou por uma escolha deliberada e, talvez, imprudente, de não perseguir qualquer estratégia defensiva.

A InBev presumira que sua oferta podia despertar uma reação política negativa, e se preparara, com algum temor, para a possibilidade de a Anheuser deflagrar uma guerra verbal assim que a oferta se tornasse oficial. A Anheuser não tinha uma base forte para tal, nem do ponto de vista operacional nem financeiro, mas ela era propriedade de norte-americanos há 150 anos e tinha legiões de consumidores de Budweiser dedicados, trabalhadores sindicalizados e distribuidores à sua disposição caso optasse por tentar insuflar os sentimentos patrióticos.

Quando, em 11 de junho, a InBev tornou oficial a sua oferta, a Anheuser se apressou para emitir um comunicado à imprensa informando que sua diretoria iria analisar a oferta e chegar a uma decisão "no tempo devido". A batalha da fusão parecia ter sido iniciada com um estrondo. Assim, após uma pausa rápida para avaliação por parte de Brito, a InBev revidou imediatamente com os primeiros tiros da campanha de relações-públicas que ela preparara com esmero. Por que dar à Anheuser-Busch uma oportunidade de parar para respirar se tudo estava preparado e pronto?

A InBev colocou no ar um site para explicar a proposta e começou a realizar encontros com analistas de Wall Street para apresentar sua posição. Brito escreveu um artigo para a página de opinião do *St. Louis Post-Dispatch* no qual reiterava as promessas que a InBev incluíra em sua oferta: todas as 12 fábricas da Anheuser nos Estados Unidos continuariam abertas, por exemplo, e a sede norte-americana permaneceria em St. Louis. A empresa até começou a postar na internet "entrevistas" com Brito, em que era possível assisti-lo respondendo a perguntas sobre a oferta e o que aquilo significaria para os trabalhadores, consumidores de cerveja e investidores da Anheuser. Não importava se a pessoa que conduzia a entrevista com Brito era Steve Lipin, o guru de relações-públicas do Brunswick Group contratado pela InBev, escolhido no último minuto para substituir um ex-jornalista da BBC cujo sotaque britânico – quando acompanhado do sotaque estrangeiro do próprio Brito – enviava a mensagem errada. Como aquilo pareceria para os habitantes de St. Louis, especulou a equipe da InBev? Era melhor que as perguntas fossem feitas por um norte-americano, e a InBev sabia que a maioria dos internautas que veria a entrevista on-line de Brito desconhecia totalmente quem era Lipin.

Assim como muitos daqueles que assessoraram a InBev na oferta pela Anheuser-Busch, Lipin tinha um histórico longo e lucrativo com a empresa e era incrivelmente leal a Brito. Quando descobriu que os responsáveis pela organização do *bat mitzvah* de sua filha, em Manhattan, não ofereciam as marcas de cerveja da InBev, fez um arranjo especial. Ele não podia ser visto oferecendo uma festa enorme em que o bar estava cheio de Stroh's em vez de Stella Artois.

Após disparar seu comunicado inicial à imprensa, contudo, e fazer com que a InBev pensasse que a disputa iria se acirrar, o lado da Anheuser não fez qualquer manifestação em público. Durante as duas semanas seguintes, foi difícil para Brito e seus colegas terem uma ideia do que a Anheuser pensava, até mesmo por canais informais. Eles esperaram infrutiferamente por um sinal – qualquer tipo de indicação de que seu rival norte-americano estaria disposto a conversar. Eles não esperavam uma decisão rápida por parte da diretoria da Anheuser. Com base na maneira com que sua resposta à oferta da InBev fora redigida, estava claro que a diretoria queria demonstrar que não estava com pressa. Mas essa era agora a maior oferta de aquisição paga totalmente em dinheiro da história. Em situações de fusão com um perfil tão alto, até mesmo os detalhes mais confidenciais acabam sendo revelados nos bastidores por bancos, escritórios de advocacia, integrantes dos meios de comunicação e pessoal de relações-públicas, uma vez que todos tentam se manter informados sobre os acontecimentos.

■ ■ ■

A falta de informações do lado da Anheuser-Busch começou a preocupar a InBev. A cervejaria norte-americana estava abordando a oferta com uma falta de seriedade chocante, o que era certamente possível tendo em vista a arrogância que mostrara no passado, ou alguma outra coisa absorvia sua atenção por debaixo dos panos.

Elementos dessas duas hipóteses estavam em ação. Certa ilusão sempre estivera presente nas camadas superiores da hierarquia da Anheuser-Busch, até o dia da chegada da oferta da InBev. Alguns funcionários estavam frustrados com a miopia da empresa, mas muitos tinham uma dificuldade ainda maior em acreditar que a Anheuser-Busch – o ícone norte-americano, fabricante do Rei das Cervejas e atual controladora do mercado cervejeiro dos Estados Unidos – poderia ser alvo de uma tentativa de tomada de controle. Embora a família Busch tecnicamente não mais controlasse a empresa, a simples força da personalidade do Terceiro por si só fora suficiente para neutralizar as ameaças no passado. Não havia razão para acreditar que ele estaria disposto a vender desta vez.

Não foi a primeira vez em que a Anheuser-Busch superestimara sua relevância ou seu poder. "Acho que eles demoraram a levar a oferta a sério", avaliou uma pessoa ligada à Anheuser. "Eles entraram em um estado de negação. Não tenho certeza se O Quarto compreendia bem o que estava acontecendo ou se qualquer de seus assessores queria explicar tudo para ele. Haviam acabado de assistir a apresentações diante da diretoria que diziam: 'Esses caras não têm dinheiro suficiente para nos comprar, somos grandes demais.'"

Outra decisão, esta mais deliberada, por parte da Anheuser também atrasou sua reação. Sua equipe de relações-públicas alertara a diretoria para não preparar qualquer estratégia de defesa antes que a InBev fizesse uma proposta concreta. A Kekst achava que essa atitude refletiria um preconceito e poderia tornar a diretoria vulnerável a processos jurídicos por parte dos acionistas. Algumas empresas não têm qualquer escrúpulo em rejeitar imediatamente uma oferta de aquisição indesejada, mas a Anheuser optou por uma estratégia cautelosa, talvez cautelosa demais.

"Não é possível criar, e não se deve criar, uma estratégia defensiva antes do fato", comentou alguém que era favorável à maneira de pensar da Anheuser. "Isso implica que a empresa está predeterminada, se receber uma oferta, a reagir de uma forma automática em vez de avaliá-la. Implica um preconceito." Por causa do atraso na reação, a diretoria da Anheuser não considerou uma estratégia de mídia defensiva de grande escala até 25 de junho, duas semanas inteiras após o recebimento da oferta da InBev.

A InBev e o resto do mundo esperaram todo esse tempo para a Anheuser sacar sua arma do coldre. Certamente uma empresa norte-americana lendária como a Anheuser-Busch teria uma miríade de opções à sua disposição. Mas a Anheuser nunca esboçou uma reação.

"Ficamos muito surpresos por eles não terem feito algo para tumultuar o ambiente", revelou um assessor da InBev. "Esperávamos uma reação mais antagônica, e que eles começassem a reunir forças para mostrar como aquela era uma ideia ruim. Foi nessa altura que nos demos conta de que eles eram desorganizados e lentos. Contatávamos nossos conhecidos e perguntávamos: 'Eles estão falando com alguém? O que é que eles estão dizendo?' E as pessoas respondiam: 'Na verdade, não ouvimos nada.'"

Vários integrantes da diretoria da Anheuser deixaram claro que estavam dispostos a lutar se houvesse uma chance de fazer com que a opinião pública se virasse contra a transação. Em junho, eles pediram um relatório sobre os tipos de munição à sua disposição. A diretoria estudou uma lista de táticas possíveis para salvar a empresa: uma defesa "Pac-Man", na qual a Anheuser-Busch daria meia-volta e tentaria adquirir a InBev; uma campanha de "terra arrasada", por meio da qual ela se dividiria em pequenos pedaços e atacaria a InBev na imprensa para sabotar a tentativa de tomada de controle; uma transação com outra cervejaria; e até mesmo uma transação com uma empresa de private equity. Caso optassem por alguma dessas alternativas, os diretores queriam saber, até que ponto eles poderiam denegrir a InBev em público sem dar um tiro no próprio pé? E quais seriam os argumentos usados para pressionar a InBev? Política? Patriotismo? Práticas comerciais sovinas? Se fossem cavar trincheiras, precisavam de muita lama para atirar.

A pedido da diretoria, a Kekst preparou uma campanha de relações-públicas para uso da Anheuser caso ela quisesse levar o embate contra a InBev às últimas consequências. Larry Rand e seu sócio Thomas Davies distribuíram um conjunto de propostas na reunião de diretoria de 25 de junho, e Rand descreveu rapidamente como a Anheuser-Busch poderia inserir anúncios e artigos de página de opinião em jornais norte-americanos para agitar as massas e compelir o sindicato dos Teamsters, os distribuidores de cerveja e os congressistas a entrarem na briga. Ele mostrou uma proposta de anúncio que lembrava o mesmo bordão alterado que Kit Bond apresentara a Brito em Washington: "Essa Bud não é para você." Se a diretoria estava realmente disposta a declarar uma guerra aberta, Rand disse, a Anheuser poderia causar danos significativos à InBev – e ele estava pronto para o combate.

Os diretores ficaram perplexos. A campanha de relações-públicas "linha dura" da Kekst não era, nem de longe, tão combativa ou inovadora quanto esperavam. Publicar alguns anúncios enérgicos e artigos entediantes era mesmo o melhor que podiam fazer? A Anheuser-Busch era uma instituição norte-americana, e havia a possibilidade de ser deflagrada uma das guerras de aquisição mais sangrentas na história dos negócios. Certamente deveriam existir maneiras mais agressivas de estimular a ira do público e angariar apoio para a independência da empresa.

"A campanha parece um pouco anêmica", um dos diretores disse para Rand. "E se quiséssemos lutar para valer contra a proposta de aquisição? O que podemos fazer? Não parece que vocês pensaram bem sobre isso."

"Vejo um bando de dizeres desconexos", criticou outro diretor, olhando as propostas à sua frente. "Mas o que vocês estariam dizendo mesmo? Onde estão as mensagens?"

Rand e Davies trocaram olhares desanimados enquanto os outros presentes olhavam com expectativa, basicamente concordando que a proposta parecia pouco criativa e fora de sintonia com a dura realidade da situação.

"Foi assim que pareceu para todos nós naquela sala", revelou um assessor da Anheuser. "Pensamos: 'Essa é uma das maiores tentativas de tomada de controle de uma empresa da história, e vocês apresentam isso?' Parecia que ele não dedicara muito tempo a pensar sobre o assunto. Ninguém ficou impressionado, e ele foi instruído a repensar tudo."

A Kekst, contudo, trouxera muitas outras opções. A equipe de Rand preparara uma série de propostas de anúncios e bordões que faziam ataques diretos à InBev – justamente o tipo de coisa que a diretoria procurava. Contudo, nada daquilo viu a luz do dia. Randy Baker, que capitaneava os esforços de relações-públicas da Anheuser, analisara os materiais da Kekst antes da reunião de diretoria e abordara Rand.

"Não queremos que a diretoria veja tudo isso", disse ele a Rand, instruindo-o a remover os anúncios e chavões mais agressivos da pasta de propostas. Quando todas as páginas realmente ofensivas foram removidas, a campanha de "terra arrasada" da Kekst ficou 80% menor e ainda menos poderosa.

"Ninguém queria levar algo muito agressivo à diretoria", confessou um membro da equipe da Anheuser. Baker parecia temer apresentar certas informações aos diretores e, uma vez que todas as iniciativas de comunicações passavam por sua mesa, a decisão, em última instância, era dele.

"A gerência estava controlando rigidamente todo o fluxo de informação que chegava até a diretoria", revelou uma pessoa vinculada à área de relações--públicas da empresa. "Ele estava fazendo um enorme esforço para controlar tudo de perto. Basicamente, as propostas chegavam à sua sala e ficavam paradas lá."

Se o objetivo maior da empresa era lutar, ela já deixara de aproveitar uma oportunidade gigantesca, em parte devido a uma estrutura de relações-públicas pouco coesa. Uma vez que o financiamento da InBev ainda não fora finalizado, a Anheuser poderia ter contra-atacado vigorosamente, usando aquelas primeiras semanas para prejudicar as tentativas da InBev de recrutar mais bancos. No entanto, isso não aconteceu. A Anheuser permaneceu em silêncio, dando tempo para a InBev amealhar o necessário para fazer uma oferta inteiramente em dinheiro.

Ademais, além de comprar a outra metade da cervejaria mexicana Modelo, as opções defensivas da empresa pareciam pouco palatáveis. A diretoria já estava frustrada porque August IV não tomara mais providências, financeiras e estratégicas, para defender a empresa contra uma tentativa de tomada de controle.

"Um ano antes, instruímos a empresa a preparar defesas caso houvesse alguma proposta desse tipo", lembrou o embaixador Jones. "Não tínhamos qualquer indicação de que alguém faria uma oferta de aquisição, mas era necessário estar preparado para essa contingência. E, de alguma maneira, ela surgiu, e parecia que as providências não haviam sido tomadas como esperávamos."

"Alguns diretores acharam que August IV não tinha mostrado a liderança necessária, mas ninguém sabia ao certo", acrescentou Jones. "Uma vez que estávamos no meio de uma oferta de aquisição hostil, precisávamos concentrar em nossos deveres."

Não havia como simplesmente rejeitar a oferta da InBev sem oferecer um plano alternativo. Uma defesa Pac-Man não funcionaria, tendo em vista que a Anheuser não tinha qualquer interesse em ser proprietária da InBev. Seria quase impossível para uma empresa de private equity competir com a InBev naquele ambiente financeiro hostil. E uma campanha de terra arrasada poderia ser um enorme tiro no próprio pé. E se não conseguissem afugentar a InBev e acabassem tendo que negociar um acordo com aquelas pessoas que eles estavam achincalhando nos meios de comunicação? A Anheuser corria o risco irreversível de envenenar o próprio poço.

Alguns diretores tinham sido favoráveis a atacar a InBev quando entraram naquela reunião de diretoria em 25 de junho. Posteriormente, parecia que eles não tinham qualquer opção a não ser permanecer em silêncio. Colunas do jornal e anúncios sarcásticos não funcionariam. No final daquela reunião frustrante, eles decidiram não lançar o plano da terra arrasada e mandaram a Kekst destruir os materiais mais agressivos. Em vez disso, a gerência da Anheuser resolveu enfatizar o programa Oceano Azul de cortes de custos e sinalizar em público que o valor da oferta da InBev era muito baixo. A resposta era fraca, e eles estavam cientes disso.

A campanha de relações-públicas da Anheuser se tornou ainda mais desconjuntada daquele momento em diante. Vários assessores, incluindo Joe Flom e os banqueiros da empresa, se juntaram a Randy Baker, Dave Peacock, Terri Vogt (responsável pela área de comunicação da Anheuser) e a Kekst para efetivamente servirem como um comitê de RP.

"Todo mundo acabou se engajando no esforço de relações-públicas", revelou um dos envolvidos. "Havia uma sensação de que muita gente estava analisando o assunto, e acho que todos pensavam que havíamos passado por situações semelhantes no passado, lidado com ataques desse tipo, e que sabíamos como resolver a situação." Peacock, que tinha formação em publicidade, desempenhou um papel muito importante no esforço, em parte para compensar a falta de envolvimento de August IV. "De diversas maneiras, O Quarto permaneceu muito distante de tudo aquilo", observou um assessor da empresa. "Na verdade, tudo foi feito por Peacock, Randy e por todos aqueles outros."

Mas aquela não era uma hora oportuna para a Anheuser-Busch fazer experiências com suas tentativas de comunicação. A campanha de relações-públicas da empresa perigava ficar ainda mais desconexa em um momento que enviar uma mensagem coesa era vital. Os investidores e os meios de comunicação já estavam começando a se perguntar por que a Anheuser estava demorando tanto a responder à oferta da InBev. A revista *Advertising Age* publicou um artigo com o título "A-B está perdendo a guerra de RP para a InBev", no qual atacava duramente a "postura reativa e defensiva" da Anheuser e dizia que ela "parecia ter problemas em contar seu lado da história para a imprensa".

"Não se trata de nada complicado. São coisas básicas de RP. Mas nem isso eles parecem estar fazendo", criticou um executivo de relações-públicas citado no artigo.

■ ■ ■

No entanto, havia, pelo menos, uma razão legítima para o silêncio público da Anheuser-Busch. Ela estava trabalhando freneticamente nos bastidores para identificar alternativas à oferta da InBev. Havia algumas possibilidades – um acordo com outra cervejaria, por exemplo, ou algum tipo de transação com uma empresa grande de private equity. A Anheuser já decidira divulgar os últimos detalhes de seu programa Oceano Azul para os investidores mais cedo do que planejara, para ajudar sua causa. Apenas uma opção parecia genuinamente viável: adquirir, finalmente, a participação de 49,8% na cervejaria mexicana Grupo Modelo que ainda não era propriedade da Anheuser-Busch.

Uma transação para juntar a Anheuser-Busch e a Modelo, que fabricava as marcas Modelo, Pacífico e Corona Extra, uma das cervejas mais populares do mundo, fazia sentido por muitas razões. As duas poderiam cortar custos ao trabalhar em conjunto, e um acordo aumentaria a penetração geográfica de ambas as empresas. Mais importante, havia uma boa chance de que a Anheuser-Busch e a Modelo, juntas, fossem caras demais para serem engolidas pela InBev tendo em vista a situação delicada do mercado financeiro em Wall Street. Acoplar a Modelo à Anheuser-Busch aumentaria o preço na etiqueta da Anheuser em 10 a 15 bilhões de dólares.

"Essa era uma defesa bastante viável e realista, não apenas porque aumentaria o preço das ações, mas porque a empresa ficaria grande demais para que a InBev conseguisse financiar uma tentativa de aquisição", observou um assessor da Anheuser-Busch. Mesmo se a InBev fosse, de alguma maneira, capaz de fazer uma oferta pela Anheuser-Busch e pela Modelo juntas, isso tornaria quase impossível o pagamento em dinheiro. Mandar a InBev de volta à estaca zero – e forçá-la a suplicar a um bando de bancos em dificuldades que fornecessem mais financiamento ou a lançar mais ações em um mercado cambaleante – poderia até mesmo arruinar sua tentativa de tomada de controle por inteiro.

Então, em vez de ouvir fofocas sobre como progredia a avaliação de sua oferta por parte da Anheuser-Busch, as primeiras migalhas de notícias que a InBev ouviu naqueles primeiros dias envolviam o nome "Modelo". Era preocupante. Os assessores da InBev afirmavam que tinham condições de lidar com a ameaça da Modelo. Contudo, alguns achavam que não. Os mercados financeiros estavam instáveis, e fazer uma oferta pela Anheuser sozinha tinha sido arriscado. Tentar juntar dinheiro suficiente para comprar a Modelo juntamente com a Anheuser-Busch talvez fosse quase impossível. De alguma maneira, a InBev conseguira financiamento justo quando as portas do mercado financeiro se fechavam. A probabilidade de que ela conseguiria repetir o feito, com mais dinheiro envolvido, parecia pequena.

A situação ameaçava ficar muito problemática para Antonio Weiss, do Lazard, cujo relacionamento de banqueiro com a InBev ao longo dos anos fora vital para seu sucesso como um especialista em fusões em Wall Street e na Europa. Weiss, um banqueiro bem-educado e formado por Yale, com elocução perfeita e um sorriso aberto, havia morado em Paris durante os últimos oito anos. Ele passava as horas do dia no mundo das finanças, mas também tinha um pé no mundo literário por ser editor do *Paris Review*, uma revista intelectual norte-americana. Ele trabalhara como aprendiz de George Plimpton, o conhecido editor e fundador do *Review*, que o ajudara a conquistar sua futura esposa.

Weiss, um nativo de Nova York que corria ao redor do reservatório do Central Park em chuteiras quando jovem, assessorara a Interbrew na fusão de 2004 que criou a InBev. Agora, estranhamente, ele enfrentava os outros dois bancos envolvidos naquela transação: o Goldman Sachs também assessorara a Interbrew, e o Citigroup sentara do outro lado da mesa, assessorando a AmBev. A sorte de Weiss estava ligada à InBev havia quase 15 anos. Em 1994, quando ainda era um jovem vice-presidente do Lazard, com um ou dois anos no cargo, o banco foi contratado para representar a Interbrew na venda potencial da cervejaria canadense Labatt. A Interbrew fora convocada para agir como um possível white knight e comprar a Labatt, salvando-a de pretendentes menos desejáveis, e uma equipe do Lazard foi designada para trabalhar na transação. A aquisição acabou acontecendo e, quando 1995 chegou, havia ainda um bom número de detalhes pós-transação a serem concluídos. A Interbrew queria aumentar sua participação na empresa mexicana de bebidas Fomento Económico Mexicano SA de CV (FEMSA) e vender alguns ativos, e queria que o Lazard acompanhasse o processo. A equipe que assessorara a Interbrew na transação da Labatt, contudo, sofrera algumas baixas, e Weiss foi repentinamente incluído na operação. "Você dará conta de tudo", a Interbrew comunicou a Weiss, expressando confiança no jovem banqueiro apesar de sua falta de experiência comprovada. Weiss nunca se esqueceu daquilo. A partir daquele momento, ele e a empresa que veio a se tornar a InBev passaram a ter um relacionamento simbiótico – ao longo do tempo, um ajudara o outro a crescer e a aumentar as respectivas fortunas.

Weiss apreciava a InBev por ser seu cliente mais importante. A empresa agora trabalhava também com o J.P. Morgan, mas Doug Braunstein, o responsável pelas atividades de banco de investimento do J.P. Morgan, estava presente muito mais para costurar o pacote de financiamento da InBev do que para oferecer conselhos estratégicos. No entanto, Braunstein, por acaso, tinha uma conexão com o membro da diretoria da Anheuser-Busch Sandy Warner, graças ao cargo anterior de Warner na presidência do J.P. Morgan Chase e sua posição com um pé do lado de dentro parecia irritar Weiss em certos momentos. "Havia nitidamente uma tensão cada vez maior entre os dois", revelou uma pessoa vinculada à InBev. "Chegou um momento no processo em que Antonio nem queria falar com Doug e, basicamente, disse a Steve Golub [seu colega no Lazard]: 'Sabe, olha só, você lida com Braunstein. Eu não estou disposto a lidar com ele'".

Era evidente que Weiss era o banqueiro em que Brito e seus colegas brasileiros depositavam mais confiança. E, com tanto sendo disputado – não apenas o dinheiro da InBev, mas também a reputação de todos os envolvidos –, qualquer equívoco estratégico poderia ser desastroso. O maquinário de fazer transações de Wall Street tende a tomar apenas uma direção – para frente – e, à medida que as empresas e seus assessores se emaranham nesse processo, podem perder a capacidade de dar um passo para trás ou desistir de uma transação. Se a Anheuser-Busch chegasse a um acordo para comprar a Modelo, não estava claro se Weiss, com a consciência limpa, ainda poderia aconselhar a InBev a não desistir e prosseguir com a oferta. A negociação seria muito mais difícil de ser concluída, seria muito mais difícil juntar as empresas, e o endividamento necessário para financiar a transação seria um peso para a InBev durante muitos anos.

Algo precisava ser feito para manter a Anheuser-Busch sob pressão e forçá-la a concentrar-se na oferta da InBev, e não na compra da Modelo. A equipe da InBev não tinha certeza sobre o grau de seriedade que as conversas entre as duas empresas atingira. Para turvar ainda mais as águas, dúvidas começavam a aparecer sobre a possibilidade de a Modelo possuir um direito contratual, na condição de sócia da Anheuser, de bloquear a tentativa de aquisição da InBev. Os advogados da InBev não acreditavam na validade dessa pretensão, mas todas as manobras jurídicas haviam emperrado as negociações.

Contudo, havia uma questão a respeito da qual a InBev estava confiante, e foi essa que ela decidiu levantar para recapturar a atenção do mercado. Alguns dos acionistas da Anheuser certamente se revoltariam se ela tentasse comprar a Modelo em vez de aceitar a oferta de 65 dólares por ação que já estava em cima da mesa. Para incitar esse grupo de investidores, e talvez fazer com que eles pressionassem contra a compra da Modelo antes que as conversas progredissem além do ponto em que estavam, Brito fez outra delicada chamada telefônica para August IV em 15 de junho e divulgou outro comunicado à imprensa cuidadosamente redigido.

A InBev, que tinha "o maior respeito pelo Grupo Modelo e seus gestores", ele declarou, tomara conhecimento de notícias que sugeriam que a Anheuser talvez estivesse consultando a Modelo a respeito de uma transação. Com base em tais notícias, a InBev queria que a Anheuser entendesse que sua oferta se referia apenas aos ativos e transações atuais da Anheuser, e não ao seu negócio combinado com o da Modelo, no todo ou em parte. Em outras palavras, a InBev ameaçava retaliar se a Anheuser-Busch tentasse dar uma de esperta e concluísse uma negociação com a Modelo. A intenção do comunicado não foi convencer a Anheuser a desistir de suas conversas com a Modelo, o que a InBev sabia ser improvável, mas fazer com que os acionistas da Anheuser se manifestassem contra elas. Eles estavam diante de uma pilha de dinheiro que poderia ser rápida e facilmente trocada pelas ações deles. Por que arriscar uma transação com os mexicanos?

Redigir aquela carta, e quase tudo mais que envolvia a Modelo, foi um processo tortuoso. A InBev tinha "relacionamentos por todos os lados" na indústria cervejeira, nas palavras de um assessor, mas achava que a oportunidade de provocar os acionistas da Anheuser valia a pena.

O alerta funcionou no sentido de atrair novamente a atenção do mercado por alguns dias, mas não trouxe qualquer novidade para a Anheuser-Busch ou seus acionistas. Se a Anheuser fosse comprar a outra metade da

Modelo, uma opção repetidamente rejeitada no passado, ela sabia de antemão que tinha apenas uma chance de fazê-lo da maneira certa. Ganhar a confiança dos acionistas seria um desafio complicado. E isso presumia que O Quarto conseguiria convencer sua própria diretoria de que a compra da Modelo era a melhor opção.

Capítulo 10

Associados irritados

Eles não gostavam um do outro — isso era evidente. A atitude deles com relação ao pessoal da Anheuser-Busch era de desdém. Eles achavam que sua capacidade operacional era muito melhor.

— Fonte ligada à Modelo

Felizmente, a Anheuser-Busch cozinhara a ideia de comprar o restante da Modelo em banho-maria por décadas. O Quarto e seus assessores entendiam o conceito nos mínimos detalhes, uma vez que a transação fora estudada incontáveis vezes ao longo dos anos e depois descartada em cada instância. Parte da razão da paralisia da empresa era que as cinco famílias mexicanas que controlavam a Modelo nunca haviam mostrado disposição para vendê-la. A Anheuser, contudo, nunca pusera uma oferta extremamente atraente na mesa. Agora, O Quarto estava ansioso por convencer a Modelo que era hora de esquecer a história conflituosa das empresas e negociar a sério.

A diretoria da Anheuser já sabia da opção da Modelo. Durante um encontro duas semanas antes, quando haviam se reunido pela primeira vez para discutir os boatos da oferta da InBev, foi examinada a possibilidade de uma negociação com a Modelo poder barrar a investida da InBev.

Portanto, em uma tentativa de resgatar tanto a independência da empresa quanto sua reputação, August IV instruiu Tom Santel, responsável pelas operações internacionais da Anheuser, a telefonar, assim que a oferta da InBev fosse tornada pública, para Carlos Fernández González, contraparte do Quarto na cervejaria mexicana.

Fernández, 41 anos, era presidente e CEO da Modelo. Ele já esperava o telefonema e se preparara de antemão. Em 10 de junho, véspera da chegada da oferta da InBev, Fernández teve uma reunião com Robert Kindler, um dos banqueiros mais importantes do Morgan Stanley, a quem Fernández convocara aos escritórios de sua família no pitoresco Paseo de la Reforma, na Cidade do México. Kindler pegou o voo da uma da manhã da Mexicana Airlines, no aeroporto John F. Kennedy em Nova York, para chegar na hora, uma tarefa dura até mesmo para ele que estava acostumado a passar horas incontáveis viajando como banqueiro de investimento e, anteriormente, como advogado especializado em direito comercial. Para deixá-lo ainda mais exausto, não havia um motorista à sua espera quando pousou ao alvorecer. Ele precisou pegar uma carona com alguns banqueiros do UBS que, por acaso, também estavam chegando à capital poluída do México em uma viagem de negócios.

Fernández queria se preparar para uma eventualidade que a Modelo considerava inevitável: uma proposta da InBev para comprar seu sócio majoritário, a Anheuser-Busch. No momento em que a InBev formalizasse sua oferta e a batalha começasse, a Modelo queria ter certeza de continuar sendo relevante e manter algum poder de barganha em vez de ser atropelada.

"Sabíamos que aquilo estava por vir", lembrou alguém ligado à Modelo. "Quero dizer, todo mundo sabia que a InBev faria uma oferta. Isso já não era segredo há meses, não naquele momento."

Kindler e sua equipe do Morgan Stanley, que incluía banqueiros tanto em Nova York quanto no México, haviam concordado em assessorar a Modelo algumas semanas após David Mercado — um dos sócios da Cravath, Swaine & Moore, um escritório de advocacia tradicional e onde Kindler uma vez trabalhara — ligar para saber se o Morgan Stanley tinha qualquer conflito de interesses que o impediria de assumir a tarefa. Ao contratar Kindler para prestar assessoria, a Modelo procurara se cercar do que havia de melhor: ele era um dos estrategistas mais conhecidos e mais bem-conectados de Wall Street. No entanto, Kindler, que crescera no bairro nova-iorquino do Queens, não era um típico banqueiro formado em uma universidade da Ivy League. Ele detestava usar gravata e preferia falar sobre o irmão, Andy, um comediante, do que sobre negócios.

A equipe de Kindler não tivera muito tempo para se preparar, mas não precisou de muito tempo para compreender as opções estratégicas da Modelo. Os mexicanos haviam analisado os cenários de uma transação com a Anheuser-Busch muitas vezes, e tinham prioridades claras. Quando Santel telefonou para Fernández, a Modelo já estava pronta para ouvir o que ele tinha a dizer.

■ ■ ■

O relacionamento da Anheuser-Busch com a Modelo remontava a março de 1993, quando a Anheuser pagara 477 milhões de dólares por uma participação de 17,7% na empresa. Na época, a transação avaliava o valor do patrimônio líquido da Modelo em 2,65 bilhões de dólares.

Na ocasião, a Modelo já era a maior cervejaria do México, e a associação representou um esforço por parte da Anheuser, que controlava 44% do mercado de cerveja norte-americano, para encontrar mais formas de crescer, à medida que as oportunidades nos Estados Unidos ficavam mais difíceis de serem encontradas. A transação foi comemorada ao norte da fronteira como uma maneira inteligente de aumentar a exposição da Anheuser-Busch em um mercado em rápida expansão. E, embora o acordo entre as empresas tivesse algumas lacunas que trariam problemas para ambas as partes mais tarde, o investimento acabou sendo uma das melhores jogadas estratégicas da Anheuser. Ele assegurava o direito dela de aumentar sua participação na Modelo até pouco mais de 50% quando o acordo foi celebrado pela primeira vez e, embora demorasse alguns anos e necessitasse, pelo menos, de uma ameaça de arbitragem, foi exatamente isso que a Anheuser acabou fazendo.

"Aquela foi uma ótima aquisição: um investimento de 1,6 bilhão de dólares por 50% da Modelo, que acabou valendo cerca de 13 bilhões", analisou Jack Purnell, que orquestrou a transação, em sua capacidade de dirigente da área internacional da Anheuser-Busch na época. "É a razão pela qual ainda sou bem-visto na empresa." Don Antonino Fernández, o patriarca mexicano que era CEO da Modelo na época da transação, saiu dela com ar de derrota, e a percepção de que a Modelo se deixara ludibriar apenas piorou à medida que os anos passaram.

A Modelo enfrentara várias ameaças no começo da década de 1990, as quais a tornaram mais receptiva à transação. O Tratado Norte-Americano de Livre Comércio (NAFTA, na sigla em inglês) estava passando por revisões finais em Washington, e muitas empresas mexicanas estavam preocupadas com sua capacidade de competir com os produtos norte-americanos que poderiam entrar em seu mercado se os dois países cortassem os impostos de importação profundamente. A Modelo também estava expandindo e construindo novas fábricas, e sua aversão ao endividamento tornava-a ansiosa por encontrar dinheiro para financiar aqueles projetos. Ademais, o fabricante de bebidas mexicano Fomento Económico Mexicano SA, ou FEMSA, já vendera uma participação de 7,9% para a Miller. Se o maior rival da Modelo ia se associar à segunda maior cervejaria dos Estados Unidos, a melhor maneira de a Modelo superá-lo era se aliar à Nº 1, a Anheuser-Busch.

A Anheuser-Busch também tinha muitas razões para precisar da Modelo. Apesar de suas diferenças, ambas as empresas compartilhavam uma história semelhante. Elas haviam se tornado gigantescas em seus respectivos mercados ao expandir e melhorar seus negócios, não pela aquisição de outras empresas. Era preciso muita disposição e coragem para realizar aquilo com sucesso, e ambas haviam encontrado receitas vencedoras.

Mais importante, no entanto, a Anheuser fizera inúmeras tentativas de vender a Budweiser no exterior sem muito êxito. Ela precisava de uma maneira melhor de crescer fora dos Estados Unidos, e as multidões sedentas do México estavam aumentando seu consumo de cerveja a uma taxa anual de 6,5% ao ano. O arquirrival do Terceiro, a Miller, tinha uma postura muito mais agressiva para tentar tirar vantagem desse tipo de expansão global.

Quando O Terceiro finalmente tomou a decisão de comprar parte da Modelo, aquilo marcou uma mudança refrescante para os funcionários da Anheuser que estavam cansados de correr atrás de transações que nunca se concretizavam. A associação demorou vários tumultuados anos para ser concluída. As negociações andavam e paravam. Acordos eram concluídos em princípio, mas depois surgiam disputas sobre eles. August III e Jack Purnell viajavam para se reunirem com os representantes das famílias que controlavam a Modelo em cidades que iam de Guadalajara a Cabo San Lucas. E O Terceiro recorreu repetidamente à sua amada dialética para determinar se o investimento valia a pena, colocando equipes de executivos umas contra as outras para debater o assunto. Purnell e seus subordinados conduziram três estudos sobre a transação com a Modelo, cada um com a duração de um mês, em um intervalo de dois anos.

"No início, havia problemas com relação à questão do controle", Purnell lembrou, o que não era nenhuma surpresa tendo em vista as tendências históricas do Terceiro. "August era um administrador centralizador, não gostava muito de delegar. Ele queria o controle, porém, mais adiante, após uma viagem ao México, conformou-se em não exercê-lo." A disposição de August de deixar a Modelo assumir o comando era atípica, uma vez que sua relutância em ceder controle havia torpedeado a maioria das outras transações que a Anheuser-Busch considerara. Parte de sua decisão baseou-se na situação política do México naquela época. As empresas consideraram que a Modelo seria capaz de lidar mais efetivamente com o presidente mexicano Carlos Salinas e com outros políticos importantes extremamente envolvidos com o setor privado se ela permanecesse sob o controle dos mexicanos.

Esse debate sobre quem deveria exercer o comando efetivo da Modelo, depois de resolvido, fez surgir outro ponto contencioso nas negociações. Se os mexicanos continuassem no comando do próprio negócio, August III achava justo que eles recebessem menos dinheiro pela participação que estavam vendendo. A falta de acordo sobre o preço emperrou as negociações por muito tempo, mas "por fim", disse Purnell, "eles resolveram aceitar nosso preço". A disposição da Modelo em aceitar uma oferta mais baixa finalmente viabilizou a transação. A cervejaria mexicana estava ciente de que a Anheuser conseguira termos financeiros bastante vantajosos. A angústia entre as famílias que controlavam a Modelo com relação à sociedade se intensificou durante os primeiros anos da associação à medida que a Anheuser aumentava sua participação a preços que pareciam mais baratos cada vez que o desempenho da Modelo excedia as expectativas.

Usando opções que expirariam no final de 1997, a Anheuser foi comprando pedaços da Modelo até ser proprietária de pouco mais de metade da empresa, mas não sem gerar conflito. No final de 1996, três anos após a assinatura do acordo, a Anheuser anunciou que planejava pagar 550 milhões de dólares para dobrar sua participação, que passaria para 37%. No entanto, uma disputa sobre o preço de compra protelou a transação, e a Anheuser advertiu seus investidores de que, se as duas partes não conseguissem chegar a um acordo, a questão talvez tivesse de ser resolvida por meio de arbitragem. Três reuniões depois, a Anheuser finalmente concretizou a compra, mas a um custo de 605 milhões de dólares, um aumento de 10% com relação a seus planos iniciais. Em seguida, pagou 550 milhões de dólares adicionais no mês seguinte para exercer o direito de compra sobre a parcela remanescente de 13,25% à qual tinha direito, elevando sua participação total a 50,2%. Nessas três transações, o dinheiro investido pela Anheuser na Modelo totalizou 1,63 bilhão de dólares.

Do ponto de vista financeiro, o investimento provou ser lucrativo e de importância vital para a Anheuser-Busch. Sem os lucros da Modelo, a cervejaria norte-americana teria ficado sujeita a críticas ainda mais implacáveis por parte dos analistas e investidores à medida que seus negócios em seu país desaceleravam. Contudo, vários dispositivos do acordo favoreciam a Modelo e davam algum alento a suas famílias controladoras mesmo após a Anheuser-Busch se tornar a proprietária majoritária.

As cartas mais valiosas na mão da Modelo envolviam o controle. O acordo original com a Anheuser concedia à Modelo a capacidade exclusiva de tomada de decisões, não apenas com relação à maneira como suas operações seriam gerenciadas, mas também com relação ao montante de dinheiro distribuído em forma de dividendos todos os anos. Esses dividendos iam diretamente para as famílias controladoras da Modelo e para os outros acionistas da empresa, incluindo a Anheuser-Busch.

"Havia dispositivos vinculatórios teóricos no acordo, mas a realidade era que a Modelo tinha o maior deles", revelou uma fonte ligada à Modelo. "A empresa tinha controle total sobre quanto dinheiro permanecia em caixa ou era distribuído aos acionistas. E, do ponto de vista da Anheuser, tudo que lhe interessava eram os dividendos, uma vez que ela não exercia qualquer controle. Ao longo do tempo, isso gerou muita disputa. A Anheuser não tinha como exercer um controle efetivo sobre o que a Modelo fazia."

Um problema diferente foi fonte de controvérsia para as distribuidoras de cerveja da Anheuser, no entanto. Os direitos de distribuição nos Estados

Unidos não foram incluídos no acordo de 1993 — o que significava que, embora a Anheuser-Busch tivesse feito um investimento pesado na empresa, as cervejas da Modelo eram importadas por outrem. A Anheuser tentou conquistar os direitos de importar a Corona, mas, em 1996, a Modelo prorrogou seu contrato com seus parceiros de distribuição originais por mais dez anos, em uma transação que parecia uma tentativa de manter a Anheuser distante. Quando esses acordos expiraram, a Modelo rechaçou a Anheuser mais uma vez, o que fez as distribuidoras desta continuarem a concorrer com as cervejas daquela, nos Estados Unidos, em vez de vendê-las. "Esse foi um grande ponto de discórdia com o Sr. Busch na década de 2000", observou um ex-executivo sênior da Anheuser-Busch. "Como é que não temos direitos sobre a Modelo uma vez que ela é uma marca em franco crescimento? Como é que não temos direitos para beneficiar todas as nossas distribuidoras?"

O Terceiro, apesar de sua grande capacidade de coerção, nunca encontrou uma maneira de forçar os mexicanos a se submeterem.

"Esses caras esperavam comprar a empresa nos primeiros anos de nossa sociedade e faziam tudo que estava em seu poder para nos contrariar", disse alguém ligado à Modelo. Essa foi uma das razões pelas quais as famílias proprietárias da Modelo estabeleceram um fideicomisso controlador para gerenciar seus interesses — para deixar claro que elas não tinham qualquer intenção de vender. As súplicas grosseiras e insistentes do Terceiro e de sua equipe irritavam os patriarcas mexicanos da Modelo.

"Eles não estavam dispostos a vender a alma para nós por causa da maneira como nós os tratávamos", comentou um executivo sênior da Anheuser. "Ele ficava furioso, ameaçava, tentava engambelar, fez de tudo para que os mexicanos vendessem", acrescentou. "Não é assim que se conduz uma negociação dessas."

■ ■ ■

Dinheiro e controle não eram os únicos pontos de contenção entre a Anheuser-Busch e a Modelo. Quanto mais tempo os executivos e os membros das famílias das duas empresas passavam juntos, menos pareciam capazes de aguentar a interação pessoal. Alguns executivos em St. Louis achavam que não se podia confiar na Modelo, que seus representantes não seguiam as mesmas regras do jogo nos negócios que a Anheuser. Enquanto isso, as personagens mais importantes da Modelo consideravam os membros da família Busch, sobretudo August III, arrogantes e grosseiros.

"Eles desprezavam August III", observou Harry Schuhmacher. "Ele era muito presunçoso."

Um incidente específico durante a batalha em torno da oferta de aquisição feita pela InBev se tornou lenda em ambas as empresas. No começo da década de 1990, quando os dois rivais ainda negociavam o acordo original entre as partes, um grupo de executivos da Anheuser-Busch voou, junto com as esposas, para Cabo San Lucas, um destino turístico na costa oeste do México, para passar um fim de semana praticando pesca em alto-mar. Certa manhã, o grupo se encontrou nas docas com os principais executivos da Modelo e as respectivas esposas, colocaram tudo de que precisavam em uns barcos de pesca e saíram com suas tripulações contratadas em busca de marlins.

O barco de August III logo pescou um peixe bastante grande, e Valentín Díez, um vice-presidente sênior da Modelo na época, sentou na cadeira e, segurando o molinete, começou a lutar para trazer o peixe a bordo. Uma hora mais tarde, August III olhou para Valentín, que estava ensopado de suor e ainda fazendo um esforço enorme com o molinete, e sugeriu que alguém deveria substituí-lo por um tempo. Aí, o telefone celular do Terceiro tocou e ele se afastou para atender a chamada, voltando alguns momentos mais tarde anunciando que precisava voltar aos Estados Unidos para resolver um problema urgente. Ficou claro que havia algo mais alto em sua lista de prioridades do que aquela oportunidade para fortalecer, em alto-mar, seu relacionamento pessoal com seus potenciais sócios comerciais mexicanos.

Os companheiros do Terceiro concordaram em retornar ao porto, mas o capitão queria antes repassar o molinete — e o valioso marlim a ele preso — para outro barco.

"Aqui no meio do nada?", questionou O Terceiro. "De jeito nenhum. Seria muito perigoso, dois barcos em alto-mar, balançando para cima e para baixo!" Os barcos realmente estavam em um mar bastante revolto, e várias mulheres no barco de August III, incluindo sua esposa, Ginny, estavam fazendo um grande esforço para não devolverem o café da manhã desde o começo da pescaria. A esposa de Pablo Aramburuzabala, um dos principais acionistas da Modelo, estava na ponte do barco havia mais de quarenta minutos jocosamente tentando convencer o capitão a cortar as linhas e retornar à terra seca.

Ficou logo claro que um impasse entre August III e o capitão surgia no horizonte. O capitão não estava disposto a abrir mão do marlim e também não estava gostando nada de ter sua decisão questionada por um norte-americano frio e grosseiro em alto-mar. Estava na cara que o capitão não tivera a oportunidade de encontrar muitos homens do tipo de August III.

O Terceiro se virou para Purnell e, discretamente, o mandou pegar o molinete e dar um puxão forte nele. Purnell cumpriu suas instruções, e a linha, como seria de se prever, partiu, libertando o marlim para as profundezas do oceano com um anzol novo e reluzente enterrado no queixo. Sem uma presa para servir como objeto de disputa, o capitão enraivecido pegou o volante e tomou o rumo da costa.

Ao chegarem à terra firme, rapidamente se espalhou a notícia de que O Terceiro ofendera grosseiramente suas contrapartes na Modelo ao forçá-los a voltar de imediato e antes do previsto – e ao não fazer o mínimo esforço para desfazer a impressão que deixara de que ele tinha assuntos mais importantes a tratar nos Estados Unidos. De acordo com Purnell, a verdade foi distorcida. "Eles não ficaram nem um pouco zangados conosco", esclareceu. "Para dizer a verdade, a esposa de Pablo gostou do que fizemos, e Pablo também. Todos ficaram rindo do que aconteceu."

Contudo, não foi assim que a história chegou aos ouvidos dos executivos da Anheuser-Busch e da Modelo que souberam da excursão nos dias seguintes. Com o tempo, seu entendimento sobre o que ocorrera se tornou mais importante do que a versão dos executivos que tinham, de fato, estado a bordo do barco.

As relações entre as duas empresas ficaram um pouco menos tensas depois que Carlos Fernández se tornou CEO. Após passar quase seis meses na Anheuser-Busch como parte de um programa de desenvolvimento, ele retornara ao México com uma ideia razoável das motivações da cervejaria americana. Ele até chegara a construir um relacionamento forte com O Terceiro e, com o encorajamento deste, também desenvolvera um relacionamento mais caloroso com August IV.

No entanto, Fernández não se deu tão bem com vários membros da equipe gerencial do Quarto e, quando as negociações sobre a tomada de controle começaram em 2008, ficou evidente que ele e o resto da Modelo ainda guardavam uma enorme antipatia por boa parte das lideranças da Anheuser-Busch.

O contraste entre Fernández e O Quarto beirava o humorístico. Carlos, que era dois anos mais moço que August IV, era um homem de família conservador e católico que casara com a filha de um dos patriarcas da Modelo e dava grande valor ao tempo que passava com os cinco filhos do casal. "Um dos maiores contrastes era a diferença de capacidade entre o filho da Modelo e o filho da Anheuser", observou um assessor da Modelo. "Eles não podiam ser mais diferentes em termos de personalidade e temperamento. Carlos vai para casa toda noite para ficar com a esposa e o bando de filhos, e é um sujeito feliz, seguro e ponderado."

Fernández fazia questão de responder com um educado "Obrigado" a todos os e-mails que chegavam à sua caixa de entrada, qualquer que fosse sua importância. Era um hábito charmoso e elegante, e um gesto típico de alguém com sua formação cultural. No entanto, esse comportamento lhe trouxe problemas quando a Modelo se embrenhou em negociações com a Anheuser.

"Os advogados o advertiram severamente sobre aquilo", revelou um dos assessores da Modelo. "Mesmo quando recebe um e-mail com recortes de notícias de jornal, ele responde dizendo 'Obrigado'. E eles diziam: 'Não faça isso!'" Os advogados da Modelo não queriam que alguém se referisse à resposta de Carlos como sendo "prova" de que ele lera um e-mail específico se ele de fato não o fizera.

Fernández defendia os mesmos valores conservadores que sua família e as outras famílias da Modelo sempre sustentaram. Seu cargo não era fácil — ele precisava manter satisfeitos os cinco ramos de família que compartilhavam a propriedade da Modelo, enquanto também administrava a cervejaria e representava seus interesses entre o empresariado e os políticos do México. O círculo de famílias empresariais mexicanas abastadas é relativamente pequeno, e seus destinos tendem a estar inextricavelmente interligados. Sua dedicação rígida à Modelo desde a juventude também o distinguia do Quarto, cuja atitude menos séria de encarar o trabalho durou além de seus quarenta anos. E, embora Carlos e August IV fossem CEOs jovens, Carlos fora talhado para ser o futuro herdeiro da Modelo antes de completar trinta anos, quando foi agraciado com um assento na diretoria da empresa. August IV ainda não convencera alguns críticos de que merecia o cargo de CEO, mesmo após ele lhe ser concedido.

Mesmo assim, Fernández e O Quarto tinham um relacionamento relativamente bom. August IV era bastante inteligente para não ostentar certas partes de seu temperamento, especificamente seu lado festeiro e mulherengo. "Acho que August era capaz de esconder esse seu lado muito bem quando queria", disse Harry Schuhmacher. "As fofocas existem e fatos são revelados, mas ele sabia bancar o bonzinho em caso de necessidade. Ele era uma personagem trágica, no estilo de Tiger Woods, sendo capaz de manter a fachada de um executivo discreto e ainda manter outro lado diferente."

■ ■ ■

No papel, Fernández e August IV também compartilhavam algo mais. A conexão de Fernández com a Modelo veio através de sua família. No caso dele, começara com seu tio Don Antonino, que fora CEO da Modelo por muito tempo e assinara o acordo original da empresa com a Anheuser-Busch. Carlos começou a acompanhar Don Antonino em suas visitas à fábrica de cerveja da empresa na Cidade do México aos 12 anos de idade. Quando chegou ao ensino médio, já trabalhava lá em tempo parcial, carregando sacos de grãos e absorvendo o máximo de informações possível. Don Antonino, que combatera do lado nacionalista na guerra civil espanhola e não tinha filhos próprios, adquiriu respeito generalizado na indústria ao longo dos trinta anos em que ocupou o cargo e foi um mentor valioso para seu jovem sobrinho. Fernández retornou o favor ao ter um respeito dos mais profundos por Antonino. Ele mantinha um quadro com a fotografia de seu parente mais idoso na parede da elegante sala de reuniões do escritório da família — imagens de diversos membros da família estavam espelhadas por todo lado — e gostava de levar convidados até a sala e mostrar-lhes com reverência a obra de arte.

Fernández foi eleito para a diretoria da Modelo em 1996 para preencher a vaga causada pelo falecimento inesperado, no ano anterior, de Pablo Aramburuzabala, seu sogro e um dos acionistas mais importantes da empresa, aos 63 anos. Apenas um ano mais tarde, aos trinta anos de idade, ele foi nomeado o principal executivo da Modelo em substituição a seu tio Antonino.

Tanto Carlos quanto August IV enfrentavam grandes pressões por serem líderes oriundos de uma geração mais jovem, quando a anterior ainda exercia forte influência sobre suas empresas. Ao longo dos anos, Carlos se reuniu várias vezes com O Quarto e compartilhou suas experiências na lida com os proprietários mais idosos da Modelo, na esperança de que isso pudesse melhorar a dinâmica gélida entre O Quarto e seu pai. A rédea que conectava August IV à diretoria de sua empresa era muito mais curta do que a de Carlos. E August IV não tinha quaisquer companheiros com ideias semelhantes que tivessem uma presença tão forte quanto María Asunción Aramburuzabala.

María, uma mulher bonita de 45 anos que herdara a participação de seu pai na Modelo quando ele faleceu, de muitas maneiras era a sócia comercial ideal para Carlos. Era sua cunhada, neta de um dos fundadores da Modelo e a mulher mais rica do México. E, enquanto Carlos era muito competente no lado operacional do negócio, a inteligência dela se prestava mais à área das finanças. Contudo, os dois compartilhavam intenções semelhantes no que tangia ao futuro da Modelo.

Quando herdou as ações do pai na Modelo, María estava desempregada e criava dois filhos, e não tinha quase nenhuma experiência no mundo dos negócios. Ela decidiu participar ativamente da empresa familiar em vez de deixar que outros controlassem seu destino e, em uma sala minúscula, tornou lucrativas duas empresas de levedura falidas da Modelo menos de um ano após assumir seu comando. María ganhou a reputação de ser uma executiva inteligente e capaz de concorrer com os homens de sua família. Em 2000, por meio de manobras sagazes, ela derrotou um concorrente e adquiriu o controle de uma parcela de 20% da Televisa, uma empresa de mídia mexicana gigantesca.

Conhecida pelo apelido de Mariasun, ela era casada com Antonio "Tony" Garza Jr., filho de um dono de posto de gasolina do Texas que servira como embaixador dos Estado Unidos no México durante a presidência de George W. Bush. Garza tinha uma ligação estreita com Bush, antigo governador do Texas, que primeiro o nomeou 99º secretário de estado do Texas antes de designá-lo para chefiar uma das maiores embaixadas dos Estados Unidos. O casamento do "casal dourado" em 2005 foi marcado pela presença da ex-primeira-dama Laura Bush e atiçou a curiosidade dos colunistas locais de ambos os lados da fronteira durante meses.

Em 2009, o ano em que a revista *Fortune* a designou como a 26ª mulher mais poderosa do mundo aos 46 anos de idade, María integrava a diretoria de várias empresas importantes e vivia em uma mansão palaciana na Cidade do México com Garza, que decidira abandonar a política texana em favor de uma carreira como advogado e consultor. A escolha era certamente defensável, dado o tamanho da fortuna cervejeira da esposa. Ela compartilhava sua riqueza com a mãe e a irmã, mas, claramente, havia bastante dinheiro para todos. O nome de María era sempre mencionado juntamente com o de Carlos Slim, magnata mexicano cuja fortuna já foi classificada em certos momentos como sendo maior do que a de Bill Gates ou Warren Buffett.

"Nós não sabíamos bem quem era María até ela assumir o assento do pai na diretoria, e aí ela de repente cresceu", disse um ex-executivo da Anheuser-Busch que, melancolicamente, a descreveu como "uma gata". "Ela se veste bem e tem um tino para os negócios. É extraordinária."

Contudo, os dois jovens inteligentes por trás da Modelo e suas famílias não recebiam apenas louvores. Desde a década de 1990, os economistas vêm atacando as políticas que permitem a um punhado de mexicanos se tornarem bilionários por meio do controle de pedaços gigantescos e monopolísticos dos mercados de telefonia, cimento, prata e cerveja do país. A indústria cervejeira, no entanto, criou fortunas para dezenas de famílias no mundo inteiro ao longo dos dois últimos séculos. María nem era a pessoa mais rica envolvida no drama que se desenrolava entre a InBev e a Anheuser-Busch. Em 2007, logo antes do colapso do sistema financeiro global dizimar heranças pelo mundo afora, a lista compilada pela revista *Forbes* das pessoas mais ricas do mundo destacou quatro personagens com contas bancárias ainda mais polpudas que desempenharam papéis de importância variada nessa saga.

A participação de duas delas foi um tanto periférica. Jack Taylor, fundador da Enterprise Rent-A-Car, sediada em St. Louis, foi classificado, juntamente com a família, como a 37ª pessoa mais rica do mundo com 13,9 bilhões de dólares, à frente de três magnatas dos metais russos e do especialista em aquisições Carl Icahn. Taylor, que tinha 84 anos quando a lista foi publicada, fez sua fortuna alugando carros. Seu filho Andrew, que assumiu o cargo de CEO da Enterprise em 1994, era membro da diretoria da Anheuser-Busch e acionista da empresa quando a InBev lançou sua oferta de aquisição. Julio Mario Santo Domingo, o patriarca colombiano de uma família também rica que nasceu um ano após Jack Taylor, foi classificado em 132º lugar na lista daquele ano com 5,7 bilhões de dólares. O grupo Santo Domingo controla uma ampla gama de empresas, mas uma de suas participações acionárias mais importantes na época da oferta da InBev era uma fatia de 15,1% na SABMiller, rival da InBev e potencial envolvida na disputa.

Pouco abaixo na classificação da *Forbes*, com o nome localizado entre os de magnatas do ramo das telecomunicações e financistas, estava Jorge Paulo Lemann, da InBev, com uma fortuna de 4,9 bilhões de dólares. Marcel Telles, o sócio comercial de Lemann, foi classificado em 432º lugar, com 2,2 bilhões de dólares, seguido finalmente por Mariasun. Seu patrimônio de dois bilhões de dólares a colocava em 488º lugar, empatada com Carlos Sicupira, o terceiro membro do triunvirato brasileiro da InBev.

■ ■ ■

Quinze anos após o início de sua sociedade conturbada, com a InBev batendo na porta, a Anheuser-Busch e a Modelo foram forçadas a voltar à mesa de negociações para uma nova rodada de conversas. Dessa vez, os valores envolvidos faziam suas desavenças anteriores parecerem uma série de brigas de crianças.

Para a Anheuser-Busch, tudo estava em jogo. Uma transação para se fundir com a Modelo – ou, na pior das hipóteses, uma quase-transação que poderia ser usada para forçar a InBev a aumentar sua oferta — era sua única opção defensiva viável. Enquanto isso, a Modelo sentia o cheiro de sangue na água, mas sabia que sua posição negociadora era precária. As conversas com a Anheuser-Busch provavelmente gerariam um resultado binário — a Modelo poderia executar um golpe financeiro enorme ou sofrer uma diminuição monumental em seu poder e influência. Se os mexicanos jogassem suas cartas da maneira certa, poderiam finalmente se vingar ao vender a empresa a um preço alto para a desesperada Anheuser-Busch. Caso contrário, poderiam virar espectadores indefesos enquanto a participação de 50% de propriedade da Anheuser caía nas mãos da InBev, cujo estilo operacional austero poderia transformá-la em um sócio de trato ainda mais difícil.

O primeiro telefonema que Fernández recebeu da Anheuser-Busch durante a batalha pelo controle veio de August III. O Terceiro telefonou para o celular de Carlos no sábado, 24 de maio, um dia após o interesse da InBev virar notícia, mas foi para saber se o banco espanhol Santander estava emprestando dinheiro para ajudar a InBev. Carlos era membro do comitê assessor internacional do Santander, e sua família, havia muito tempo, se tornara um dos principais acionistas do banco. Com essas conexões, O Terceiro achou que talvez pudesse saber se os espanhóis estavam envolvidos.

O Terceiro estava claramente irritado por causa dos rumores de uma oferta de aquisição, e o clima piorou quando Carlos expressou surpresa por ter ouvido sobre os planos da InBev pela primeira vez através dos meios de comunicação. Carlos estava com a família naquele dia e não tinha nenhuma informação sobre o envolvimento do Santander. Ele também ouvira falar sobre o assunto pela primeira vez através dos jornais.

"Será que você não pode descobrir isso?", perguntou O Terceiro. Carlos não tinha acesso a esse tipo de informação, no entanto. Ele não tinha como ajudar.

Uma vez que a InBev tornou sua oferta oficial, a equipe de August IV imediatamente começou a negociar com a Modelo. Tom Santel telefonou para Fernández para solicitar uma reunião poucas horas após ler o fax da InBev durante a reunião do comitê de estratégia no complexo futebolístico. No dia seguinte, 12 de junho, uma quinta-feira, ele voou até a Cidade do México, deixando instruções para sua equipe de planejamento empresarial sobre como lidar com o segundo dia da sessão sem sua presença. Ele passara a noite anterior se preparando para fazer a proposta mais importante de sua carreira profissional.

Santel chegou ao escritório da família de Fernández trazendo consigo uma apresentação formal. Uma cópia dela foi entregue a Fernández enquanto ele delineava sua proposta. E a proposta era portentosa.

A Anheuser-Busch queria comprar o resto da Modelo, Santel explicou. A empresa entendia que, para obter a aprovação da Modelo, teria de pagar um preço relativo mais alto pelos ativos da Modelo do que a InBev oferecia pelos negócios da própria Anheuser. As perspectivas de crescimento da Modelo eram ainda maiores do que as da Anheuser, e ambas as empresas estavam cientes desse fato. Então, embora não tivesse um número talhado em pedra, Santel disse que a Anheuser-Busch estava disposta a considerar uma transação na qual a Modelo seria avaliada em cerca de 15 bilhões de dólares, o que era um preço bastante superior àquele pago por outras cervejarias nos últimos anos.

Fernández ficou estarrecido ao ouvir os norte-americanos proporem um valor tão alto logo de saída. A sugestão de que deveriam pagar um preço alto pela Modelo, porém, pareceu muito interessante para ele, que sabia que a Anheuser-Busch não tinha saída. August IV e sua equipe tinham um prazo limitado para negociar a transação antes que a InBev ficasse mais agressiva.

O valor que a Anheuser-Busch estava disposta a atribuir à Modelo, logo estabelecido em 15,2 bilhões de dólares, não foi divulgado em Wall Street durante as negociações entre as empresas. Se tivesse sido, certamente teria causado espanto geral — e talvez até mesmo gerado uma revolta tão grande entre os acionistas da Anheuser-Busch a ponto de inviabilizar as negociações antes que elas fossem mais longe.

"Eles vieram com um preço bastante alto para pagar pela Modelo", um assessor da Anheuser-Busch revelou candidamente. "Era um preço e tanto."

No entanto, as famílias controladoras da Modelo tinham toneladas de dinheiro. Essa não era sua principal preocupação. Foi um ponto diferente da apresentação de Santel que realmente despertou o interesse de Fernández.

"Você, Carlos, seria o CEO", ele comunicou a Fernández.

Fernández se inclinou para a frente para ter certeza de que estava entendendo a proposta corretamente.

Carlos, Santel explicou enquanto prosseguia, poderia ser alçado ao comando de toda a Anheuser-Busch Modelo — a combinação das duas empresas — se ele estivesse disposto a concluir a negociação, enquanto O Quarto passaria a desempenhar um papel mais cerimonial, com menos poder sobre as operações no dia a dia. Isso significaria que Fernández estaria livre para conduzir a empresa no rumo que ele e os outros membros das famílias da Modelo escolhessem.

Isso também significava que August IV estava disposto a entregar a Anheuser-Busch aos mexicanos — a um custo altíssimo — para escapar dos brasileiros. Uma decisão tão arriscada talvez deflagrasse uma guerra entre os acionistas da Anheuser-Busch com relação ao rumo certo a tomar. A oferta da InBev já estava na mesa, e seu financiamento se consolidava a cada dia. Uma transação que juntasse a Anheuser-Busch e a Modelo preservaria a "independência" da Anheuser, pelo menos superficialmente. Ela precisaria ser concluída sem qualquer contratempo para elevar o valor da Anheuser ao ponto de satisfazer as expectativas dos investidores.

A oferta de August IV de ceder controle era uma tentativa de aplacar essas preocupações. Era pouco provável que ele conseguisse convencer os acionistas céticos de que era a pessoa certa para realizar uma tarefa tão monumental. Ele não tinha muita experiência operacional, e nenhuma na execução de fusões. Se os acionistas soubessem que Fernández estava no comando, eles talvez estivessem dispostos a aceitar.

Fernández se mostrou descrente. "O que você pensa disso pessoalmente?", perguntou ele a Santel, que era membro da diretoria da Modelo havia mais de dez anos e conhecia bem o relacionamento entre as duas empresas. "E o que pensam os outros membros do comitê de estratégia?"

"Todos gostam de trabalhar com você", Santel o tranquilizou. "Eles não teriam qualquer problema com isso." E ele acreditava nisso. "Poxa, ele seria um ótimo chefe", disse um membro do comitê de estratégia mais tarde, resumindo suas ideias na época. "Ele nos faria parecer uma empresa multinacional, com August continuando a ser o chefe nominal."

Os banqueiros e advogados das duas empresas foram informados sobre a reunião poucas horas após a partida de Santel da Cidade do México, e O Quarto telefonou para Fernández logo depois para confirmar seu apoio aos termos apresentados. "Estou mais do que feliz em trabalhar com você para assegurar o futuro da empresa", O Quarto afirmou.

No entanto, alguns meses mais adiante, houve interpretações divergentes a respeito de quando exatamente August IV e sua equipe primeiro concordaram em deixar que Carlos fosse o principal executivo — e se o próprio Carlos exigira que essa fosse uma condição para o início das conversas.

"Ficou absolutamente claro que Carlos seria o CEO e dirigiria o negócio", desde a primeira reunião, um dos assessores da Modelo confirmou. "Então, para Carlos, a proposta tinha alguma atração."

"Carlos nunca teria levado a proposta à sua diretoria e a todos os outros se essa questão não estivesse sobre a mesa", outro assessor da Modelo ratificou.

As pessoas do lado da Anheuser-Busch viam a questão de uma maneira um pouco menos clara. Embora August IV e Santel possam ter sugerido que Carlos poderia ser o CEO ou o CEO conjunto durante as fases preliminares das negociações entre as empresas, eles dizem, O Quarto nunca admitiu explicitamente que sua equipe fizera tal oferta desde o começo.

"Ninguém estava disposto a admitir ter prometido o cargo a ele", revelou um dos assessores da Anheuser-Busch. "Aposto que prometeram a ele o cargo. Mas ninguém está disposto a confessar ter garantido a ele desde o primeiro dia que ele teria aquele emprego."

"Não estou ciente, e não acredito que isso tenha acontecido, que August teria feito tal oferta a ele", disse Sandy Warner. "Não houve qualquer compromisso naquele momento. Nunca houve qualquer compromisso com Carlos."

Nem Santel foi capaz de esclarecer quais promessas foram feitas a Carlos.

"Acho que houve alguma confusão a esse respeito", explicou. "Lembro que houve confusão a respeito de quem disse o quê para quem. Estávamos certamente dispostos a aceitar que ele comandasse as operações internacionais. Essa era uma das minhas incumbências, mas eu ficaria satisfeito se ele tivesse essa responsabilidade também."

Não obstante a época em que a sugestão foi feita e a firmeza do compromisso que ela representava, não havia dúvida de que a reputação de Carlos era melhor do que a do Quarto no que tange a administrar uma cervejaria. Se os dois executivos estivessem competindo um com o outro para conceber uma campanha de publicidade inovadora, O Quarto teria uma vantagem considerável, mas Carlos era visto como um dos melhores operadores na indústria cervejeira, até mesmo pelos executivos da Anheuser-Busch.

"Se você examina a Modelo, ela basicamente ganhou participação de mercado e era bem-administrada com despesas muito baixas", ponderou alguém ligado à Modelo. "E isso tudo foi realizado por Carlos." Se a Anheuser-Busch era considerada o "assassino de categoria" no mercado cervejeiro norte-americano com uma parcela de 48,5% do total em 2008, a Modelo merecia uma descrição totalmente diferente. No final daquele ano, ela controlava 63% do mercado mexicano de cervejas domésticas e importadas.

Entregar o controle a Fernández parecia ser uma decisão responsável e a melhor maneira de obter o apoio integral das famílias da Modelo. Poderia também ser uma maneira de August IV escapar do lugar rígido e asfixiante que ele ocupava desde que assumira seu cargo atual. Se ele ou a diretoria da Anheuser tivesse dúvidas sobre sua capacidade de liderança agora que ele já exercera o cargo por 18 meses, essa era a oportunidade para entregar sua coroa a Fernández como resultado da transação. O Quarto nunca precisaria admitir que não era a pessoa certa para o cargo.

"Quando surgiu a ideia de Carlos ser o CEO... e August assumir um papel cerimonial, naquela altura foi bastante inteligente, porque August provavelmente pensava 'Estou acabado, não aguento mais'", revelou um ex-executivo da Anheuser-Busch.

"Acho que ele tinha um sentimento de... afinidade e responsabilidade para com os outros gerentes e os empregados", disse um assessor da empresa. "Se ele assumisse um papel de menor destaque ou cedesse o lugar, a empresa não teria sido perdida enquanto ele estava no comando, e as pessoas que importavam para ele — os empregados e os gerentes — não estariam fritas. Esse seria um resultado muito melhor do que a InBev, mesmo se ele não ocupasse o cargo de CEO em ambos os casos."

"Teria criado uma empresa muito melhor", observou alguém ligado à Modelo. "E Augie [IV] era um CEO muito ruim, então seria mesmo melhor."

Para aliviar suas finanças, a Anheuser queria, na medida do possível, usar suas próprias ações para pagar a Modelo. As empresas que estão se vendendo muitas vezes não gostam de receber o pagamento em ações, mas na estrutura proposta pela Anheuser-Busch, as famílias da Modelo acabariam com uma fatia de 15% da empresa — quatro vezes maior do que a participação da família Busch. Isso as tornaria, de longe, o grupo de acionistas mais poderoso da Anheuser-Busch, além de controlarem uma empresa muito maior.

A ideia de serem donos da maior parcela das ações da empresa, combinada com a sugestão de que Carlos estraria no comando, ajudou a Modelo a aceitar muito rapidamente o pagamento em ações. Com Carlos na direção, o valor das ações deles dependeria de sua liderança, não da de August IV. Essa ideia era muito mais aceitável.

A proposta de Santel na Cidade do México foi apenas um contato inicial. Carlos e María sabiam que seriam necessárias semanas de negociações para concluir a transação. Contudo, o tom da visita dele fora inconfundível. A Anheuser-Busch aparentava estar desesperada — pelo menos foi isso que a equipe do Quarto indicara ao fazer uma proposta tão generosa logo de saída. Eles estavam oferecendo à Modelo a lua, não apenas por ceder o controle da empresa, mas por pagar um preço altíssimo para fazê-lo. Francamente, tudo parecia estar indo de trás para frente. Durante as negociações de fusão, as empresas tendem a se empenhar para ganhar controle ou diminuir o valor pago, não sacrificar o controle e além disso pagar mais. A oferta parecia boa demais para ser verdade.

David Mercado, advogado da Kindler and Cravath, pensava assim. A Modelo estava disposta a iniciar uma negociação formal com base no que Fernández ouvira de Santel naquele dia. Quando a empresa começou seus preparativos, os dois assessores deram a primeira de muitas advertências.

"Tudo isso é muito interessante, mas vocês precisam manter contato com a InBev", Kindler aconselhou. "Vocês são apenas um boi de piranha", ou seja, uma opção usada pelo alvo de uma tentativa de aquisição para atrair ofertas mais altas de outras partes. Se isso fosse verdade, a Modelo seria largada para trás pela Anheuser-Busch na última hora e a InBev acabaria sendo seu novo coproprietário. Tendo em vista a história entre as cervejarias norte-americanas e mexicanas, tal desfecho certamente não poderia ser descartado. "Os mexicanos estavam ressentidos, esperavam ser insultados", revelou um assessor da Modelo.

Mesmo se a Anheuser-Busch estivesse verdadeiramente a fim de concluir a transação, a simples ideia de que sua diretoria estaria mesmo disposta a ceder o cargo de CEO ainda parecia chocante para Fernández.

"Eu não conseguia imaginar a Anheuser-Busch se fundindo com a Modelo e deixando um mexicano se tornar CEO de um ícone dos Estados Unidos", confessou um assessor da Modelo. "Eu não conseguia imaginar essa situação. Passei a acreditar à medida que iam me dizendo isso repetidamente, mas nossas opiniões iniciais foram: 'Ok...'"

∎ ∎ ∎

Para se proteger no caso de a Anheuser-Busch planejar usá-la como um joguete, a Modelo sabia que precisaria também se aproximar da InBev. A cervejaria mexicana precisaria colocar seus interesses em primeiro lugar e preservar seus direitos caso a InBev assumisse controle. Talvez houvesse necessidade de táticas de negociação duras. Se Fernández e sua equipe optassem por rejeitar a Anheuser-Busch e apoiar a oferta da InBev, eles indubitavelmente aumentariam as probabilidades de sucesso da InBev. E talvez esta lhe desse mais liberdade em troca. Eles poderiam usar a ameaça de tal decisão para influenciar ambos os lados.

Marcel Telles, da InBev, havia inclusive contatado Fernández, a quem conhecia havia um tempo, alguns dias antes de a cervejaria belgo-brasileira pela primeira vez fazer a oferta para comprar a Anheuser-Busch. Fernández estava em casa com a família quando Telles telefonou para ele, mas ainda assim resolveu atender e ouvir o que Telles tinha a dizer. A InBev tinha planos grandiosos para a Anheuser-Busch, Telles informou, e ela queria estabelecer uma parceira forte com a Modelo. Algumas semanas mais tarde, os dois se encontraram nos escritórios de advocacia da Cravath, em Nova York, para discutir as estruturas e tradições familiares de suas empresas.

Mercado, da Cravath, tinha um relacionamento de longa data com a InBev. Ele era nativo do Texas, falava espanhol fluente, era especialista em negócios na América Latina e trabalhara muito de perto com os brasileiros no passado — inclusive durante a transação de 2004 para fundir a AmBev com a Interbrew. Kindler e Mercado se conheciam e haviam construído uma relação de confiança mútua, muito antes daquela transação, que aconteceu por volta da época em que Kindler, mais graduado, deixara a Cravath para assumir seu primeiro cargo em finanças, como responsável global por fusões e aquisições do J.P. Morgan. Kindler não foi o único advogado de Wall Street a optar pelo lado financeiro do ramo das fusões e aquisições por causa de maior publicidade e melhor remuneração. Conforme comprovado pela situação da Modelo, ele ainda teria muitas oportunidades para trabalhar com seus antigos companheiros.

Ele e Mercado convocaram mais um de seus colaboradores frequentes — a perita em relações-públicas Joele Frank — para assessorar a Modelo com relação às estratégias e táticas de mídia quando as coisas começaram a esquentar em meados de junho. A Modelo sabia que a situação poderia se tornar problemática se uma transação com a Anheuser-Busch estivesse prestes a ser concluída. Haveria incontáveis investidores a serem apaziguados e dezenas de jornalistas a serem influenciados — sem falar das próprias famílias que controlavam a Modelo, as quais precisariam ser reunidas para discussões e votos sobre pontos importantes. Alguns congressistas fatalmente se interessariam e começariam a fazer perguntas se os mexicanos assumissem o controle em St. Louis. E, se as conversas não fossem adiante, a Modelo necessitaria estar armada para apresentar seus argumentos à imprensa nos bastidores e manter a boa vontade dos meios de comunicação. Embora a documentação que a embasava parecesse um tanto questionável, a Modelo acreditava que seu acordo original com a Anheuser lhe conferia um direito de veto a uma aquisição da empresa. No mínimo, a Modelo achava que poderia adotar tal postura agressivamente e incomodar muito a InBev, dificultando a vida em Bruxelas até que concordassem com algum tipo de solução conciliatória.

Mercado e Kindler conheciam a agitada Frank havia décadas por terem trabalhado com ela em muitas transações. Mercado havia até mesmo desempenhado um papel subalterno – como um associado – apenas cinco anos após se formar na faculdade de direito de Yale, na primeira transação de Frank: uma oferta de 820 milhões de dólares feita em 1989 pela Vitro, uma fabricante de vidro mexicana, para comprar a Anchor Glass Container Corporation, com sede na Flórida. A Vitro passou 66 dias batalhando para absorver a Anchor Glass, cujo cliente mais importante, curiosamente, era a Anheuser-Busch.

No domingo 15 de junho, quarto dias após a oferta da InBev pela Anheuser-Busch, Mercado telefonou para Frank e a pegou no meio da cerimônia de formatura do filho na Stanford University, na Califórnia. A oradora do evento foi Oprah Winfrey, e seu discurso ganhou manchetes, em grande parte porque ela endossou Barack Obama na eleição presidencial que se aproximava, após passar a carreira mantendo distância da política. Frank acabou tendo menos tempo do que esperava para festejar seu momento de mãe orgulhosa.

"Você precisa ir para a Cidade do México agora", Mercado ordenou sem rodeios. "Eles querem que você esteja lá agora." Foi um retorno abrupto à realidade, mas Frank sabia que essa seria a melhor oportunidade para se envolver naquilo que parecia estar virando a mais emocionante tentativa de aquisição do ano. A Anheuser e a InBev já haviam contratado outras empresas de comunicação, e a Modelo era o maior jogador entre os outros envolvidos na luta.

Ela deixou sua família mais cedo do que planejara naquele domingo e voou de San Francisco a Los Angeles para pegar uma conexão para a Cidade do México. Ela não teve muito tempo para se informar, mas os jornais haviam publicado montanhas de reportagens sobre a disputa pendente pela Anheuser-Busch. Frank passou o voo até o México examinando jornais que detalhavam o passado cheio de altos e baixos do Quarto, a dinâmica deformada da família Busch e o relacionamento conturbado entre a Anheuser-Busch e a Modelo. Havia muitos aspectos a serem cobertos.

Mercado parecia tão preocupado com a perspectiva de tentar negociar com a InBev, quanto estava com as conversas entre a Modelo e a Anheuser-Busch. Com base no trabalho feito com os chefões brasileiros da InBev no passado, ele sabia que nadar nos tanques de tubarão de ambas as empresas ao mesmo tempo poderia ser perigoso. A família Busch costumava exibir seus preconceitos publicamente, e o histórico de conflito entre as duas empresas era um fato. Por outro lado, as conversas com a equipe glacial da InBev poderiam ser mais difíceis. E os interesses em jogo por parte da Modelo eram incrivelmente importantes.

"Mercado conhecia a InBev muito bem e estava muito, muito preocupado", revelou um assessor da Modelo. "Ele ficava dizendo: 'Vocês precisam entender essa gente. Estamos nos metendo em uma briga muito feia.'"

Capítulo 11

A diretoria: August, August e Augusta

Existe a impressão em Wall Street de que somos problemáticos. Bem, talvez sejamos. Mas toda empresa parece problemática numa hora dessas, não?
— Bob Lachky, ex-especialista em marketing da Anheuser-Busch

Na noite anterior à primeira reunião de diretoria da Anheuser-Busch que discutiria a oferta de aquisição em St. Louis, as equipes do Goldman Sachs e do Skadden pousaram relativamente tarde. Dado o avançado da hora, o melhor lugar que puderam encontrar com uma cozinha aberta para o jantar foi um antigo restaurante italiano em um bairro de armazéns pouco salubre perto das margens do rio Mississippi.

O lugar estava quase vazio quando o pequeno grupo de banqueiros e advogados sentou à mesa, mas o ambiente pouco requintado não incomodou Joe Flom, do Skadden, que lançou um ataque impressionante a uma bandeja imensa de frutos do mar e carne. Flom, um homem com mais de oitenta anos que "ao sair do chuveiro pingando deve pesar 48 quilos," de acordo com um colega, engoliu substancialmente mais do que seu corpo diminuto parecia poder comportar. No entanto, ele tinha uma disposição tão agressiva por uma oferta de aquisição quanto para a comida, e estava se preparando para a batalha. Precisaria de toda energia que pudesse armazenar.

O trabalho de Flom para a Anheuser-Busch precedia em muito a criação da InBev, assim como fazia seu relacionamento estreito com O Terceiro, e a oferta hostil dos brasileiros parecia ter feito seu sangue ferver. Sua capacidade para defender clientes empresariais vulneráveis tornara-se uma lenda ao longo dos anos. Ele tinha um talento especial para encontrar interessados em aquisições alternativas ou, no mínimo, arrancar mais dinheiro dos bolsos dos potenciais compradores quando pareciam haver chegado ao seu limite.

Flom fora uma figura importante em Wall Street desde o fim da década de 1970, quando ele e Martin Lipton, o advogado rival especializado em lei comercial foram considerados os melhores no ramo de aquisições. Flom era muito conhecido no ramo por causa da defesa do "dentista judeu", concebida por ele em 1975 enquanto defendia o fabricante de equipamentos dentários Sterndent contra uma oferta hostil da Magus Corporation. Flom decidiu dirigir o foco da atenção para o fato de que a Magus pertencia, em parte, a cidadãos do Kuwait e começou a declarar em alto e bom som que, se o negócio fosse fechado, os clientes da Sterndent — muitos dos quais eram dentistas judeus — fatalmente comprariam seus equipamentos em outro lugar. A tática terrorista funcionou bem o bastante para lhe dar tempo para encontrar outro interessado em adquirir seu cliente, e o episódio mostrou como uma campanha de relações-públicas bem orientada poderia ajudar a fortalecer as tradicionais medidas jurídicas de defesa contra tentativas de tomada de controle.

"Seu primeiro instinto é apresentar uma defesa forte e robusta", disse um dos assessores da Anheuser-Busch. "Se você faz isso é porque é capaz de negociar ou encontrar algo diferente. A teoria de Flom sempre foi 'Se você me dá tempo suficiente, eu encontro uma solução'."

"Ao fim do dia", acrescentou o assessor, "Joe sempre tem um instinto incrível para fazer manobras que maximizam o valor." No entanto, Flom estava envelhecendo e não se envolvia tão profundamente no trabalho cotidiano do Skadden quanto costumava fazer no passado. Foi quando entrou em cena Paul Schnell, outro advogado importante de fusões e aquisições do Skadden. Os dois lideravam a equipe que assessorava a Anheuser-Busch, sendo Schnell responsável por muitos dos pormenores.

Os diretores da Anheuser estavam acostumados a se reunir de nove a dez vezes por ano. Tradicionalmente, os Busch ofereciam um jantar para o grupo em St. Louis na noite anterior a cada reunião, o qual sempre dava aos membros da diretoria bastante tempo para se atualizarem sobre tudo que acontecera desde a última sessão.

No entanto, eles estavam prestes a começar a conhecer melhor uns aos outros, muito melhor. Em 29 de maio, seis dias após a notícia sobre o interesse da InBev aparecer nos jornais, a diretoria se reuniu para discutir os rumores. Por meses, boatos corriam soltos de que os brasileiros estavam na caça, e a diretoria sabia que a InBev era grande — e ficava cada vez maior. Estava claro que a Anheuser-Busch precisava continuar crescendo para evitar ser engolida. Entretanto, poucos membros da diretoria acreditavam que a empresa já estivesse ao alcance da InBev. "Não acho que algum integrante da diretoria sentisse que estava tão perto assim, que a InBev seria capaz de juntar dinheiro suficiente para comprar a Anheuser-Busch", avaliou o general Shelton. "Essa parte dos acontecimentos nos pegou de surpresa."

Tendo a empresa sido repentinamente forçada a enfrentar tanta incerteza, a diretoria tinha uma extensa lista de questões para tratar naquele dia. A equipe do Goldman esboçou a forma como a InBev poderia tentar financiar uma oferta no suposto valor de 65 dólares por ação, os executivos da empresa forneceram detalhes sobre o progresso com o plano de corte de custos Oceano Azul, e o Skadden fez a primeira de muitas apresentações sobre os deveres da diretoria para com os acionistas. Eles examinaram a possibilidade de uma transação com a Modelo e discutiram a conveniência de se reunir com a InBev para ouvir o que tinham a dizer diretamente do potencial comprador.

No entanto, quando a diretoria se dispersou naquele dia, a bola estava no campo de August IV. Salvo qualquer contato da InBev, os diretores planejaram deixar que ele e o resto dos gerentes da Anheuser continuassem envidando esforços para cortar custos e implantar os planos de reestruturação. E, à medida que os dias passavam sem qualquer manifestação vinda da Bélgica, os diretores da Anheuser começaram a ter esperanças de que a ameaça de tomada de controle estivesse afastada. Talvez a InBev não tivesse conseguido levantar o dinheiro necessário ou tivesse pensado melhor sobre a conveniência de entrar em conflito com sua sócia de joint venture.

Eles não ficaram livres da responsabilidade por muito tempo. Quando a InBev enviou o fax com sua oferta, tudo passou a depender deles, e o pesadelo coletivo começou. Muitas pessoas com assentos na diretoria de uma empresa saboreariam a oportunidade de fazer uma oferta por uma rival, mas poucos estariam ansiosos para serem colocados sob escrutínio na ponta recebedora. De repente, investidores e âncoras televisivos de todas as partes passaram a focar nos 14 membros da diretoria da Anheuser para avaliar como reagiriam. E suas avaliações não foram muito lisonjeadoras.

■ ■ ■

Durante a luta contra a InBev, a diretoria da Anheuser constituía uma melhoria sensível em comparação com os organismos de governança do passado. Os antigos diretores da companhia tinham incluído um secretário de defesa americano, que se demitiu em função de um escândalo por uso de informações privilegiadas, e uma porção de cupinchas e apoiadores da família Busch sediados em St. Louis. Confrontado por uma série de críticas dos acionistas, O Terceiro, sem grande entusiasmo, tomou algumas medidas no final de seu mandato para agregar ao grupo algumas pessoas que pareciam mais independentes. Entretanto, O Quarto disse que iria auxiliar esses esforços de modo a "incluir mais diretores novos que tenham pontos de vista diversos".

O Quarto, contudo, não nomeara sequer um único diretor novo desde que assumira o cargo de CEO. Todos os diretores aos quais se reportava tinham sido instalados pelo pai, com exceção de James Forese, ex-presidente da IKON Office Solutions e executivo da IBM, eleito em 2003 enquanto Stokes estava no comando. "Eles estavam tentando mudar a diretoria e eu fui o último membro a ser incluído, como um tipo da 'próxima geração'", lembrou Forese, que passou várias semanas na empresa com O Terceiro e O Quarto, quando foi nomeado, para aprender sobre o negócio.

A relação conturbada entre August III e August IV não era a única coisa que contribuía para a dinâmica complicada do grupo. Nove de seus membros serviam havia pelo menos uma década, o que gerou críticas de que eles eram demasiadamente ligados a August III. Vários serviam juntos nas diretorias de outras empresas. O Terceiro, por exemplo, era diretor da AT&T e da

Emerson Electric juntamente com três outros diretores da Anheuser, e ele e seu amigo e diretor Edward E. Whitacre Jr. se conheciam havia décadas. O Terceiro fora um dos diretores da AT&T que aprovaram um polêmico pacote de remuneração de 161,6 milhões de dólares para Whitacre em 2007, ano em que ele se aposentou.

As críticas mais acirradas tendiam a girar em torno das relações financeiras entre determinados diretores. A Anheuser-Busch pagava dezenas de milhões de dólares ao ano por aluguel de carros e outros serviços à Rent-A-Car, que era dirigida pelo diretor Andrew Taylor, embora a Anheuser argumentasse que a quantia paga não era suficientemente grande para representar um conflito de interesses. A empresa usava os serviços de algumas que empregavam seus diretores e fazia doações a outras. Pat Stokes era alvo de ataques porque o filho possuía uma lucrativa distribuidora de cerveja da Anheuser-Busch.

Quatro diretores eram considerados "de dentro": Stokes, os dois Augusts e Carlos Fernández, CEO da Modelo. Todos os outros eram considerados "independentes", apesar de haver laços comerciais e pessoais antigos entre eles. Os relacionamentos estreitos podem proporcionar determinados benefícios em uma diretoria. Porém, eles também podem levar os diretores a forjar alianças que turvam a capacidade de tomada de decisões deles no que diz respeito à política interna. "Havia muitos investimentos acionários entrecruzados na diretoria", afirmou o analista da indústria cervejeira Harry Schuhmacher. "Eles eram todos amigos e participavam das diretorias uns dos outros. Eles meio que ajudavam uns aos outros. Isso ajudou a isolar a empresa do mundo real."

Por essa razão, a Anheuser-Busch recebeu nota "F" — a pior possível — no quesito governança corporativa, na classificação da Corporate Library em abril de 2008. Ela foi criticada por potenciais conflitos de interesses entre os diretores, pela idade avançada e pelo longo tempo no cargo de determinados diretores, entre outros quesitos. A nota da Anheuser dada pela RiskMetrics, outra empresa de assessoria a acionistas, foi mais alta, e a Corporate Library aumentou ligeiramente sua nota para "D" em junho. No entanto, isso ainda não podia ser considerado motivo de orgulho.

Quando, no início da batalha com a InBev, August III foi questionado sobre os laços entre os membros da diretoria, ele disse que os diretores em questão não participavam de qualquer comitê que pudesse gerar conflitos. "O segundo ponto é que existe uma grande vantagem em conseguir se comunicar com a pessoa que dirigia a Emerson, a que dirigia a AT&T", acrescentou. "Pense na polinização cruzada e na comunicação que tivemos em termos de planejamento, finanças e outros assuntos." Ele encerrou com uma afirmação bem geral: "No que tange à integridade, as pessoas que dirigem grandes empresas neste país hoje nunca tocariam em algo que fosse um conflito de interesses, [com exceção de] em alguns casos notórios. Portanto, não acho que haja qualquer problema com relação à sobreposição ou polinização cruzada de diretorias."

A maioria dos assessores da Anheuser diz que seus diretores foram excessivamente criticados por seus conflitos aparentes. Havia muitas conexões entre os membros do grupo, eles admitem, mas isso não atrapalhou seu profissionalismo. "A diretoria como um todo, ao contrário do que todos acreditavam acontecer, na verdade fazia seu trabalho muito diligentemente", afirmou um assessor da empresa.

Apesar disso, os diretores eram atacados pela mídia por supostamente serem subservientes a August III, e isso foi uma grande fonte de frustração. Para dirimir as críticas persistentes, os membros da diretoria da Anheuser-Busch se empenharam muito para cumprir todas as exigências formais durante a batalha contra a InBev. Eles foram aconselhados a se encontrarem pessoalmente o máximo possível, e o fizeram sabendo que cada uma de suas decisões seria analisada com lente de aumento. No entanto, em vez de se reunirem na sede, onde sabiam que podiam ser identificados pelos funcionários e pela sedenta mídia local, concordaram em se isolar no hangar particular da Anheuser no aeroporto Spirit of St. Louis.

Ao longo dos anos, a Anheuser-Busch usara o hangar para tudo, desde reuniões de marketing corriqueiras a sessões de negociação dramáticas entre os proprietários das equipes de beisebol nos tempos em que ela dirigia os Cardinals. Como tudo que a Anheuser possuía, o lugar era decorado com opulência — repleto de lembranças relacionadas à aviação e ostentava assoalhos brilhantes tão limpos que era possível comer sobre eles.

A decoração do hangar não era tão confortável quanto as suítes executivas do nono andar da sede, mas realizar reuniões no aeroporto trazia benefícios em outro nível: a diretoria e os conselheiros podiam ser transportados discretamente, de e para o local, na frota brilhante de jatos executivos da Anheuser. Eles tendiam a chegar famintos, uma vez que a empresa não oferecia comida em suas aeronaves apesar do volume impressionante de cerveja disponível. Mas era difícil reclamar.

Todas as vezes que pousavam no Spirit of St. Louis, a diretoria e seus assessores caminhavam pelo hangar até uma pequena sala de espera no andar térreo, onde podiam se atirar em sofás enquanto esperavam pelos colegas. Dali, era possível ver as pistas e o acesso à sala de café adjacente e ao banheiro minúsculo era fácil, o que lhes permitia alguns momentos para relaxar enquanto esperavam o helicóptero do Terceiro surgir no horizonte. Uma escadaria levava à sala de reuniões no segundo andar do hangar, onde havia uma cozinha pequena no final de um corredor.

As reuniões de diretoria, em geral, seguiam o mesmo formato todas as vezes — novamente, para não dar qualquer motivo a críticas. A diretoria inteira se reunia primeiro, juntamente com executivos, banqueiros e advogados da Anheuser-Busch. Quando aquela sessão terminava, os executivos partiam, frequentemente levando os banqueiros com eles, e O Quarto tinha alguns minutos para fazer comentários antes de deixar a sala. O Terceiro e Pat Stokes, então, tomavam a palavra antes de saírem também, passando o comando da reunião para os diretores independentes e seus advogados. Uma secretária da companhia que ficava de sentinela do lado de fora da sala de reuniões forçava todos a saírem do segundo andar e a esperarem no andar inferior. Eles não podiam nem mesmo subir novamente para pegar comida na cozinha. "Se você estivesse lá embaixo e subisse para pegar um *bagel*, diziam: 'Não, você não tem autorização para subir'", revelou um assessor, "e isso sempre me pareceu uma besteira".

A boa governança empresarial sempre requer um determinado grau de precaução, mas a diretoria da Anheuser tinha muito mais a temer do que a maioria por causa de todas as formas diferentes pelas quais podia ser processada. Se seus integrantes fossem favoráveis à compra da Modelo, em vez de uma negociação com a InBev, por exemplo, tudo que precisariam fazer era explicar bastante bem para os acionistas que, em última análise, consideravam o plano da Modelo melhor. "O Skadden disse que, do ponto de vista legal, podíamos ir adiante e concretizar a transação", informou um assessor.

"Mas sempre existe esse ponto de interrogação com relação ao que acontecerá se você fizer uma aquisição e rechaçar uma oferta, e depois as ações despencarem. Era isso que os apavorava. Serem processados. Muito poucas empresas fazem uma aquisição enquanto enfrentam uma tentativa de tomada de controle."

A diretoria também sabia que os acionistas da Anheuser-Busch incluíam alguns investidores muito poderosos e influentes, o mais famoso dos quais era Warren Buffett, o assim chamado Oráculo de Omaha. Apenas dois meses antes, Buffett se associara à Mars, um fabricante de doces de propriedade familiar, para comprar a Wrigley, o maior fabricante de goma de mascar do mundo, por 23 bilhões de dólares. O negócio, que o Goldman Sachs ajudou a orquestrar, deu a Buffett uma participação superior a 10% na Wrigley e estimulou uma oferta posterior da Kraft para comprar a Cadbury — duas outras companhias em que Buffett tinha participações grandes.

Buffett era tão respeitado que suas palavras tendiam a influenciar a opinião em Wall Street tanto quanto as do ex-presidente do U.S. Federal Reserve Alan Greenspan no passado. E Buffett, por acaso, tinha uma conexão significativa com a InBev que provocava apreensão na Anheuser-Busch. Ele era membro da diretoria da Gillette juntamente com Jorge Paulo Lemann, e o chamava de bom amigo. Com seu dinheiro de um lado da transação e seus amigos do outro, era difícil avaliar como Buffett se sentia com relação à operação proposta. Se endossasse a oferta da InBev em público, talvez não valesse a pena que a Anheuser continuasse a se opor. No entanto, ele era o segundo maior acionista da Anheuser, com participação de quase 5%, e, em geral, não era favorável às ofertas hostis de tomada de controle, o que podia ser um bom sinal no caso da Anheuser. Mas Buffett costumava manter-se calado com relação a seus investimentos, e muitos observadores da indústria presumiam que ele manteria distância da batalha travada pela cervejaria americana.

"Todos nós queríamos saber o que Buffett pensava", confessou alguém ligado à InBev. "Os dois lados queriam o apoio de Buffett." Mas em 11 de julho, um mês após a InBev registrar sua oferta oficial, ele confirmou em uma entrevista que não estivera envolvido com a questão e "não provocaria qualquer manchete sobre o assunto".

Outro elemento aumentava a paranoia da diretoria com relação a processos judiciais e acabou tendo um impacto significativo no comportamento dos diretores, embora não devesse. Tanto August III quanto Andy Taylor, da Enterprise, tinham sido pessoalmente processados, na condição de ex-diretores da General American Life Insurance Co., de St. Louis, após a companhia ter quebrado durante o mandato deles e se ver forçada a se vender para a MetLife em 2000 por 1,2 bilhão de dólares. Eles e outros diretores, muitos dos quais figuras importantes de St. Louis, assinaram um acordo, com valor de 29,5 milhões, mais de dois anos depois. Eles não admitiram qualquer ato ilegal, e o pagamento foi coberto pelo seguro, mas o fiasco colocara August III e Taylor sob escrutínio legal, e eles estavam determinados a garantir que isso nunca mais aconteceria.

August III e Taylor focaram suas perguntas durante muitas reuniões de diretoria em cenários legais incrivelmente improváveis. O Terceiro, sobretudo, levantou tantas preocupações legais que pareceu gerar também um temor desnecessário entre os diretores. "Acho que isso foi feito para forçar alguns de seus colegas a ficarem mais preocupados do que precisariam", analisou uma pessoa que ouviu os questionamentos incessantes do Terceiro. Os advogados da diretoria chamaram a atenção para o fato de que, nos Estados Unidos, onde as ações judiciais proliferavam, ser processado era um problema quase certo para qualquer empresa que passava por uma fusão. Alguns famosos escritórios de advocacia começam a reunir documentos e a buscar queixosos no dia em que uma transação é anunciada.

August III, no entanto, também solicitava opiniões de outros. "Ele estava tirando essas ideias de terceiros", disse um assessor da Anheuser-Busch. "Levantava os resultados mais horríveis e improváveis como possibilidades." "Ele se atinha muito aos aspectos jurídicos do negócio", comentou outro. O padrão de comportamento se encaixava perfeitamente no hábito antigo do Terceiro de esvaziar potenciais transações estourando tantos balões de teste quanto podia antes de eles levantarem do solo.

"Lembro-me de ele dizer 'Não vou passar o resto da minha vida dando depoimentos'", recordou outro assessor. "Ele tinha uma grande preocupação com isso. Era uma questão sempre."

Esse temor parecia servir como um peso igualmente inconveniente ao redor do pescoço de Taylor. Nas palavras de um assessor: "Ele se envolvera em algum negócio com August que acabou levando a um litígio com os acionistas, e essa era a única preocupação dele."

■ ■ ■

O Goldman Sachs começara a trabalhar com a gerência da Anheuser-Busch em seus esforços de reestruturação logo após a reunião em Cancún e assinara um contrato oficial para prestar assessoria à empresa no caso da InBev em 27 de maio, quatro dias após os vazamentos terem surgido pela primeira vez e logo antes da primeira reunião de diretoria. Duas semanas depois, o Citigroup solidificara os termos do próprio relacionamento com a A-B. Mas a capacidade do Goldman de formalizar seu vínculo primeiro foi muito vantajosa. Embora a diretoria tivesse contratado os dois bancos para assessorá-la, ela desejava que apenas um deles falasse em seu nome durante as conversas críticas com a Modelo e com outras partes — e o Goldman foi a escolhido.

"O Citi teria gostado de estar em todas as salas e negociações? Sim", avaliou alguém ligado à Anheuser-Busch. "Mas acho que a empresa percebeu que haveria chefs demais" na cozinha. "Acho que o Citi foi contratado porque a diretoria queria ter um banco que não necessariamente pudesse ser acusado de estar apenas do lado da gerência."

Ser relegado a um papel secundário não foi fácil de engolir para Kalvaria e Schackner, do Citigroup, mas eles lidaram com o revés elegantemente. Eram, afinal, apenas uma entre duas equipes que estavam ativamente prestando assessoria em uma das maiores operações de defesa contra uma tentativa de tomada de controle na história. O Citigroup poderia ganhar até 30 milhões de dólares em honorários, mais 2 milhões adicionais pelo trimestre, por assessorar a Anheuser-Busch, e o Goldman poderia receber até 40 milhões em honorários.

A diretoria construiu uma muralha da China entre o Goldman e o Citigroup na sala de reuniões, novamente com o objetivo de ser cautelosa. Muitas vezes, banqueiros de instituições diferentes trabalham em conjunto para realizar determinadas tarefas quando são contratados para prestar assessoria em uma transação. No entanto, a diretoria da Anheuser pediu aos dois bancos que fizessem suas apresentações em separado, usando análises diferentes, para deixar claro que haviam solicitado bastante assessoria independente. A equipe do Goldman seria a primeira a apresentar sua análise à diretoria, e o Citigroup, em seguida. As duas equipes chegaram às mesmas conclusões gerais e forneceram recomendações semelhantes durante todo o processo, mas os diretores da Anheuser achavam que deveriam primar pela cautela.

A Anheuser também considerara a possibilidade de contratar alguns outros bancos como assessores adjuntos para comprometê-los e evitar que ajudassem a financiar a oferta de aquisição da InBev. Em função dos conflitos de interesses, nenhum banco que estivesse assessorando ativamente a Anheuser-Busch poderia também ajudar a InBev. Então, a diretoria optou por não tomar esse caminho, o que não melhorou as chances de defesa contra a tentativa de tomada de controle.

A diretoria se reuniu duas vezes no final de maio e começo de junho — uma vez em 29 de maio e depois novamente em 13 de junho, quando tinha a proposta da InBev em mãos e podia reavaliar a oferta. "Senhoras e senhores, esta é uma oferta muito importante", anunciou O Terceiro ao se dirigir à diretoria naquele dia, confirmando o óbvio. Os diretores da Anheuser sabiam que a InBev estava falando sério quando o valor de sua oferta confirmou os rumores de 65 dólares por ação, maior do que muitos deles esperavam que seria a investida inicial.

"Fiquei surpreso por eles terem escolhido um número tão elevado", confessou o influente diretor Sandy Warner. "Quando os 65 dólares estavam sobre a mesa, aquele era um preço muito bom."

No entanto, a situação em St. Louis realmente começou a esquentar apenas na manhã de quinta-feira, 19 de junho, quando as equipes do Goldman, do Skadden e do Citigroup chegaram a bordo do "Air Bud" vindas do aeroporto de Teterboro, Nova Jersey, e se reuniram no complexo futebolístico para se preparar para a reunião da diretoria marcada para o dia seguinte. Após um ensaio exaustivo, alguns integrantes do grupo saíram para jantar juntos enquanto outros se encaminharam para o hotel Four Seasons, no centro da cidade, para finalizar seus materiais e terem uma boa noite de sono. A sessão do dia seguinte no aeroporto seria a primeira na qual as duas equipes de banqueiros apresentariam seus pontos de vista à diretoria.

■ ■ ■

As reuniões no hangar do aeroporto permitiam que August III e, quando ele também chegava voando, August IV pousassem seus helicópteros do lado de fora e entrassem na sala de espera minutos mais tarde — exatamente como O Terceiro agiu na manhã seguinte, quando fez sua costumeira chegada cerimoniosa. Muitas vezes ele aparecia um minuto ou dois após o resto do grupo se reunir. "Era sempre uma entrada encenada", comentou um assessor.

O Terceiro e os outros membros da diretoria subiram ao segundo andar do hangar e ocuparam seus lugares em torno da gigantesca mesa em formato de U da sala de reunião improvisada, que não se comparava com a grandiosidade da mesa em formato de ferradura instalada na sede. Fosse por uma questão de idade ou decoro, O Terceiro sempre se sentava à cabeceira da ferradura, ao lado de Pat Stokes e do Quarto, enquanto o resto da diretoria se espalhava pelas laterais — sempre nos mesmos lugares. Depois que os outros executivos e assessores da Anheuser escolherem as cadeiras que ficavam enfileiradas nas paredes, a sala costumava ficar lotada.

O Terceiro não mostrou sua sisudez usual naquela manhã e começou a contar histórias engraçadas enquanto seus colegas se preparavam para a reunião — uma raridade para alguém que não gostava de papo furado. St. Louis estava inundada pela pior enchente dos últimos 15 anos, e com o rio Mississippi ameaçando elevar-se a níveis recordes, o porão da casa da fazenda dele tinha alagado. Os danos causados pelas águas na propriedade de August III não tinham o mesmo impacto que para os residentes menos abastados de St. Louis, mas a visível agitação dele ainda lhe conferia um toque mais humano naquela manhã.

A diretoria sofrera uma baixa importante apenas um dia antes, o que também motivou algumas comentários no início da reunião. Oito dias antes, quando as negociações entre a Anheuser-Busch e a Modelo começaram, as diretorias das duas cervejarias estavam muito interligadas. O Terceiro e O Quarto eram membros da diretoria de vinte integrantes da Modelo, assim como eram Tom Santel; o chefe do departamento jurídico, Gary Rutledge; Pedro Soares, que costumava agir como o braço direito do Quarto; e o ex-embaixador americano no México, Jones, que era membro da diretoria da Anheuser-Busch desde 1998. Entretanto, Carlos Fernández, presidente do conselho diretor da Modelo, também era diretor da Anheuser-Busch desde 1996.

Essa situação mudou rapidamente, no entanto. Se a Modelo quisesse adotar a melhor postura negociadora possível, Fernández precisava ter liberdade para falar com a Anheuser-Busch e a InBev e jogar uma contra a outra. Não havia meio de ele fazer isso e ainda servir na diretoria da Anheuser-Busch. Isso representaria um conflito de interesses evidente.

Um assunto importante da agenda da diretoria da Anheuser naquela sexta-feira foi um relato atualizado das negociações com a Modelo; assim, Fernández pedira demissão de seu cargo no dia anterior. Quando a Anheuser anunciou a decisão na sexta-feira através de um comunicado à imprensa, analistas e investidores especularam que Fernández percebera que havia chegado a hora de colocar as necessidades da Modelo acima das da Anheuser. Para começo de conversa, as duas companhias nunca foram grandes parceiras. Ele precisava agora mudar completamente a direção e focar em assegurar o melhor futuro — e a maior quantidade possível de dinheiro e independência — para a Modelo.

"Foi por isso que Carlos se demitiu", revelou alguém próximo à Modelo. "Ele não podia fazer parte da diretoria da Anheuser-Busch e negociar com a InBev ao mesmo tempo. Ele simplesmente não podia. E nós queríamos que a Anheuser-Busch e a InBev soubessem que estávamos conversando com cada uma delas."

Isso deixou a diretoria da Anheuser com 13 membros. E, apesar dos pontos em comum que derivavam de seus passados interligados, nem todos haviam chegado ao mesmo patamar de prontidão para enfrentar a batalha naquela manhã.

Hugh Shelton, ou "O General", como ele era frequentemente chamado, entrou para a diretoria em novembro de 2001 aos 59 anos após se aposentar como chefe do estado maior das Forças Armadas norte-americanas. "Ele conhecia muitos soldados que bebiam muita cerveja", informou um assessor, e certamente Shelton enfrentara mais pressão durante duas temporadas de serviço no Vietnã e enquanto servia os presidentes Bill Clinton e George W. Bush do que encarara na Anheuser-Busch. Ele até fora agraciado com o título de cavaleiro pela Rainha Elizabeth II. Mas temas comerciais extremamente técnicos não faziam parte da área de especialização de Shelton, e ele ficava relativamente quieto durante as sessões da diretoria. "Esse não era seu tipo de batalha", revelou outra pessoa íntima da Anheuser.

Duas mulheres serviam na diretoria da Anheuser-Busch. Uma, Joyce Roché, conhecia O Terceiro por terem trabalhado juntos na diretoria da AT&T

e era diretora da Anheuser havia dez anos. Ela passou a maior parte do tempo trabalhando como dirigente da Girls Incorporated, uma organização sem fins lucrativos, mas também foi executiva do ramo de produtos de beleza antes disso e a primeira vice-presidente afro-americana da Avon.

A outra diretora, uma advogada e ex-presidente do Mexican American Legal Defense and Educational Fund, chamava-se Vilma Martinez e era integrante da diretoria havia 25 anos — mais da metade da vida de August IV — e a diretora com mais tempo no cargo, com exceção de August III. Quase um ano após os rumores sobre a tentativa de tomada de controle pela InBev surgirem, o presidente Obama nomeou Martinez para o cargo de embaixadora dos Estados Unidos na Argentina.

Roché e Martinez se comportavam de forma profissional e, apesar de conhecerem O Terceiro de longa data, pareciam apoiar bastante a nova equipe gerencial da Anheuser sob o comando de August IV. Martinez estava mais disposta a desafiar os pontos de vista de August III do que a maioria dos colegas dela. "Doce, inteligente e dura como ferro", destacou alguém ligado à diretoria ao se referir a Roché. "Ela teria lutado."

Shelton e o embaixador Jones, que também era ex-presidente e CEO da American Stock Exchange, também poderiam ser classificados na mesma categoria — e havia razões para tanto. Durante muitos anos a Anheuser-Busch apoiara imensamente as Forças Armadas norte-americanas, por exemplo, o que dava orgulho a Shelton. Ele sabia que não havia meio de os brasileiros e os belgas despejarem tanto dinheiro nas Forças Armadas norte-americanas. Eles também valorizavam o legado da Anheuser como a última grande cervejaria norte-americana, a história da família proprietária e sua atuação no campo da filantropia. "Eu não queria vender para início de conversa, porque achava que tínhamos uma empresa muito boa, que não apenas era muito atenciosa com os acionistas, mas também com os empregados e as comunidades a que servíamos", disse o embaixador Jones.

Uma fissura clara dividia a diretoria, no entanto, separando o punhado de membros com mais vivência do mundo dos negócios – em geral, mais ligados a August III – do resto. Alguns fatores ajudavam a diferenciar os dois grupos; um deles era o quanto o contracheque da Anheuser contribuía para o estilo de vida de cada diretor. Os honorários pagos pela companhia, os quais, geralmente, totalizavam algo entre 88 e 114 mil dólares ao ano, importavam mais para Shelton, por exemplo, após três décadas de serviço no Exército americano, do que para os astronomicamente ricos Ed Whitacre ou Andy Taylor.

Outro fator era carregado de elitismo. O equilíbrio de poder na diretoria também contrapunha, de uma forma vaga, aqueles que eram membros do exclusivo Augusta National Golf Club, anfitrião do lendário torneio de golfe Masters todos os anos, aos que não eram.

O Augusta é famoso por seus gramados imaculados e sua lista de membros extremamente poderosos, que ostenta nomes importantes dos mundos da política e dos negócios, incluindo Warren Buffett; John "Jack" Welch, CEO aposentado da General Electric; o fundador da Microsoft Bill Gates; Philip Purcell, dirigente aposentado do Morgan Stanley; o magnata do automobilismo William C. Ford; o lendário dirigente da IBM Louis Gerstner Jr.; e o rival cervejeiro de August III, Peter Coors.

O clube de golfe da Géorgia também é mal-afamado por causa das pessoas que não inclui — as mulheres. Os grupos feministas e os meios de comunicação repetidamente atacam o Augusta por não ter mulheres e ter poucos membros afro-americanos. Tiger Woods, ele próprio um vencedor do Masters e membro honorário do Augusta, disse, durante um período de controvérsias, que o clube deveria admitir mulheres. No entanto, o clube afirmava, durante todo esse tempo, que não fazia restrições com base em raça, gênero, religião ou nacionalidade.

O representante principal do grupo do Augusta na diretoria da Anheuser era o presidente do clube, William Porter "Billy" Payne. O bem-conectado Payne, que ajudara Atlanta em sua candidatura vitoriosa para sediar os Jogos Olímpicos, exerce muita influência entre os aficionados do golfe. Ele era relativamente inativo na diretoria da Anheuser e raramente falava durante as deliberações. Quando seu jato chegou atrasado para uma reunião de diretoria importante, ele desceu as escadas despreocupadamente com um jornal enfiado embaixo do braço e acompanhado da esposa, dois passos atrás, vestida em um terno amarelo e carregando seu Kindle, enquanto o resto do grupo observava. "Não me lembro de nada sobre ele nas reuniões. Não me lembro de ouvi-lo dizer uma palavra", comentou um dos assessores da Anheuser. "Mas ele era um cara engraçado para bater papo na mesa do café quando não havia uma reunião acontecendo."

A "conexão Augusta" na diretoria da Anheuser importava mais por causa dos outros diretores que ela envolvia. Três dos membros mais influentes da diretoria pertenciam ao clube de golfe: o ex-banqueiro Sandy Warner; o ex-dirigente de telecomunicações Ed Whitacre; e Vernon Loucks, um ex-executivo de seguros de saúde. Enquanto seus companheiros de golfe jogavam nos links cobertos de grama de Bermuda do Augusta no início do verão de 2008, esses três exerciam papéis importantes no futuro da Anheuser-Busch. "Houve uma cisão entre os que eram membros do Augusta e os que não eram, quase uma cisão entre aquelas linhas", revelou um dos conselheiros da companhia. "Me mandaram 'Siga o Augusta'".

Sandy Warner serviu como líder do grupo de diretores independentes, conforme a política de rodízio da diretoria. Warner se considerava, até certo ponto, um negociante de grandes fusões, e ele tinha razão. Após ser nomeado como o mais jovem CEO na história do J.P. Morgan & Co., ele ajudara a orquestrar sua venda, por 30,9 bilhões de dólares, ao Chase Manhattan Bank em 2000, criando um dos poucos bancos que emergiram intactos da crise financeira global de 2007 e 2008. Warner também fora diretor da General Electric por 16 anos e, mais recentemente, entrara para a diretoria da Motorola. Em geral, ele era considerado um intermediário honesto que fez o melhor que pôde para lidar com as questões difíceis enfrentadas pela Anheuser.

A linhagem de Ed Whitacre era igualmente ilustre. Ele progredira muito desde que deixara Ennis, sua cidade natal, Texas, um vilarejo à beira da ferrovia em que seu pai trabalhara como engenheiro. Whitacre começou na indústria de telecomunicações em um verão durante a faculdade, quando ele — o primeiro membro de sua família a cursar uma universidade — implorou por um emprego martelando postes e medindo cabos telefônicos para a Southwestern Bell em Dallas. Quase três décadas mais tarde, em 1990, ele assumiu o controle da SBC, a menor das Baby Bells, e transformou-a em um gigante por meio da aquisição de uma série de empresas que abrangia desde outras Baby Bells à Ameritech, que ele comprou em 1999 por 62 bilhões de dólares. Em 2005, a SBC comprou a AT&T e adotou seu nome.

Da mesma forma que August III, Whitacre ainda tinha um jeito bem interiorano, apesar de galgar tais alturas no mundo empresarial dos Estados Unidos. Ele odiava usar computadores e escrever e-mails, somente começara a jogar golfe após passar dos quarenta anos e declarava que sua atividade favorita era usar seu trator para escavar buracos e esmagar árvores em seu rancho no subúrbio de San Antonio. Com 1,95 metro de altura, seus amigos e colegas o chamavam de "Grande Ed".

Whitacre não era modesto — ele tinha uma opinião elevada da própria capacidade. Essa autoconfiança se tornou aparente após o final da saga da Anheuser, quando concordou em ser nomeado CEO da recém-falida montadora de automóveis General Motors para ajudá-la a resolver seu problema de endividamento junto ao governo norte-americano, apesar de reconhecer, logo após tomar posse na empresa, que não sabia nada sobre carros. Naquela altura, Whitacre já aparecera em rede nacional de televisão como estrela de uma campanha publicitária da GM que oferecia uma garantia de sessenta dias aos compradores insatisfeitos com seus produtos. Esses anúncios lembravam as 61 propagandas que Lee Iacocca filmara para a Chrysler após a empresa ser socorrida pelo governo, mas tiveram muito menos sucesso. A reação do público lembrou muito mais as críticas pouco elogiosas que August III granjeara com os próprios comerciais na Anheuser-Busch.

Whitacre era um líder na sala de diretoria da Anheuser, mas isso acontecia porque ele demandava reverência, não porque seu comportamento era evidentemente estimável. Ele não falava muito, mas quando o fazia, os diretores prestavam atenção. Seu jeito reservado de ser irritou alguns dos funcionários da Anheuser, que achavam que ele deveria ter se expressado mais, tendo em vista sua profunda experiência. "Seu silêncio nas reuniões de diretoria era notável", observou alguém que esteve presente em suas sessões. Outros membros da diretoria, como Sandy Warner, Jim Forese e O Terceiro, faziam perguntas de vez em quando ou proferiam comentários que tinham substância. "Mas Whitacre não falava nada, o que me levava a pensar que ele já decidira o que deveria ser feito. Fiquei bastante decepcionado por um cara tão conhecido e renomado como ele não ter mostrado mais abertamente o que pensava sobre tudo e não ter sido mais franco", acrescentou essa pessoa.

A InBev, por não conhecer bem a Anheuser, identificara constantemente Whitacre e Warner como dois dos diretores mais sofisticados do ponto de vista financeiro da cervejaria e moldava suas manifestações públicas para impressioná-los. Após tantos anos no comando de empresas listadas na bolsa, ambos entendiam o conceito de responsabilidade fiduciária, o qual ditava que o principal dever deles era preservar ou aumentar o valor da empresa em benefício de seus acionistas. Com esse mandato em mente, a InBev achava que Warner e Whitacre não poderiam ignorar uma oferta de 65 dólares por ação quando as ações da empresa haviam sido negociadas em tempos recentes a pouco mais de 50 dólares.

Warner e Whitacre eram geralmente considerados os membros mais influentes da diretoria — com a exceção do "diretor de dentro" August III. Para ajudar a moderar a influência do Terceiro, a diretoria optou por indicar os dois para representar o grupo inteiro em momentos cruciais. "Incubimos eles de fazer várias tarefas por nós", comentou seu colega de diretoria Jim Forese. "Dissemos: 'Ei, Sandy! Você e Ed precisam assumir a liderança nesse assunto.' É isso que normalmente acontece quando se enfrenta uma situação complicada."

Alguns outros diretores ajudaram a completar o núcleo central do grupo. Vernon Loucks Jr., ex-CEO da empresa de saúde Baxter International e fundador da empresa de gestão de entidades de saúde The Aethena Group, tinha experiência em fusões e aquisições e exercia bastante influência por seus conhecimentos e longevidade na diretoria. Loucks entrara para a diretoria da Anheuser-Busch em 1988, mesmo ano que Whitacre, seu colega do Augusta, e era um homem de negócios inteligente e racional que estava acostumado a estar "por dentro" — enquanto estudava na Yale University, ele foi escolhido para ser membro da sociedade ultrassecreta Skull and Bones. Fora membro de várias outras diretorias no passado recente, incluindo as da Quaker Oats e da Emerson Electric, sediada em St. Louis, e estivera envolvido em algumas operações de fusão por conta própria. A Baxter adquirira a American Hospital Supply Corp. em 1985 e mais tarde vendera algumas de suas divisões, e a Aethena formara uma sociedade com uma firma de investimento em 2001. Loucks, contudo, não era considerado alguém que defenderia o conflito. "Ele não era um guerreiro", disse alguém com conhecimento de causa. "Ele adotaria a posição que fizesse mais sentido."

Andy Taylor, da Enterprise, não era membro do Augusta, mas ainda assim era considerado uma pessoa bem-informada. Desde que O Terceiro se dobrara às críticas e lentamente eliminara a maioria dos acólitos de St. Louis que anteriormente dominavam sua diretoria, Taylor era a última conexão local remanescente no grupo, com exceção dos dois August e Stokes. "Ele é amigo de August III, é nativo de St. Louis e está preocupado com St. Louis, mas certamente não era contrário à venda da empresa", revelou um assessor da Anheuser se referindo a Taylor, que não se manifestava muito na maioria das reuniões da diretoria. Nas palavras de um ex-executivo de primeiro escalão: "As únicas pessoas que importavam em toda aquela droga eram Sandy Warner, Andy Taylor, talvez Vernon Loucks, e Ed Whitacre."

Outro diretor bastante influente era Jim Forese, o único membro nomeado durante o mandato de Pat Stokes. Forese fazia perguntas astutas e instigantes, e parecia disposto a considerar uma guerra contra a InBev se ela fizesse sentido. Ele também tinha uma conexão interessante com os banqueiros do Citigroup: seu filho, James A. Forese, tinha um cargo importante na direção da unidade de mercados globais do banco, sendo responsável por administrar todas as funções de vendas e negociação, e sua sala ficava próxima à de Kalvaria. Porém, a influência de James Sr. sobre a diretoria da Anheuser-Busch era restrita, porque ele era um membro relativamente novo do colegiado. "Francamente, gostaria que ele tivesse se expressado com mais veemência, porque, em geral, suas ideias pareciam corretas", disse um assessor da empresa.

■ ■ ■

Esses quatro ou cinco diretores "de fora" tinham uma importância crucial para o futuro da Anheuser. Apenas um homem, no entanto, tinha o hábito de tomar o controle do colegiado e suprimir o debate: August III, o exemplo perfeito de um diretor "de dentro" do grupo. Ele encorajava os outros membros da diretoria a expressarem suas opiniões e certas horas pedia que os que estavam muito calados se manifestassem. A capacidade que ele tinha de convencê-los a adotar seu ponto de vista era, ao mesmo tempo, impressionante e, para aqueles com opiniões divergentes, irritante.

"Ninguém queria confrontar O Terceiro abertamente", revelou alguém da Anheuser. "Esse cara estava muito acostumado a que todos em St. Louis, e certamente todos na Anheuser-Busch, se prostrassem em sua presença. A vida inteira as pessoas se mostraram submissas a ele. Por seu apelido ser O Chefe, ele nem saberia lidar com alguém a menos que este se mostrasse subserviente. Só Deus sabe o que ele pensava daqueles que não se comportavam assim."

O tamanho reduzido da participação acionária do Terceiro na Anheuser-Busch não parecia importar grande coisa. A força imponente de sua personalidade bastava para subjugar todos os outros na sala. "Essa era uma empresa controlada por uma família proprietária de apenas 4% das ações", disse um assessor da empresa. "Imagine a força de personalidade que permitia que isso acontecesse..."

Tim Ingrassia, do Goldman Sachs, nunca se encontrara com O Terceiro antes da primeira reunião de diretoria em que participou. Quando o ex-dirigente saltou de seu helicóptero e entrou na sala de diretoria, ficou claro que ele exercia um tipo estranho de magnetismo. "Olha só como esse cara trata os outros", comentou Ingrassia, aproximando-se de Peter Gross enquanto esperavam pelo início da reunião.

August III sentou-se e começou a solicitar as opiniões do grupo, olhando de uma pessoa para outra. Ele atraía a atenção de alguém e então piscava o olho ou acenava com a cabeça para aquela pessoa. E ela imediatamente se sentava mais reto ou ajustava a gravata. O Terceiro, conscientemente ou não, estava se estabelecendo e mostrando sua superioridade de uma forma discreta.

Enquanto Gross e Ingrassia assistiam ao desenrolar da cena, O Terceiro se virou repentinamente para Ingrassia e piscou o olhou para ele também. Ingrassia sentou reto em sua cadeira e adotou uma pose mais imponente sem pensar duas vezes.

"Até você caiu nessa!", o incrédulo Gross sussurrou para seu colega.

O Terceiro sabia como influenciar uma sala lotada, mas parecia achar mais eficiente falar com as pessoas individualmente quando buscava um determinado resultado. Não havia muitos lugares para se esconder naquele hangar, mas mesmo assim ele era mestre em puxar pessoas para o corredor ou para a sala de café a fim de ter uma conversa particular. Um assessor o comparou a Lyndon Johnson durante o tempo em que aquele político foi líder da maioria no Senado na década de 1950, época em que foi fotografado diversas vezes dando a outros senadores o "Tratamento Johnson" — se aproximando tão agressivamente enquanto enfatizava um argumento que eles quase caíam para trás.

"Aquilo ali simboliza aquele homem", descreveu o assessor. "Ele raramente falava em fóruns abertos, mas falava com eles em banheiros, na sala de fotocópias, fazia miniconferências no fundo do corredor. A situação toda se desenrolou no hangar do aeroporto por semanas. Nada aconteceu abertamente." O Terceiro era um construtor de coalizões nos bastidores, e seu estilo preferido de negociação era um em que ele lentamente corroía o poder de outros. Quando acordos bilaterais são concluídos a sós, nenhuma outra pessoa conhece o contexto das conversas ou a natureza do resultado. O Terceiro parecia entender o valor de deixar os outros na dúvida enquanto ele formulava estratégias e angariava votos.

"Ele é um construtor de consenso, mas faz isso nos bastidores", observou o assessor. "Muito do que ele fazia não era visível. Acho que ele deixava tudo acertado de antemão. Acredito que ele não entraria em uma sala sem antes saber o que as pessoas pensavam."

O Terceiro foi frequentemente descrito como uma figura "carismática", mas relutante. "O Terceiro é o membro mais impressionante da diretoria", descreveu alguém com conhecimento profundo da empresa. "Ele tinha carisma, inteligência e poder enormes. Fossem esses poderes usados para o bem ou para o mal, como alguns poderiam argumentar, ele era um indivíduo muito impressionante. Ele se metia em tudo. Você sabia que ele procurava influenciar todo mundo."

Outros diriam que seu sucesso se devia menos ao carisma e mais à pura intimidação. "Quando desafiado, O Terceiro nem olhava em sua direção", um assessor lembrou. "Esse sujeito era um exemplo clássico de um intimidador. Se pudesse, ele o intimidaria e o faria virar poeira. Se você resistisse, ele fingia que não ouvia e fugia do confronto. Ele não queria lidar com alguém a menos que pudesse intimidá-lo. Fiquei muito decepcionado quando entendi que assim era o grande August Busch III."

"O Terceiro foi durante muito tempo o dirigente da empresa, e ele de fato administrava aquela empresa com punho de aço. A diretoria era essencialmente composta de gente que ele conhecia bem", continuou essa pessoa. "Eram relacionamentos fortes e de longa data. Então, quando ele entrava na sala, seu poder de influência era evidente. Eu não o considerava carismático ou muito franco. Às vezes, eu achava ele muito mais rígido e orientado por uma agenda preconcebida do que os outros, e houve vezes em que achei isso lamentável, pois a dinâmica não era das mais favoráveis. Ele tinha opiniões incrivelmente fortes sobre qualquer questão levantada."

■ ■ ■

Os membros independentes da diretoria fizeram algum esforço para distanciar seu processo de tomada de decisão da influência do Terceiro durante a tentativa de tomada de controle pela InBev, com resultados variados. "Ficou claro que, embora ele tivesse muitas informações e conhecimentos importantes — e não queríamos abrir mão disso —, ele não estava no controle do processo", afirmou Jim Forese. E, com algumas raras e notáveis exceções, O Terceiro tinha um comportamento comedido durante as reuniões de diretoria. Ele tinha um hábito irritante de passar notas escritas para o pessoal de planejamento empresarial e finanças que costumava sentar atrás dele, encostados na parede.

Um assessor da Anheuser ficava menos perturbado com as notinhas passadas pelo Terceiro do que com a agenda "transparente" dele. "O que me perturbava era que ele tinha uma opinião muito, muito forte e procurava forçar a diretoria a aceitá-la, e tinha também opiniões fortes sobre sua equipe gerencial."

"O Terceiro basicamente tentava intimidar quem estivesse fazendo uma apresentação em um determinado momento para aceitar o argumento que ele defendia."

Contudo, ele nunca foi visto tentando angariar o apoio de um membro específico da diretoria: o filho. Os dois raramente pareciam trocar qualquer tipo de comunicação. No dia em que a InBev fez sua oferta, O Terceiro explicou a um repórter o segredo de como ele conseguia agir como diretor da Anheuser após o filho assumir o cargo de CEO.

"Nosso relacionamento de trabalho é uma questão de comunicação", explicou. "Trata-se de ser aberto, de falar com a diretoria e com o CEO que, nessa instância, por acaso é meu filho. Mas, que diabos, ele trabalhou lá por vinte e poucos anos antes de assumir aquela posição. Então, ele já viu todas as transações e já trabalhou em todos os cargos. Portanto, a comunicação não é difícil."

Outros discordam. "Eles não se comunicavam muito, a não ser que você considere levar bronca todo dia como uma forma de comunicação", revelou um membro do comitê de estratégia.

"Algo que nunca esquecerei", disse um assessor da empresa, "é estar sentado em uma reunião de diretoria... logo atrás do Quarto e do Terceiro, olhando para uma cabeça com cabelos escuros e outra grisalha, ambos usando botas de caubói. E pensei 'Poxa vida, que pena que eles não são mais amigos.'"

O contraste entre os dois na sala de diretoria não poderia ser mais acentuado. Eles eram quase incapazes de olhar nos olhos um do outro, e August IV tinha um jeito de quase pedir permissão a seu pai para falar. Eles não travavam confrontos públicos — a fricção entre eles era sempre sutil e indireta. Quando O Terceiro entrou no banheiro minúsculo do hangar certa vez sem saber que o filho já estava lá dentro, todos os que estavam do lado de fora viveram instantes de suspense imaginando o contato forçado.

"Nunca vi O Terceiro e O Quarto trocarem uma palavra, o que achei muito surpreendente", comentou alguém que trabalhou na defesa da empresa. "Na verdade, O Quarto não tinha nada a dizer. Ele raramente dizia uma palavra."

"Simplesmente assisti-lo nas reuniões de diretoria — o desconforto era palpável. Sentia pena do cara. Ele era cordial e afável, provavelmente um tipo com quem você gostaria de bater um papo. Parecia uma daquelas tragédias gregas. Ele foi colocado em um trono em que talvez nunca tenha querido sentar e no qual nunca se sentiu confortável, cercado de pessoas com objetivos diferentes. Havia muitas facas afiadas a seu redor."

Principalmente durante alguns meses tempestuosos, a pessoa que brandia a faca mais afiada contra O Quarto era o próprio pai. Quando August IV assumiu a direção, os dois prometeram à diretoria que se esforçariam para fazer seu relacionamento funcionar. No entanto, em abril de 2007 eles tiveram uma briga fenomenal, logo após a primeira assembleia anual dos acionistas durante o mandato do Quarto, e não ficou claro se o relacionamento deles algum dia se recuperou totalmente.

Naquela reunião, realizada no Sea World, em Orlando, Flórida, August IV estava escalado para fazer sua primeira grande apresentação aos investidores. Enquanto se preparava nos dias anteriores ao seu grande momento, O Quarto mostrou a seu pai o conjunto de slides que acompanhariam sua apresentação. O Terceiro aprovou-os. Contudo, na manhã seguinte, quando O Quarto fez a apresentação sobre o desempenho da empresa, acabou não usando vários deles.

August III ficou absolutamente furioso. Ele achou que havia sido ludibriado pelo filho e ficou preocupado com a possibilidade de os acionistas da Anheuser também terem sido. Alguns daqueles slides continham informações que os investidores deveriam ter visto, O Terceiro afirmou, irado, e ele não queria ser acusado de tê-las ocultado.

O Quarto argumentou que a apresentação era simplesmente longa demais. Ele e seus assessores haviam feito algumas mudanças na noite anterior para encurtá-la e não teria feito sentido telefonar para o pai e acordá-lo apenas para dizer que eliminara alguns slides da apresentação. O Quarto não tinha qualquer obrigação de mostrar as mudanças ao pai. August III era apenas mais um membro da diretoria — ele nem era mais o presidente da empresa — e não havia necessidade de a diretoria aprovar os slides de August IV. Esse era o tipo de ação que O Terceiro considerava parte de suas atribuições tanto por ser o ex-CEO da empresa quanto por ser o pai do atual.

"Sempre que você tem uma situação na qual um ex-presidente ou ex-CEO permanece na diretoria, existe alguma tensão", explicou o general Shelton. "Acontece que, nesse caso, é um pai e seu filho."

Em vez de discutir o assunto com o filho a portas fechadas, O Terceiro demonstrou sua raiva tão explicitamente para a diretoria da Anheuser que vários membros do grupo acabaram tentando apaziguar os ânimos. Não funcionou, e o problema piorou à medida que O Terceiro ficou ainda mais irritado por uma série de outras questões envolvendo O Quarto. A tensão ficou tão grande que vários diretores se sentiram forçados a sentar com os dois e adverti-los que não se esquecessem do mais importante — a empresa — e tomassem cuidado para que suas desavenças não afetassem o desempenho dela.

"Tomamos algumas providências para tentar fazer aquilo funcionar", disse Sandy Warner, um dos membros da diretoria que procurou servir de mediador entre pai e filho. "Poderíamos ter feito aquilo de uma maneira mais efetiva."

"Conseguimos fazer com que August III concordasse em sair do edifício, mudasse de escritório e fosse para algum outro lugar", acrescentou Warner. "Conseguimos que Pat Stokes fizesse a mesma coisa. São mudanças pequenas. Foi complicado. Mas, sabe, esse tipo de problema podia ser resolvido. Não foram esses os tipos de questão que causaram tudo aquilo."

"Quando ocorreu o racha entre O Terceiro e O Quarto, acho que a diretoria ficou decepcionada e não soube como lidar muito bem com aquilo, além do fato de que O Quarto era o CEO e tínhamos que apoiá-lo", disse o embaixador Jones. "Porém, acho que foi uma grande decepção para os membros da diretoria que respeitavam August III e depositaram muita esperança em August IV. Havia uma sensação de que era preciso constantemente tentar consertar o ocorrido, e tentar fazer tudo funcionar. As coisas nunca mais foram as mesmas daquele ponto em diante", lembrou Jones.

Carlos Fernández, filho ungido de outra dinastia familiar, encontrou-se em uma posição difícil algumas vezes quando a dinâmica entre O Terceiro e O Quarto chegou ao fundo do poço. Fernández estabelecera uma relação surpreendentemente próxima com O Terceiro ao longo dos anos, apesar da desconfiança que seus colegas mais idosos tinham daquele homem. Ele e August eram brutalmente honestos um com o outro. Carlos se sentia confortável em ser absolutamente franco com August, de uma maneira que seus subordinados obedientes e o resto da diretoria não sentia.

"Você se sente capaz de administrar a Anheuser-Busch?", discretamente O Terceiro perguntou a Carlos durante uma das viagens dele a St. Louis. Naquela época, as relações entre pai e filho não eram das melhores, e Carlos presumiu que O Terceiro fizera o comentário por pura maldade. Ele deu uma resposta evasiva e triste porque o relacionamento entre os dois deteriorara a tal ponto. Porém, esse não foi um incidente isolado. Uma ou duas vezes mais, durante o jantar com os membros da diretoria na noite anterior a uma reunião ou enquanto visitava a fazenda dele, O Terceiro aventou novamente a possibilidade de Carlos assumir o comando.

■ ■ ■

Após alguns meses, o atrito por causa da assembleia dos acionistas arrefeceu, passando da fervura a um fogo brando, mas a dinâmica volátil entre August III e August IV continuou evidente à medida que a saga da InBev se intensificava. O Quarto, que não parecia disposto a desafiar a predominância do pai, retrocedeu mais e mais para os bastidores enquanto o embate progredia. Ele raramente fazia apresentações sobre as operações da empresa ou outras questões administrativas, tornando-se cada vez mais deslocado e distante. Se houve uma época em que a Anheuser-Busch precisava funcionar como uma máquina bem azeitada, foi naquele verão. Infelizmente, havia tantas engrenagens internas soltas que isso não foi possível.

"Se ele disse quatro palavras em qualquer reunião de diretoria em que eu estive presente foi muito", contou um assessor da Anheuser. "Não me lembro de o Quarto alguma vez ter feito uma pergunta", observou outro. "Acho que ele estava amedrontado. Em minha vida, já vi o medo se manifestar em muitas situações. Havia medo em seus olhos. Medo de dizer a coisa errada. Mesmo quando era um programa dele, ele não o fazia avançar. Mesmo quando ele era a favor, era Randy [Baker] quem tomava conta de muita coisa; Dave [Peacock] tomava conta de muita coisa."

O aspecto mais estranho da dinâmica entre eles era que O Terceiro convencera a diretoria a instalar O Quarto no cargo de CEO. Isso sugeria que ele tinha algum grau de confiança no filho. Contudo, poucas de suas ações pareciam destinadas a fortalecer o ego do filho ou catalisar sua capacidade de liderar a empresa. Com Stokes na condição de presidente e Warner na liderança do grupo de diretores externos, restou ao Quarto a representação da gerência da Anheuser. Infelizmente, August III e a diretoria não pareciam ter muito respeito pela equipe de executivos de primeiro escalão da Anheuser.

Em junho, o Quarto decidiu contratar Ken Moelis, um banqueiro muito bem-relacionado e que ficava sediado em Los Angeles, como assessor adicional — graças em parte à amizade estreita dele com Ron Burkle. Burkle era um cliente importante de Moelis que pedira demissão de seu cargo como um dos principais banqueiros da UBS em 2007 para fundar a própria empresa com atuação nas duas costas do país.

Ostensivamente, Moelis estava lá para servir de assessor da empresa, sendo descrito como tal nos comunicados à imprensa. Sua verdadeira função, no entanto, parecia ser aconselhar e proteger O Quarto. "Falando bem francamente, August talvez se sentisse atacado, não só pela InBev, mas também pelos membros da própria diretoria em alguns momentos", disse um assessor. "Provavelmente pareceu uma ideia boa para ele ter alguns amigos adicionais por perto para trocar ideias." Moelis esteve presente em algumas reuniões da diretoria, mas nunca fez uma apresentação e pouco participou dos debates. "Veja bem, quando vocês acharem que podemos ser úteis reforçando algo que considerem importante, não hesitem em me contatar para me dizer", ele solicitou a seus colegas banqueiros certa vez.

"Ken ficou muito quieto e em segundo plano, e acho que recebeu uma quantia de dinheiro bastante modesta", observou alguém ligado à Anheuser. August IV era incrivelmente leal a seus amigos, e o resto da equipe da Anheuser não ficou nada surpreso quando ele contratou Moelis. Eles acharam que Burkle pedira que Moelis fosse recrutado e que August IV ficara feliz em fazer aquele favor. O relacionamento provou ser simbiótico. A empresa de Moelis recebeu publicidade por se associar à defesa contra uma tentativa de aquisição com perfil tão alto e August IV ganhou um defensor e conselheiro. Era difícil culpar O Quarto por querer ter alguém que o apoiasse.

"Não era como se O Quarto inclinasse a cadeira para trás e Ken ficasse sussurrando em seu ouvido", disse um assessor. "Mas fiquei com a impressão de que Ken talvez tivesse tido algumas conversas no meio da noite com O Quarto para confortá-lo, no sentido de que ele não estava vendo qualquer erro grave."

Pat Stokes, que exercera o cargo de presidente do conselho diretor da Anheuser por um ano e meio antes de a InBev apresentar sua oferta, fez o melhor que pôde para que o grupo funcionasse de maneira disciplinada. No entanto, a cruz que ele carregava era pesada. Stokes foi um dos geniozinhos originais que O Terceiro trouxera da Wharton e fora seu braço direito durante anos. Contudo, ele transferira parte de sua lealdade para O Quarto, tentando estreitar o abismo impossível que havia entre os dois e preservar a própria carreira e integridade.

"Eu coloco Pat na mesma categoria de Randy [Baker], a de dominar a capacidade de ser profissional sem se deixar encurralar", afirmou alguém ligado à Anheuser. "Ele era claramente um dos homens do Terceiro, mas acho que ele se portou bem."

"Pat Stokes, Deus o abençoe, encontrou uma maneira de lidar com a situação da família", acrescentou essa pessoa. "De uma maneira bem discreta, ele era uma pessoa surpreendentemente influente, porque era um dos poucos com credibilidade suficiente para não ser intimidado pelo Terceiro."

■ ■ ■

Com Stokes na direção, a diretoria se reuniu em 20 de junho para avaliar as opções da Anheuser-Busch. Alguns executivos explicaram ao grupo que haviam encontrado maneiras de economizar 1 bilhão de dólares em custos anuais durante a sessão de dois dias no complexo futebolístico — muito mais do que o esperado a princípio. Essas medidas, acrescidas de um aumento no preço da cerveja, talvez subissem o valor das ações da empresa em alguns dólares. Mesmo assim, como o Goldman e o Citigroup frisaram em suas avaliações do plano, ficara claro que, por si só, eliminar custos não iria elevar as ações da Anheuser acima do teto de 65 dólares estabelecido pela InBev.

Por outro lado, as reduções de custos, combinadas com um acordo para comprar a Modelo, tinham uma boa chance de alcançar esse objetivo se a fusão das duas empresas aumentasse a taxa de crescimento delas nos anos seguintes. Havia se passado apenas oito dias desde o início das conversas com a Modelo e apenas um dia desde que Fernández pedira demissão, mas uma negociação para comprar o resto da cervejaria mexicana já era claramente considerada a melhor opção defensiva da Anheuser.

No entanto, isso significava que a Anheuser precisava chegar a um acordo concreto com os mexicanos. Ter a Modelo como opção não era útil a não ser que a possibilidade de um acordo fosse viável, mas as conversas já enfrentavam problemas. A diretoria não tinha a mesma certeza que O Quarto tinha com relação à conveniência de deixar Carlos Fernández se tornar CEO. Levando em conta o enorme preço que O Quarto e sua equipe planejavam pagar — 15,2 bilhões de dólares —, eles não estavam entusiasmados com a ideia de também ceder a direção da empresa. Como explicariam isso aos acionistas? Ia parecer que estavam pagando à Modelo para que roubassem as chaves da Anheuser-Busch.

O Goldman e o Citigroup apresentaram projeções sobre a rentabilidade de um acerto com a Modelo a determinados preços e compararam o preço alto que a Anheuser havia proposto com outras transações no ramo da cerveja feitas a preços mais baixos. A transação traria riscos para a Anheuser-Busch se não fosse bem-executada, frisaram. Se a diretoria quisesse defender-se da InBev, continuar essas conversas era a única opção viável. Então a diretoria deu luz verde aos executivos que estavam capitaneando as conversas com a Modelo.

Quando a diretoria se reuniu novamente, cinco dias mais tarde, na quarta-feira 25 de junho, ela deixara passar duas semanas sem responder à oferta da InBev — um tempo dolorosamente longo, pelo menos pelos padrões de Wall Street, senão pelos de St. Louis. A Anheuser-Busch emitiu um segundo comunicado à imprensa no dia 16, reiterando que a diretoria anunciaria uma decisão assim que estivesse pronta. Os investidores esperavam desde então por uma resposta. Agora, finalmente receberiam uma.

Randy Baker, o CFO da Anheuser, levantou-se primeiro naquele dia para discorrer sobre a etapa mais recente do plano de corte de custos Oceano Azul, e em seguida o Goldman e o Citigroup apresentaram suas conclusões sobre a oferta da InBev. Ambos os bancos enfatizaram os mesmos pontos. A oferta era oportunista, disseram — a InBev estava atacando a Anheuser-Busch em um momento de fraqueza. Com o plano Oceano Azul, eles talvez conseguissem elevar o preço das ações da empresa até 65 dólares. E se levassem tudo às últimas consequências, adquirindo a Modelo e talvez até mesmo se desfazendo da divisão de entretenimento da empresa, a Anheuser provavelmente valeria 67 ou 68 dólares por ação. A atual oferta da InBev era simplesmente baixa demais. Se a equipe da InBev quisesse ter certeza de adquirir a Anheuser-Busch, teria que aumentar o preço.

"A empresa sabia que valia mais de 65 dólares", informou um assessor. "Eles haviam feito os cálculos. Mas, no fundo, era uma questão de risco de execução. A incógnita era se a gerência atual tinha capacidade para executar tais planos."

A resposta para essa pergunta não estava clara. Por enquanto, os banqueiros disseram, a diretoria tinha razões suficientes para rejeitar a oferta. Não era uma recomendação feita levianamente: avaliar uma oferta de aquisição como inadequada pode ser arriscado para um banco. Na noite anterior, Kalvaria e Schackner passaram tempo discutindo sua possível declaração de inadequação em teleconferência com os advogados do Citigroup.

No dia seguinte, após todos haverem regressado às suas bases, a diretoria realizou uma conferência por telefone para confirmar a rejeição da oferta e avaliar os próximos passos: aprofundar as conversas com a Modelo e obter o apoio dos acionistas à nova iniciativa Oceano Azul da empresa. A Anheuser programara uma teleconferência muito esperada com investidores e analistas na sexta-feira, e Randy Baker e O Quarto se preparavam para aproveitar a oportunidade para desvelar seus novos planos de cortes de custos para o mundo.

Por telefone, a diretoria unanimemente decidiu que a oferta da InBev de 65 dólares por ação era simplesmente baixa demais. Qualquer que fosse a atitude de alguns diretores com relação à venda da empresa, parecia claro que seria possível conseguir um preço mais alto. Não havia indicação do que a InBev faria em seguida. Embora ela talvez desistisse da tentativa no rastro da rejeição da Anheuser, ela também poderia tentar passar por cima da diretoria e convencer diretamente os acionistas da Anheuser de que a aquisição ainda era a melhor opção. Mesmo assim, a convicção da diretoria foi forte naquele dia no final de junho.

"Foi uma rejeição relativamente fácil", revelou alguém com conhecimento profundo da Anheuser. "Para ser franco, nunca tive grandes dúvidas de que rejeitaríamos a primeira oferta", confirmou outro. "Não acho que houve grandes controvérsias. É praxe nas fusões e aquisições — a primeira oferta recebida é rejeitada. A questão é: o que fazer com a segunda?"

Em um comunicado à imprensa divulgado mais tarde naquele dia, Stokes escreveu que a oferta da InBev "não refletia a força das marcas Bud Light e Budweiser, ícones globais da Anheuser-Busch, as duas marcas de cerveja mais vendidas no mundo". Warner, na condição de líder dos diretores independentes, acrescentou que a oferta "não era competitiva se comparada a planos alternativos que a empresa desenvolvera em meses recentes", uma alusão ao plano Oceano Azul que a Anheuser lançaria no futuro próximo. Para mostrar que eles não estavam rejeitando a oferta em detrimento dos acionistas, Warner acrescentou que a diretoria "continuaria a considerar todas as oportunidades de aumento de valor para os acionistas".

Os diretores independentes, prevendo que a rejeição da oferta da InBev talvez fosse o começo, em vez do final, de uma guerra muito pública, concordaram no dia anterior em contratar um escritório de advocacia de St. Louis, a Simpson Thacher & Bartlett, para prestar assessoria adicional. Havia cada vez mais especulações de que o grupo contrataria sua própria assessoria jurídica, e por razões muito válidas. A situação estava ficando complicada, sobretudo no que tangia aos vínculos da empresa com a família Busch.

Adolphus Busch IV, o meio-irmão do Terceiro que brigara com ele, havia surpreendido os executivos da Anheuser, a imprensa e até mesmo membros de sua família na semana anterior ao solicitar em carta pública que a Anheuser negociasse com a InBev. Adolphus se dirigiu, em parte, diretamente à diretoria, lembrando seus membros de suas obrigações para com os acionistas.

"Quando a Anheuser-Busch se tornou uma empresa de capital aberto, a família Busch e a gerência da Anheuser-Busch entenderam que as decisões no futuro teriam de ser tomadas com os melhores interesses de todos os acionistas em mente", Adolphus escreveu ao Quarto e ao resto da diretoria da Anheuser. "A oferta da InBev oferece a oportunidade para as marcas da Anheuser-Busch competirem em nível global. Acredito que, na condição de diretores, vocês têm a responsabilidade fiduciária de começar as negociações com a InBev com o objetivo de concluir essa transação."

Andrew Busch, outro meio-irmão do Terceiro, exprimiu uma opinião exatamente oposta um dia depois, apoiando os esforços de August IV, da diretoria e da empresa para "continuar a ser uma empresa forte com sede em St. Louis".

Adolphus era proprietário de menos de 1% das ações da Anheuser. Mesmo assim, 1% da empresa valeria 460 milhões de dólares se a Anheuser aceitasse a oferta da InBev. Era um montante muito significativo, até mesmo para uma família abastada com várias gerações ricas.

A situação começava a ir além do que esperavam alguns diretores da Anheuser-Busch. Após passar anos consentindo as propostas do Terceiro sem ouvir qualquer reação dos investidores, eles estavam não apenas em um fogo cruzado entre a Anheuser e a InBev — o que por si só já seria bastante ruim —, mas também em um entre a Anheuser e a própria família fundadora. "Pense nesses caras como membros de uma diretoria. Você gostaria de ser envolvido em uma situação como essas?", perguntou um antigo executivo. "Quando eles viram essa questão familiar, pensaram: 'Eu não preciso disso.' Whitacre não precisava daquilo, Taylor definitivamente não precisava. Ele dirige a própria empresa. Eles não queriam que a diretoria fosse processada porque já tinham passado por aquilo antes."

Um ex-funcionário da Anheuser disse que a carta de Adolphus foi como agitar uma bandeira vermelha diante de um touro para O Terceiro, enquanto outros argumentaram que Adolphus estava sendo usado pela InBev e chamaram sua carta de uma tentativa de desviar o foco — o mesmo tipo de lixo imprevisível que tende a aparecer em muitas tentativas de aquisição importantes.

"Quando esse tipo de situação acontece, só Deus sabe qual acionista decidirá falar alguma coisa", analisou alguém da Anheuser. "O fato de que seu sobrenome era Busch... no fim das contas, a família Busch tinha muito poucas ações na empresa. Então, o fato de um membro da família Busch que detinha uma quantidade muito pequena de ações sair por aí dizendo coisas, aquilo recebeu a atenção que merecia — foi manchete, mas em termos de substância não envolveu um volume suficiente de ações que pudesse pesar na balança."

"Acho que O Terceiro ficou muito irritado, mas ele nunca perdeu a calma", disse um assessor.

■■■

Quando os membros independentes da diretoria começaram a pressionar para contratar seus próprios advogados, o plano inicial era contratar Ed Herlihy — um conhecido advogado nova-iorquino especializado em fusões e aquisições —, do escritório de advocacia Wachtell, Lipton, Rosen & Katz. Nesse caso as conexões da Anheuser com o Augusta também foram uma influência importante. Herlihy era um dos maiores especialistas do país em fusões de bancos e fora contratado por Jamie Dimon, do J.P. Morgan, para capitanear a compra, a preço de liquidação, do Bear Stearns por aquele banco. Ele também adorava jogar golfe e era membro daquele clube campestre exclusivo. "Examinamos a composição da diretoria e vimos a conexão com a Geórgia", revelou um advogado de ponta de um escritório rival. "Obviamente, sabíamos com quem eles estavam conversando na Wachtell."

O Skadden achava que tinha tudo sob controle e não gostava da ideia de contratar outro escritório. Ela também argumentou que a inclusão de mais um escritório poderia atrair atenção indevida e suscitar perguntas sobre a razão pela qual tais medidas seriam necessárias. Os diretores independentes, contudo, queriam um time separado de assessores protegendo seus interesses, enquanto examinavam mais de perto a compra da Modelo. Quando a ideia de contratar a Wachtell foi rejeitada por causa de potenciais conflitos de interesses, eles se voltaram para Charles "Casey" Cogut, da Simpson Thacher

& Bartlett, outro renomado advogado especializado em fusões e aquisições. Cogut e o resto de sua equipe começaram a se preparar logo que ficou claro que a diretoria rechaçaria a oferta da InBev.

"O Skadden resistiria a ideia de outro advogado por várias razões", informou alguém envolvido com a questão, mas "ainda havia a noção entre os diretores independentes de que isso era desejável, e aquilo se tornou uma boa linha de demarcação".

A decisão da diretoria de contratar a Simpson Thacher animou as tropas lá na InBev, que acharam que a medida validava a estratégia deles de focar em certos membros da diretoria da Anheuser. A InBev considerou a decisão como um sinal de que Warner, Whitacre e os outros diretores norteariam a tomada de decisões por parte da Anheuser daquele ponto em diante, em vez do diretor "de dentro", August III, e de seu filho.

■ ■ ■

A InBev soube que a diretoria da Anheuser se reuniria naquela quarta-feira e, tendo em vista que eles não haviam recebido qualquer proposta para poderem iniciar as negociações, os brasileiros se prepararam para a rejeição. Isso não os faria chorar — haviam presumido que aconteceria e, rapidamente, autorizaram seus assessores a passarem para a segunda fase planejada de seu ataque. A Anheuser-Busch não tinha ideia do que estava por vir. Ou talvez, para ser mais preciso, não sabia o que viria tão cedo.

Em 26 de junho, poucas horas após a diretoria concordar por telefone em rejeitar a oferta da InBev, esta entrou com um processo judicial em Delaware que dizia respeito a uma questão crucial e de repercussões enormes: se a diretoria inteira da Anheuser poderia ser simultaneamente removida sem justa causa. Não era uma ação judicial tradicional, mas um pedido para esclarecer um ponto importante. A InBev acreditava que a diretoria inteira poderia ser removida simultaneamente por meio de um voto por escrito dos acionistas, mas queria se assegurar de que este era o entendimento dos tribunais antes de tomar qualquer medida adicional. O processo serviu como um alerta para a diretoria da Anheuser, a saber, que a InBev talvez se empenhasse em removê-los contra a própria vontade deles. A InBev queria que sentissem a ameaça que estava a caminho.

Anos antes, quando rumores de possíveis tentativas de tomada de controle começaram a envolver a empresa, a Anheuser-Busch ficara bastante preocupada com sua segurança, a ponto de instituir alguns dispositivos antiaquisição substanciais. Ela decidiu fazer com que os mandatos de seus diretores não coincidissem, o que significava que apenas uma fração da diretoria seria eleita a cada ano, e instalou um plano de direitos dos acionistas do tipo "poison pill", o qual tornaria uma aquisição hostil proibitivamente cara ao inundar o mercado de novas ações se um potencial comprador tentasse comprar uma fatia grande demais da empresa.

Os mandatos não coincidentes da diretoria da Anheuser foram mantidos até 2006, quando, em resposta a uma tendência entre as empresas norte-americanas de aumentar os direitos dos acionistas e a transparência, a diretoria seguiu o exemplo de muitas empresas e aboliu o dispositivo dos mandatos não coincidentes. Ela já deixara expirar o dispositivo "poison pill" dois anos antes. A decisão de acabar com os mandatos não coincidentes ajudou a apaziguar os grupos de defensores dos direitos dos acionistas que constantemente fustigavam a empresa, mas foi implementada de uma maneira que deixou uma lacuna que a InBev poderia explorar.

Quando uma empresa sediada em Delaware acaba com os mandatos coincidentes de sua diretoria, ela costuma acrescentar dispositivos legais que afirmam que a diretoria não pode ser removida por inteiro, a menos que tenha cometido algum tipo de infração. Nesse caso, porém, tais dispositivos não foram incluídos. Nas palavras de uma pessoa com conhecimento profundo da InBev, "Alguém comeu mosca".

A diretoria da Anheuser discorda. "Estávamos cientes do que fazíamos? A resposta é sim", disse o diretor Jim Forese. "Uma diretoria com tantos figurões sabe o que faz." Os integrantes da diretoria optaram por acabar com os mandatos não coincidentes e não se encastelar em seus cargos porque queriam melhorar a governança da empresa, ele afirmou. Eles não estavam nem um pouco arrependidos.

O general Shelton, no entanto, admitiu que, embora a diretoria soubesse o que fazia, o fato de que todos poderiam ser destituídos simultaneamente talvez não tivesse sido absorvido até que se viram confrontados por ele. "Todos sabiam que aquilo era uma possibilidade quando fizemos a mudança", revelou. "Mas, até que você seja colocado naquela situação, acho que a realidade daquilo não é compreendida na mesma medida em que é quando você diz 'Problemas graves à vista.'"

O embaixador Jones era da mesma opinião. "Talvez possa ser considerado um equívoco, suponho", ponderou. "Fizemos aquilo porque estávamos tentando tomar várias medidas para nos adequar aos conceitos mais modernos da boa governança." Acho que não previamos a hipótese da InBev na época, ou de uma oferta de aquisição hostil, uma vez nos que achávamos uma empresa muito boa e que aquilo nunca seria uma questão."

Fosse aquilo um equívoco ou uma decisão nobre, porém ingênua, para aumentar os direitos dos acionistas, a diretoria estava em uma situação extremamente vulnerável. A menos que contestasse o processo da InBev e, de alguma forma, ganhasse, uma hipótese que considerava pouco provável, a InBev poderia pedir uma votação especial para substituir a diretoria em exercício por uma chapa de diretores inteiramente nova. Para piorar tudo, a InBev precisaria apenas de uma simples maioria de acionistas da Anheuser para votar a favor de quaisquer novos diretores que ela propusesse, um patamar baixo se comparado com a maioria de dois terços exigida por algumas outras empresas. A InBev encontrara algumas brechas na armadura defensiva da Anheuser e as atacava.

"De boas intenções o inferno está cheio", profetizou um assessor da empresa. "Em uma época em que as pessoas estão procurando soluções fáceis, se você tem uma diretoria com mandatos não coincidentes, não acabe com isso. Se você não tem uma diretoria com mandatos não coincidentes, não existe a mínima chance de se instituir um dispositivo desse tipo. Uma diretoria com mandatos não coincidentes é uma verdadeira tábua de salvação."

■ ■ ■

Se a família Busch ainda estivesse no controle da Anheuser-Busch, contudo, não haveria necessidade alguma de debates sobre poison pills ou diretorias com mandatos não coincidentes. Os votos da família teriam determinado o destino da Anheuser-Busch.

Ao abrir o capital, a maioria das empresas de propriedade familiar estabelece estruturas acionárias com duas camadas, as quais proporcionam uma maneira de as famílias manterem o controle das votações mesmo se reduzirem sua participação em termos econômicos. Essa técnica funcionou bem para o fabricante de doces Mars, que se mantivera solidamente independente, e para a editora Dow Jones, em que os membros da família controladora decidiram vendê-la para a News Corp, de Rupert Murdoch. Seria lógico presumir que a família Busch controlava as votações na Anheuser por meio de seu próprio sistema de duas classes de ações.

Mas tal estrutura não existia. A participação acionária da família Busch como um todo equivalia a menos de 4% da empresa, o que era claramente insuficiente para influenciar uma votação dos acionistas. Mesmo se todos os membros da família se opusessem à aquisição e convencessem Warren Buffett a acompanhá-los, isso representaria apenas 9% dos votos da empresa. Em outras palavras, o controle do destino da Anheuser-Busch cairia nas mãos dos fundos de hedge e de investidores especulativos impiedosos que vinham comprando lotes de ações da Anheuser dos acionistas mais tradicionais, pessoas físicas, desde que a oferta da InBev se tornara pública. Esses investidores ávidos por dinheiro eram exatamente o tipo de gente capaz de votar na dissolução da diretoria da Anheuser se a InBev desse andamento a seu novo plano.

A equipe do J.P. Morgan ficou estarrecida ao saber que a família Busch não tinha controle dos votos da empresa que fundara. Quando os assessores da InBev se reuniram pela primeira vez, em maio, com Doug Braunstein e Hernan Cristerna, um dos principais banqueiros europeus da empresa, Cristerna ficou muito surpreso.

"Nossa, sempre pensei que a família tinha controle efetivo da empresa, ou pelo menos uma influência significativa", declarou durante uma reunião nos escritórios do Lazard em Nova York. "Com esses números, fico surpreso por eles já não terem sido adquiridos há muito tempo."

A diretoria da Anheuser cogitou recolocar uma poison pill em funcionamento para criar obstáculos à InBev, mas decidiu não fazê-lo porque seria uma tentativa muito transparente de concentrar seu poder.

"Acho que a diretoria tinha uma opinião generalizada da importância de ter uma estrutura de governança de última geração, dada a história da família e o fato de que as pessoas achavam que ela era uma empresa familiar", ponderou alguém ligado à diretoria. "As pessoas não queriam fazer nada que pudesse ser interpretado como hostilidade aos acionistas. Conquistar os corações e as mentes dos acionistas é tudo, e é desejável assumir uma postura extremamente moral."

Eles já tinham perdido uma mente crucial e o dinheiro dela — a de Warren Buffett. Embora não pudessem ter 100% de certeza, os assessores da Anheuser-Busch acreditavam que ele estava se desfazendo rapidamente de sua posição, com mais de 35 milhões de ações, a preços em torno de 60 dólares por ação. "Buffett estava vendendo suas ações tão rápido quanto possível", informou um dos assessores da empresa. "Tivemos uma ideia bastante clara do que estava acontecendo desde o começo. Tentamos rastrear a origem das vendas, por isso tínhamos uma ideia bastante clara." Buffett parecia haver decidido que era mais inteligente garantir os ganhos que ele já obtivera com as ações da Anheuser do que esperar para ver se a InBev faria uma oferta mais alta.

A diretoria da Anheuser sabia que os detalhes das vendas das ações de Buffett, que acabaram totalizando quase dois terços de sua participação na Anheuser-Busch, não viriam a público até que ele fizesse os devidos registros junto à Securities and Exchange Commission no final do trimestre. Isso significava que poderiam esperar até agosto para finalizar seus planos para o futuro antes que as notícias se tornassem públicas. Após aquele momento, seria impossível negociar com a InBev.

"Aquele não seria um bom pano de fundo para uma negociação sobre preços", analisou o assessor. "Era 'Espere um momento. Se Warren Buffett está disposto a vender por 60 dólares, porque eu deveria elevar meu preço de 65 para 70 dólares? Se o Oráculo de Omaha está vendendo a 60 dólares, que valor que existe lá?'"

"A Fidelity também estava vendendo suas ações", o assessor acrescentou. "Acontece que a Fidelity vender suas ações não é visto como uma mensagem ao mundo. Mas quando Warren vende, as pessoas tiram suas conclusões."

■ ■ ■

Embora aquela quinta-feira marcasse apenas o primeiro passo significativo da defesa da Anheuser-Busch — a rejeição da oferta —, a situação começava a parecer medonha. A diretoria não tinha uma maneira de reinstalar algumas de suas antigas proteções sem irritar os investidores, ninguém em Washington se mostrava disposto a defender a empresa, e não havia esperança de que Buffett viria a público para declarar sua oposição à transação. A diretoria parecia cada vez mais vulnerável a um golpe — e, dessa vez, a ameaça vinha de fora, não de dentro. A Anheuser sabia que a InBev tinha boas chances de ganhar sua ação judicial. "Acho que teríamos perdido aquela batalha", avaliou um assessor, "e então a diretoria teria que se submeter a uma eleição". Contudo, isso não significava que eles estavam prestes a admitir uma derrota em público.

No entanto, foi exatamente isso que aconteceu no dia seguinte, quando August IV deu uma enorme mancada tática durante a tão aguardada teleconferência da empresa naquela manhã de sexta-feira. Randy Baker e O Quarto passaram a maior parte da sessão explicando aos investidores seus planos para expandir e acelerar o plano Oceano Azul. Todos os cortes que o comitê de estratégia descobrira em sua reunião no complexo futebolístico foram revelados para que Wall Street e a cidade de St. Louis os digerisse. Alguns, como reduzir o uso de energia e os gastos com equipamentos da empresa, não eram polêmicos, mas outros eram mais difíceis de engolir. A Anheuser-Busch planejava oferecer um plano de aposentadoria antecipada, na esperança de que 10 a 15% de seus 8.600 empregados assalariados mordessem a isca. Caso isso não acontecesse, a empresa talvez tivesse que decidir ela mesma sobre os cortes de empregos. Após passar anos evitando tomar decisões tão difíceis, a Anheuser-Busch simplesmente não tinha escolha.

Havia muitos céticos na escuta naquele dia. Não estava claro se O Quarto e sua equipe seriam capazes de realmente executar sua nova estratégia mais enxuta. Cortar empregos e eliminar desperdício sempre causara desconforto às pessoas dentro da Anheuser-Busch — era contra sua cultura. Por que alguém pensaria que tudo mudara agora, sobretudo se havia a alternativa de 65 dólares por ação em dinheiro prontamente disponível?

"O Oceano Azul provavelmente deveria ter sido implementado mais cedo, mas ele significava cortar empregos e reduzir custos, e essas são medidas difíceis para uma empresa tão arraigada em sua cidade natal", analisou um assessor da empresa.

"Eram alvos fáceis", ponderou outro. "Era bastante fácil implementar, mas aquela equipe não tinha um histórico de mudanças organizacionais, cortes de custos e estímulo ao crescimento. Eles nunca tinham feito isso antes."

■ ■ ■

Quando a parte de perguntas e respostas da teleconferência começou, os analistas que haviam recebido permissão para falar fizeram algumas perguntas fáceis e educadas sobre a reestruturação. Inevitavelmente, contudo, as perguntas logo começaram a se concentrar no andamento da tentativa de tomada de controle da InBev. No começo, O Quarto deixou que Baker respondesse a várias. Depois, ele próprio começou a responder a mais perguntas dos analistas.

Mais ou menos na metade da sessão de perguntas e respostas, um analista questionou sobre o processo da InBev. A Anheuser-Busch tinha certeza, ele perguntou, de que sua diretoria não poderia ser destituída sem justa causa? A resposta deveria ter sido bem objetiva. A postura oficial da Anheuser era de que ela tinha confiança que seus diretores não poderiam ser destituídos simultaneamente e que pretendia deixar essa decisão aos tribunais. Em vez disso, O Quarto cometeu uma gafe monstruosa. Sim, ele respondeu aos ouvintes da teleconferência, a InBev tinha o poder de destituir a diretoria inteira se conseguisse os votos favoráveis de mais de metade dos acionistas da Anheuser.

A chamada telefônica chegou ao fim alguns minutos mais tarde, e o operador agradeceu aos participantes pela participação deles. Quando todos estavam prestes a desligar, August IV pediu para falar mais alguns segundos.

"Espere, espere, espere. Posso fazer uma última declaração, por favor?", gritou ele. "Podemos corrigir minhas palavras sobre a destituição dos diretores e dizer que contestaríamos a afirmação da InBev no processo de que eles podem remover os diretores sem justa causa? Errei, e esta é a resposta certa. Obrigado."

O Quarto cometera um erro crasso quando deveria estar totalmente concentrado, e aquilo não escapou à atenção dos meios de comunicação. Ele queria retirar aquelas palavras quase tanto quanto apagar a promessa feita aos seiscentos distribuidores da empresa em seu encontro anual em abril. Ele prometera à sala lotada que a Anheuser-Busch, nunca seria vendida "enquanto eu estiver no comando". Essa não era uma promessa que ele ainda podia dar garantias de cumprir.

Não estava claro que August IV era o homem certo para dirigir a Anheuser-Busch, e esse erro gigantesco, feito em um fórum tão público, não aumentou a confiança de ninguém em sua capacidade de exercer a liderança enquanto estivesse sob pressão. Era difícil imaginar uma maneira de a diretoria poder rejeitar a InBev completamente sem trocar seu dirigente.

"A diretoria estava em uma situação complicada. Se fosse brigar para valer, precisaria dizer 'Acreditamos nessa equipe gerencial, e ela vai entregar a vocês esse valor no futuro a um risco muito pequeno'", disse um assessor. "Como diretor, é disso que você precisa ter certeza para dizer 'Não'. Era isso, ou então teriam que encontrar uma nova gerência."

Contudo, embora houvesse debates sussurrados entre grupos pequenos de pessoas de dentro da empresa sobre a conveniência de substituir O Quarto, o assunto nunca foi discutido pela diretoria.

"Essa é uma das medidas consideradas durante uma batalha de tomada de controle — ele deve ser substituído?", questionou um assessor. "Mas esse assunto nunca foi realmente discutido."

Capítulo 12

Os Montague e os Busch

Era preciso fazer um jogo de cena. Se não fosse feito, não seria possível forçar Brito a aumentar sua oferta. Do ponto de vista da empresa e dos banqueiros, quanto mais genuíno parecesse, melhor.
— Assessor da Anheuser-Busch

Às oito da manhã da quarta-feira 18 de junho, três dias após a InBev enviar sua carta de advertência sobre o namoro da Anheuser com a Modelo, Rob Kindler, do Morgan Stanley, e vários de seus colegas se reuniram na sede do Goldman Sachs, no centro de Manhattan — um prédio monolítico em mármore marrom situado na Broad Street nº85 —, para seu primeiro encontro com Ingrassia e Gross, do Goldman. A essa altura, a diretoria da Anheuser-Busch explicitamente instruíra o Goldman a não envolver o Citigroup em reuniões ou telefonemas relacionados à Modelo. Ingrassia e Gross se sentiam mal com essa desconsideração, pois tinham um bom relacionamento de trabalho com Kalvaria e sua equipe. No entanto, a diretoria tomara aquela decisão.

"A diretoria e a equipe gerencial da Bud eram da opinião de que era preciso haver apenas uma voz dialogando com o outro lado e, não obstante a razão, queriam que fosse a do Goldman", disse um dos assessores da empresa. "Não acredito que tenha sido falta de confiança no Citi. Não acredito em qualquer tipo de maldade. Acredito que foi 'Precisamos ter apenas uma voz nessa negociação. Vai ser mais simples para nós e para o outro lado também.'"

Quando se encontraram naquela manhã, as partes haviam começado a negociar havia apenas cinco dias. Antes de as conversas progredirem, a equipe da Modelo queria deixar claro certos pontos. Ela não tinha qualquer intenção de aceitar uma oferta pela Anheuser-Busch que fosse inferior à da InBev, uma posição que Kindler reiterou para Ingrassia e Gross. As cervejas com alta taxa de crescimento da Modelo, como a Corona e a Pacífico, estavam em uma categoria superior às marcas velhas e desgastadas da Anheuser-Busch — como a Budweiser e a Michelob —, Kindler explicou, e a Modelo merecia ser remunerada por isso.

Por outro lado, a Modelo estava satisfeita em receber tantas ações quanto a Anheuser-Busch poderia oferecer em pagamento pela aquisição, uma vez que as cinco famílias controladoras acreditavam que a combinação das duas empresas elevaria o preço das ações no longo prazo. Havia uma razão crucial para a confiança das famílias na transação, o que levou ao terceiro ponto levantado por Kindler: Carlos teria de assumir o comando. Com Carlos na direção, em vez do Busch mais jovem, os mexicanos achavam que seu investimento estaria seguro.

■ ■ ■

Kindler e sua equipe voaram de volta à Cidade do México naquela tarde para se prepararem para uma reunião com Carlos e Mariasun. Eles se encontraram no dia seguinte no escritório da família de Carlos, da mesma forma que haviam feito oito dias antes. Dessa vez, porém, as conversas não eram especulativas. As famílias que controlavam a Modelo agora acompanhavam de perto cada novidade, e Carlos estava escalado para apresentar seu ponto de vista sobre a proposta de aquisição para o tio dele, Don Antonino, no escritório deles, mais tarde no mesmo dia. Com uma oferta ainda pouco detalhada da Anheuser-Busch na mesa, eles começaram a discutir os pormenores.

Carlos e María abordaram o conceito de ângulos diferentes, mas ambos favoreciam uma venda para a Anheuser-Busch. María achava que era a hora certa do ponto de vista financeiro. Os norte-americanos estavam oferecendo um preço muito alto — um preço que eles talvez jamais vissem de novo —, e ela era favorável a aceitar a oferta antes que a pressão sobre a Anheuser-Busch se dissipasse. Enquanto isso, Carlos enxergava a possibilidade de administrar a empresa inteira — tomar controle operacional sobre uma das joias da coroa dos Estados Unidos. Ele não queria ficar na história como o homem que vendera a empresa lendária de sua família para um rival. Se pudesse ser o CEO da Anheuser-Busch Modelo como um todo, o novo investimento das famílias controladoras nas ações da empresa estaria sob seu inteiro domínio. Elas teriam a maior participação naquilo que seria uma empresa muito maior, e Carlos estaria no comando.

"Do ponto de vista operacional, ou seja, o orçamento, o plano de negócios, a distribuição, tudo seria controlado pela Anheuser-Busch", revelou um assessor que participou das negociações. "Contudo, por outro lado, Carlos seria o CEO da Anheuser-Busch. Assim, a transação era bastante elegante. Ele poderia basicamente dizer: 'Olha, me certifiquei pessoalmente de que a Modelo continuará no México e manterá seu nome, e isso é irreversível.'"

"Na opinião de Carlos, tudo era bastante simples", acrescentou esse assessor. "Vou conseguir um prêmio, mas também vou dirigir a empresa. Ela se chamará Anheuser-Busch Modelo, e a vida é maravilhosa."

Seis meses antes da oferta da InBev, O Quarto reconhecera em uma entrevista que a Anheuser estava estudando a possibilidade de fazer uma transação com a Modelo. "Existem... muitas oportunidades se trabalharmos com a Modelo e com Carlos Fernández", afirmou O Quarto. "Ele é extraordinário. Trabalharmos em conjunto, se conseguirmos convencê-los de que certa oportunidade é viável para as duas empresas, seria uma proposta muito interessante."

Da mesma forma que August IV, contudo, Carlos precisava prestar contas a um superior. Aos noventa anos, Don Antonino não era tão controlador ou megalomaníaco quanto August III e não continuara a exercer seu poder da mesma maneira obsessiva após se aposentar. Desde o início das conversas com a Anheuser-Busch, porém, Carlos e María sabiam que ele era o eixo de apoio que seguraria as negociações ou as deixaria ruir.

Don Antonino fora eleito "presidente honorário vitalício" da empresa em 2005 quando Carlos foi nomeado presidente do conselho diretor. Ele era uma espécie de memória da empresa e seu patriarca reverenciado. Mais importante ainda, no entanto, ele controlava o dinheiro da Modelo. As famílias que controlavam a Modelo exerciam seu domínio através de uma série de fideicomissos complicados, e Don Antonino, basicamente, tinha o poder de veto sobre as decisões desses fideicomissos. Ele não tinha a capacidade de unilateralmente determinar novos rumos para a empresa, mas poderia dizer "não" e jogar a transação com a Anheuser-Busch no lixo.

A chave para conquistar o apoio de Don Antonino tinha mais a ver com orgulho e nacionalismo do que com números. Ele estava satisfeito com a oferta valiosa que a Anheuser-Busch colocara na mesa, e gostava da ideia de o sobrinho assumir a direção. Porém, para realmente convencer Don Antonino a dar sua benção, Carlos sabia que ele precisaria preservar a independência e as raízes mexicanas da Modelo o máximo possível. Antonino tinha um perfil social e político elevado no México, e seus valores estavam mais concentrados nessas áreas do que em extrair o último centavo possível da Anheuser-Busch.

"Ele já é um homem extremamente rico", observou alguém ligado à Modelo. "Sua motivação não era apenas 'Podemos obter um prêmio fabuloso?' Sua verdadeira motivação era preservar a Modelo."

Carlos, María e seus assessores concordavam em insistir que a Modelo deveria receber, ao menos, três assentos na diretoria da empresa fundida, dois dos quais seriam ocupados por eles, e em exigir que as operações no México permanecessem naquele país como uma entidade separada com o mesmo nome e com um conselho diretor cujo presidente seria Don Antonino. Até aquele momento, eles haviam encontrado pouca resistência com relação a esses pontos por parte da Anheuser, que concordava que era nos melhores interesses de todos manter intata a estrutura da Modelo. "Ambas as partes queriam que a Modelo permanecesse igual no México", destacou o chefe de operações internacionais Tom Santel. "Não íamos estampar nossa logomarca em todas as paredes. Queríamos que eles continuassem a gerenciar o negócio." Essa era a chave para obter o apoio de Don Antonino e para ajudar a dirimir a noção de que Carlos estava entregando a empresa da família aos norte-americanos. Na verdade, a Anheuser-Busch queria que as famílias da Modelo se comprometessem a continuar sendo grandes acionistas após a transação ser concluída. "Não queríamos que eles jogassem as chaves na mesa e fossem embora", disse Santel.

A estrutura da transação proposta era estranhamente parecida com outra negociação acertada entre uma enorme empresa norte-americana e um alvo mexicano: a aquisição pelo Citigroup do Banco Nacional de Mexico (Banamex). Isso não foi coincidência. A Anheuser-Busch e a Modelo conscientemente copiaram a estrutura da transação do Banamex, de ponta a ponta, até o conselho diretor separado que foi mantido pelo Banamex após a aquisição.

Carlos apresentou um resumo da transação a Don Antonino na sala de diretoria do escritório da família mais tarde no dia 19. Ele sempre procurava se reunir com o tio de manhã, se possível — por causa de sua idade avançada, Don Antonino preferia passar as tardes em casa lendo. Sua opinião, conforme expressa naquele dia, era de que a fusão beneficiaria as famílias da Modelo ao dar-lhes uma posição controladora em uma cervejaria muito mais poderosa. A transação criaria uma empresa maior e melhor tanto para a Anheuser-Busch quanto para a Modelo. Para a grande satisfação de Carlos, Don Antonino deu sua benção para que as negociações avançassem.

■ ■ ■

Ao norte da fronteira, em St. Louis e Nova York, a opção da Modelo despertava esperanças na equipe da Anheuser. Os funcionários da empresa e os membros do comitê de estratégia incumbidos de analisar a possível transação, que recebera o nome cifrado shakespeariano de "Projeto Montague", estavam trabalhando arduamente na esperança de poder salvar sua empresa ao finalmente concluir algo que nunca se mostrara viável no passado. Se pudessem conduzir a transação com a Modelo para perto da linha de chegada, ela poderia cruzá-la com o apoio de August III e da diretoria, era o que eles acreditavam.

A responsabilidade por concluir a transação com a Modelo ficara nas mãos do Quarto, que nunca lidara com uma missão tão importante. No entanto, ele, por sua vez, delegou grande parte do trabalho a vários subordinados. No passado, os encarregados do planejamento empresarial da Anheuser haviam sido muito influenciados pelo Terceiro e consistentemente endossaram os rumos de ação — ou, mais precisamente, falta de ação — por ele preferidos. Agora, após décadas de extrema cautela, a equipe preparava apressadamente uma proposta que parecia favorecer pesada e até mesmo desesperadamente a Modelo. Com o mundo inteiro à espreita, a situação deixava alguns membros da diretoria nervosos.

À medida que as conversas entre a Modelo e a Anheuser se tornaram mais intensas no final de junho e que crescia o desconforto da diretoria da Anheuser-Busch com a maneira com que O Quarto e seus subordinados lidavam com o assunto, Sandy Warner se ofereceu para acabar com o joguinho de telefone e servir como um canal de comunicação mais direto entre Carlos Fernández e a diretoria da Anheuser-Busch. Warner conhecia Fernández havia anos, e com tantas questões ainda por resolver, ele achava que chegara a hora de tomar mais decisões ao nível de diretoria.

"Ele meio que disse 'Me deixa participar de alguns desses telefonemas'", revelou alguém envolvido nas negociações. "Ele estava gradualmente perdendo a paciência com toda aquela situação."

A assunção de um papel mais ativo por parte de Warner coincidiu com uma decisão crucial da diretoria que deixou a Modelo atônita. Embora O Quarto e Santel tivessem claramente sugerido que Fernández poderia assumir o cargo de CEO, os membros da diretoria não se entusiasmavam com essa ideia. Eles estavam preocupados com a possibilidade de parecerem imprudentes se oferecessem um preço tão alto pela Modelo e também cedessem o controle da empresa, tudo para evitar negociar com a InBev. Essa não parecia ser uma receita para assegurar uma dose grande de "independência" para a Anheuser no futuro.

"Acho que muitos pensaram que era um pouco demais, com aquele prêmio, que o sujeito ainda por cima dirigisse a empresa", revelou um assessor. "Justiça seja feita, a Modelo talvez achasse que nós estávamos em uma posição em que eles determinariam se continuaríamos a ser independentes."

A outra preocupação da diretoria era que colocar Fernández no comando não seria a solução mágica que eles buscavam para o "problema do CEO" da Anheuser. O Quarto não parecia ter problemas com a ideia de instalar Fernández como CEO ou CEO conjunto. "Por ele, acho que O Quarto não tinha restrições a Carlos desempenhar um papel muito ativo", ponderou um assessor da Anheuser. "O Quarto não era um empecilho e falava abertamente sobre isso. Acho que ele apoiou a ideia durante todo o processo."

"Em última análise, ele é um cara bastante legal que nunca deveria ter sido CEO de uma empresa como a Bud, e todos os diretores sabiam disso", revelou outra pessoa ligada à empresa.

Contudo, Fernández, o candidato mais bem posicionado para substituir O Quarto era uma incógnita demasiadamente grande para muitos diretores — mesmo tendo sido membro da diretoria juntamente com eles por anos. Alguns achavam que, embora sua presença beneficiasse a equipe gerencial da empresa em geral, ele não estava pronto para ser o CEO de uma empresa gigante e globalizada, e com raízes e cultura decididamente norte-americanas. Alguns defendiam que, antes de mais nada, ele deveria se mudar para St. Louis para conhecer melhor as operações da empresa e provar sua capacidade. Se tudo transcorresse bem, ele poderia ser alçado ao cargo de CEO alguns anos mais tarde.

"Carlos é gente finíssima, mas não é um CEO dos Estados Unidos que controla todos os detalhes e administra a empresa no dia a dia", comentou alguém ligado à Anheuser. "E ele não é uma figura meramente simbólica."

Uma vez que a diretoria determinara que não estava disposta a apoiar Carlos como o salvador designado da empresa, ela decidiu que O Quarto teria de retirar sua oferta. Ele precisaria informar Carlos Fernández que o cargo de CEO não estava mais em discussão.

Não seria uma mensagem fácil de transmitir, dado o histórico de antagonismo entre as empresas, e O Quarto sabia que seria necessário mais do que um telefonema de seu celular na porta do Starbucks local. Seria preciso transmiti-la pessoalmente. "Acho que ele acreditava ter um relacionamento pessoal com Carlos. Ele queria dizer aquilo cara a cara", avaliou um assessor da Anheuser-Busch. "Era assim que ele se comportava", revelou um de seus antigos subordinados.

Portanto, a equipe de August IV entrou em contato com a Modelo para marcar uma reunião com Fernández na terça-feira 24 de junho, sem revelar o objetivo. Em função de suas agendas ocupadas, os dois CEOs escolheram um aeroporto regional situado no Texas, perto da fronteira entre os Estados Unidos e o México, numa linha reta entre o Missouri e a Cidade do México. Eles concordaram em viajar em seus jatos particulares e se encontrarem, no melhor estilo Anheuser-Busch, em um hangar de aeroporto que tinha uma sala de reunião apropriada.

Como de costume, August IV viajou naquele dia acompanhado por Pedro Soares, seu braço direito onipresente. O Quarto, da mesma forma que o pai, empregava um pequeno exército para realizar tarefas comerciais e pessoais para ele, das insignificantes às mais fundamentais. E, em meio a esse séquito de secretárias e assistentes, havia sempre uma pessoa indispensável — seu pau para toda obra e assistente pessoal. Evan Athanas ajudara O Quarto nessa atividade por um tempo antes de ocupar a posição de vice-presidente, e Soares, outro executivo, o substituíra.

"Esse é um legado do Terceiro, que sempre precisou de alguém que o fizesse sentir um membro da realeza", comentou alguém intimamente ligado à Anheuser-Busch. As tradições de subordinação forçada e de hierarquia do Terceiro permeavam a empresa inteira, desde o número imenso de secretárias pessoais empregadas pela Anheuser-Busch ao programa de treinamento de assistentes e aprendizes que o Terceiro por muito tempo patrocinara.

"August Busch, e isso se aplica ao III e ao IV, dirigia a empresa como se estivesse na década de 1950, com chefes de gabinete e gentinha correndo para cá e para lá", observou um assessor da empresa. "August IV agia da mesma forma que o pai, e costumava ter chefes de gabinete."

O próprio Soares era um executivo competente, tendo dirigido as operações mexicanas da Anheuser-Busch durante sete anos. Ele foi um entre vários executivos da Anheuser que servira na diretoria da Modelo e falava espanhol fluentemente, o que ajudava a causa da empresa ao sul da fronteira. A presença bem-vinda de Soares ajudava a amenizar a repugnância que a Modelo sentia por muitos outros executivos da Anheuser.

O maior impacto causado por Soares, contudo, derivava de sua capacidade de fazer com que August IV se concentrasse na mensagem que teria de levar. Ele costumava falar em nome do Quarto em reuniões e interagia com os assessores da empresa em nome de seu chefe. Às vezes, Soares falava até mesmo em particular com os banqueiros da Anheuser — quando eles preparavam discursos para O Quarto proferir diante da diretoria — com o intuito de se certificar de que os temas estavam sendo tratados da maneira correta. Ele viajou com O Quarto para o México, participou da maioria das reuniões do Quarto com Fernández e de quase todos os telefonemas relacionados à Modelo.

"Todo mundo deveria ter um", gracejou alguém ligado à empresa referindo-se ao papel desempenhado por Soares antes de amenizar seu comentário. "Pelo que vi, ele sempre foi um executivo competente e bem-informado que estava disposto a fazer o papel de adido, assistente e, até certo ponto, consciência. Esse era o cara que se certificava que August acordaria todas as manhãs. Ele fornecia a espinha dorsal de apoio profissional que August precisava, e August realmente carecia daquilo. O Quarto precisava de um confidente, de uma consciência e de um motivador em tempo integral."

"August não era um tipo trabalhador e detalhista. Ele precisa de alguém, uma espécie de *doppelgänger*. Pedro era August quando necessário."

Entretanto, era esse tipo de comportamento que deixava a diretoria da empresa nervosa. A necessidade do Quarto de ter assessores próximos já causara problemas em Tampa, e isso também foi um fator naquele dia no Texas.

Fernández chegou acompanhado por apenas um advogado e, após os presentes se cumprimentarem, foi Pedro Soares quem começou a falar. O Quarto exigira uma reunião cara a cara com Fernández para transmitir as más notícias, e os dois homens tinham um relacionamento relativamente forte. Contudo, quando a hora chegou, ele fez com que Soares divulgasse as novidades chocantes para seu colega mexicano em vez de lidar com o assunto de chefe para chefe.

Quando O Quarto relatou os acontecimentos aos diretores da Anheuser em sua reunião no dia seguinte — o dia em que a diretoria resolveu rejeitar a oferta da InBev de 65 dólares por ação —, ele até mesmo fez questão de, deliberada e desnorteantemente, informar a todos que Pedro cumprira em grande estilo a tarefa de repassar a mensagem a Fernández. Sua disposição de louvar Soares em meio a pessoas tão ilustres pode ter sido elegante, mas o episódio inteiro pareceu estranho. Na avaliação de alguém ligado à Anheuser, era como se ele tivesse marcado uma reunião com outro CEO para discutir um tema de importância vital e depois mandasse sua secretária explicar o que estava acontecendo.

■ ■ ■

Naquele dia no Texas, enquanto Soares explicava a Fernández o que acontecera e via os olhos dele turvarem de raiva, O Quarto parecia envergonhado.

Envergonhado por ter se oferecido para assumir um papel de subordinado perante um rival e de agora estar lá diante de Fernández, alguém que ele conhecia bem e respeitava, para retirar a oferta. Ele ficara tão constrangido pelo pai e pela diretoria que parecia lhe faltar liberdade até mesmo para pedir demissão.

A notícia foi uma surpresa completa para Fernández, que presumira que a Anheuser-Busch queria que ele fizesse as malas e voasse até o Texas para ter uma reunião produtiva relacionada à transação e não para ser esbofeteado com um rebaixamento de cargo.

"Essa decisão não é compatível com o espírito da transação que estamos negociando", retrucou ele, frustrado por ter de voltar às famílias que controlavam a Modelo e transmitir-lhes a notícia. Uma das principais razões para elas terem concordado em entrar na negociação fora Carlos ter sido escolhido para ser o dirigente.

"Se alguém for dirigir essa empresa, é preciso que seja alguém com um currículo profissional bom", afirmou Fernández, virando-se para O Quarto. Estava muito claro, na opinião de Fernández, que ele tivera um desempenho melhor como dirigente da Modelo do que August IV como CEO da Anheuser-Busch.

Soares e O Quarto se esforçaram para aplacar a ira de Carlos durante os poucos minutos que passaram juntos naquele dia, mas não tiveram muito sucesso. "Carlos teve que voar para o Texas em seu jato executivo, pousar, fazer toda aquela merda... foi incrivelmente humilhante", observou alguém ligado à Modelo. "Fulo da vida nem chega perto de descrever como ele sentiu, se me lembro bem."

"Acho que Carlos não teria se dado ao trabalho de voar até o Texas para ser informado de que ele não seria escolhido", avaliou outro. "Acho que ele foi com a ideia de 'Temos que conversar sobre algumas coisas, a minha família e a sua, transação importante, só os chefões etc. etc.' E foi justo aí que ele recebeu o recado 'Você não vai ser o CEO, mas talvez possamos encontrar outro cargo, diretor de operações nas Américas ou algo parecido'".

Fernández estava apoplético no voo de volta e passou boa parte do tempo discutindo com o advogado se a decisão da Anheuser-Busch seria um motivo de rompimento das negociações por parte das famílias proprietárias da Modelo. Menos de duas semanas haviam se passado desde o início das conversas e os norte-americanos já estavam renegando um dos componentes mais importantes da transação. O que viria em seguida?

Sandy Warner telefonou de imediato para Fernández para pedir desculpas e tentar explicar o raciocínio da diretoria. O custo da transação já era tão alto, Warner informou, que ter Carlos como CEO da empresa fundida enviaria a mensagem errada aos acionistas da Anheuser-Busch. Eles estariam abrindo mão de coisas demais. Contudo, ele delineou o que esperava ser um prêmio de consolação suficiente: em menos de um ano ele tinha certeza de que Carlos seria nomeado CEO. Só não podia acontecer de imediato.

Warner reconheceu que passou bastante tempo conversando com Fernández sobre o papel que este desempenharia na empresa fundida. "Disse a Carlos como eu o considerava capaz e que, ao trabalhar com August IV, com a equipe da Anheuser e com a da Modelo, ele tinha um grande futuro na empresa", revelou. "Se ele ainda desejasse continuar trabalhando — e essa era uma decisão que caberia a ele — mas, se ele desejasse continuar a trabalhar, havia muito a ser feito, e ele e August formariam um grande time. Ele é jovem e muita coisa poderia acontecer."

Então, Tim Ingrassia ligou para Kindler, do Morgan Stanley, para tentar apagar o incêndio ainda mais. "Não podemos pagar um prêmio a vocês e ainda dar a impressão que vocês estão tomando o controle de nós", explicou Ingrassia. "Isso simplesmente não vai funcionar." Ingrassia fez a mesma promessa que Warner fizera a Fernández.

"Veja bem, nada está sacramentado", acrescentou Ingrassia. "Mas eu ficaria muito surpreso se, daqui a um ano, Carlos não fosse o CEO dessa empresa. Mas não podemos assumir tal compromisso."

"Que credibilidade vocês têm?", retrucou Kindler, nada sensibilizado com o gesto de reconciliação. "Você está de brincadeira comigo!"

Carlos refletiu sobre as súplicas constrangedoras que O Terceiro lhe fizera em St. Louis — suas confissões furtivas de que Carlos talvez fosse um melhor CEO para a Anheuser-Busch do que o próprio filho. Ele agora começava a duvidar das verdadeiras intenções do Terceiro, tendo em vista a maneira canhestra com que ele e a diretoria da Anheuser haviam dado para trás.

Um tanto contraintuitivamente, porém, a decisão da diretoria da Anheuser sugeriu a Kindler, pela primeira vez, que esta levava a sério a possibilidade da transação, e não a estava usando apenas para se colocar em uma posição mais vantajosa frente à InBev. Os mexicanos tiveram um pouco de consolo ao saberem que a diretoria da Anheuser estava realmente considerando os termos da transação e avaliando as questões relacionadas à governança, não apenas tratando a ideia de comprar a empresa deles como uma piada.

■ ■ ■

Carlos e María ficaram zangados e frustrados com a reviravolta da Anheuser-Busch, mas, após décadas de contratempos entre as duas empresas, não estavam surpresos. "A Modelo não estava procurando ser vendida", disse uma pessoa ligada à empresa. "Todos os membros daquelas famílias têm riqueza independente. Foi como 'Vocês é que nos procuraram, nós não procuramos vocês. Estamos muito felizes por aqui; temos um ótimo negócio. E, agora, vocês basicamente renegam tudo que disseram.'" Promessas vagas de que Fernández talvez assumisse a direção daqui a um ano ou dois não compensariam a Modelo pela perda de certeza no curto prazo. Agora seria muito mais difícil que a transação fosse aprovada por Don Antonino.

Ficou logo claro que, sem uma garantia de que Carlos assumiria o comando desde o primeiro dia, não havia a mínima possibilidade de que as famílias da Modelo aceitariam uma parcela tão grande do pagamento pela transação em forma de ações. Elas não queriam que seus destinos e suas fortunas dependessem da diretoria da Anheuser e de August IV. Então, decidiram inverter os termos da transação e exigir que o pagamento fosse feito principalmente em dinheiro. Uma aquisição paga em dinheiro seria mais difícil de ser financiada, mas se a Anheuser a desejava tanto, era possível. E essa era a única opção que dava às famílias da Modelo suficiente segurança de que receberiam o preço adequado pela participação delas. Seus vínculos com a Anheuser-Busch seriam limitados após receberem o pagamento, e Carlos, que já não aguentava mais a turma de St. Louis, poderia se separar da empresa e seguir o próprio rumo.

"Voltamos, após um debate intenso, porque nossos caras estavam muito zangados, e dissemos: 'Sabe do que mais, ainda estamos dispostos a concluir a transação'", contou alguém ligado à Modelo. "Mas não estávamos dispostos a receber um volume tão grande de ações quanto receberíamos de acordo com o negócio inicialmente proposto. Não confiávamos em sua equipe gerencial. Estávamos dispostos a receber a maior parte em ações se Carlos assumisse o comando. Nós não estávamos dispostos a receber uma batelada de ações se O Quarto estivesse no comando." O jogo duro da Modelo estava se transformando em outro embate rancoroso entre os dois rivais.

Quando a Modelo apresentou sua nova proposta à Anheuser-Busch alguns dias mais tarde, ela descobriu que, embora a diretoria da Anheuser não quisesse que Fernández fosse o CEO, eles também não apreciavam a ideia de que ele pudesse encher uma mala de dinheiro e ir embora quando a transação fosse concluída.

"Houve muitas negociações com relação ao papel de Carlos", revelou alguém ligado à Modelo. "Voltamos a eles e dissemos: 'Aceitaremos uma transação principalmente em dinheiro, estamos dispostos a aceitar um número pequeno de ações e Carlos vai embora.' E aquilo os deixou completamente desnorteados."

"Não, vocês não estão entendendo", disse Ingrassia a Kindler. "Veja bem, a diretoria nunca aprovará o negócio a menos que tenha certeza da presença de Carlos."

Após mais idas e voltas, as empresas finalmente concordaram em fazer uma transação paga principalmente em dinheiro em que Carlos se tornaria responsável pelas operações internacionais da empresa fundida. Don Antonino e alguns dos membros das outras famílias não ficaram muito entusiasmados com o negócio em sua nova forma, mas os elementos que mais valorizavam continuavam intatos.

"Nada aconteceria se não houvesse uma estrutura em que a Modelo permaneceria sendo uma empresa mexicana, na Cidade do México, com o nome Modelo", afirmou um dos envolvidos nas conversas. "Esse era o ponto pacífico."

Mesmo assim, a Modelo continuava tão desconfiada da capacidade e dos motivos da Anheuser-Busch que decidiu acelerar suas conversas com a InBev. Ficara claro que, quaisquer que fossem as duas empresas com quem primeiro estabelecessem uma aliança, a terceira seria largada em um mato sem cachorro. Ainda era possível que uma transação entre a Anheuser e a Modelo acabasse sendo descartada e que a InBev vencesse a guerra. O apoio de Don Antonino não podia estar 100% garantido — nem, por outro lado, era garantida a aprovação da própria diretoria da Anheuser-Busch. A Modelo queria, previamente, celebrar acordos que conferissem a ela liberdade no que se referia a gastar seu dinheiro e a distribuir suas cervejas nos mercados mundiais.

Portanto, a Modelo decidiu negociar intensamente nos bastidores com a InBev também. A equipe da Modelo se reuniu várias vezes no final de junho e no começo de julho com assessores importantes da InBev para apresentar seus argumentos mais importantes. "Ao mesmo tempo em que estávamos conversando com a Anheuser-Busch, é claro que também estávamos conversando com a InBev, porque precisávamos tomar as devidas precauções", revelou alguém ligado à Modelo. "Precisávamos colocar uma contra a outra para ter mais peso na negociação."

"A prova de que tínhamos quase certeza de que éramos um 'boi de piranha' foi o fato de estarmos jogando com os dois lados", explicou alguém vinculado à Modelo. "Tínhamos o mesmo número de reuniões tanto com uma quanto com a outra."

Em troca de mais liberdade de ação, a Modelo estava disposta a estabelecer uma fórmula mais consistente de pagamento de dividendos, que daria mais segurança à InBev do que a Modelo atualmente dava à Anheuser-Busch. A Modelo sabia que um fluxo constante de dividendos seria útil para a InBev enquanto trabalhasse para pagar seu endividamento após uma aquisição do porte da Anheuser-Busch.

O ponto de vista da InBev, de acordo com um assessor, era que: "a Modelo fizera um negócio bastante ruim na transação original, e havia uma esperança de que isso poderia ser usado para dizer 'Vocês têm como conseguir um arranjo melhor de alguma maneira' e jogá-los contra a Anheuser e a favor da InBev". A Modelo e a InBev começaram a preparar minutas de acordos com esse teor no começo de julho, mas as duas empresas chegaram a um impasse. A Modelo queria se assegurar de que a InBev, da mesma forma que a Anheuser, não conseguiria tomar o controle da empresa, e ela também queria o direito de se vender — tanto a própria participação quanto a participação que seria possuída pela InBev — para terceiros caso ela assim decidisse.

As famílias que controlavam a Modelo não tinham vontade de vender, mas queriam poder mudar de ideia no futuro, e elas acreditavam que a SAB-

Miller estaria interessada na compra. Uma pessoa ligada à Modelo contou que os assessores da SAB estavam em contato constante com a Modelo no final de junho e no começo de julho tentando avaliar as perspectivas de um negócio, embora uma fonte do lado da SABMiller tenha afirmado que não estavam considerando a Modelo seriamente naquela época.

A InBev, no entanto, não estava disposta a concluir uma transação que daria à Modelo liberdade para vender sua participação à SABMiller. A InBev disse aos mexicanos que adoraria comprar a empresa inteira, mas que isso era simplesmente impossível enquanto ela também estivesse tentando adquirir a Anheuser-Busch. O tamanho combinado daquelas duas empresas era grande demais para a InBev absorver de uma só vez. Era por essa razão que a Anheuser-Busch estava considerando a fusão como uma tática de defesa.

"O ponto de vista deles sempre foi "Não temos problema algum em vocês terem uma administração independente. Vocês nunca ouvirão um pio de nossa parte. Queremos que vocês sejam representados na diretoria da empresa controladora. Só queremos duas coisas: primeiro, que vocês nos deem o dinheiro; e segundo que não se vendam para qualquer outro", informou uma fonte da Modelo.

■ ■ ■

Na terça-feira, 1º de julho, uma reunião na Anheuser estava agendada com o objetivo de atualizar a diretoria sobre tudo que estava acontecendo com as negociações com a Modelo. Os investidores haviam usado seu tempo no fim de semana para digerir os detalhes do plano de corte de custos da Anheuser e fofocar sobre o erro de August IV no telefonema, e a empresa estava finalmente colhendo um pouco do benefício de estar fazendo as notícias em vez de reagindo a elas. Não durou muito. A InBev soltou um comunicado à imprensa naquela manhã — outra divulgação que coincidiu estranhamente com uma reunião de diretoria da Anheuser-Busch — anunciando que já sacramentara o financiamento de sua oferta.

Esse não era o pano de fundo ideal para a reunião, mas a equipe da Anheuser ainda tinha razões para se sentir bem. Carlos Fernández e sua turma haviam aceitado a ideia de que ele não seria o CEO e, com a Anheuser disposta a aumentar a proporção paga em dinheiro, as chances de concluir a negociação ainda pareciam boas. August IV e o resto de sua equipe estavam preparados para passar o feriado prolongado do 4 de julho trabalhando com afinco para colocar a transação no papel o mais cedo possível.

Tudo de que precisavam era a aprovação da diretoria para seguir em frente, e eles a receberam naquele dia. O Goldman, o Citigroup e os próprios executivos da Anheuser, todos apresentaram seus pontos de vista sobre a Modelo e delinearam como a transação poderia afetar a oferta da InBev. O Goldman tinha confiança em que a transação preservaria a independência da Anheuser-Busch. Os executivos da Anheuser estavam entrando em sua terceira semana seguida de trabalho até altas horas da noite com essas mesmas esperanças em mente, se esforçando para concluir a transação antes de a InBev dar o próximo passo. Todos sabiam que estavam em uma posição muito delicada. Se quisessem preservar a independência da Anheuser-Busch teriam de conceber uma transação que afastaria a InBev sem impossibilitar de todo sua oferta. Esse tipo de tática de defesa poderia levar a diretoria a ser processada.

Dada sua resistência histórica às aquisições, O Terceiro nunca seria facilmente convencido. Ele até mesmo mostrara sinais de arrependimento pela compra da participação inicial na Modelo — uma das melhores armas no arsenal da Anheuser-Busch naquele momento. A equipe da Anheuser, contudo, acreditava então que adentrariam o fim de semana prolongado com o poder de concluir a transação. Eles sentiam que O Terceiro e o resto da diretoria, que planejavam se reunir na segunda-feira, apoiavam seus esforços para dar os toques finais na transação.

"August III gosta de estar no controle de tudo, e muito já foi escrito e dito sobre sua relutância com relação aos riscos dos mercados globais", afirmou uma fonte ligada à empresa. "Ele é durão e sabe muito bem como inviabilizar propostas. Estava na dianteira, seria sempre um desafio. Mas acredito que todos achavam que era possível ele dar sua anuência. Ele ainda não inviabilizara a transação, eu poderia dizer."

O Quarto e o resto de sua equipe, no entanto, estavam perigosamente próximos de virar peões em um jogo de xadrez que não queriam jogar. Para concluir uma transação com a Modelo, precisariam negociar duramente com os mexicanos. Havia uma chance, contudo, de que a diretoria da Anheuser estivesse dizendo uma coisa e pensando outra por razões estratégicas — que alguns dos diretores eram contrários à transação e queriam apenas usar a Modelo como um elemento de barganha contra a InBev.

Se esta fosse a verdadeira motivação da diretoria, as negociações com a Modelo eram apenas uma farsa, uma fachada que a equipe da Anheuser precisaria manter para pressionar a InBev. Eles precisariam fingir estar empenhados em prosseguir com a transação e tentar concluí-la, mesmo se a diretoria não tivesse qualquer intenção de aprová-la.

"Eles precisavam neutralizar a fanfarronada de Brito, ele dizendo: 'Não dou um passo além de onde estou'", disse um assessor da Anheuser-Busch.

"Era um blefe. Mas sabíamos que ele não nos confrontaria para saber se era mesmo um blefe."

Capítulo 13

Um vendedor desde o primeiro minuto

O Terceiro, acho, decidira que o preço era bom e deixou que eles continuassem tentando chegar a um acordo com a Modelo. Porém, ele nunca iria concluir o negócio.

— Assessor da Anheuser-Busch

August IV acabou não passando aquele fim de semana de 4 de julho da maneira como esperara quase um mês antes. O nome de sua família estava estampado em milhões de latas de cerveja vendidas naquele fim de semana, o feriado em que os americanos bebem mais cerveja do que em qualquer outra ocasião. Antes do 4 de julho do ano anterior, o Beer Institute — uma organização lobista que ele presidia — informara, a título de serviço público, que Thomas Jefferson e muitos outros fundadores dos Estados Unidos, quando não estavam distraídos elaborando a Declaração de Independência, tinham sido cervejeiros com a "pretensão de estabelecer a cerveja como uma força econômica para o futuro da nação".

A própria visão do futuro do Quarto agora parecia desconcertantemente nebulosa. Em vez de celebrar o Dia da Independência dos Estados Unidos da forma que o Instituto dissera que ele deveria — com churrascos, fogos de artifício e uma cerveja gelada —, ele passou o dia procurando desesperadamente por formas de proteger a independência de seu patrimônio hereditário.

Para piorar a situação, ele e o restante da diretoria da Anheuser acordaram na manhã de segunda-feira, 7 de julho, para tomar conhecimento de que a InBev acabara de arremessar outra granada como parte de seu cerco. Ela estava dando andamento à sua tática audaciosa de compulsoriamente destituir a diretoria inteira da Anheuser e tinha divulgado uma chapa alternativa de candidatos que fora finalizada durante o fim de semana. Se eleitos, esses diretores fariam uma nova análise da proposta de fusão — e era provável que eles votassem a favor. Sem querer, a diretoria da Anheuser-Busch se tornara parte da história.

Os assessores da InBev se orgulharam por reunir um elenco de candidatos que, achavam, intimidaria a Anheuser-Busch. Seu objetivo era atrair ex-dirigentes de empresas icônicas americanas, mas eles consideravam a própria capacidade de assegurar dois candidatos, acima de tudo, como um feito espetacular.

Do ponto de vista psicológico, o grande ganho foi Adolphus Busch IV. Seu pedido público, na semana anterior, para a Anheuser negociar com a InBev deixara consternada a equipe da Anheuser, e a InBev enfiara a faca ainda mais profundamente naquela manhã ao colocar seu nome próximo ao topo de sua lista de candidatos. Adolphus se dispusera a ajudar Brito no que pudesse quando divulgou sua carta para a diretoria da Anheuser, e Brito ficou feliz em aceitar sua oferta de ajuda. Sua disposição para apoiar os brasileiros foi como um "maná dos deuses", avaliou alguém ligado à InBev. "Sabíamos que Adolphus estava rondando, mas ninguém achava que ele chegaria a tanto", acrescentou outra. A despeito de todas as alegações da InBev de que queria jogar limpo e tratar tudo de forma amistosa, a empresa estava se mostrando mais do que disposta a usar a história conflituosa da família Busch contra a Anheuser-Busch quando a oportunidade apareceu.

"Quando eles colocaram Adolphus no topo da página, junto com todos aqueles outros nomes bem conhecidos, deu para pensar: 'Meu Deus, esses caras jogaram a bomba atômica colocando Adolphus lá, porque aquilo foi um soco direto no estômago do Sr. Busch [III]'", disse um ex-executivo da Anheuser. "Em nenhuma hipótese ele permitiria que outro cara da família, um membro da família com o qual tinha desavenças... aquele foi um golpe dos mais baixos."

Henry "Hank" McKinnell, ex-presidente e CEO da gigante farmacêutica Pfizer, também concordou em fazer parte da lista da InBev a pedido de Steve Golub, do Lazard, que assessorara a Pfizer em sua aquisição, por 90 bilhões de dólares, da Warner-Lambert, em 2000, e na compra, por 60 bilhões de dólares, da Pharmacia, em 2003. McKinnell era um dirigente muito respeitado na indústria farmacêutica e exatamente o tipo de líder empresarial ambicioso que a InBev procurava. No entanto, ele tinha sido abruptamente destituído antes de sua saída programada da Pfizer em meio a questionamentos sobre seu desempenho e a um alvoroço por causa de sua remuneração.

Quanto aos outros integrantes da lista da InBev, Ernest Mario administrara a gigante farmacêutica Glaxo Holdings. John Lilly fora CEO da Pillsbury. Outros haviam sido executivos de primeiro escalão da Nabisco, Guidant e ArvinMeritor. Alguns dos membros da diretoria da Anheuser tinham vínculos profissionais com seus substitutos propostos — Vernon Loucks, da Anheuser, por exemplo, servira como assessor de uma firma de private equity junto com Mario —, e os investidores agora analisavam se a lista de candidatos da InBev era mais adequada para a Anheuser do que a diretoria existente. Na realidade, a divulgação da lista tinha como objetivo atrair a Anheuser para as conversas sobre a fusão, não destituir a chapa inteira de diretores. A InBev, no entanto, parecia preparada para travar aquela batalha caso fosse necessário.

Os membros da diretoria da Anheuser não entraram em pânico quando chegaram no hangar do aeroporto naquela manhã — a divulgação da lista de candidatos da InBev era o passo seguinte como consequência lógica de sua ação judicial. "É uma tática normal. Nenhuma grande surpresa", observou Jim Forese. De fato, a notícia estimulou alguns debates sobre a probabilidade de eles manterem seus cargos; e não havia como negar que aquilo fez a reunião daquele dia, que já era importante, parecer ainda mais crucial.

Os membros da diretoria planejavam debater a opção Modelo mais uma vez naquela manhã, enquanto decidiam como lidar com a tentativa de destituí-los de seus cargos. Entretanto, tudo mudara significativamente desde a semana anterior. A Anheuser-Busch e a Modelo tinham finalmente chegado a um acordo sobre uma fusão, após décadas de idas e vindas enlouquecedoras.

As equipes de ambos os lados da fronteira estavam entusiasmadas. Eles tinham trabalhado freneticamente durante o fim de semana prolongado para reunir tudo, desde os detalhes do negócio em si ao comunicado oficial e às coletivas de imprensa que eles usariam para anunciar a transação ao mundo. Uma equipe de executivos da Anheuser se juntara aos banqueiros do Goldman nas salas de reunião do escritório do Skadden para negociar com Kindler, Mercado e os outros integrantes da equipe da Modelo. Após conversas acaloradas, eles estavam prontos para concluir. E o negócio recebeu a aprovação das famílias que controlavam a Modelo, que haviam se reunido em teleconferências diversas vezes nas últimas semanas à medida que os termos da venda continuavam mudando.

Os relações-públicas das duas empresas tentavam imaginar a melhor forma de anunciar o negócio. Deveria ser lançado na Cidade do México? Essa havia sido a ideia inicial. Ou talvez em duas cidades no mesmo dia, uma nos Estados Unidos e uma no México? O Quarto poderia começar o dia com um anúncio no México, as empresas decidiram, e, depois, ele e Fernández viajariam para Nova York para a segunda rodada. Tudo que o lado da Modelo precisava era a concordância da diretoria da Anheuser.

"Havíamos negociado uma transação completa", lembrou um assessor da Anheuser-Busch. "Tínhamos um negócio fechado."

■ ■ ■

A diretoria planejava cuidar de várias questões naquela segunda-feira, mas sua prioridade máxima era decidir se aprovaria a transação com a Modelo. Os termos da aquisição já haviam sido alterados diversas vezes, uma vez que alguns membros da diretoria — e, muitas vezes, O Terceiro especificamente — haviam expressado suas dúvidas a respeito de um ou outro ponto e pedido que elas fossem sanadas.

Enquanto os diretores ocupavam suas cadeiras usuais com grande expectativa, esperando o começo das apresentações sobre a transação com a Modelo, Tom Santel levantou-se para organizar os materiais de apresentação da equipe gerencial. August IV permaneceu em seu assento enquanto seu subordinado dava início a sua apresentação favorável à transação. Alguns dos presentes ficaram surpresos ao ver O Quarto se comportando tão passivamente, dada a importância daquela apresentação para a independência de sua empresa. Para outros, no entanto, sua decisão de deixar Santel assumir o comando era esperada. "Eu tinha visto e ouvido o suficiente dele para não me surpreender com o fato de ele fazer menos em vez de mais", revelou um assessor da empresa.

August III, assim como seu filho, também justificou sua reputação naquele dia. Ele entrara no hangar do aeroporto com um forte sentimento quanto ao resultado da reunião de diretoria antes mesmo que ela começasse.

Assim que Santel terminou sua apresentação sobre as razões pelas quais o negócio da Modelo se justificava, O Terceiro começou a folhear uma pilha de documentos à sua frente. Em vez de aparecer naquele dia com uma caneta e um bloco de papel em branco, ele solicitara a vários executivos e banqueiros da Anheuser — quase todos já estavam trabalhando de modo frenético durante o fim de semana para fechar o acordo com a Modelo — para trabalharem dobrado e produzirem conjuntos de números alternativos para que ele os analisasse sozinho. Quando o último dos assessores da Anheuser-Busch chegou na noite de domingo, O Terceiro já tinha convocado Santel e o chefe de fusões e aquisições, Bob Golden, para irem à sua fazenda e realizarem uma sessão completa de análise, na qual ele lhes pediu para apresentarem seus cálculos relativos à Modelo. Ele perturbara os dois homens o fim de semana inteiro solicitando informações e também detalhes sobre o Goldman, o Citigroup e o Skadden.

"Ele recebeu muitos dados e analisou-os em conjunto", disse um consultor, "de tal maneira que, no momento em que chegou à reunião, já sabia tudo de que precisava. Ele tinha muitas perguntas preparadas que já analisara a fundo. Veja bem, para ser honesto, essa é a marca de um bom membro de diretoria. Ele era o membro da diretoria mais bem-preparado. Estava mais bem-preparado do que O Quarto. Trabalhou três vezes mais."

"Ele tinha uma fama de agir assim até mesmo quando fazia parte de outras diretorias", informou outro assessor. "Quando ele fazia parte da diretoria de Whitacre [na AT&T], sempre recebia análises separadas feitas sob medida para ele, porque desejava ver análises diferentes das de praxe."

A apresentação de Santel não foi das mais bem-acabadas — sua equipe correra para juntar tudo para aquela segunda-feira enquanto também atendia às demandas do Terceiro. Ele trabalhara quase sem parar, exceto para dormir. Mesmo assim, estava muito entusiasmado. Achava que sua equipe e a Modelo haviam elaborado uma transação muito interessante.

Portanto, nenhum dos executivos da Anheuser esperava que O Terceiro interviesse com tanto vigor quanto o fez naquele momento, quando começou a fazer uma série de perguntas aguçadas sobre as hipóteses e projeções financeiras de Santel, usando como munição as informações que eles o haviam ajudado a reunir durante o fim de semana. Eles ficaram surpresos com a recepção fria.

"Tom Santel fora um de seus favoritos, e surpreendeu um pouco ele discordar tanto com o que Tom acabara de apresentar", disse o embaixador Jones. "Lembro-me bem de que Tom Santel ficou surpreso e muito decepcionado."

Não era surpresa que O Terceiro hesitava em comprar a Modelo. Ele nunca gostara da ideia. "A razão pela qual a InBev e a SAB tiveram todas essas oportunidades para crescer é que ele nunca quis fazer qualquer aquisição", explicou um assessor. "Sua aversão às aquisições em geral não era, acho, novidade para aquelas pessoas."

Enquanto O Terceiro listava agressivamente suas preocupações, questionando o alto preço do negócio e os riscos envolvidos, os funcionários da Anheuser começaram a se dar conta de que os esforços dele para fazer ajustes na proposta da Modelo durante as últimas semanas talvez fossem motivados muito mais por um desejo de inviabilizá-la. Em essência, eles haviam negociado duas transações diferentes, uma após a outra, para satisfazer as demandas dele, e ele ainda não estava satisfeito. "Fechamos um negócio, ele continuava tentando fazer com que conseguíssemos ainda mais vantagens para tentar inviabilizá-lo, e nós acabávamos conseguindo tudo que ele queria", queixou-se um executivo.

"O Terceiro simplesmente destruiu a proposta", confirmou uma pessoa que observou as ideias de Santel serem retalhadas. A Modelo era a mosca que O Terceiro não conseguia afastar com um abano de mãos, então ele agora dava um murro na mesa para matá-la.

■ ■ ■

A equipe da InBev tomou um cuidado extremo ao desenvolver uma estratégia de tomada de controle que daria à sua oferta a mais alta probabilidade de sucesso. Ela passou meses discutindo cada detalhe — tudo, desde o estado dos ambientes financeiro e político até quanto custava alimentar e escovar os 250 Clydesdales da Anheuser.

Os brasileiros acabaram tendo o aliado mais improvável que se podia imaginar — um que era capaz de influenciar a diretoria da Anheuser muito mais efetivamente do que fariam os planos mais bem-arquitetados deles.

August III, como seu filho estava descobrindo naquele dia, tinha uma nova lista de prioridades. Enquanto O Quarto e sua equipe trabalhavam freneticamente para estruturar a defesa da empresa naquele junho, seu pai indicara, discretamente, para um número pequeno de funcionários surpresos da Anheuser, que ele apoiaria a venda da empresa para a InBev. O ex-dirigente de setenta anos de idade parecia ter decidido que a transação era inevitável e estava focado em obter o melhor preço possível.

Duas semanas antes, praticamente irreconhecível em uma bermuda amarfanhada e tênis velhos, O Terceiro abordara Kalvaria, do Citigroup, que acabara de aterrissar no hangar da empresa e estava prestes a embarcar em um carro em direção à cidade para participar de uma reunião na sede da Anheuser-Busch.

"Oi, Leon. Venha aqui, vamos conversar", sussurrou bruscamente O Terceiro, quase arrastando o banqueiro assustado para dentro do minúsculo banheiro térreo do hangar. Kalvaria tinha achado que ele era um dos zeladores.

O Terceiro entrou no pequeno compartimento do banheiro, trancou a porta e sentou-se no vaso. "O que você acha, você consegue uma oferta de 70 dólares por ação por essa empresa?", perguntou, sua voz ecoando por trás da porta do compartimento. "Você consegue fazer com que eles paguem 70 dólares?"

"Não havia ninguém mais disposto a vender do que August Busch III", revelou uma pessoa envolvida com as deliberações da diretoria da Anheuser. "Desde o primeiro momento ele pareceu disposto a vender."

Na realidade, O Terceiro começara a fustigar pessoas sobre quanto a InBev poderia pagar logo na primeiríssima reunião de diretoria realizada durante a crise.

"O segredo que nunca foi revelado era que O Terceiro estava disposto a vender desde o primeiro dia", disse outra pessoa ligada à empresa. "Não consigo descrever, mas desde a primeira reunião de diretoria ficou óbvio que ele estava disposto a vender. E, até certo ponto, ficou óbvio que alguns diretores, inclusive O Quarto, iriam desempenhar o papel de advogado do diabo. A maior parte da diretoria simplesmente desejava ter certeza de que eram bons fiduciários e que tomariam a decisão correta.

"Acho que O Terceiro estava disposto a vender desde o primeiro minuto."

Essa é uma revelação que teria chocado os investidores da Anheuser, os membros da família Busch e toda a cidade de St. Louis, tivessem eles sabido na época. Foi o que basicamente engendrou o fracasso da negociação com a Modelo e sabotou os esforços da Anheuser de se livrar do controle estrangeiro.

Ninguém na imprensa ou em Wall Street descobriu isso, talvez porque a diretoria e seus assessores soubessem que sua capacidade de negociação estaria arruinada se a vontade de vender do Terceiro se tornasse pública. Para todos que estavam fora daquele hangar, o lendário ex-dirigente da Anheuser ainda operava em seu estado normal — se recusando teimosamente a considerar o negócio e se esforçando para derrubá-lo.

Os executivos da Anheuser sabiam, desde sempre, que ele seria o membro mais difícil de sua plateia naquele dia — O Terceiro não parecia ter muita fé neles. No entanto, alguns ainda foram surpreendidos pela magnitude de sua oposição à transação com a Modelo. "Havia muitas pessoas na equipe gerencial que realmente consideravam O Terceiro bastante hostil", observou um funcionário da Anheuser. "Ele foi hostil àquela transação o tempo todo."

"Estava claro que, em última instância, ele buscava apenas concluir um negócio com a InBev. Isso talvez refletisse, mais do que qualquer outra coisa, sua falta de confiança na nossa equipe gerencial e na capacidade dela de administrar a empresa, implementar a reestruturação e completar uma aquisição grande. E, quando viu a InBev chegar com dinheiro, simplesmente quis fazer o melhor negócio possível com ela e voltar para casa com sua grana."

A disposição de vender do Terceiro pareceu afetar até mesmo seu relacionamento com Sandy Warner durante as últimas etapas da guerra pela tomada do controle. "Minha impressão é que, antes de a InBev até mesmo aparecer, [Warner] fora um defensor de assumir 100% do controle da Modelo havia muito tempo", ponderou um assessor da Anheuser. No final de junho, após várias semanas de conversas entre as partes, Warner ainda parecia aberto a explorar um acordo com a Modelo. Ele conhecia bem essa empresa por seu longo período como membro da diretoria da Anheuser e sabia que ela contribuía de forma substancial para os resultados da Anheuser-Busch.

"A transação nos teria dado, acho, uma carteira de ativos muito interessante", disse Warner. "Muita eficiência. Era um negócio interessante, porém, muito caro."

A disposição de Warner para participar das conversas com a Modelo pareceu criar certo distanciamento entre ele e O Terceiro. "Warner era oficialmente o líder da diretoria e gostava de fazer esse tipo de coisa. Ele parecia gostar de estar envolvido", analisou um assessor. "E eu acho que ele era muito mais favorável ao negócio com a Modelo. Não tenho certeza se jamais entendi precisamente onde Whitacre se encontrava no espectro das opiniões. No entanto, o que ficou realmente claro foi que Whitacre ainda tinha a confiança do Terceiro. Warner não tinha a confiança dele. Acho que ele pensava que Warner apoiava O Quarto e apoiava [seu subordinado próximo] Dave Peacock, assim como a ideia de fazer um acordo com a Modelo e não vender a empresa."

Após O Terceiro encerrar sua saraivada de perguntas naquele dia, a questão da Modelo foi aberta ao debate da diretoria. O tom da reunião, no entanto, mudara irreversivelmente. Após O Terceiro ter atacado a Modelo daquela maneira diante de toda a diretoria, não havia como a exausta equipe de executivos da Anheuser reparar os danos. Ele tinha demasiada influência sobre o grupo.

"Contagiou a diretoria toda e, basicamente, a ideia era que... dado o preço, dados os riscos, como se poderia fazer [um acordo com a Modelo] sem negociar até certo ponto com os outros caras para ver o que havia lá?", relatou um assessor. A reunião se transformou em uma série de discussões em pequenos grupos sobre o que a empresa deveria fazer com relação à InBev, e o ímpeto para fazer um acordo com a Modelo evaporou.

"Quanto você acha que a InBev poderia realmente pagar?", perguntavam os diretores uns aos outros, lançando números baseados nas apresentações recentes dos banqueiros. A InBev talvez não conseguisse financiar um negócio avaliado em 72 ou 75 dólares por ação em dinheiro, os banqueiros haviam explicado, e a ideia de aceitar algum pagamento em ações era inviável. Mesmo assim, 70 dólares por ação em dinheiro talvez fosse viável se Brito realmente quisesse muito comprar a Budweiser. August III adotou seu *modus operandi* característico e começou a pressionar as pessoas, uma a uma, à medida que os outros observavam ansiosamente, pensando o que diriam quando chegasse a sua vez.

"Qual é o número? Qual é o número?", perguntava O Terceiro a Tim Ingrassia.

"O que é *qual* número?", retrucou Ingrassia.

"O número. Você sabe, o número. Que número podemos conseguir?"

Antes da reunião, alguns dos diretores talvez não tivessem um ponto de vista definido sobre quanto a InBev poderia pagar. Após O Terceiro agir com tanta intensidade, no entanto, pressionando-os como um grupo e, depois, constrangendo-os um a um, o preço tornou-se a principal preocupação.

"Acontece que ele é um cara estranhamente carismático", comentou um dos presentes naquele dia. "Por um lado, ele é uma caricatura e, por outro, simplesmente tem essa capacidade de influenciar uma sala e fazê-la se importar com o que ele pensa e diz. Se o placar fosse 13 a 1 em um dado momento, conforme medido por uma pesquisa de opinião informal antes do voto oficial, eu ainda assim apostaria nele se ele fosse o um. O Terceiro sabe como fazer acontecer."

Com a atenção do grupo suficientemente redirecionada para a InBev, os executivos e banqueiros da Anheuser deixaram a sala para permitir que a diretoria ficasse reduzida a seus diretores independentes. August IV, o primeiro membro da diretoria na fila para sair, levantou-se para dar sua opinião.

Seu ponto de vista era claro: em função de a Anheuser ter passado muitos anos sendo meio-proprietária impotente de sua sócia mexicana, ele agora achava que estava na hora de ela, finalmente, assumir o controle da Modelo. A declaração não foi muito entusiasmante. Várias pessoas na sala ficaram decepcionadas por O Quarto nunca ter feito uma defesa apaixonada do plano em que sua equipe trabalhara tão arduamente. "Acho que alguns na diretoria sentiram que, à medida que o processo da InBev seguia seu rumo, August IV poderia ter sido mais assertivo", revelou o embaixador Jones. "Ele não mostrou firmeza na hora de defender a transação e não mostrou a liderança que a diretoria esperava dele." Parte da razão para esse comportamento, Jones pensava, pode ter sido "porque August III estava assumindo uma posição decidida em algumas daquelas questões".

Após O Quarto deixar a sala, Stokes apresentou sua avaliação cuidadosamente formulada — ele tinha dúvidas com relação ao negócio com a Modelo, mas parecia estar entre neutro e favorável à ideia. E, então, passou a palavra ao Terceiro. Agora que a hora de decisão chegara, O Terceiro diminuía a pressão. Deixar que os diretores independentes pensassem que sua opinião fora demasiadamente dogmática poderia, na realidade, ser um tiro pela culatra. Assim, ele reiterou brevemente por que acreditava que a negociação não fazia sentido e, então, deixou o assunto para ser decidido pela diretoria.

"Quando chegou a hora de contar votos, ele resumiu suas preocupações, mas foi muito mais diplomático e basicamente disse: 'Se vocês acham que isso é algo que devemos fazer, devemos fazê-lo'", contou um dos presentes na sala. "Se vocês acham que isso é o que faz mais sentido para a empresa, não vou deitar no meio da rua para obstruir a transação."

"Porém, é bem possível que ele tenha dito isso já conhecendo a postura dos outros caras", acrescentou essa pessoa— sabendo, em outras palavras, que outros membros da diretoria votariam a favor de uma negociação com a InBev. "No sábado e no domingo, ele havia deitado no meio da rua."

■ ■ ■

Sempre que O Quarto era ejetado da sala de reunião da diretoria, ele se retirava furtivamente para uma pequena antessala no hangar, onde ficavam uma máquina de fax e uma impressora, e começava a dedilhar seu BlackBerry como uma criança jogando seu Game Boy do lado de fora do escritório do pai. Em um dado momento durante as deliberações dos diretores independentes, O Quarto dirigiu-se aos seus assessores sentados a seu lado.

"O que vocês acham que eles estão discutindo lá dentro?", perguntou, meio que de brincadeira.

O Quarto aparentava estar cada vez mais atordoado e estranho durante as últimas semanas, mas seus colegas ficaram, apesar de tudo, surpresos de ouvir tal comentário vindo de um CEO de uma grande empresa. Ninguém falou muito na hora, mas vários deles expressaram sua frustração ao relatarem aquele momento mais tarde.

"O que vocês acham que eles estão discutindo lá dentro?", um deles repetiu incredulamente. "Não sei. Você é a porra do CEO!"

O comportamento desorientado de August IV irritou alguns dos executivos e assessores da Anheuser que sabiam que aquele era o momento mais importante para seu CEO manter a concentração. Durante uma reunião de diretoria, ele se voltara para um de seus consultores e perguntara como a família Busch iria se sustentar financeiramente se o negócio fosse fechado.

"Se vendermos a empresa, como esses caras receberão seus dividendos no futuro?", perguntou.

"Foi uma pergunta capciosa", o assessor defendeu. "Eu disse: 'August, se eles venderem a empresa, eles terão dinheiro. Poderão decidir o que quiserem.' Foi totalmente bizarro. As pessoas olhavam para ele pensando 'De onde veio essa droga de pergunta?'"

"Eu ficava me perguntando se August estava drogado durante as reuniões", o assessor desabafou, expressando uma dúvida reiterada por vários outros membros da equipe. "Porque ele simplesmente ficava sentado lá, como se estivesse totalmente fora de si. Em determinados momentos, parecia que ele estava dormindo."

"Aos poucos, O Quarto desmoronava", confirmou outro. "Ele estava em uma névoa física e mental havia semanas. O trabalho de Pedro era fazê-lo se vestir de forma que ele pudesse aparecer para os eventos em que precisava estar presente."

■ ■ ■

Após Stokes e O Terceiro saírem da sala de reuniões da diretoria, Joe Flom assumiu a palavra e deixou claro para os diretores independentes que estava pronto para uma briga se eles assim desejassem. Ele não os pressionaria em uma direção ou em outra, mas disse que tinham a flexibilidade legal de recusar a InBev se fosse essa a intenção deles. "Ele falou sobre a responsabilidade fiduciária deles", revelou um dos presentes. "Eles não tinham qualquer obrigação de vender a empresa, havia a possibilidade de outra transação excelente e, sim, ela poderia ser questionada, mas havia boas razões para justificar a ação."

"Era como o último ponto de resistência possível — vamos sair das trincheiras."

A diretoria achava que os planos da Anheuser-Busch de agir por conta própria poderiam superar a oferta da InBev de 65 dólares por ação, sobretudo se a Modelo fosse incorporada a essa estratégia. No entanto, estava apreensiva no que tangia a fechar um negócio com os mexicanos depois das ponderações do Terceiro naquele dia. Após deixar o debate continuar por um tempo, Whitacre, dando uma de oráculo, finalmente interviu para dar sua opinião.

"Simplesmente não entendo como podemos fazer essa outra transação, com todos os riscos a ela associados, sem ter alguma comunicação com os caras que colocaram uma oferta tão grande na mesa e ver se eles não poderiam melhorá-la", comunicou ele à diretoria. "Só então podemos decidir o que fazer."

Era difícil discordar dessa lógica, até mesmo para aqueles que poderiam ter desejado fazê-lo. Se a Modelo estivesse se oferecendo a um preço de barganha por um tempo limitado, as coisas poderiam ter sido diferentes. No entanto, as exigências da Modelo continuavam a aumentar. Como a diretoria poderia explicar sua decisão para os acionistas sem ao menos solicitar à InBev uma oferta mais alta? Pareceria totalmente irresponsável.

Alguns membros da diretoria ficaram preocupados com a possibilidade de perder a Modelo por completo se eles se dirigissem à InBev. Certamente, os mexicanos e seus assessores ficariam furiosos. Mesmo assim, eles decidiram, negócios são negócios, e a incumbência era fazer o melhor negócio possível para os acionistas da Anheuser. Para minimizar a afronta à Modelo, eles poderiam manter a InBev com rédeas curtas, exigindo que voltasse rápido com uma resposta.

Por unanimidade, os diretores concordaram que a melhor opção era solicitar que a InBev aumentasse sua oferta. Eles precisavam ver a melhor e derradeira oferta dos brasileiros para tomar a decisão certa, o que significava que não havia escolha a não ser romper o silêncio.

Apenas uma pergunta permanecia sem resposta: quem deveria fazer a sondagem? Um telefonema tão importante, após semanas se recusando a fazer qualquer contato, exigiria um toque habilidoso. A Anheuser precisava abrir, com cuidado, um diálogo com seu rival, agora amargo, e extrair um preço mais alto, usando a ameaça de uma negociação alternativa para pressioná-lo. Se a Anheuser exagerasse ou desvalorizasse sua posição, seja inflacionando as perspectivas do acordo com a Modelo ou revelando que a diretoria tinha restrições quanto a ele, a InBev poderia não morder a isca. "Não aceito 1 centavo abaixo de 70 dólares", anunciou o embaixador Jones ao grupo, expressando um sentimento que alguns outros da diretoria também compartilhavam. No entanto, a 65 dólares por ação, a oferta atual da InBev, não era tão ruim assim, dado o desempenho fraco das ações da Anheuser.

August IV era o candidato óbvio para a tarefa. Porém, a diretoria tinha restrições sérias quanto à sua capacidade de lidar com uma incumbência tão sensível. Sua ida à Flórida para encontrar os executivos da InBev criara mais ambiguidade do que clareza. Seria inapropriado voltar ao passado e apelar a August III para ajudar, e recrutar um executivo de segundo escalão, subordinado a August IV, também pareceria estranho, sobretudo porque a maioria desses executivos era favorável à transação com a Modelo. Então, a diretoria voltou-se para dentro e decidiu que Warner e Whitacre deveriam juntar-se ao Quarto para fazer o telefonema.

"Eram os três para que houvesse supervisão adulta", contou um assessor da Anheuser. "Não havia maneira de confiarem nele."

Com a diretoria agora decidida quanto ao rumo a tomar, chegara a hora de chamar o CEO. Um membro do grupo esticou a cabeça para fora da sala de reuniões, fez um sinal para a secretária que estava de sentinela no corredor e solicitou que ela encontrasse August IV para pedir-lhe que retornasse à sala da diretoria. Quando ele entrou alguns minutos mais tarde, Warner comunicou-lhe a decisão diante do grupo.

A notícia deve ter sido difícil de engolir. O Quarto trabalhara arduamente por três semanas seguidas para fechar o acordo com a Modelo e salvar a empresa, e agora estava sendo rejeitado sem rodeios pela própria diretoria. Ele nunca tivera muita influência sobre os diretores, mas aquilo era um soco no estômago — sobretudo porque o próprio pai influenciara a decisão da diretoria.

Mesmo assim, August IV não mostrou sua decepção. "Após as avaliações terem sido concluídas, acho que ele não discordou delas", disse Jim Foese. "Ele foi, na realidade, muito profissional com relação a tudo", confirmou outro dos presentes. "Ele certamente foi, daquele momento em diante, muito profissional nas negociações. Não acho que ele tenha ficado chocado."

Ele estava suficientemente distraído, no entanto, para esquecer de repassar a decisão da diretoria para o restante de sua equipe. Os banqueiros e executivos da empresa tinham permanecido em uma área separada do hangar, esperando que alguém saísse e fizesse algum tipo de pronunciamento e talvez os levassem de volta à sala de reunião para aprofundar as discussões com o elenco inteiro. Em vez disso, eles olharam para cima e viram as hélices do helicóptero do Quarto começarem a girar. Um momento mais tarde, um dos jatos da Anheuser-Busch começou a taxiar, saindo do hangar em direção à pista do aeroporto.

Eles trocaram olhares perplexos, se perguntando se a sessão executiva da diretoria fora suspensa, o que fora decidido e se o avião que decolava tinha como destino Nova York e estava deixando alguns deles abandonados em St. Louis. Era estranho que ninguém tivesse fornecido informação alguma aos banqueiros, mas ainda mais perturbador foi o fato de que os executivos ansiosos ficaram sem saber o que acontecera. A dissolução repentina da diretoria sugeria que a Modelo, definitivamente, não recebera "luz verde", uma vez que quem vinha gerenciando aquelas conversas eram justamente as pessoas que estavam na sala e não sabiam de nada.

"O fato de a equipe gerencial inteira não ter sido informada sobre o resultado da reunião é característico da forma como eles tratam todo mundo", queixou-se um assessor.

Após a partida da maioria dos diretores, Sandy Warner finalmente chamou o grupo de volta para a sala de reuniões, lhes pediu que sentassem e anunciou a decisão de contatar a InBev para exigir uma oferta mais alta até quarta-feira.

"São pessoas sérias e ofereceram um preço sério", declarou ele enquanto o presidente do conselho diretor Pat Stokes se postava a seu lado. "Vamos ver qual o melhor preço que conseguimos extrair deles. Vamos voltar a eles para ver se conseguimos mais."

A essa altura, a notícia não era uma surpresa total. Todos tinham testemunhado a oposição explícita do Terceiro ao acordo com a Modelo uma hora ou duas antes. Ficaram abismados de ouvir que as três semanas insones que acabaram de passar tentando costurar a transação com a Modelo iam se arrastar ainda mais para que a diretoria pudesse testar a InBev no último minuto.

Tom Santel, após liderar o esforço todo, ficou particularmente de queixo caído. "Eu fiquei chocado com aquilo — que eles iam conversar com a InBev primeiro", revelou. "Para dizer a verdade, parecia uma coisa estranha a fazer, ou seja, consultar alguém de fora antes de tomar uma decisão."

"Estávamos tentando salvar a empresa", ele ponderou. "Achávamos que tínhamos meios muito interessantes de manter a independência de nossa empresa, de fazê-la crescer com um negócio atraente, de realmente criar um futuro interessante para nós e conseguir fechar a única transação que achávamos que nunca seríamos capazes de fechar. Foi muito frustrante."

A pedido de Warner, os banqueiros se juntaram antes de entrarem no jato de volta para Nova York para escrever um roteiro que ajudaria a orientar a conversa que ele, Whitacre e August IV logo teriam com a InBev.

Entretanto, a desanimada equipe de executivos da Anheuser se arrastou até seus respectivos carros e combinou de se reunir no Fox and Hound, um bar esportivo perto do aeroporto, para afogar as mágoas. Eles teriam dirigir na volta, o que impedia que se condoessem além de um determinado ponto. Após trabalhar como burros de carga para levar a negociação da Modelo à beira da conclusão — deixando comunicados à imprensa e teleconferências prontos —, eles percebiam que agora não tinham qualquer opção a não ser mudar de marcha mentalmente. Parecia apropriado entornar algumas Bud Lights a preços exagerados após um dia tão desmoralizante. Na manhã seguinte, Tom Santel desligou todos os seus aparelhos eletrônicos — uma decisão profundamente simbólica para alguém tão ligado ao escritório — e pegou sua bicicleta para fazer um longo e contemplativo passeio pelos subúrbios de St. Louis.

Aquela segunda-feira marcou um ponto de inflexão crucial. Alguns funcionários e assessores da Anheurser entraram na reunião daquele dia esperando que a diretoria endossasse uma oferta para a Modelo no momento em que ela suspendesse a sessão. Em vez disso, a diretoria emitiu um conjunto decepcionante de instruções e decidiu realizar uma nova reunião dois dias mais tarde para avaliar os resultados. August IV contataria a InBev para solicitar uma oferta final e melhor. E ele teria o apoio emocional e jurídico dos dois homens que a InBev secretamente identificara como seus aliados mais prováveis.

■ ■ ■

Toda a equipe da Modelo — desde Carlos, María e outros membros da família até seus banqueiros, advogados e operadores de relações-públicas contratadas — aguardaram com suspense naquela segunda-feira, esperando, a qualquer momento, um telefonema que mudaria suas vidas. O telefone nunca tocou.

Em vez disso, a diretoria da Anheuser pediu que o Goldman levantasse algumas questões modestas relativas aos procedimentos com a Modelo para ajudar a protelar o processo e com o pretexto de que um acordo ainda estava em negociação. "Era 'Vá e acerte algumas dessas coisas que precisam ser acertadas com a Modelo porque a diretoria deseja um pouco mais de clareza'", analisou um dos envolvidos na questão. "Mas, na verdade, era principalmente ir até a Modelo e dizer: 'Modelo, fique quieta por uma semana. A diretoria tomará uma decisão definitiva na próxima.'"

Temendo que seus clientes terminassem excluídos de qualquer transação, Mercado e Kindler já haviam programado uma reunião com os assessores da InBev para o dia seguinte nos escritórios do Lazard, no Rockefeller Plaza nº 30, o arranha-céu de Manhattan que abriga os estúdios da NBC e o famoso restaurante Rainbow Room. Eles tinham um acordo totalmente finalizado com a Anheuser-Busch — os documentos estavam prontos para serem assinados. No entanto, após terem sido deixados na mão no dia anterior, eles queriam deixar acertado um acordo com a InBev no caso de a negociação com a Anheuser não ir adiante. A InBev, por sua vez, desejava impedir que a Modelo fechasse aquele negócio. Antonio Weiss e o restante da equipe da InBev não sabiam que a Anheuser e a Modelo tinham chegado a milímetros de uma fusão, mas sabiam que as conversas ainda estavam em andamento.

Os dois lados se sentaram em uma sala de reunião às oito horas daquela manhã e começaram a diligentemente abordar os pontos pendentes, até um assistente entrar para dizer a Weiss que ele tinha uma ligação telefônica urgente — algo suficientemente importante para retirá-lo das discussões por alguns minutos. A equipe da Modelo começou a ficar apreensiva quando o viu sair.

"Ficamos sentados lá pensando: 'Você sabe do que mais? Vamos ver o que acontece com a A-B. Temos os acordos prontos para serem assinados'", contou uma pessoa ligada à Modelo. "Mas também não vamos sair desta sala, porque se aquilo não for adiante, queremos concluir os acordos com a InBev." Weiss, por fim, retornou, e, quando a equipe da Modelo partiu naquela tarde, eles haviam negociado por cinco horas.

Já era tarde demais. Assim que Fernández, Kindler e Mercado saíram pelas portas giratórias do edifício decorado de mármore do Rockefeller Center, onde a recepção de telefonia móvel é precária, eles se conectaram com o Goldman e receberam a notícia de que a diretoria da Anheuser acabara de solicitar uma oferta mais alta à InBev.

"Literalmente soubemos que tudo tinha acabado", disse uma pessoa ligada à Modelo. "Não havia chance alguma de nossa negociação acontecer após eles dizerem à InBev: 'Dê-nos sua última oferta, caso contrário vamos fazer outra coisa.'"

Kindler se voltou para Carlos Fernández, fez que não com a cabeça e disse: "Vamos para casa."

O fato de que a diretoria da Anheuser-Busch estava protelando enquanto falava com a InBev não passou despercebido por Don Antonino e pelos outros membros das famílias que controlavam a Modelo. Ele estava chegando a seu limite e ameaçava retirar seu apoio totalmente.

Isso deixava Carlos em um lugar precário — ele estava tentando preencher a lacuna entre a Modelo e a Anheuser-Busch, mas o espaço entre as duas empresas se ampliava cada vez mais, e ele só poderia ir até certo ponto. Se a Anheuser-Busch não dissesse "Sim" logo, perderia a Modelo totalmente.

Sandy Warner, sentindo o desconforto de Carlos, chamou seu ex-colega para confirmar que a diretoria estava, de fato, contatando a InBev. Ele ofereceu algumas palavras de apoio a Carlos, que sentiu que Warner ainda estava aberto a um acordo.

"Espere um pouquinho, Carlos", pediu Warner. "Voltaremos a entrar em contato."

Capítulo 14

É pegar ou largar

A história aqui é que a Anheuser-Busch, na verdade, jogou muito bem. Todos acham que eles foram enrolados. Eles não foram. Eles jogaram bem ao fazer tanto estardalhaço que forçaram Brito a sair de sua zona de conforto.

— Consultor da Anheuser-Busch

Os executivos e assessores da InBev acordaram na manhã da terça-feira, dia 8 de julho, para descobrir que as placas tectônicas por baixo de sua oferta de aquisição haviam mudado da noite para o dia. Antes de deixar o escritório na noite anterior, eles estabeleceram a agenda de uma reunião de estratégia que fora marcada para a manhã seguinte no Lazard. Naquela noite, August IV enviou um e-mail a Jorge Paulo Lemann dizendo que a Anheuser — pela primeira vez desde o início da saga da tentativa de aquisição — desejava conversar. Era a abertura que a InBev esperava, e ela veio menos de um dia após a empresa divulgar publicamente sua chapa de candidatos. Seu ataque deve ter atingido a diretoria da Anheuser bem na jugular, a equipe da InBev deduziu com bastante orgulho, pouco antes de perceber que a agenda para a reunião da manhã agora se tornara irrelevante.

A InBev não ficou chocada por a Anheuser ter estendido a mão, mas ficou surpresa por isso ter acontecido tão rapidamente. Eles esperavam que seu rival norte-americano protelasse por algumas semanas mais. O grupo de executivos de primeiro escalão e consultores da InBev estava visivelmente animado quando se reuniu no Rockefeller Plaza naquela manhã. "As pessoas pensaram: 'Isso pode finalmente ser um grande avanço'" anteviu alguém ligado à InBev. "Porque, obviamente, sabíamos que tínhamos divulgado uma chapa de candidatos arrasadora no dia anterior. Estávamos muito orgulhosos de nós mesmos."

Brito, como sempre, estava relutante para interpretar o contato da Anheuser como algo além de um simples pedido para dialogar. Ele desejava ter certeza de que era um gesto de paz e não uma rejeição brusca. "Todos estavam otimistas e esperançosos, mas naquela altura tudo o que sabíamos era que eles desejavam falar por telefone", contou uma pessoa próxima à InBev. "Não sabíamos se era um telefonema para nos dizer 'Estamos fazendo uma fusão com a Coca-Cola' ou 'Temos um acordo para fechar o capital da empresa.'" A Anheuser-Busch poderia simplesmente estar procurando investigar todas as possibilidades antes de seguir adiante em uma direção completamente diferente.

Após uma breve discussão sobre como reagir ao contato, os brasileiros responderam a August IV por e-mail. As duas empresas rapidamente concordaram em fazer a ligação telefônica poucas horas mais tarde, com três representantes designados de cada lado da linha. Posicionados contra Whitacre, Warner e August IV, da Anheuser-Busch — todos os três homens de negócio que haviam dirigido empresas americanas emblemáticas —, estaria um triunvirato de brasileiros: Lemann, Brito e Telles. O telefonema seria o momento mais importante da batalha pelo controle da Anheuser-Busch até então, qualquer que fosse o anúncio que a Anheuser planejava fazer. E a InBev estava ansiosa para ouvir.

August IV, Whitacre e Warner discaram naquele dia de locais diferentes. August IV quebrou o gelo proferindo algumas palavras quando a chamada começou, mas Warner e Whitacre assumiram a condução da conversa após O Quarto tocar nos pontos mais importantes do roteiro combinado. "A diretoria nos escolheu para essa tarefa porque Ed tinha feito muito esse tipo de coisa quando dirigiu a AT&T, eu fiz muito isso como banqueiro, mas August nunca tinha feito nada disso", explicou Sandy Warner. "Tínhamos simplesmente perspectivas diferentes sobre o assunto e as levamos para o telefonema."

Os dois membros mais velhos da diretoria foram direto ao assunto. A Anheuser-Busch estava procurando uma opção diferente, Warner informou, e uma reunião de diretoria crucial estava programada para quarta-feira à noite. Se a InBev ainda estivesse interessada em adquirir a Budweiser, a diretoria queria sua oferta final e melhor sobre a mesa no momento em que aquela reunião começasse. E eles queriam mais do que apenas dinheiro vivo. Queriam garantias de que qualquer negócio proposto teria uma probabilidade alta de ser concluído. Se a diretoria da Anheuser não ouvisse a resposta da InBev até aquela data, ele comunicou, ela presumiria que a InBev estava mantendo sua oferta de 65 dólares por ação. E, a esse preço, a Anheuser poderia facilmente justificar optar por outra transação.

"Antes de fazermos qualquer movimento nesse sentido e antes desse processo se desintegrar em um conflito extremamente negativo, vocês talvez queiram voltar e considerar se 65 dólares por ação é a sua oferta final e melhor", disse Warner. "Se vocês retornarem com uma resposta dentro do prazo que lhe demos, responderemos prontamente."

Relatos das conversas da Anheuser com a Modelo haviam aparecido em todos os jornais, mas Whitacre, Warner e O Quarto se recusaram a revelar quaisquer detalhes sobre a segunda opção da Anheuser. "Decidimos que, se eles quisessem ir dormir pensando que estávamos fazendo uma fusão de iguais com a SABMiller, boa noite. Se desejassem ir para a cama pensando que estávamos fazendo uma recapitalização (a qual teria aumentado brutalmente o endividamento da empresa), boa noite", disse uma pessoa ligada à Anheuser-Busch. "Não iríamos dizer-lhes claramente o que estava acontecendo."

A ameaça da Anheuser de ter um "Plano B" perturbou um pouco a InBev, mas não era muito convincente. "Embora estivessem considerando algo desse tipo, fiquei com a sensação de que era algo que seus assessores ou gerentes talvez houvessem sugerido, mas não algo que esses dois caras, de fato, desejassem fazer", ponderou uma pessoa ligada à InBev. "Eles basicamente nos disseram: 'Vocês entenderam tudo errado. Nunca dissemos que não venderíamos a empresa. Vocês não entenderam direito nossa rejeição do dia 26. A situação está se agravando e ficando hostil, e não precisa ser assim. Faremos a melhor transação possível para nossos acionistas. Precisamos de sua oferta final e melhor.'"

Antes de o telefonema de terça-feira começar, os brasileiros concordaram que, se a Anheuser-Busch desse qualquer passo na direção de um acordo, eles tentariam direcionar a questão para os banqueiros deles em vez de tratarem de pontos específicos por telefone. "O que eles planejavam era dizer: 'Bem, vamos reunir nossos banqueiros e talvez vocês possam mostrar-nos que o negócio vale mais. Queremos entender isso perfeitamente'", explicou uma pessoa envolvida na questão.

Foi precisamente assim que agiram. A notícia de que os dois lados haviam conversado se espalhou no campo da InBev e os humores melhoraram sensivelmente. "As pessoas começaram a pensar: 'Esse negócio vai mesmo acontecer'", comentou uma pessoa com conhecimento da empresa.

■ ■ ■

A esperança renovada da InBev foi combinada com uma sensação igualmente grande, se não maior, de inevitabilidade e temor por parte de Ingrassia e Gross, do Goldman. Os dois ainda não tinham qualquer ideia do que realmente transcorrera por trás das portas fechadas na reunião decisiva do dia anterior em St. Louis. Eles sabiam que a Modelo tinha sido colocada em compasso de espera e que a Anheuser planejava telefonar para a InBev, mas tinham voltado para casa naquela noite com uma vaga ideia do que poderia acontecer em seguida.

Ao atender o telefone na terça-feira, Gross foi cumprimentado por Whitacre, Warner e August IV, os quais haviam acabado de falar com a InBev. O Quarto falou primeiro, na condição de mestre de cerimônias, rapidamente cumprimentando Gross e Ingrassia que também tinha sido incluído na chamada antes de Warner e Whitacre darem o golpe.

A diretoria queria que o Goldman parasse o que estivesse fazendo e marcasse uma reunião para mais tarde, naquele dia, com Antonio Weiss e os outros banqueiros da InBev, disseram Warner e Whitacre. "Queremos que vocês negociem com esses caras. Dissemos a eles que temos outras oportunidades e que eles precisam aumentar sua oferta. Agora, vocês precisam falar com o Lazard."

"Céus", pensou Gross, seu queixo caindo de espanto. Eles não tinham passado três semanas seguidas correndo para salvar a empresa, selando um acordo com a Modelo e encontrando 1 bilhão de dólares em custos para cortar? Estava claro que a diretoria não ficara muito impressionada com o esforço. "Acabou", pensou. "*Acabou.*"

Ele e Ingrassia cumpriram as ordens e pegaram o telefone para ligar para Weiss, que esperava a ligação em sua mesa, e, em seguida, chamaram um carro para levá-los até os escritórios do Lazard. Não demorou muito para os dois banqueiros reunirem os materiais necessários para justificarem um preço mais alto — eles já os tinham apresentado à diretoria da Anheuser diversas vezes. Trocaram olhares desanimados ao entrarem no carro e atravessaram o fluxo crescente de trabalhadores de Manhattan que terminavam o dia de trabalho e voltavam para casa.

A viagem foi surreal. Parecia muito precipitado sair correndo para fechar um negócio a essa altura. O que aconteceria em seguida parecia óbvio para os dois banqueiros experientes em fusões. Eles envolveriam o Lazard em alguma variação da mesma dança de acasalamento elaborada que precedia a maioria das fusões. O Goldman começaria declarando que a Anheuser merecia um preço maior. Lazard responderia dizendo que a InBev não queria pagar mais. Os dois lados exporiam seus respectivos argumentos e estabeleceriam a reunião de diretoria do dia seguinte como o prazo final. E, a menos que a InBev agisse de uma maneira inteiramente contrária às suas características, ela aumentaria sua oferta a ponto de satisfazer a diretoria da Anheuser.

O mês anterior fora cheio de reviravoltas emocionantes, mas os dias seguintes ameaçavam se tornar tristemente previsíveis. A equipe da Anheuser estivera a poucos centímetros de fechar um acordo com a Modelo apenas 24 horas antes e, agora, a diretoria puxara o tapete sob os pés deles. Após décadas de domínio como a cervejaria mais famosa dos Estados Unidos, Gross e Ingrassia pensaram que a Anheuser-Busch estava liquidada.

■ ■ ■

As duas equipes se encontraram no Rockefeller Plaza por algumas horas e, em seguida, suspenderam a reunião, cada uma retornando para suas sedes com os argumentos da outra sobre o valor da Anheuser-Busch. Ingrassia seguira com o Lazard o mesmo roteiro que Warner e Whitacre usaram no telefone com a InBev. A diretoria enfrentava uma decisão que geraria ações concretas, ele comunicou. "Se tomarmos essa decisão, vocês terão perdido uma oportunidade de fazer algo. Com base nisso, precisamos saber seu preço final e melhor até quarta-feira à noite." A bola estava agora com a InBev.

Brito estava preocupado em pagar um preço alto demais, sobretudo porque concorria contra ele próprio. Nenhuma outra empresa tinha o nível de interesse e os recursos financeiros para comprar a Anheuser-Busch naquele momento. Ele também temia que oferecer um preço baixo demais pudesse comprometer uma aquisição quase concluída. Ele não daria a palavra final da InBev — a diretoria decidiria, em uma reunião na manhã seguinte, sobre a conveniência de aumentar a oferta. Ele precisava recomendar um preço e as ações a serem tomadas, e essa recomendação estaria carregada com todo o peso de sua experiência.

Enquanto Brito avaliava a questão naquela noite, as duas pessoas que pareciam ter o impacto mais articulado e persuasivo sobre a decisão dele eram Antonio Weiss, do Lazard, e David Almeida, o chefe interno de fusões e aquisições da InBev. Ambos pareciam favoráveis a aumentar a oferta. Eles enfatizaram como os negócios da Anheuser se encaixavam bem com os da InBev e disseram que Brito nunca conseguiria chegar mais perto de comprar a Anheuser-Busch do que ele estava naquele exato momento. Ele queria deixar passar a oportunidade de fazer a aquisição de sua carreira, fazer o tipo de negócio revolucionário que Lemann e Telles almejavam desde seus dias na Brahma, no Brasil, por causa de uns míseros dólares adicionais por ação?

Como seria de se esperar em se tratando de quem era, Brito queria números. Ele desejava saber como a negociação terminaria financeiramente se a oferta final da InBev fosse qualquer uma dentre uma gama de preços: 68 dólares por ação, 70, 72 e acima disso. Quando a equipe da InBev encerrou a reunião naquela noite, planejando se reencontrar na quarta-feira de manhã cedo para se preparar para a reunião de diretoria mais importante de suas vidas, Brito ainda não dera qualquer indicação do preço que apoiaria. Parecia extremamente improvável que ele recomendasse mais do que 68 ou 70 dólares por ação. Os números, segundo a análise da InBev, simplesmente não justificavam pagar qualquer valor mais alto.

Havia uma mágica na ideia de oferecer 70 dólares por ação. Era o maior número que a InBev ainda acreditava fazer sentido. Era também o número que August III e alguns outros membros da diretoria da Anheuser-Busch pareciam indicar que apoiariam quando se trancaram em St. Louis. Se, através de algum canal de comunicação secreto, a InBev de fato recebeu uma indicação de que a diretoria da Anheuser aceitaria 70 dólares por ação ainda é um assunto debatido ardentemente por ambos os lados. Muitas pessoas envolvidas na negociação acreditam que a InBev chegou a esse número por sugestão de alguém de dentro da Anheuser-Busch.

Os canais de comunicações secretos durante as negociações de fusões e aquisições tendem a irritar aqueles que não estão envolvidos, e eles não possuem um grau alto de transparência. Eles são certamente permissíveis, no entanto. A diretoria da Anheuser não se sentia confiante usando August IV como um canal entre ela mesma e a InBev e não havia quaisquer outros executivos óbvios que pudessem ser usados sem violar as normas usuais de conduta. Se desejassem deixar que a InBev soubesse que 70 dólares por ação resultaria em um acordo, e não desejassem envolver seus banqueiros, os diretores independentes da diretoria tinham poucas opções a não ser agir por conta própria. Com todas as conexões que tinham em Wall Street e no mundo empresarial norte-americano, vários deles poderiam facilmente ter assegurado que a mensagem certa chegasse à InBev.

"Se você acha que houve comunicações secretas nos bastidores, provavelmente houve", revelou alguém com conhecimento profundo da negociação. "Alguém pode ter feito um contato desse tipo — para dizer que, se o negócio era para ser feito de uma forma amistosa, era esse o caminho. Não vejo como alguém pudesse dizer que uma iniciativa dessas era inconsistente com a responsabilidade fiduciária de explorar e se manter informado."

Na manhã de quarta-feira, assim que a diretoria da InBev foi informada sobre o telefonema para Anheuser e a reunião com seus banqueiros, foi iniciado o debate sobre a possibilidade de eles aumentarem sua oferta. Eles não queriam pagar mais, mas também sentiam que uma elevação de sua oferta na medida certa poderia selar o acordo rapidamente. Cinco dólares adicionais por ação era viável do ponto de vista financeiro, mas eles não queriam pagar 1 centavo a mais.

"A ideia era 'Sabe de uma coisa, vamos subir para 70 dólares, estamos preparados para pagar 70 dólares, mas nem um centavo a mais'", revelou alguém envolvido na questão. "Travaremos a batalha nos 70 dólares e estamos confiantes de que o mercado justifica esse preço." Era mais do que

Brito esperava pagar, mas era também uma tentativa por ele estar tão próximo de tomar o controle da propriedade mais desejada da indústria cervejeira.

"Acho que ele engoliu em seco e disse: 'Quando você está no carrossel, só existe um artigo de ouro entre os de latão'", contou alguém envolvido na negociação. "Esse é o padrão dourado. Vou buscá-lo, mesmo que isso signifique que eu preciso vender o que tenho agora para pagar minhas dívidas com o J.P. Morgan."

Brito se cansara de negociar através do Goldman Sachs e dos membros da diretoria da Anheuser e desejava fazer a nova oferta diretamente a August IV. A Anheuser, no entanto, não estava disposta a mudar. Eles haviam se queimado nesse jogo antes e, dessa vez, não estavam dispostos a jogá-lo.

"Os diretores queriam eles mesmos controlar a situação e não tinham interesse em que O Quarto a controlasse por eles", informou alguém ligado à empresa. Agora que as duas empresas estavam iniciando uma negociação, a diretoria da InBev teria de falar com a diretoria da Anheuser se tivesse algo a dizer. "A diretoria estava tentando, independentemente de qualquer um com o sobrenome Busch, orquestrar como a negociação seria conduzida", acrescentou essa pessoa. "Sandy e Whitacre desejavam, assim como a diretoria, que a decisão fosse tomada pela própria diretoria em vez de por qualquer outra parte." Então, na quarta-feira, Brito telefonou para Warner e August IV — Whitacre não pôde participar da chamada programada às pressas.

"Estamos extremamente confiantes de que conseguiremos fechar esse negócio a 65 dólares por ação", comunicou Brito aos dois ao se lançar em um preâmbulo um pouco antagonístico, sugerindo que ele estava disposto a ir adiante de uma forma hostil caso necessário. "É um preço justo, nós pretendíamos que fosse um preço justo e é uma proposta muito interessante para os acionistas da Anheuser-Busch."

"No entanto, preferiríamos que o negócio fosse feito de forma amistosa", acrescentou. "Para que isso aconteça, nossa oferta final e melhor é 70 dólares por ação."

A 70 dólares a ação, a nova oferta da InBev agora totalizava colossais 52 bilhões de dólares. A resposta de Warner e O Quarto, no entanto, foi decepcionantemente fria. "Eles não iriam travar qualquer discussão a respeito", revelou alguém do lado da InBev. "Eles disseram: 'Muito bem, levaremos a proposta à diretoria.'"

Brito desligou, e August IV começou a falar, sabendo que Warner continuava na linha. "Podemos conseguir mais do que isso", professou O Quarto veementemente, referindo-se aos esforços que haviam sido envidados para cortar os custos e aumentar o preço das ações da empresa. "Temos uma equipe excelente; temos uma empresa excelente. Precisamos lutar contra isso!"

Warner sentiu pena do Quarto. O jovem CEO desejava desesperadamente uma chance de provar que era capaz de salvar a empresa da família. "Sei o quanto ele desejava fazer aquilo, sei o quanto arduamente trabalhara para isso, e ele e o pai estavam se digladiando", relatou Warner. Mas era tarde demais. O tempo de jogo acabara.

"Não acho que a diretoria pense dessa maneira", respondeu Warner cuidadosamente. "É um preço justo, o risco é baixo e o retorno é excelente para nossos acionistas. Será difícil lutar contra esses fatores. No entanto, vamos entrar na próxima reunião com as mentes abertas, ouviremos o que você tem a dizer e, então, conversaremos a respeito."

Warner encerrou a chamada telefônica e ficou por um momento em silêncio. "Isso vai acontecer", pensou.

■ ■ ■

Às 16 horas, horário de Nova York, na quarta-feira, Warner e August IV comunicaram a oferta da InBev de 70 dólares por ação para a diretoria. Com tantas reuniões em um prazo tão curto, a diretoria optara por discutir e determinar sobre a questão naquela tarde por telefone em vez de convocar os jatos da Anheuser às pressas para que pudessem se reunir ainda outra vez no hangar. Eles esperavam que a decisão fosse relativamente simples, de qualquer forma. Começariam a conversar com a InBev se ela elevasse a oferta para um patamar aceitável e voltariam novamente à Modelo se isso não ocorresse.

Quando ouviram o novo número da InBev, a diretoria — e, sobretudo, o núcleo central de diretores independentes — não mostrou nenhuma indicação de surpresa. Parecia que eles ficariam mais surpresos se a InBev não aparecesse com 70 dólares por ação. "Era totalmente esperado", informou um assessor da Anheuser. "Todos sabiam que aquele era o número. Acho que eles esperavam totalmente, totalmente aquilo. A questão era se desejavam lutar por mais."

A opção da Modelo servira a seu propósito — pelo menos para a diretoria da Anheuser. Ela ajudara a construir um argumento forte em favor da oferta de 70 dólares que seus diretores apoiavam. "Ter a Modelo fez com que eles chegassem a 70 dólares", disse um assessor da empresa. "Aquilo permitiu que a Anheuser se tornasse mais atraente. A A-B negociou tudo muito bem, porque tinha ouvido que 68 dólares era o preço máximo que Brito queria pagar. Ela o forçou a fazer um esforço adicional e a pagar mais."

Com a nova oferta da InBev, a diretoria queria saber se poderia confiar nos brasileiros. Eles não queriam que Brito tentasse encontrar um pretexto para desistir da compra seis meses mais tarde. Após muita conversa sobre o tópico, a diretoria decidiu que se sentia bastante confortável para passar à última questão que ainda precisava ser discutida, e essa talvez fosse a maior.

Os brasileiros haviam enfatizado que essa era sua oferta final e melhor. No entanto, quem não diria isso em meio a uma negociação? Eles tinham feito apenas duas ofertas, e algumas tentativas de tomada de aquisição envolvem uma série de ofertas cada vez maiores antes de o alvo finalmente concordar. Com a InBev exposta diante do mundo inteiro, seus desejos por dominação global agora revelados a todos, será que ela não estaria disposta a enfiar mais 1 ou 2 dólares para fechar o acordo? Antes da teleconferência daquela tarde, o Goldman e o Citigroup haviam concordado que deveriam pelo menos aconselhar a diretoria a considerar tal opção. Então, quando uma oportunidade para abordar a questão se apresentou, Ingrassia se manifestou.

"Existe ainda a opção de voltarmos e pedirmos mais", disse, sugerindo em seu típico jeito comedido que a InBev poderia ter alguns dólares extras escondidos no bolso. Os brasileiros sabiam que estavam quase colocando a mão no prêmio, explicou, e talvez não desistissem por causa do pedido. A pior hipótese seria que eles dissessem não.

O argumento de Ingrassia era bem-articulado, e nada impertinente. Várias outros participantes do telefonema compartilhavam o mesmo sentimento. No entanto, ele recebeu uma bofetada surpreendente quando a voz rouca de Whitacre interveio e exigiu — usando linguagem mais apropriada para o convés de um navio — que Ingrassia calasse a boca.

"Lembro-me de uma reação muito, muito severa, e não muito bem-articulada, que foi 'De jeito nenhum, não vamos fazer nada mais'", contou alguém que ouviu a repreensão. O comentário foi "tanto um ataque à ideia quanto um pouco de um ataque *ad hominem* à 'insensatez' de tentar fazer aquilo. E lembro-me de ter ficado muito surpreso, porque achava que era algo muito pertinente. E eu concordava em gênero, número e grau com ele".

Ninguém reagiu à bronca — os outros membros da diretoria permaneceram em silêncio, e a discussão continuou. A nova oferta da InBev era bastante atraente se comparada com os próprios planos da Anheuser para aumentar o preço de suas ações, alguns deles pensaram. "Havia um sentimento de que não valia a pena esticar a corda até o limite nessa hora", disse Jim Forese. "Certamente Ed não teria ficado sozinho." O embaixador Jones estabelecera seu preço mínimo em 70 dólares, e estava debatendo se aceitaria uma oferta que mal chegava a esse patamar. Ele também estava acompanhando cuidadosamente os noticiários em busca de informações sobre a Fannie Mae e a Freddie Mac, duas agências concessoras de hipotecas apoiadas pelo governo norte-americano que estavam à beira do colapso naquela semana. Se elas implodissem e provocassem ondas de choque pelos mercados, a InBev poderia desistir de seu interesse em tomar o controle e as ações da Anheuser poderiam cair para menos de 50 dólares.

Um pagamento de 70 dólares por ação por parte da InBev "basicamente dava aos acionistas em dinheiro vivo no primeiro dia o que esperávamos dar-lhes em três anos, após muito trabalho árduo e uma dose razoável de risco", ponderou Sandy Warner. "Então, você se diz, eles têm mais confiança do que nós em sua capacidade de cortar custos e são muito bons nisso, o que soava como algo que teríamos que considerar muito, muito seriamente."

Havia também a questão do decoro. Brito cumprira a palavra. Ele respondera com uma oferta substancialmente mais alta no prazo que a diretoria da Anheuser dera a ele, e a diretoria prometera que voltaria com uma resposta em seguida. "Você volta e sacaneia eles dizendo 'Bem, queremos 72 dólares para fechar o negócio'", Warner sugeriu. Ou diz 'Vamos em frente para ver se conseguimos negociar um contrato para fechar isso a 70 dólares.' Foi isso que decidimos fazer. Devíamos a eles um 'sim' ou um 'não'. Foi isso que dissemos que lhes daríamos."

Algumas pessoas ligadas à diretoria, no entanto, ficaram irritadas com o comentário sarcástico dirigido a Ingrassia e com a falta de reação do restante da diretoria. "O que desanima é que, quando se está na sala com esses caras supostamente icônicos, eles ficam calados e não se manifestam com mais firmeza", comentou alguém da Anheuser "ou você vê O Terceiro ser tão preconceituoso e sempre tentar interpretar as informações para ajustá-las às próprias ideias preconcebidas em vez de realmente parar e pensar sobre algumas dessas coisas."

"Whitacre ficou calado a maior parte do tempo. O que levou todos a pensarem que ele já tinha tomado uma decisão e que simplesmente não queria revelá-la."

"Era uma diretoria que estava essencialmente agindo às pressas no desejo de fechar o negócio. Para ser franco, é por isso que qualquer explicação que sugira que a InBev orquestrou 'A grande batalha pelo controle' é falsa. Foi muito mais uma questão de uma diretoria que procurava as saídas de emergência nesse caso."

A explosão de irritação aguçou os ouvidos de algumas pessoas de dentro da Anheuser que já especulavam se alguém do lado deles prometera discretamente à InBev um voto favorável se ela oferecesse 70 dólares por ação. A nova oferta parecia muito eficiente para ser acidental.

"Uma das coisas que imediatamente pensei foi que talvez alguém em algum lugar contara a outro alguém que eles poderiam obter a concordância da diretoria se chegassem a 70 dólares. A ferocidade do comentário foi violenta", revelou um funcionário da Anheuser. "Você não podia deixar de pensar que 'Espera aí, isso é um pouco estranho.'"

"Achei esquisito", concordou o embaixador Jones, "mas eu não tinha ideia do que havia acontecido naquelas discussões."

Aqueles que acreditam nas teorias de conspiração e que juraram haver contatos de alto nível nos bastidores tinham pelo menos um alvo fácil para indicar: Sandy Warner. Por ser ex-CEO do J.P. Morgan e, depois, ex-presidente da fusão do J.P. Morgan Chase, Warner tinha uma conexão óbvia com Doug Braunstein, o banqueiro do J.P. Morgan que estruturou o imenso pacote financeiro da InBev. Todas as vezes que a InBev divulgava um comunicado à imprensa que coincidia perfeitamente com uma reunião de diretoria da Anheuser-Busch, Warner era olhado com desconfiança. Quando a InBev voltou com 70 dólares por ação e a diretoria da Anheuser aceitou tão rapidamente, os olhares se tornaram ainda mais desconfiados.

A conexão de Warner com Braunstein não foi útil em nenhum dos casos. "Na realidade, foi contraproducente", Warner avaliou. "Ela tornava minha posição em tudo aquilo um tanto embaraçosa, eu diria. Posso lhe afirmar que não tive uma única conversa informal por telefone ou pessoalmente, de forma alguma, com qualquer representante do Morgan enquanto tudo se desenrolava."

Se a InBev tivesse oferecido apenas 68 dólares por ação, o que igualaria sua oferta aos planos que a Anheuser desenvolvera sozinha, ou se ela não tivesse elevado sua oferta, a teleconferência da diretoria naquela noite teria sido muito mais interessante. "Eles poderiam ter blefado e dito 'Vamos ficar nos 65 dólares' e, em seguida, teríamos que decidir o que fazer", analisou Jim Forese. "Todas essas questões se tornam as grandes incógnitas da história."

"E se eles não tivessem [aumentado a oferta]?", perguntou Warner, que achava interessante especular sobre o resultado — embora presumisse que a InBev entraria com mais alguns dólares. "Nós teríamos, então, comprado a outra metade da Modelo."

Em vez disso, os dois lados chegaram a um preço aceitável sem muita disputa. "Quando a InBev elevou seu preço a 70 dólares, eu acho que a diretoria já estava cansada", disse uma pessoa ligada à Anheuser. "Acho que eles também estavam cansados." O esforço incipiente da InBev para destituí-los de seus cargos não foi o fator mais importante que os motivara, mas certamente teve algum efeito.

A percepção de que a venda da empresa lhes permitiria escapar de uma enrascada que eles ajudaram a criar foi o que fez com que os diretores da Anheuser respirassem aliviados quando a nova oferta da InBev chegou. Ela colocaria um fim no debate sobre a substituição ou não do Quarto e dispensaria a discussão das razões pelas quais a diretoria se curvara aos desejos do Terceiro e o instalara no comando para início de conversa. Uma das grandes vantagens de vender a empresa, além do dinheiro que iriam ganhar, era não precisar admitir que talvez tivessem cometido um erro.

Em 2006, quando O Quarto foi entrevistado para ser o CEO concorrendo com alguns outros candidatos, ele confessara à diretoria que planejava emular o pai. Seria um executivo detalhista, O Quarto disse, exatamente como o pai era, e sua reputação ruim ficara no passado. No entanto, após a diretoria tê-lo promovido para a posição, começou a ouvir reclamações de que August IV não gostava muito de trabalho — que ele se ausentava com frequência e era difícil de encontrar. "Era sempre difícil encontrá-lo na parte da manhã", comentou um assessor da empresa. "Era difícil encontrá-lo e ponto final." Ele sabia muito bem motivar os distribuidores de cerveja da Anheuser-Busch, mas esperava-se mais de um CEO da Anheuser-Busch do que proferir discursos de motivação.

"Não consigo imaginar de jeito nenhum, a não ser que tenha havido uma transformação de sua personalidade, como eles puderam fazer desse cara o CEO", criticou um assessor da Anheuser. "Uma coisa é quando a família detém 40% da empresa. É apenas mais um exemplo, em última análise, de uma diretoria de empresa que toma uma decisão sem sentido. Certamente entre os pontos positivos de vender a empresa estava não deixar o mundo saber sobre os problemas da gerência, não ter aquilo exposto de maneira tão flagrante."

Whitacre atestara, em um comunicado à imprensa divulgado em 27 de setembro de 2006 — o dia da nomeação de August IV — que ele era o indivíduo mais qualificado para dirigir a empresa. "Ele era considerado qualificado porque tinha feito um trabalho bastante sólido na administração das operações nos Estados Unidos e por ter sido muito bom em, de certa forma, mudar o rumo da história", explicou Jim Forese. "Ele era um defensor da necessidade de se fazer mudanças radicais, tendo em vista o que estava acontecendo na indústria. E ele tinha um histórico muito bom. Tinha uma equipe bastante boa a seu redor."

"Posso afirmar que ninguém jamais me chamou e disse: 'Como você pode ter sido tão burro a ponto de nomear O Quarto para o cargo de CEO?'"

"Se alguma pessoa foi preparada para essa posição, essa pessoa era ele", avaliou o general Shelton. "Quero dizer, publicidade, vendas, administração da cervejaria, ser um mestre cervejeiro diplomado na Alemanha, ele parecia ser um pacote completo. Ele estivera sob nossa observação por algum tempo e acho que a diretoria se sentia muito confortável com sua ascensão ao cargo de CEO."

Anos mais tarde, a decisão permanecia contenciosa. "Vou lhe dizer, se eu fosse August III e desejasse perpetuar o controle ou a dominação da empresa pela família, não teria colocado O Quarto lá", confessou uma pessoa que foi membro de várias diretorias importantes. "O padrão de comportamento não fazia qualquer sentido. Esse foi um erro grave daquela diretoria. Se existe uma coisa que a diretoria precisa fazer direito é escolher o CEO certo."

Grosso modo, a diretoria teria de conviver com as consequências de suas ações. Eles estavam inclinados a aceitar a oferta da InBev em parte porque "ninguém tinha confiança no Quarto, e quem tinha menos confiança nele era O Terceiro", disse outro assessor. "Se eles não vendessem a empresa, não teriam coragem de dar um tiro na cabeça de August IV."

"Isso foi, de certa forma, uma solução simpática após deixar O Terceiro convencê-los a colocar O Quarto no cargo mais importante, o que nunca deveria ter acontecido."

A decisão do Terceiro de apoiar a candidatura do filho ao cargo de CEO parecia especialmente incompreensível para aqueles que agora o observavam endossar a venda da empresa para a InBev. Aquilo representava um retrocesso de proporções épicas. "August III defendera a aptidão do filho de uma maneira muito enfática e ele tinha uma grande capacidade de convencer a diretoria", disse o embaixador Jones.

"Ele colocou o filho naquele posto. Muito francamente, acho que ele esperava que o filho fosse mais discreto", ponderou um assessor da Anheuser. "No entanto, o filho passou a ter ideias próprias, e elas não eram necessariamente ideias com as quais O Terceiro comungava. Isso realmente foi um problema para ele. É muito triste. Quando August [IV] foi colocado no cargo, acho que ele tinha todas as intenções de tentar fazer a empresa dar uma guinada. Pessoas diferentes podem ter visões diferentes sobre qual era ou não sua capacidade para executar a tarefa, mas, certamente, acho que suas intenções eram todas muito, muito boas."

"Ele assumiu o cargo e o pai imediatamente começou a se opor a qualquer iniciativa que ele apresentava. E, como resultado, acho que August tornou-se cada vez mais desanimado por... seu pai liderar a diretoria contra ele e abertamente criticar sua capacidade de liderança."

■ ■ ■

Após todos concordarem com a oferta de 70 dólares naquela noite de quarta-feira, Sandy Warner ligou para Brito para comunicar as novidades. Brito ficou extasiado — isso ficou evidente ao telefone — e começou a tratar de pontos específicos sobre como as empresas negociariam o contrato de fusão, quem trabalharia nele e onde. Eles trabalhariam a noite inteira para conseguir que o acordo fosse concluído o mais rápido possível, Brito prometeu.

"Vamos passar isso para as pessoas que, de fato, farão esse trabalho e eles podem estabelecer o cronograma", respondeu Warner. Ele já trabalhara o suficiente na intermediação do negócio e não tinha intenção de varar a noite negociando os pormenores da fusão. Os dois homens voltaram para suas equipes de assessores e os instruíram a começar a conversar imediatamente sobre uma transação a 70 dólares por ação.

A decisão de rejeitar a Modelo foi uma enorme decepção para vários membros exaustos do comitê de estratégia, que haviam trabalhado arduamente durante todo o fim de semana prolongado na crença de que tinham o apoio da diretoria. Na segunda-feira, eles entraram na sala de reunião pensando que, embora a sessão pudesse ser longa e difícil, O Terceiro e o restante da diretoria acabariam apoiando o acordo com a Modelo. Eles tinham, certamente, passado reunião após reunião conversando sobre aquilo. Tudo que precisavam fazer, os executivos pensaram, era juntar todos os elementos a tempo.

"Nós, muito francamente, achávamos que aquilo foi um dos maiores esforços hercúleos de todos os tempos em meio a um tufão", avaliou alguém envolvido nas conversas. "Negociar o acordo e, depois, repentinamente a diretoria dizer 'Não', acho que a equipe gerencial, sobretudo, provavelmente se sentiu traída."

"Fomos informados nas noites de sábado e domingo que o acordo com a Modelo estava fechado", contou um membro do comitê de estratégia. "Foi como, 'oba, temos uma chance!' Os caras que estavam trabalhando nesse acordo... ficaram simplesmente arrasados, a ponto de não conseguirem nem mesmo falar sobre o assunto. Eles ficaram muito amargurados. Foram levados a acreditar que Sr. Busch e a diretoria haviam finalmente concordado em fazer o negócio."

Era impossível não questionar as intenções da diretoria após esse acontecimento. Eles alguma vez cogitaram genuinamente aprovar a compra da Modelo? Ou foi o tempo inteiro um blefe — nada mais do que um trunfo a ser usado contra a InBev? Na maioria das empresas, os executivos de primeiro escalão e os membros da diretoria trabalham em estreita sincronia. Ficara dolorosamente evidente que havia um vácuo significativo de informações e intenções entre a equipe do Quarto e a diretoria da Anheuser. Parecia que eles estavam atirando em direções opostas. Isso nunca ficou tão claro quanto agora, com os executivos da Anheuser ainda pressionando pelo acordo com a Modelo enquanto sua diretoria era favorável à InBev.

"Acho que é compreensível que as pessoas tenham se sentido muito usadas e ludibriadas", desabafou um assessor. "Tivemos uma negociação extremamente complexa, a finalizamos e, em seguida, a diretoria queria ver se aquele acordo era possível como uma opção secundária no caso de a InBev não pagar mais."

No entanto, nem todos sentiam tanta compaixão pelos executivos da Anheuser. "Acho que eles foram um pouco ingênuos com relação à negociação", avaliou alguém com conhecimento profundo da empresa. "Quero dizer, analisamos o acordo, trabalhamos nele, mas eu nunca esperei que aquela fosse a solução correta."

Sandy Warner, até mesmo após participar ativamente das conversas com a Modelo como representante da diretoria, não ficou surpreso pelo fato de O Terceiro ter sido tão veementemente contrário ao negócio. "A Modelo era um preço alto, por isso seria de se esperar que August não fosse a favor dela", explicou. "E, por anos, alguns dos jogadores no México não confiaram nele, o que o preocupava agora."

A ideia de Fernández dirigir a empresa provara ser controversa, e vetar a compra da Modelo como um todo por causa dessa preocupação trazia todas as marcas registradas da clássica estratégia do Terceiro para evitar fazer negócios. Apesar do relacionamento estreito entre os dois, "Fernández inviabilizava a transação na opinião do Terceiro", revelou um membro do comitê de estratégia.

Mas no momento em que a diretoria decidiu estender a mão para a InBev, Fernández já havia concordado em assumir um papel menor, e a questão estava resolvida. "Ele seria o chefe das operações internacionais e estava muito satisfeito com isso", disse um assessor da Anheuser. "Em vista do que faríamos, em termos do prêmio que eles receberiam, esse não era um fator relevante. Ele estava disposto a desistir daquilo."

A Modelo perdeu seu momento por várias razões diferentes — a mais importante delas era ter acreditado equivocadamente que a Anheuser-Busch estava desesperada para manter sua independência. A Modelo viu uma oportunidade de redenção e investiu tudo nela: um prêmio imenso, a continuidade de sua autonomia no México, vários assentos na diretoria da Anheuser, um candidato potencial a CEO e até a possibilidade de o anúncio do negócio ser feito na Cidade do México. Ela não tinha a menor ideia de que O Terceiro e outros membros importantes da diretoria seriam favoráveis a um acordo com a InBev.

"O ponto de vista da Modelo era de que eles deveriam ser oportunistas, que a Anheuser-Busch não desejava ser vendida a preço nenhum e, por isso, eles poderiam cobrar um preço exorbitante para ajudar a A-B a continuar independente", revelou um assessor da Anheuser-Busch. "Acho que, em termos estratégicos, eles entenderam mal a dinâmica da situação."

Ao final, foi demais para a Anheuser-Busch engolir, uma contraparte que a Modelo soubera desde o começo que tinha suas reservas. Os mexicanos basicamente deram à Anheuser uma justificativa para bater na porta da InBev.

"O pessoal da Modelo deveria ter percebido que o negócio nunca se concretizaria", observou um assessor da Anheuser. "Eles deram um tiro no próprio pé."

"A família era muito insaciável", disse outro. "Suas demandas tinham um preço tão alto que ela acabou dando uma boa desculpa para a ideia de vender a empresa."

Nas palavras mais grosseiras de um terceiro: "Eles levaram a negociação a um extremo. E a diretoria disse 'Foda-se.'"

Se a negociação tivesse sido fechada apenas uma semana antes, ela poderia, de fato, ter ocorrido, um assessor da Anheuser ponderou. "Aposto que eles ficam elucubrando sobre essa questão. No entanto, é difícil criticar uma transação de 15 bilhões de dólares que demorou três semanas para se concretizar, do início até o final. Dizer que eles levaram tempo demais é um pouco como dirigir só olhando pelo retrovisor." Além disso, a diretoria da Anheuser poderia ter decidido estender a mão para a InBev por uma oferta mais alta qualquer que fosse o prazo de amadurecimento da transação da Modelo.

O fracasso do negócio foi um golpe duro para Carlos e María, que se reuniram com um grupo grande de outros membros das famílias controladoras naquele fim de semana para discutir por que as negociações não haviam dado certo. E, apesar de atribuírem parte da culpa à Anheuser-Busch depois do ocorrido, houve também quem jogasse parte dela nos ombros do Goldman Sachs. A equipe do Goldman negociara a transação e a apoiara com veemência, às vezes, nas reuniões de diretoria. Banqueiros rivais imediatamente chegaram à conclusão de que o Goldman tivera a intenção de vender a Anheuser-Busch desde o começo para auferir honorários bancários maiores.

"Devo dizer-lhe, já vi esse filme antes", comentou um banqueiro de uma empresa rival. "Conheço o *modus operandi*. Isso é algo que tenho dito por não sei quantos anos. Você quer ser vendido? Contrate o Goldman Sachs. No final das contas, o Goldman nunca seria capaz de fechar àquele negócio porque não desejava fechar aquele negócio."

"Acho que o Goldman pensou que eles fariam o negócio com a Modelo e depois fariam outro negócio mais adiante", disse outro concorrente. "O banco achou que ganharia dobrado com aquilo."

No final das contas, no entanto, a decisão sobre fechar o negócio com a Modelo naquele dia não dependia do Goldman Sachs, do Citigroup ou de quaisquer dos outros assessores da Anheuser. Dependia da diretoria. E a decisão dos diretores foi muito simples. A Modelo carregava com ela muitos riscos de execução e não lhes dava qualquer saída para consertar um dos principais problemas da empresa: um CEO e uma equipe gerencial medíocres. A diretoria poderia endossar um plano arriscado para comprar a Modelo e integrar duas empresas, ou poderia deixar a Modelo em compasso de espera e ver o que a InBev tinha a oferecer. Eles sabiam que era improvável a Modelo descartar a possibilidade de um acordo no curto prazo em que eles esperavam por uma oferta mais alta da parte da InBev — a Anheuser-Busch, afinal, tinha um talão de cheques polpudo.

"Trata-se de uma questão simples: o valor dos acionistas", resumiu o diretor Jim Forese. "Não ficamos confusos. Razão pela qual a decisão veio da diretoria independente, não dos membros da família ou da gerência."

"Fomos nós que tomamos a decisão, não August Busch III. Ele tinha suas ideias, mas era apenas um membro da diretoria e não um membro independente da diretoria", acrescentou. "Concluímos que o risco como um todo, incluindo a Modelo, talvez não justificasse o retorno, tendo em vista que poderíamos obter 70 dólares por ação. Tratava-se de uma questão puramente econômica."

■ ■ ■

A aposta da diretoria funcionou. Eles nunca precisaram descobrir se o flerte com os mexicanos teria resultado em uma defesa bem-sucedida. "Até hoje, não sei se a InBev sabe sobre o nosso grau de seriedade com relação à tentativa de um acordo com a Modelo", comentou Sandy Warner.

"Tanto tempo e esforço foi gasto do lado da Modelo, foi quase como o plano secreto para sair do Vietnã", analisou um assessor da Anheuser-Busch. "Era um trunfo que poderia ser usado em qualquer momento em que desejássemos prevalecer."

"Se a transação com a Modelo tivesse acontecido, essa empresa não teria sido vendida", ponderou outro assessor. "Todos poderíamos questionar se o preço das ações estaria mais alto ou mais baixo hoje, mas se o acordo com a Modelo tivesse sido concluído, posso afirmar com absoluta certeza — 100% de confiança — que ela não teria sido vendida para a InBev."

"Quanto mais aqueles riscos eram expostos, mais difícil ficava seguir um rumo que envolvia tanto risco se comparado com outro que não apresentava quase risco algum", concluiu outro assessor.

Capítulo 15

Uma longa distância de St. Louis

Naquela altura, a guerra acabara. Foi algo muito difícil para ele fazer, e é algo que ninguém jamais vê, mas ele entrou lá, manteve a cabeça erguida e desempenhou o papel que precisava desempenhar apesar da óbvia decepção pessoal naquele momento.

— Assessor da Anheuser-Busch

A aprovação verbal de uma oferta por parte da Anheuser fez com que ambas as partes entrassem em ação, e as duas empresas começaram a trabalhar quase de imediato em pontos específicos da transação. Os acordos de fusão podem demorar semanas, senão meses, para serem redigidos e negociados. No entanto, o advogado George Sampas, da Sullivan & Cromwell, correra para preparar um documento de fusão detalhado durante todo aquele tempo, para a eventualidade de a Anheuser-Busch se render antes do esperado.

Sampas enviou uma minuta do acordo de fusão para os advogados da Anheuser no Skadden, na quinta-feira; e na manhã da sexta-feira, 11 de julho, multidões de assessores de ambos os lados chegaram à Park Avenue nº 375, o arranha-céu de aço imponente que abrigava o centro de conferências da Sullivan & Cromwell no centro da cidade de Manhattan. Somente a InBev tinha cerca de cinquenta advogados acampados no local. Eles já tinham preparado seus materiais na quinta-feira no escritório principal da empresa no centro da cidade, mas, ainda assim, corriam de um lado para o outro, entravam e saiam das salas acarpetadas do centro de conferências e, em pouco tempo, ficaram soterrados por documentos. August IV também estava escalado para ir à Park Avenue naquela manhã de sexta-feira, mas ele estava definitivamente menos empolgado. Seu papel como CEO da Anheuser-Busch — o qual já fora diluído pelo pai, por sua diretoria e pela própria falta de vigor profissional — se aproximava da extinção. Naquele dia, O Quarto deveria se reunir cara a cara com Brito, seu sócio que se tornara adversário nos negócios. A ocasião marcaria a primeira vez em que os dois homens se encontravam pessoalmente desde que os rumores da oferta de aquisição irromperam no final de maio, e, provavelmente, essa seria a última chance para O Quarto ditar o destino de sua carreira e das de seus colegas.

O Quarto e Pedro Soares desceram de seu jato em Teterboro, Nova Jersey, e entraram em um carro para percorrerem o trajeto de vinte quilômetros, em meio ao trânsito congestionado, até o centro de conferências da Sullivan & Cromwell, o qual ocupava metade do oitavo andar do edifício Seagram. Era o mesmo edifício que abrigava o restaurante Four Seasons, onde August IV jantara um ano antes com Graham Mackay, o dirigente da SABMiller, uma época em que a Anheuser-Busch parecia ter múltiplas opções. Peter Gross, que manteve contato intermitente com Soares para acompanhar o progresso do Quarto na direção de Manhattan, estava esperando para cumprimentar os dois quando eles entraram na praça externa do prédio decorada de granito, e se dirigiram para o saguão de entrada. Eles estavam atrasados em uma hora.

"August, como vai?", perguntou Gross, assim que O Quarto terminou uma conversa em seu telefone celular e tirou o fone do ouvido. Ele evitara usar seu terno verde favorito e as botas de caubói naquele dia, preferindo vestir o traje de trabalho de um habitante dos subúrbios da Costa Leste: uma camisa simples de colarinho aberto e uma calça social. Em resposta à sua pergunta tão significativa, O Quarto lançou um olhar para Gross que deixava claro que aquele seria um dia difícil.

"Sabe, veja bem", disse Gross, esperando tranquilizar seu cliente e amigo. "Você obviamente está desempenhando um papel importante aqui." Ele esperava que O Quarto, ao ver um rosto familiar, pudesse se preparar mentalmente para aquilo que seria, com certeza, um encontro constrangedor lá em cima. O Quarto precisava agir como um embaixador da Anheuser-Busch à medida que o fim da existência dela como entidade independente se aproximava. Embora, por vezes, durante as últimas semanas, ele aparentasse desinteresse e distância, naquele dia ele parecia, verdade seja dita, saber o que precisava ser feito.

Gross passou alguns momentos municiando O Quarto com os pontos que ele precisaria enfatizar. Ele precisava deixar claro para Brito e para os advogados da InBev, que pressionavam por mais flexibilidade e menos risco no contrato de fusão, que a Anheuser-Busch não mostraria qualquer flexibilidade. Após esse acerto, os homens passaram pelas portas giratórias do edifício.

A segurança era grande na Park Avenue nº 375, sobretudo após o ataque ao World Trade Center na extremidade sul de Manhattan em 11 de setembro de 2001. Os visitantes precisavam se identificar no balcão de entrada com um documento apropriado. A InBev, supondo que August IV poderia estar angustiado na chegada, fez a Sullivan & Cromwell mexer alguns pauzinhos para assegurar que ele pudesse chegar aos elevadores sem ser interrompido por uma equipe de seguranças musculosos. O escritório de advocacia informara a seus funcionários no saguão que alguém chegaria em uma determinada hora e que ele era importante demais para ser parado e se identificar. August IV certamente nunca precisara mostrar sua carteira de motorista em St. Louis, onde seu rosto bastante conhecido podia ser visto em outdoors e em jornais, e a InBev pensou que seria uma questão de gentileza remover alguns obstáculos burocráticos para ele em Nova York. Assim, O Quarto e Soares passaram direto pela segurança e se dirigiram aos elevadores para a viagem até o andar superior.

Quando as portas do elevador se abriram no oitavo andar, a equipe da Anheuser foi levada à sala de reunião onde Brito já se encontrava. August IV cumprimentou seus colegas com um aceno de cabeça e, em seguida, entrou na sala sozinho.

Quando cumprimentou Brito, O Quarto estava ciente dos pontos que Gross ressaltara. Havia outra tarefa importante a fazer, e ele queria tratá-la antes que o momento certo passasse. Ele não tinha qualquer intenção de deixar seus subordinados de mãos abanando por causa da fusão, com seus futuros profissionais sujeitos às impressões de estranhos que viviam a meio mundo de distância. O destino do Quarto estava seguro. Ele já era rico, e seus assessores e advogados estavam redigindo um lucrativo contrato de consultoria naquele exato momento, o qual duraria, pelo menos, alguns anos e, provavelmente, lhe daria um assento na diretoria da empresa fundida. Se houvesse uma última coisa que ele pudesse fazer para amenizar as perdas potenciais, era exercer pressão a favor de seus colegas, alguns dos quais haviam passado a carreira inteira na Anheuser-Busch e encaravam agora um abismo nebuloso. Minutos após entrar na sala, August IV sentou com Brito à uma mesa de reunião e, ao mesmo tempo em que mostrava fotografias dos gerentes do primeiro escalão da Anheuser, passou a discutir com ele os méritos de cada um desses executivos.

"Acho que August foi lá, muito francamente, para tentar defender os membros da equipe gerencial, ressaltando suas habilidades e especialidades profissionais", disse alguém envolvido na questão. O Quarto não estava muito otimista com o possível resultado. Mas deixou claro, para os assessores da Anheuser e para Brito, que estava fazendo tudo que podia.

O Quarto e Brito passaram cerca de quatro horas juntos, examinando a lista dos executivos da Anheuser-Busch e conversando sobre outros assuntos. A conversa foi cordial e respeitosa. "Estava claro para todos o que acontecera e quem estava comprando quem, e não havia razão alguma para Brito mostrar tripúdio", comentou um dos presentes naquele dia. "Acho que August estava se esforçando ao máximo para não mostrar sua decepção."

As outras reuniões do Quarto na sexta-feira focaram em questões de procedimento. Quando ele chegou à Park Avenue nº 375, um bando de banqueiros, advogados e executivos de ambos os lados já trabalhava a todo vapor no escritório de advocacia para negociar o acordo de fusão. Se eles conseguissem conclui-lo e fazer com que fosse aprovado pelas diretorias de ambas as empresas no domingo à noite, a InBev poderia anunciar a transação mais tarde naquela mesma noite ou na manhã de segunda-feira para ganhar o máximo de exposição antes de os mercados acionários europeus e norte-americanos abrirem para a semana. Cientes de que suas respectivas equipes estavam prestes a entrar em um longo fim de semana de negociação, August IV, Gross, Ingrassia e Soares se sentaram para enfatizar para Brito, Antonio Weiss, do Lazard, e Doug Braunstein, do J.P. Morgan, alguns pontos importantes favoráveis à Anheuser.

Assim que essa tarefa foi concluída, August IV bateu o ponto de saída. A equipe de relações-públicas da InBev solicitara uma fotografia rápida dos dois CEOs sorrindo e apertando as mãos para formalizarem, simbolicamente, o fechamento do acordo. Isso enviaria a mensagem certa aos funcionários de ambas as empresas, eles afirmaram — e, certamente, daria à InBev uma prova, para poder expor ao mundo, da capitulação da Anheuser-Busch. O Quarto se recusou a tirar a fotografia e, com isso, partiu.

Foi um dia difícil, talvez o pior de sua vida. Exatamente 19 meses antes, ele fora nomeado CEO de uma das empresas mais estimadas dos Estados Unidos. Seu trabalho na Anheuser-Busch era parte importante de sua identidade, e o mesmo se aplicava à equipe de executivos que ascendera com ele, alguns dos quais eram companheiros muito chegados. Essa fora a oportunidade de fazer uma impressão — transformar a empresa em uma força global —, mas eles a perderam. Pior ainda, a cidade de St. Louis sofreria por causa do que acontecera.

"Acho que pesou muito nele o fato de ser o sujeito no comando no momento em que isso tudo aconteceu, apesar de que pouco daquilo era sua responsabilidade", analisou um dos assessores da empresa. "Acho que ele estava muito consciente do que isso significava para St. Louis e para todos os outros funcionários, e penso que, provavelmente, pesou muito que isso tenha acontecido enquanto ele estava na chefia."

Após aquelas horas difíceis com Brito, O Quarto retornou ao aeroporto para pegar um avião da empresa rumo a St. Louis ao anoitecer. Ele não tinha vontade de ficar em Nova York nem mais um minuto além do necessário. Seus representantes e assessores poderiam aparar qualquer aresta. Desse momento em diante até o início da manhã de segunda-feira, enquanto os advogados, banqueiros e alguns executivos de primeiro escalão da Anheuser trabalhavam arduamente para concluir as negociações com a InBev, O Quarto se recolheu em St. Louis e, essencialmente, não desempenhou qualquer papel nas discussões em Nova York.

"Acho que O Quarto tinha consciência do que era", um assessor da Anheuser-Busch ponderou. "Acho que ele se portou da melhor forma possível durante tudo aquilo. Ele desejava ardentemente fazer a coisa certa. Estava claro que se tratava de uma crise. Era sua oportunidade de marcar presença e mostrar que poderia fazer o que era preciso ser feito em uma crise. No entanto, muito antes de essa situação ocorrer, eu acho que ele desejou nunca ter sido o CEO."

■ ■ ■

Com a exclusão do líder oficial da empresa por vontade própria, o cetro da Anheuser caiu nas mãos de seu vice-presidente de marketing, David Peacock, um nativo de St. Louis cujo pai trabalhara no departamento de marketing da empresa durante 15 anos. Peacock fora contratado durante o mandato do Terceiro, mas tornara-se um aliado de confiança do Quarto e acabara sobrevivendo às tentativas do Terceiro de eliminar membros importantes da gerência quando o filho assumiu o comando.

"Ele é bom, e O Terceiro sabia disso. Era uma questão de lealdade", comentou alguém ligado à empresa. "'O Terceiro' sabia que Dave era leal porque sabia que seu pai fora extremamente leal à empresa, então ele confiava nisso. Ele protegeu [August IV] e serviu como um amortecedor."

Para os de fora da empresa, Peacock — que era poucos anos mais moço que O Quarto — era considerado o homem que melhor conhecia as operações da Anheuser. Embora tivesse um MBA, ele não era um especialista em questões financeiras. Transformara-se em algo como um "pau para toda obra" da cervejaria, exatamente o tipo de executivo que a Anheuser sempre tentara cultivar ao fazer jovens promissores trabalharem em diversas divisões da empresa. No entanto, seu trabalho mais significativo — o que não foi uma surpresa dada a importância desse trabalho na Anheuser-Busch — foi no setor de marketing, para o qual August IV o promoveu a vice-presidente no final de 2007.

Peacock sempre tomara conta de grande parte das atribuições do Quarto e já vinha atuando como embaixador sênior da Anheuser nos últimos dias em Nova York. Quando August IV foi embora, essa função rapidamente caiu de volta em seu colo.

"Ele basicamente esteve lá e, em seguida, se mandou", lembrou um dos assessores da InBev em referência ao Quarto. "Ele não ficou por lá. Acho que era simplesmente doloroso demais e ele desejava sair de Nova York rapidamente. Então, Dave acabou sendo o único representante presente, o que foi um pouco estanho. Em geral, nessa etapa, há tropas de ambos os lados. No entanto, dessa vez ficaram apenas Dave e um bando de gente da InBev."

De certa forma, o afastamento de August IV durante a parte mais importante das negociações foi uma benção para Peacock, cujo futuro brilhante como braço direito do Quarto repentinamente ficara incerto. Isso lhe daria muita exposição junto à equipe da InBev e a ambos os lados uma chance de ver se poderiam trabalhar bem juntos. Além disso, o trabalho de Peacock, no momento, era representar a Anheuser-Busch e seus acionistas com o máximo de empenho possível e se opor à InBev em pontos importantes quando necessário. Era uma corda bamba sobre a qual ele precisava se equilibrar.

Ele não foi flexível demais nem excessivamente submisso com a InBev, como tampouco foram o chefe de fusões e aquisições da Anheuser, Bob Golden, ou o principal advogado da empresa, Gary Rutledge, os quais, após trabalharem arduamente durante semanas na transação com a Modelo, também desempenharam papéis importantes nas negociações com a InBev naquele fim de semana. Nenhum deles tinha qualquer segurança de que teria um emprego na nova empresa, nenhuma indicação real de que seus melhores esforços teriam algum valor. Eles eram jovens demais para terem acumulado as pilhas volumosas de opções sobre ações que alguns dos executivos mais velhos tinham e queriam continuar trabalhando. Se jogassem bem suas cartas, havia uma chance de que pudessem preservar seus cargos.

"Dave Peacock tinha um relacionamento muito próximo com O Quarto e estava disposto a tomar um tiro por causa dele", contou um assessor da Anheuser. "Mas ele era pragmático."

A ausência de liderança na Anheuser naquela semana "fez com que Dave assumisse um excesso de responsabilidades", disse um de seus colegas no comitê de estratégia, o qual observou que ele trabalhara "até as cinco da manhã" para gerenciar o processo. "Ele era a ponte para todos", confirmou alguém envolvido nas negociações. "Ele estava em todos os lugares, era ele quem lidava com a comunicação com os funcionários. Havia alguém na sede fazendo isso, mas tudo era canalizado por ele. Não sei como ele conseguiu dar conta de tudo."

A responsabilidade sobre os ombros de Peacock não era totalmente desproporcional à enormidade da tarefa que o grupo como um todo precisava cumprir. Eles tentavam estruturar a maior transação paga inteiramente em dinheiro da história em uma questão de dias, e ambos os lados queriam emergir como vitoriosos enquanto mantinham a aparência de que as conversas haviam sido "amigáveis" no final. Em sua maior parte, o tom das negociações naquele fim de semana foi cordial. "Todos estavam lá para concluir aquele troço", lembrou um assessor, "e todos trabalhavam para esse objetivo."

No entanto, após a briga pública que as empresas travaram uma contra a outra, alguns momentos de fricção foram inevitáveis. As feridas da Anheuser ainda não haviam cicatrizado após a facada nas costas que levara de seu ex--sócio de joint venture. A equipe da Anheuser-Busch achou muito difícil ver os advogados e banqueiros da InBev entrarem com ar arrogante na sala de reunião, de vez em quando, para solicitar uma alteração no contrato de fusão que reduziria o risco da InBev. Sabendo o quanto tinha chegado perto de fechar um negócio completamente diferente que poderia ter preservado sua independência, a equipe da Anheuser teve de fazer um grande esforço para manter a calma.

"O mais difícil, quando sentamos com a InBev para negociar aquela transação, foi que eu pensava: 'Pelo amor de Deus, fomos nós que derrotamos vocês!'", desabafou um assessor da Anheuser.

A equipe da InBev pôde sentir as estranhas e ocultas influências sociais e familiares que se espalhavam pela Anheuser-Busch, mas não tinha uma compreensão real do quanto esses fatores — e, sobretudo, a vontade de vender do Terceiro — tinham ajudado o seu lado. Se a InBev conseguisse ver a situação como um todo, a equipe da Anheuser pensava zangada, talvez não se gabasse tanto de haver orquestrado uma campanha de aquisição perfeita.

"Eles não tinham ideia de como esses fatores contribuíram para a entrega da empresa a eles", revelou o assessor da Anheuser. "Nós tínhamos derrotado vocês! Acontece que tínhamos uma diretoria que não queria derrotar vocês."

"O ponto mais importante é que, se a diretoria tivesse desejado derrotá--los, eles teriam sido derrotados", afirmou outro assessor. "Se tivéssemos anunciado a transação alternativa, esse negócio não teria acontecido. Ponto final, garantido. Você não precisava de 14 estratégias vencedoras, havia uma. O preço era alto, mas era um excelente negócio."

■ ■ ■

Quando os dois lados começaram a negociar seu acordo de fusão efetivo ao meio-dia do domingo, a maior parte da fricção entre eles girou em torno das repetidas tentativas da InBev de reduzir seus riscos. Muitos acordos de fusão incluem uma cláusula que permite que o comprador cancele a transação caso, apesar de envidar seus melhores esforços, ele não consiga financiamento bancário. A Anheuser, no entanto, não estava disposta a permitir essa possibilidade. O Skadden e o Goldman deixaram claro, desde o início, que não havia possibilidade de a Anheuser-Busch abrir mão de suas outras opções — em outras palavras, a Modelo — a menos que ela tivesse absoluta certeza legal de que a fusão com a InBev seria realizada. Eles achavam que a Anheuser tinha uma alternativa poderosa à aquisição pela InBev e que sua diretoria nem mesmo decidira endurecer a negociação e pressionar por um preço superior a 70 dólares a ação. Além disso, os mercados estavam ficando cada vez mais instáveis. Eles não tinham intenção de dar à InBev uma chance de desistir do contrato usando um ou outro dispositivo técnico. A InBev batera à porta da Anheuser-Busch, não o contrário, e os assessores da Anheuser não se importavam se cada banco que a InBev recrutara para financiar a negociação repentinamente quebrasse. Se a Anheuser-Busch ia assinar na linha pontilhada, então o contrato precisava ser incontestável.

"Na verdade, éramos nós dizendo: 'OK, vocês querem assumir o controle de nossa empresa? A única maneira de fazerem isso é não haver qualquer risco para nós'", disse um consultor da Anheuser. "Deus sabe o que poderia acontecer daquele momento em diante, e não havia qualquer hipótese de conceder a esses caras o que seria essencialmente uma opção de compra da empresa."

"Foi assim: 'Quantas vezes precisamos dizer a vocês que não?'"

O vai e vem se tornou exaustivo, e a recusa da Anheuser de ser flexível provocou alguns momentos de tensão. À medida que o sábado virou as primeiras horas da manhã de domingo, as salas de reunião da Sullivan & Cromwell adquiriram um odor bem pungente — uma mistura de suor azedo, comida chinesa e a ocasional cerveja da InBev distribuída gratuitamente. Nem todos voltaram para suas casas ou quartos de hotel naquela noite para tomar uma chuveirada e trocar de roupa. Alguns dos envolvidos nas conversas lembraram mais tarde das pessoas vestindo conjuntos de roupa específicos — uma determinada blusa vermelha ou a mesma calça cáqui amarrotada e camiseta polo.

"Pode parecer piada, mas é verdade", lembrou um banqueiro que passou o fim de semana no local. "Os advogados não trocaram de roupa, mas os banqueiros certamente o fizeram. Eu troquei as minhas. Os caras do Lazard... seria contra a cultura deles não mudar de roupa e passar perfume."

Durante um confronto especialmente duro com o lado da Anheuser, uma advogada júnior da Sullivan & Cromwell perdeu a compostura e deixou a sala em lágrimas após Tom Greenberg, um sócio do Skadden que trabalhava para a Anheuser-Busch, gritar com ela por um detalhe relativamente trivial. Ela não dormia havia dias e a equipe da InBev tomou as dores dela e ameaçou repreender Greenberg, mas cabeças mais frias apaziguaram os ânimos minutos mais tarde.

"Havia muitas pessoas na sala, e ela simplesmente perdeu a compostura", recordou um dos presentes. "Foi claramente devido ao cansaço."

As tensões atingiram seu ponto de ebulição durante uma conversa, já em uma etapa adiantada, entre Antonio Weiss e Tim Ingrassia. Um dos últimos assuntos que as duas cervejarias precisavam discutir era como eles deveriam lidar com as ameaças da Modelo de entrar com uma ação judicial contra a transação. Os mexicanos bradavam que a fusão só aconteceria se eles a aprovassem. Nem a Anheuser-Busch nem a InBev achavam que a Modelo tinha bons argumentos para sustentar essa posição, mas não havia certeza absoluta, sobretudo porque eles estavam lidando com as complexidades das leis mexicanas.

A InBev queria ter certeza de que, se pagasse 52 bilhões de dólares pela compra da Anheuser-Busch, ela receberia a participação na Modelo como parte da transação — a Modelo era um dos investimentos de melhor desempenho da Anheuser. Para tentar se proteger, a InBev queria uma garantia legal de que não perderia a Modelo ou se depararia com uma situação em que as famílias que controlavam a Modelo poderiam vender sua participação para um terceiro. A disputa sobre essa questão se estendeu bastante pela noite de domingo.

As tentativas da Modelo de negociar com ambos os lados durante as semanas anteriores não foram segredo para a Anheuser-Busch. A Modelo deliberadamente dissera ao Goldman, na realidade, que estava conversando com a InBev, na tentativa de fazer pressão sobre a Anheuser. Enquanto as equipes da InBev e da Anheuser discutiam sobre quem assumiria a responsabilidade pelas ações judiciais que a Modelo ameaçava iniciar, Ingrassia dirigiu um comentário aguçado a Weiss.

"Olha, sabemos que vocês estiveram conversando com a Modelo, então você deve ter uma opinião esclarecida sobre ela. Não podemos assumir o risco", provocou Ingrassia. "A única forma de concluirmos essa transação com vocês é se tivermos absoluta certeza."

Weiss irritou-se nitidamente quando Ingrassia afirmou na frente de todos os presentes na sala que a InBev conversara com a Modelo — embora ele e outros assessores da InBev tivessem acabado de se reunir com a Modelo mais cedo naquela mesma semana nos escritórios do Lazard a alguns quarteirões de distância.

"Isso está errado, não nos reunimos com eles", reagiu Weiss.

"Você é um mentiroso. Sabemos que vocês se reuniram com eles!", disparou de volta Ingrassia. Weiss enfureceu-se ao ser chamado de mentiroso e, por um minuto, o confronto parecia ameaçar a capacidade dos banqueiros de concluir a negociação com boa-fé.

"Isso foi um revés momentâneo", contou um dos presentes na sala. "Acho que Antonio não apreciou aquilo."

"Ficou muito claro que Tim e Antonio não se gostavam", observou outra testemunha da discussão. "Todos estavam sob uma tensão tremenda. Era uma dessas coisas, competitividade masculina." Ingrassia saiu da sala e se dirigiu a Gross, que havia dado uma saída quando a conversa começou a esquentar. Ele passou um momento bradando para esfriar a cabeça. Após concordar que a forma como Weiss caracterizara as conversas da InBev com a Modelo era irrelevante, Ingrassia pediu desculpas por ter chamado Weiss de mentiroso e os dois homens colocaram a troca de palavras desagradável de lado.

Brito e Ingrassia também bateram de frente a certa altura. Era difícil condenar Brito por possuir essa característica, mas seu jeito extremamente confiante irritou alguns membros da equipe da Anheuser. "Você reconhece quando faz esse tipo de negociação que há uma tendência para todos, de certo modo, concentrarem no pior aspecto do outro cara", avaliou um assessor. "O que você percebia no caso de Brito é que esse é um cara muito empreendedor, muito esforçado, que realizara um sonho inacreditável. E o que você sentia um pouco ao olhar para ele e para as pessoas do seu lado, fossem ou não presunçosos, é que eles não tinham a menor ideia do que acontecera do outro lado, o que tornara tudo aquilo possível e que não tinha nada a ver com eles."

"Na verdade, a InBev teve uma sorte incrível na medida em que seus diretores foram atrás de algo que estava vulnerável por razões que eles desconheciam totalmente."

No final, a InBev não conseguiu a proteção que queria caso houvesse uma ação judicial por parte da Modelo, nem obteve muita flexibilidade no caso de seus bancos tentarem cancelar as negociações. Os bancos se protegeram deixando claro que somente financiariam a transação se a dívida da InBev continuasse a ser classificada como "grau de investimento", sinalizando não ser muito arriscada. Embora tivessem o direito de pressionar o botão de "ejetar" se a classificação da InBev caísse, a própria InBev não poderia fazer o mesmo.

"Se a classificação caísse antes do fechamento do negócio, os bancos não precisariam financiar", informou um assessor da Anheuser. "Enquanto isso, a InBev assumia um risco monstruoso. A InBev ainda seria obrigada a fechar. O que significava que ela teria de encontrar dinheiro que não poderia ser encontrado." A responsabilidade legal da InBev com a Anheuser-Busch poderia ser tão grande que ela essencialmente precisaria, grosso modo, entregar a empresa à Anheuser em pagamento pelos danos.

"Foi o contrato mais forte possível, mas com esse risco muito grande para a InBev", acrescentou o assessor. "O resultado líquido era que, se eles perdessem sua classificação, a Bud e a InBev ainda seriam uma empresa, mas a Bud teria recebido a InBev em pagamento por danos por violação de contrato."

Estava claro o quanto a InBev queria ser proprietária da joia da coroa das cervejarias americanas. A transação representava a realização de um sonho antigo para muitos de seus executivos e membros de diretoria — não significava apenas a derrota e a conquista de um ícone norte-americano, mas triunfar no mercado cervejeiro global —, e eles estavam dispostos a colocar quase tudo em risco para alcançar esse objetivo. Haviam passado do ponto de se arrepender agora. Ao tornar pública a oferta, haviam essencialmente dito aos investidores que precisavam da Anheuser-Busch. E era verdade. O crescimento da InBev estava em queda, e a Anheuser-Busch era a única empresa no mundo que completava o quadro. Se a empresa esgotasse os ativos que poderia comprar e melhorar, teria de enfrentar a realidade e lidar com o mesmo mercado cervejeiro estagnado que incomodava todos os seus concorrentes.

"Era o sonho da vida da InBev concluir essa transação", afirmou um assessor da Anheuser-Busch. "A InBev nunca vacilou, nem por um momento, com relação ao interesse em fazer o negócio. Se você tivesse tido um comprador que vacilasse, a transação não teria sido concluída. Porém, eles nunca vacilaram. Era o negócio dos seus sonhos, e sabiam que seria lucrativo. Isso fez toda a diferença do mundo."

A Anheuser sabia que tinha condições de pressionar a InBev porque ela optara por não denegrir em público seu rival durante a batalha pelo controle. Se a equipe da Anheuser estava vendendo uma instituição norte-americana tão icônica para um concorrente estrangeiro, o mínimo que ela poderia fazer era resistir ferrenhamente e exigir os melhores termos possíveis.

"Reconheço a habilidade da Anheuser de ser muito cuidadosa e não inviabilizar um negócio amigável ao fazer algo drástico", disse um consultor da InBev. "Os diretores não foram imprudentes e deixaram aberta a possibilidade de também terem um momento, no final, em que poderiam pressionar pelo que queriam."

Com o preço do negócio já acertado, a Anheuser direcionou seu foco para pontos contenciosos menos importantes — algumas das mesmas questões que a diretoria da InBev originalmente avaliara como sendo provavelmente significativas do ponto de vista psicológico. Alguns pareciam triviais e, do ponto de vista financeiro, eram mesmo. No entanto, eles deram aos funcionários da Anheuser um alento e asseguraram à empresa algumas vitórias patrióticas e de relações-públicas desesperadamente necessárias.

Ao fazer sua oferta, a InBev já dissera que manteria St. Louis como sua sede norte-americana e integraria a herança da Anheuser-Busch, incluindo a marca no nome da nova empresa. Após algumas idas e vindas, ambos os lados concordaram em subordinar o nome "InBev" e nomearam a entidade resultante da fusão como "Anheuser-Busch InBev". A InBev também concordou, como prometera, em manter todas as fábricas norte-americanas da Anheuser abertas e em continuar com o sistema de vendas e distribuição da Anheuser. Não agir dessa forma, pelo menos no começo, teria sido uma tolice — a InBev precisava do apoio dos poderosos atacadistas da Anheuser se quisesse fazer o negócio funcionar.

A Anheuser ganhou concessões em duas áreas que forçaram a InBev a entrar em território desconhecido. O histórico de filantropia empresarial da InBev era desprezível em comparação com o da Anheuser-Busch, que doara 13 milhões de dólares para entidades da área de St. Louis em 2008 e subsidiara uma batelada de eventos, desde festivais de cânticos natalinos locais a desfiles do dia de St. Patrick. Assim, a InBev concordou em apoiar as causas filantrópicas da Anheuser na região e gastar milhões de dólares a cada ano na onerosa manutenção das operações dos cavalos Clydesdale e da fazenda Grant, onde as entradas continuavam sendo gratuitas apesar das centenas de pessoas que ela empregava e cerca de mil animais que abrigava. A InBev, cujo nome não tinha qualquer significado para os fãs de esportes, também concordou em manter os prestigiosos direitos ao nome do Busch Stadium.

"Sabíamos desde o início que teríamos de concordar com todos esses itens", informou alguém da InBev. "Naquela altura, as pessoas estavam aliviadas por estarmos fechando o negócio. Todos estavam dispostos a ceder."

Os atacadistas da Anheuser estavam preocupados com o apoio que receberiam da nova empresa, e a Anheuser tentou fazer com que a InBev explicitasse seus comprometimentos com o marketing. Os brasileiros frugais, no entanto, evitaram fazer quaisquer promessas sobre esse aspecto de seu orçamento.

"Eles reconheciam a excelência da Anheuser-Busch na área de publicidade — era apenas uma questão de que sentiam que alguns dos gastos eram um desperdício. Todos aqueles patrocínios geravam um custo imenso", analisou alguém da InBev. "A InBev tinha problemas em separar o que era realmente benéfico daqueles gastos de publicidade imensos que não apoiavam efetivamente as marcas. Acho que sentiam a possibilidade de usar a publicidade de uma maneira muito melhor e mais direcionada."

■ ■ ■

A compra da Anheuser-Busch pela InBev valia dezenas de milhões de dólares para alguns dos bancos e escritórios de advocacia que participaram da negociação, e à medida que as conversas progrediram naquele fim de semana, os esforços deles para obter o máximo de crédito público aumentavam proporcionalmente. Com os mercados financeiros em um estado tão precário e as atividades de fusão em queda vertiginosa, até mesmo os banqueiros que não haviam desempenhado qualquer papel relevante no negócio pressionavam para que suas firmas fossem listadas com o maior destaque possível no comunicado à imprensa que anunciaria a transação. Parecia que a equipe de relações-públicas da Brunswick passava mais tempo elaborando a lista dos bancos envolvidos na transação do que dedicara a qualquer outra seção do comunicado à imprensa de seis páginas, enquanto funcionários de nível médio espreitavam por cima dos ombros deles, constantemente questionando a ordem na qual suas empresas apareceriam.

Diversos bancos listados no documento fizeram pouco ou nada, e receberam honorários correspondentes à sua atuação. O Merrill Lynch, por exemplo, foi listado como assessor da Anheuser-Busch e o Deutsche Bank como assessor da InBev. Suas inclusões, no entanto, faziam diferença para as importantíssimas "tabelas de classificação" da indústria, as quais medem quais bancos prestam assessoria a mais transações a cada trimestre. As reputações das firmas de Wall Street dependem da percepção de ser uma assessoria extremamente requisitada em fusões, e as tabelas de classificação, por mais problemáticas que sejam, servem como a medida mais útil que os banqueiros podem mostrar. Os banqueiros que se aglomeravam nos escritórios da Sullivan & Cromwell, naquele fim de semana, sabiam que poderia demorar meses até verem outra transação tão grande, então tinham de se certificar de que estavam associados a essa.

Apesar do tamanho e da significância da compra da Anheuser-Busch pela InBev, a maior parte do acordo de fusão entre as duas empresas foi negociado entre meio-dia de sábado, 12 de julho, e as primeiras horas da manhã de domingo — um período infinitesimal de tempo se comparado com a maioria das transações de fusão. Foram necessárias apenas 16 horas para elaborar o documento legal básico, essencial para aquela enorme transação.

"Desde a data da oferta pública da InBev até o fim de semana após o 4 de julho, preparamos um acordo de fusão totalmente executado e extremamente complexo para comprar a Modelo, e uma semana mais tarde tivemos um igual com a InBev", relatou uma pessoa de dentro da Anheuser. "Foi simplesmente 24/7. A velocidade com que essa negociação aconteceu foi assustadora."

A maior parte da equipe da Anheuser saiu dos escritórios da Sullivan & Cromwell em torno das quatro ou cinco horas da manhã do domingo. Seus integrantes não forneceram informações detalhadas à InBev do que aconteceria em seguida, mas os brasileiros sabiam que a diretoria da Anheuser tinha uma reunião agendada para mais tarde, naquele mesmo dia, em St. Louis. A menos que algo desastrosamente errado acontecesse antes disso, ela votaria naquela noite para conceder ou não a aprovação final ao negócio recém-fechado.

Após um intervalo de duas horas para descanso mais do que necessário, a equipe da InBev se encontrou novamente para uma reunião de diretoria crucial, que se esperava ser cerimonial. Brito e alguns outros executivos importantes, que finalmente tiveram tempo naquela manhã para tomar banho em seus hotéis, entraram em uma sala de reunião na Park Avenue nº 375 juntamente com seus assessores mais próximos e fecharam a porta.

As salas de reunião estavam lotadas de advogados que ainda trabalhavam na transação com a Anheuser-Busch, mas uma delas fora esvaziada e limpa para outra reunião extremamente confidencial entre dois titãs de outra indústria. Naquele momento, H. Rodgin Cohen, o influente presidente da Sullivan & Cromwell, assessorava o executivo-chefe do Lehman Brothers, Richard Fuld, sobre como endireitar o navio do Lehman, o qual começara a adernar perigosamente durante o verão. Ele marcara uma reunião naquela tarde entre Fuld e o Bank of America para discutirem uma possível transação entre as duas empresas. No mesmo dia, o Bank of America recebeu a proposta do Lehman com ouvidos moucos e, em vez disso, acabou por comprar o Merrill Lynch durante um fim de semana muito desastroso em setembro. Naquele domingo, em julho, em duas salas de reunião contíguas, os destinos de duas das mais famosas empresas dos Estados Unidos estavam em jogo.

■ ■ ■

Enquanto a equipe da InBev em Nova York se sentava ao redor de uma mesa na sala de reunião, membros da diretoria começaram a discar de todas as partes do mundo e a conversar sobre trivialidades antes de a teleconferência começar. Não era um momento festivo ainda — o bando de diretores brasileiros e europeus da InBev tinham dúvidas sobre o acordo de fusão, as dinâmicas entre as duas empresas e os passos seguintes no processo de aquisição.

Mais importante ainda, eles queriam saber se estava claro que a diretoria da Anheuser-Busch realmente aprovaria a negociação. Várias pessoas se revezaram falando — Brito ajudou a responder as perguntas da diretoria, assim como fizeram as equipes do Lazard e da Sullivan & Cromwell.

Cerca de duas horas depois, a diretoria satisfeita da InBev concordou que assinar a compra da Anheuser-Busch por 52 bilhões de dólares valia o risco financeiro. Eles estavam otimistas, porém ansiosos.

"Todos ficaram tipo, tudo bem, vamos continuar mantendo os dedos cruzados", disse alguém de dentro da InBev. "Simplesmente não sabíamos o que ia acontecer do outro lado."

Capítulo 16

Um brinde a ambos os lados

Acho que fomos prejudicados por nosso conservadorismo.
— Henry Hugh Shelton, membro da diretoria da Anheuser-Busch

No domingo, ao se reunir em Teterboro para sua partida às 12h15 para St. Louis, a equipe da Anheuser-Busch parecia um bando maltrapilho — considerando que se tratava de um bando de milionários. A diretoria da Anheuser precisava aprovar a negociação naquele dia para que fosse anunciada na manhã seguinte; então, poucas horas após muitos deles saírem cambaleando da Park Avenue nº 375 ao raiar do sol, representantes do Goldman, do Citigroup, do Skadden e da Kekst entraram exaustos no jato da Anheuser-Busch, tendo como destino, mais uma vez, a sala de reunião no andar superior do hangar do aeroporto.

Após a noite mais longa de sua vida, Tom Santel deixara cambaleante os escritórios da Sullivan & Cromwell e se dirigira ao hotel New York Palace por volta das seis da manhã. Cochilou por meia hora e, em seguida, indiferente à agitação do centro de Manhattan, atravessou a Madison Avenue para assistir à missa na histórica catedral de St. Patrick antes de se dirigir ao aeroporto.

Dave Peacock, que queria chegar à sede antes de a transação ser anunciada, também se dirigira ao aeroporto, deixando os advogados acertarem os últimos detalhes da fusão. Ele considerava ser importante estar em St. Louis quando os funcionários recebessem a notícia de que sua orgulhosa empresa fora repentinamente vendida. Os meios de comunicação já suspeitavam que algo ocorrera, e o mundo todo esperava que a negociação fosse anunciada dentro de algumas horas. As operações da Anheuser poderiam rapidamente ficar paralisadas por desânimo e incerteza se os dirigentes mais importantes não estivessem lá para mitigar os temores.

Peacock encontrou alguns membros do contingente de Nova York na sala de espera do aeroporto quando se preparavam para embarcar no avião.

"Acho que devo parabenizá-lo", cumprimentou Larry Rand, da Kekst.

"Acho que deve, mas, por favor, não o faça", respondeu Peacock, parecendo absolutamente exausto após passar uma noite inteira sem dormir. Ele tivera a oportunidade, naquele fim de semana, de mostrar à InBev que tinha brio, o que poderia ser bom para seu futuro profissional. Estava claro, naquela altura, que August IV não continuaria a ocupar um cargo de direção na nova empresa, mas Peacock, com seus laços familiares profundos com a empresa e "Budweiser correndo nas veias", segundo um colega, poderia ter essa oportunidade.

Naquela tarde, todavia, Peacock parecia cansado demais para se importar. Ele não tomara banho ou trocara de roupa depois da sessão de negociações que durara a noite toda de sábado. A maioria dos executivos da Anheuser fora para casa logo após a chegada em St. Louis — ou pedira que as esposas os pegassem — para que pudessem ter algumas horas de sono, tomar banho e comer algo antes de a reunião de diretoria começar. "Muito francamente, todos nós parecíamos uns mendigos", avaliou um assessor da Anheuser-Busch.

Vaidades à parte, o grupo partiu para St. Louis em um jato que, como sempre, carregava muita Budweiser, mas quase nada para comer. Por semanas receberam cerveja gratuita. Era o tipo de incumbência profissional com a qual estudantes universitários ambiciosos sonhariam — ganhar quantias imensas de dinheiro para andar para cima e para baixo do país em um jato particular cheio de cerveja. No entanto, ninguém tinha vontade de beber. Esse fora o caso desde que a diretoria da Anheuser jogara a toalha.

Quando os diretores chegaram de diversos cantos do país para a reunião marcada para três da tarde, vencendo o desafio logístico que se tornara um ritual nas últimas semanas, alguns ficaram surpresos ao constatar que Ed Whitacre não viajara para participar da reunião em pessoa. Em vez disso, ele planejava registrar seus comentários e dar seu voto por telefone. Whitacre era um homem ocupado, sem dúvida, mas parecia estranho que ele estivesse ausente na última reunião dos diretores independentes de uma empresa norte-americana tradicional que ele ajudara a dirigir durante décadas — uma empresa que ele também ajudara a entregar para um rival.

"Lembro bem, porque ele representou um papel muito importante em tudo, que causou espanto quando, nessa empresa célebre, nessa última reunião de diretoria para aprovar sua venda, ele não estava lá", comentou um assessor da Anheuser-Busch. "Lembro-me de pensar: 'Esse é o momento mais importante na história da empresa.'"

"Mas, quem sabe, ele pode ter tido um problema de última hora que precisava ser resolvido com urgência."

A última reunião de crise da diretoria foi impregnada de arrependimento e sentimentalismo, mas foi bastante rápida. O destino da Anheuser-Busch já fora selado, e o momento crucial acontecera seis dias antes, quando a diretoria virara as costas à Modelo e decidira contatar a InBev. A constatação de que tudo acabara foi devastadora para alguns dos presentes na sala, mas nenhum deles parecia mais magoado do que Pat Stokes. "Não acredito que dediquei quarenta anos de minha vida e o desfecho foi esse", lamentou diversas vezes para ninguém em particular. "Ele é um cara muito digno", declarou um assessor da Anheuser. "Acho que ele ficou muito decepcionado. Eu me senti muito mal por ele, [e] me senti mal por Randy. Eu me senti mal por aqueles caras que batalharam a vida toda pela empresa e viram isso acontecer, e se sentiam, eu acho, de alguma forma, impotentes para impedir a venda."

Após dias de negociações que haviam deixado a transação a milímetros do sucesso, tudo que a diretoria precisava fazer agora era dar sua aprovação formal. As empresas não tendem a entrar em conversas detalhadas com seus rivais amargos e depois descartar o enlace no último momento.

Dessa forma, as equipes do Goldman e do Citigroup ficaram justificadamente surpresas quando, pouco após o começo das discussões da diretoria, um burburinho surgiu de que a diretoria da Anheuser talvez devesse pedir mais dinheiro. Gross e Ingrassia, sobretudo, ficaram incrédulos. Quando Ingrassia sugerira pedir alguns dólares adicionais na quarta-feira, antes de as negociações entre a Anheuser e a InBev começarem, os diretores o deixaram ser repreendido como se o conceito fosse completamente ridículo. Agora, com a fusão já concluída, a diretoria queria flertar com a ideia de exigir mais dinheiro? Eles só podiam estar brincando.

"Gente, tivemos uma oportunidade e vocês decidiram não aproveitá-la. Por que estamos discutindo isso agora?", questionou Gross asperamente, perdendo a calma por um instante, o que ele não teria se permitido uma semana ou duas antes. "Vocês falaram que não queriam se preocupar com o risco antes, e agora correriam muito mais risco se dessem para trás em uma negociação já concluída!"

Parecia que ocorrera repentinamente a alguns dos diretores da empresa que a Anheuser-Busch perderia sua independência de longa data enquanto eles estivessem no controle. "Tivemos esse flerte com a possibilidade de retomar as negociações e foram cogitadas algumas ideias estapafúrdias de última hora", revelou um assessor. "Acho que, naquele momento, as pessoas perceberam o que haviam deflagrado e tudo se tornou um pouco real demais para todo mundo." A diretoria rapidamente desistiu da ideia e se dedicou novamente à questão à sua frente.

A equipe do Skadden explicou aos diretores cada minúcia dos documentos da fusão, para que tivessem certeza de que sabiam o que estavam aprovando, e os banqueiros fizeram um resumo que explicava por que achavam que o preço e os termos da transação eram justos. O Terceiro e O Quarto agiram de maneira profissional e não demonstraram qualquer emoção, mas o restante da diretoria sabia que ambos deviam estar de coração partido — por razões diferentes.

"Posso imaginar o que August III provavelmente sentiu, porque ele construíra a empresa", ponderou o general Shelton. "Tendo tomado o poder do pai por meio de um golpe, para perpetuar a liderança e, então, transformar aquela empresa no grande conglomerado que era, para ele isso deve ter sido muito difícil. Eu não consigo nem imaginar. E, claro, morando lá em St. Louis..." Ninguém lembra de ouvir O Quarto proferir uma palavra.

Após aproximadamente duas horas, que pareceram uma eternidade, conferindo questões de procedimento, a diretoria finalmente assinou a fusão. Era hora de voltar para casa.

Acabado o flerte profissional com St. Louis, os assessores da Anheuser reuniram seus materiais e deixaram o hangar dirigindo-se para um grande jato cujo destino era Nova York. Não seria a última vez que alguns deles colocariam os pés no hangar. Embora aquele domingo marcasse o anúncio da transação, havia muito trabalho a ser feito nos meses seguintes antes que o negócio pudesse se tornar oficial.

O grupo não voltou para Nova York tão tranquilamente como de costume. Alguns membros da mídia local de St. Louis haviam finalmente descoberto o esconderijo da diretoria e chegaram armados com câmeras de televisão. Durante a reunião, Tom Santel recebera uma mensagem em seu BlackBerry informando que havia imagens dele na televisão saindo de seu carro. Ele resolveu, então, usar a saída dos fundos quando a sessão foi encerrada. Jeffrey Schackner, do Citigroup, não teve a mesma sorte — um fotógrafo enfiou uma lente no rosto dele enquanto saía pela porta em direção ao jato destinado a Nova York. Ele baixou a cabeça e galgou os degraus para entrar na segurança e obscuridade do avião, mas a imagem foi mostrada repetidas vezes na televisão local, estimulando alguns dos outros clientes de Schackner em St. Louis a gracejar que ele seria *persona non grata* na cidade por algum tempo.

"Não diria que todos estavam decepcionados", analisou uma pessoa que participou daquela sessão da diretoria. "Sim, havia decepção pelo fato de que aquela empresa americana icônica, que fora independent por tantos anos, não seria mais. No entanto, todos eles disseram: 'Temos uma responsabilidade fiduciária, o preço era justo e o risco de execução não estaria mais conosco, mas com outro.'"

"Me lembro apenas de entrar naquele avião e de estar naquele hangar inacreditavelmente limpo, somente fazendo que não com a cabeça porque aquilo nunca precisaria ter acontecido", relembrou outro. No entanto: "No final das contas, somos todos homens de negócio, e eles receberam um bom prêmio."

Esse prêmio foi suficiente para enriquecer substancialmente os membros da diretoria que detinham grandes quantidades de ações da Anheuser-Busch — August III e Pat Stokes em particular. Alguns membros da diretoria — Taylor, Warner, Jones, Loucks, Martinez, Payne e Roché — eram proprietários de ações que valiam 1,25 milhão de dólares após a fusão. Esse valor parecia mero trocado quando comparados aos 427,3 milhões de dólares ganhos por August III, uma combinação das ações que ele controlava diretamente com aquelas das quais era beneficiário indireto através de vários fideicomissos e de sua esposa. Stokes saiu com 160,9 milhões de dólares.

"Chegou a um ponto no final em que acho que August III e Pat Stokes finalmente se deram conta da montanha de dinheiro que ganhariam pessoalmente e disseram 'Vamos fazer. Acabou, vamos fazer'", disse Harry Schuhmacher. "Acho que August IV tinha um vínculo emocional com a empresa que ele ainda não desfizera, e não era uma questão de dinheiro. Então, ele tentou impedir a negociação a qualquer custo. Acho que até me lembro de August me dizer que 'Pat e papai nos traíram'. Ficou difícil para ele realmente fazer algo naquela altura."

■ ■ ■

A capitulação da Anheuser-Busch foi especialmente frustrante para alguns assessores de Wall Street que desejavam ganhar por razões competitivas. Eles sentiam que a diretoria havia puxado o tapete deles muito cedo, possibilitando que a equipe da InBev reivindicasse o crédito por uma campanha de aquisição magistral.

"Durante toda essa transação, o lado da InBev tinha uma perspectiva sobre o que eles achavam que estavam fazendo — o que eles acreditavam ser a história —, a qual não poderia ter sido mais errada", comentou um assessor da Anheuser. "Uma das partes mais importantes dessa história foi a disparidade entre o que eles presumiam estar acontecendo e o que realmente estava acontecendo. Havia essa ideia, do lado da InBev, de que, de alguma forma, os diretores e seus banqueiros haviam orquestrado essa pressão inevitável para concluir o negócio e que o simples peso da inteligência de suas táticas fizera com que a transação fosse fechada. Acredite, isso está longe de ser a verdade."

A capacidade da InBev de montar uma chapa alternativa de candidatos à diretoria não "teve literalmente nada a ver com isso", o assessor contrapôs. A decisão da diretoria se resumiu à sua avaliação das alternativas abertas à empresa. Em vez de assumir mais riscos do que o necessário, fosse jogando seu peso no Quarto ou tentando realizar um negócio com os mexicanos, eles optaram pela opção de mais baixo risco.

"Eles apenas foram incrivelmente, incrivelmente conservadores ao tomar essa decisão", afirmou o assessor. "Não se tratava da excelência das táticas da InBev. Não havia nada naquela diretoria alternativa que mudasse alguma coisa. Ninguém ficou muito intimidado com tudo aquilo. O que Adolphus Busch fez pouco importou. Foi um caso de 'Qual é o número que eles estão propondo? Qual é o valor que podemos conseguir sozinhos? e Queremos assumir riscos para chegar lá?' E a diretoria respondeu 'Não, não queremos.'"

Assim que entraram no avião, os assessores cujo destino era Nova York se acomodaram em seus assentos para o voo de volta, decepcionados, famintos e — com o destino da empresa selado — ansiosos para chegar em casa e dormir. Alguns brindaram a ocasião amarga finalmente abrindo algumas cervejas gratuitas. Eles não sabiam que Brito e o restante da equipe da InBev estavam fazendo exatamente a mesma coisa em uma sala de reunião entulhada de documentos em Nova York, embora em um estilo muito mais festivo.

Joe Flom, que parecia desejar ardentemente o conflito desde o início, não se acalmara e começou a andar para cima e para baixo como um tigre enjaulado. "Ele simplesmente corria pelo corredor do avião", contou alguém que estava no voo. De todo o grupo de assessores da Anheuser, Flom era "provavelmente o mais decepcionado por eles não desejarem quebrar o pau", acrescentou outro membro do grupo. Foi Flom que argumentara mais cedo naquela semana que eles deveriam chamar a atenção para os relacionamentos da InBev com Cuba, onde as empresas norte-americanas eram, em geral, proibidas de fazer negócios, em um esforço para dar uma conotação antiamericana às operações da InBev. A Anheuser aceitara a ideia dele e emitira uma declaração repreendendo a InBev por não explicar como seu acordo de distribuição com o governo cubano afetaria os clientes da Anheuser. O esforço foi completamente inútil. Era muito pouco, muito tarde e muito desesperado. Muitos meios de comunicação nem mesmo assinalaram o ângulo cubano na cobertura das notícias do dia. Para uma oferta de aquisição hostil com tantas implicações significativas, esse pequeno ataque à InBev foi o evento mais violento da batalha de relações-públicas entre a Anheuser-Busch e a InBev. E, para Flom, parecia decepcionante.

"Me lembro de sentar ao lado de Joe em vários desses voos. Lembro-me de vê-lo muito irritado, achando que poderíamos ter lutado mais, poderíamos ter conseguido mais e que havíamos aceitado a oferta rápido demais", revelou um assessor da Anheuser-Busch. "Acho que Joe se envolve emocionalmente com essas questões."

"Ele estava claramente irritado com alguns acontecimentos, porque achava que a diretoria tinha tomado decisões mais rápido do que ele achava que ela deveria ter feito."

No final, no entanto, o pragmatismo de Flom prevaleceu. Ele e Larry Rand compartilharam um carro de volta para casa naquela noite após o avião pousar em Nova Jersey, e, naquela altura, ele já direcionara suas atenções sobrenaturalmente energéticas para o futuro — ele planejava fugir com a mulher para a Europa.

"Enquanto tudo isso acontecia, ele conheceu e se casou com a namorada depois, acho, de um encontro às escuras", informou um integrante da equipe da Anheuser. "Isso foi impressionante."

"Na minha idade não há tempo a perder", Flom gostava de dizer quando contava a história.

■ ■ ■

Naquela noite, em outro jato da Anheuser-Busch destinado a Washington, o embaixador Jones, Jim Forese e o general Shelton se condoíam também. Eles haviam embarcado no avião em St. Louis com um vazio no estômago e não estavam muito interessados em beber. Além disso, Shelton não teria ingerido uma latinha de cerveja ainda que estivesse radiante. Ele nunca bebia durante voos — particulares ou comerciais — para poder manter os sentidos aguçados no caso de algo sair errado. Era um hábito que adquirira nas operações especiais aéreas do Exército.

A Anheuser-Busch era um ícone global e a última grande cervejaria no país que ainda era de propriedade norte-americana. "Quando você olha para a A-B, a Harley-Davidson e a Ford Motor Company, elas são empresas que representam os Estados Unidos", disse Shelton. A era da Anheuser como um membro daquele clube cada vez menor havia terminado num piscar de olhos, e a sensação de perda do trio era devastadora. "Era quase como 'Isso não pode estar acontecendo'", acrescentou.

O embaixador Jones foi incomodado por dúvidas durante todo o voo de volta. "Será que eu poderia ter feito algo diferente?", pensava. "Poderíamos ter evitado aquilo?" Era difícil não criticar as decisões da diretoria. Aqueles sofrimentos nunca realmente diminuíram, mesmo após a turbulência devastadora dos mercados nos meses seguintes fazerem o tempo das decisões da diretoria parecer tranquilo.

"Quando August III era CEO, tivemos oportunidades de comprar algumas empresas de boa qualidade na Europa e não aproveitamos porque ele achava que estavam supervalorizadas. E, nas apresentações a que assistimos, parecia que o preço delas era excessivo", comentou Jones. "Então, talvez tenhamos perdido algumas boas oportunidades no estrangeiro. Isso pode ter feito a diferença. Isso poderia ter nos tornado imunes."

"Se eu tivesse que colocar o dedo em alguma ferida específica, diria que provavelmente fomos conservadores demais", concordou Shelton, que se viu desejando que alguém da diretoria da Anheuser tivesse pressionado mais energicamente para fazer aquisições. "Quando você vive em um mundo de 'compre' ou 'seja comprado', é preciso crescer mais rápido do que estávamos crescendo no exterior. Provavelmente deveríamos ter sido mais agressivos na busca por outras oportunidades."

"Quando você vê uma empresa como a Molson comprar a Coors, e a SAB comprar a Miller, no fundo do coração você se pergunta: 'Se estivéssemos dispostos a talvez aceitar uma classificação de crédito um pouco mais baixa e tivéssemos sido menos avessos a riscos, será que não teríamos tido um desempenho muito melhor no longo prazo?'"

Nada foi feito para prestar homenagem ao que acabara de acontecer antes de os diretores subirem nos jatos naquela tarde — nem um discurso em honra do que a Anheuser-Busch realizara durante o século e meio passado, nem mesmo alguma pequena cerimônia formal para marcar o fim de uma era. A Anheuser-Busch deu seus últimos suspiros na sala de reunião improvisada com iluminação fluorescente de um hangar de avião em St. Louis. Era um grande contraste com as imagens belas e evocativas que a empresa sempre projetara.

"Foi isso", concluiu Shelton. "Entramos em um avião, voamos para casa e tudo estava acabado."

■ ■ ■

Enquanto isso, em Nova York, o núcleo central de executivos, banqueiros e advogados da InBev preparava-se para o que eles esperavam ser o dia mais importante de suas vidas profissionais. Havia ainda muito trabalho a ser feito — registros legais que precisariam ser revistos, materiais para a imprensa que precisariam ser conferidos. Era difícil se concentrar. Eles esperavam ansiosamente por um telefonema da Anheuser para confirmar que sua diretoria aprovara o negócio. Se o telefone não tocasse, seus esforços teriam sido inúteis.

À medida que o sol de verão se punha naquela tarde, a equipe ficava cada vez mais nervosa. A diretoria da Anheuser-Busch precisaria de uma ou duas horas para analisar a fundo e aprovar a transação. Quando as duas horas se prolongaram em duas e meia e, depois, em três, ainda sem nenhum telefonema, a tensão na Park Avenue se intensificou. A diretoria da Anheuser não deixaria a InBev na mão após se envolver tão profundamente na negociação da fusão, deixaria? Até aquele domingo, o negócio progredira em um ritmo surpreendentemente rápido. Eles estavam repentinamente arrependidos? Queriam mais dinheiro? Os mexicanos batiam à porta deles? Com toda a equipe da Anheuser em St. Louis agora, a InBev não poderia mais intimidá-los e submetê-los pessoalmente.

Todos na sala pareciam nervosos. Essa tentativa de aquisição estava prestes a fazer ou a acabar com a carreira deles. Eles se debruçaram sobre as pilhas de registros antitruste e materiais de imprensa à sua frente. Brito, sobretudo, recusava-se a relaxar. Como deixara claro repetidas vezes, o negócio não estaria fechado até que ele recebesse a concordância da Anheuser-Busch em primeira mão. Ele não era o tipo que celebra prematuramente.

Em torno das nove ou dez da noite, o telefone celular de Brito tocou. Ele levantou a mão em um sinal para que todos os seus colegas ficassem em silêncio e atendeu.

A fala lenta e arrastada de August IV surgiu de St. Louis do outro lado da linha. Sua diretoria havia capitulado, disse ele a Brito, exausto. A Anheuser-Busch estava finalmente à disposição da InBev. Os olhos escuros de Brito brilhavam quando ele desligou, e a equipe da InBev irrompeu em gritos de guerra e abraços de confraternização. Alguns minutos mais tarde, eles se reuniram em torno de uma mesa sobre a qual, algumas horas antes, tinham sido colocadas Budweisers geladas ao lado das Stellas e Beck's que eles geralmente bebiam.

"Ninguém tocou nas Buds até Brito receber um telefonema do Quarto", contou uma pessoa que estava presente naquela noite. Assim que a chamada finalmente chegou, no entanto, a equipe da InBev abriu o Rei das Cervejas para um brinde, sacando suas máquinas fotográficas para registrar o momento enquanto sorviam a bebida com a alegria gerada por uma vitória em uma batalha difícil.

"Não há muitas transações em que, ao ganhar, você literalmente brinda com os produtos que pertenciam ao outro lado", afirmou uma pessoa ligada à InBev.

■■■

Foram necessárias mais algumas horas para finalizar o acordo de fusão após a chegada da aprovação da Anheuser, o que foi aflitivo para ambos os lados. O campo da InBev mal podia esperar para declarar publicamente a vitória, e a equipe exausta da Anheuser-Busch estava pronta para retomar sua vida. A Anheuser-Busch compilara muitos de seus documentos legais em apenas 48 horas; assim, o atraso não foi surpresa. Era como olhar tinta secando, uma trégua frustrante antes de um momento ardentemente aguardado.

Enquanto o Skadden vasculhava o acordo de fusão uma última vez e a InBev examinava os pacotes de documentos que a Anheuser-Busch submetera apressadamente nos dois últimos dias, Brito se instalou em uma sala separada para receber orientações sobre a coletiva de imprensa do dia seguinte. O meio da tarde se fundiu com o final da noite e, em seguida, com o início da manhã de segunda-feira, o dia em que a InBev esperava anunciar seu golpe antes de os mercados abrirem na Europa. Naquela altura, alguns dos advogados haviam permanecido nos escritórios da Park Avenue por quase dois dias diretos, e muitos não haviam tirado um minuto de sono. Alguns tinham dado uns cochilos em cantos escuros, em cima ou embaixo de fileiras de cadeiras.

"Você entrava em uma sala de reunião, as luzes estavam apagadas, você as acendia e lá estava alguém dormindo no canto", contou um integrante da equipe da InBev.

Então, para grande alívio da InBev, o Skadden finalmente anunciou que estava bastante confortável para deixar a InBev emitir seu comunicado à imprensa. Steve Lipin, da Brunswick, que revisara repetidas vezes cada linha do comunicado para se certificar de que tudo estava em ordem, conferiu-o uma última vez juntamente com os dois principais funcionários de relações-públicas da InBev. Eles estavam prestes a pressionar o botão para enviá-la aos meios de comunicação quando perceberam que, embora o documento ainda estivesse datado de 13 de julho, domingo, o relógio já saltara para segunda-feira, em Nova York e na Bélgica. Por alguns segundos, parecia que mais um obstáculo administrativo atrasaria o momento de glória da InBev.

"Ainda é domingo em St. Louis!", alguém repentinamente lembrou. A equipe digeriu a declaração por alguns segundos e, então, concordou, com um imenso suspiro de alívio. Eles se certificaram de que o comunicado à imprensa estava datado de domingo e que seu local de origem era St. Louis. Em seguida, apertaram o botão.

Capítulo 17

Pegue o dinheiro ou se prepare para o pior

Todos os gerentes de primeiro escalão são multimilionários. Digamos que posso garantir que eles não ficaram insatisfeitos. Não sei se ouvi muitas reclamações deles.
— Jim Forese, membro da diretoria da Anheuser-Busch

Na manhã de terça-feira, após dar um dia para a notícia da capitulação da Anheuser-Busch ser digerida, o vitorioso Brito chegou à sede em St. Louis para fazer um discurso para as tropas. A InBev fizera uma teleconferência global na segunda-feira para coincidir com o anúncio da fusão, e Brito passou mais de uma hora falando entusiasmadamente sobre o futuro e detalhando seus planos. Aquele espetáculo público, no entanto, fora talhado sob medida para a mídia, os analistas e os investidores de Wall Street. Ele precisava manter a máquina da Anheuser em funcionamento ao promover o engajamento dos funcionários em St. Louis e sentia que uma aparição pessoal ajudaria nesse sentido.

A InBev esperava que O Quarto desse uma mão para aplacar o desespero de seus empregados, mas seu tom durante o telefonema de segunda-feira sugeriu que ele estava consternado demais para ser útil. Quando Brito passou a palavra aos executivos da Anheuser para ver se eles tinham algo a acrescentar, O Quarto permaneceu em completo silêncio, deixando Dave Peacock preenchê-lo com alguns comentários rápidos. August IV preparara uma série de avisos para seus funcionários naquele dia em St. Louis, mas os avisos eram tão melancólicos que a equipe de relações-públicas da InBev os editara para injetar algum otimismo. Era difícil culpar O Quarto. Ele estava sendo forçado a agir como a face pública de uma transação que não apoiara.

Para honrar a visita de Brito e prestar-lhe o respeito que ele merecia como futuro dirigente, a Anheuser-Busch providenciou que ele ficasse em uma suíte no confortável Ritz-Carlton. Contudo, o Ritz não era compatível com o estilo de Brito, sobretudo porque ele estava prestes a começar a doutrinar os funcionários da Anheuser-Busch no estilo de vida frugal da InBev. Ele viajara em voo comercial para St. Louis do aeroporto de LaGuardia em Nova York.

"Ele mandou alguém ligar de volta e dizer 'Não, de jeito nenhum. Eu já reservei um quarto em tal e tal lugar, tipo o Holiday Inn'", lembrou alguém de dentro da InBev. "Acho que essa foi, provavelmente, a primeira vez em que St. Louis entendeu que tudo ia mudar." Em vez de alugar uma limusine ou viajar de helicóptero para a sede da Anheuser-Busch saindo de seu hotel na manhã de terça-feira, Brito aceitou uma carona de Dave Peacock.

Brito estivera em St. Louis antes. Sua primeira grande viagem de negócios no início de sua carreira no ramo da cerveja fora uma visita à Anheuser-Busch, onde aprendeu sobre como a famosa gigante americana fabricava cerveja e a distribuía. A página fora virada. Ele estava agora prestes a instruir, na condição de seu novo chefe, os funcionários da Anheuser sobre como ele conduzia os negócios da InBev.

■ ■ ■

Naquele dia, quando Brito sentou na sala de diretoria do nono andar da Anheuser com o comitê de estratégia, a maioria dos membros do comitê ainda estava digerindo o fato de que haviam se tornado obsoletos da noite para o dia. Era surreal.

"Tudo aconteceu muito rápido", lembrou Tom Santel. "Foram somente, tipo, 51 dias. Achávamos que demoraria muito mais."

"No começo, eu não achava que as pessoas realmente compreendiam que essa coisa iria realmente acontecer", outro membro do comitê de estratégia lembrou. "Havia, até certo ponto, alguma negação de que isso realmente fosse verdade. Até o dia em que a diretoria concordou com a venda, havia muita esperança — uma esperança ansiosa —, 'Vamos lutar contra aqueles desgraçados', blá, blá, blá."

Em uma apresentação canhestra que gerou algumas perguntas protocolares, Brito prometeu ao comitê de estratégia que a InBev e a Anheuser fariam grandes negócios juntos e levariam o mercado cervejeiro global para um novo patamar. Seus comentários pareciam extremamente ensaiados, mas ajudaram a convencer pelo menos alguns funcionários de que ele não era a encarnação do demônio.

Durante uma visita à fábrica naquele dia, conduzida pelo chefe da cervejaria Doug Muhleman, um grupo de operários que trabalhava em uma das linhas de engarrafamento presenteou Brito com uma camiseta — parte de uma tradição que aquela equipe específica tinha de cumprimentar visitantes especiais e VIPs. O contraste entre o nômade Brito e os operários de colarinho azul da linha de engarrafamento foi destacado pelo fato de que Brito passou aquele dia com o passaporte no bolso de sua camisa. Mesmo assim, ele foi amigável e muito acessível. "Ele deve ter tentado transmitir a sensação de que não era um monstro, que era um cara legal", ponderou um ex-executivo da Anheuser que nunca encontrara Brito antes daquele dia. "Me lembro, depois daquilo, de achar que ele não era tão ruim assim."

Ainda havia bastante raiva e frustração circulando em St. Louis. Os funcionários de primeiro escalão da Anheuser passaram os meses seguintes repetidamente analisando o que eles poderiam ter feito de diferente. Era fácil apontar para o passado distante, quando a maioria deles não estivera no controle, e culpar a arrogância do Terceiro. Contudo, eles também tinham permitido que determinadas iniciativas mais recentes fossem engavetadas em vez de pressionar mais agressivamente por sua implementação, tais como as conversas com a SABMiller ou o longo, porém infrutífero, flerte com a Modelo. Agora, a InBev prometia espremer 1,5 bilhão de dólares em cortes da Anheuser-Busch em três anos, 50% acima da meta de 1 bilhão de dólares que a Anheuser acabara de anunciar por conta própria. Certamente seria doloroso.

A aflição aumentou quando os funcionários que desejavam manter seus empregos se deram conta de que teriam de lutar por eles. A Anheuser já anunciara planos de reduzir sua mão de obra em 15% por conta própria, e era provável que a InBev fizesse cortes ainda mais drásticos.

Não demorou muito para as demissões começarem de fato. Em 8 de dezembro de 2008, três semanas após a transação ter sido oficialmente concluída, a InBev declarou que cortaria 1.400 funcionários assalariados em suas divisões relacionadas com a cerveja, cerca de 6% de sua mão de obra nos Estados Unidos. Daqueles cortes, 75% atingiram a área de St. Louis. E isso depois de eliminarem mil trabalhadores que haviam aceitado incentivos financeiros para sair ou fazer uma aposentadoria antecipada. Espreitar pelas janelas da sede da Anheuser tornou-se um exercício dolorosamente desmoralizante.

"Eu olhava e via mais uma pessoa ao lado de seu carro, carregando uma caixa, soluçando descontroladamente", lembrou Bob Lachky. "E havia um segurança com eles. Os seguranças simplesmente chutavam as pessoas para fora. A cena ficou vivamente gravada em minha memória. Foi simplesmente horrível. Fora os telefonemas e os contatos mais adiante, as pessoas simplesmente implorando por um emprego. Não foi um bom momento para aquilo. Era de arrancar o coração."

A decisão da empresa de anunciar o maior lote de demissões poucas semanas antes do Natal gerou muita raiva, mas a alternativa parecia igualmente ruim. "Não queríamos que 90% dos empregados passassem as festas com medo de perder seus empregos", contou Dave Peacock ao *St. Louis Post-Dispatch*. "Eu simplesmente não achei justo que a empresa fechasse para as festas natalinas com tantas pessoas temerosas por seu futuro."

O inverno de 2008 — logo antes do começo de um ano no qual a taxa de desemprego norte-americana atingiu 10% — foi um momento terrível para ser demitido no Meio-Oeste combalido dos Estados Unidos. E as reverberações dos primeiros grandes cortes de emprego se estenderam por mais de um ano. No início de 2010, um executivo enviou um e-mail com múltiplos destinatários dizendo que seu cargo fora descontinuado. Alguns dos vendedores da empresa foram informados muito depois de o negócio ter sido fechado que precisavam demitir a camada de funcionários logo abaixo da sua. Eles cumpriram a ordem, descobrindo, em seguida, que estavam sendo rebaixados de cargo e agora ocupariam aquelas posições que haviam vagado recentemente.

Quando os funcionários da Anheuser perceberam que seus empregos estavam em risco como uma consequência imediata da fusão, seu comportamento até então estudantil virou uma luta pela sobrevivência. "Foi como *Apocalypse now*", lembrou Lachky. "Quanto mais você subia o rio, mais caótico ficava. As pessoas atacavam umas às outras. Elas estavam simplesmente se destruindo mutuamente. Porém, no fim das contas, todos pagaram o pato. Todos pagaríamos o pato."

Dizer adeus foi um pouco menos doloroso para os integrantes do comitê de estratégia, muitos dos quais assinaram pacotes de demissão lucrativos e partiram antes do fim do ano. "Eu simplesmente não conseguia esperar para ver tudo terminar, porque sabia que não continuaria", desabafou Tom Santel, que deixou a empresa em 20 de novembro, imediatamente após a fusão ter sido oficialmente concluída.

Santel sentou-se com sua equipe na semana após o acordo ter sido anunciado para detalhar o que acontecera e explicar o que poderia acontecer no futuro. A perda da Anheuser-Busch seria sentida como uma morte, ele disse a todos, e eles, provavelmente, passariam por estágios semelhantes ao luto. "Foi como um funeral que durou quatro meses", recordou. "Era triste ver todas aquelas pessoas lá e todos aqueles corações partidos." Santel, que recebeu 26,5 milhões de dólares por suas ações na empresa, não recebeu o aviso definitivo sobre sua demissão até outubro. Ficara óbvio muito antes, no entanto, que a InBev não tinha planos de preencher seu cargo. "Eu sabia que, mesmo que eles me quisessem, eu não queria ficar", acrescentou ele. "Eu não me sentiria bem lá."

A InBev pediu a Lachky, no entanto, para continuar no cargo, para que ele pudesse capitanear a primeira campanha de publicidade da empresa fundida para o Super Bowl. Após ser persuadido por Dave Peacock, Lachky decidiu participar pela última vez do grande evento. Ele fez questão de receber garantias quanto ao seu pacote de demissão, com antecedência e por escrito.

"Nunca me senti tão sozinho como enquanto fazia o trabalho criativo do Super Bowl naquele último ano, porque ninguém se importava. Ninguém realmente queria trabalhar naquilo", revelou. "Se você dependesse da motivação do pessoal interno para realizar alguma tarefa hercúlea, podia desistir. Porque, daquele ponto em diante, tudo girava em torno da sobrevivência e de contar suas opções sobre ações todos os dias. Mentalmente, todos já haviam desistido de trabalhar, estavam apenas cumprindo tabela."

"Era uma anarquia. Mentalmente todos tinham ido para casa e estavam defendendo seu futuro pessoal. As secretárias choravam nos corredores."

Após uma década de vitórias consecutivas, a Anheuser-Busch não ganhou a classificação Ad Meter da *USA Today* pelo melhor anúncio do Super Bowl em 2009 — mesmo após conseguir atrair o comediante Conan O'Brien para fazer o primeiro anúncio televisivo de sua vida. Em vez disso, a exímia equipe de marketing da Anheuser terminou em segundo e terceiro, perdendo para dois irmãos desempregados de Indiana que criaram um comercial para o Doritos como parte de um concurso on-line. "Vencemos o rei dos comerciais", declarou Dave Herbert, 32 anos, um dos irmãos, ao *USA Today*. Lachky se aposentou no final de fevereiro, algumas semanas após a transmissão do jogo. Ele tinha 20,6 milhões de dólares a receber.

■■■

Do grupo de executivos de primeiro escalão da Anheuser, apenas três mantiveram seus empregos. Peacock, graças, em parte, à reputação que construiu com a InBev durante a negociação da fusão, assumiu o cargo mais alto de qualquer executivo da "antiga Anheuser". Como presidente da divisão da empresa fundada nos Estados Unidos, ele se tornou a nova face pública da Anheuser-Busch assim que O Quarto saiu de cena. O cargo não era muito invejável, no entanto. Seu novo empregador pressionava trabalhadores, vendedores e atacadistas a cortarem custos, e ele tinha que reportar tudo ao brasileiro Luiz Fernando Edmond, que se mudara para St. Louis e se tornara responsável pelas operações norte-americanas da InBev. Gary Rutledge permaneceu como assessor jurídico para os negócios norte-americanos da empresa. E Bob Golden, ex-chefe de aquisições da Anheuer, acabou se mudando para Nova York após ser nomeado chefe global de fusões e aquisições da empresa fundida. A indicação de Golden fez ressurgir, pelo menos, uma ironia amarga: ele foi encarregado de tentar comprar as ações remanescentes da Modelo, a mesma transação que já estivera prestes a concluir enquanto tentava defender a Anheuser-Busch. Em março de 2010, um analista previu que as duas empresas fechariam um acordo que avaliaria a Modelo em 10,8 bilhões de dólares, muito abaixo do preço que a equipe do Quarto estivera disposta a pagar.

O grande número de baixas no primeiro escalão deixou poucos dispostos a lutar pela antiga Anheuser-Busch. Os temores de Brito relativos à manutenção da sede norte-americana da InBev em St. Louis revelaram estar equivocados, pelo menos nos escalões mais altos. Não havia muita bagagem emocional ou institucional a enfrentar, enquanto a InBev trabalhava para transformar a Anheuser-Busch em uma empresa parecida com ela mesma, porque quase todos que poderiam ter causado problemas tinham feito as malas e partido.

Como uma das condições da aquisição, a InBev se comprometera a colocar dois representantes da Anheuser-Busch em sua diretoria — August IV e outro atual ou ex-diretor da Anheuser. Dois anos após a transação ter sido concluída, ela ainda não cumprira a promessa. Alguns observadores da indústria presumiram que isso se devia ao fato de que o assento havia sido reservado para Carlos Fernández, caso os brasileiros conseguissem finalmente fechar um acordo com a Modelo. Outros o atribuíram a uma falta de vontade política por todos que tinham vínculos com a empresa antiga.

"Era como se eles estivessem se lixando", um assessor da empresa observou. "Assim que ela foi vendida, eles passaram a se lixar."

No entanto, falando francamente, muitos dos ex-executivos de primeiro escalão da Anheuser tinham coisas melhores para fazer. Embora a transação tivesse sido um golpe duro para suas psiques e encurtado suas carreiras, ela certamente encheu suas contas bancárias. Os que não tinham opções sobre ações não receberam grande coisa, mas os que tinham ficaram ricos instantaneamente. E muitos ficaram.

"Todos aqueles caras receberam muito dinheiro", lembrou um assessor da empresa. "Ficamos muito surpresos. Obviamente eles haviam acumulado opções por anos."

"Você ficava até um pouco desconfortável, porque era como 'Minha nossa, o dia chegou'", exultou um ex-executivo. "É, tipo, inacreditável que você possa ir para casa com tanto dinheiro."

O executivo financeiro chefe, Randy Baker, um dos "comedores" originais do Terceiro, embolsou 72,3 milhões de dólares ao deixar a empresa. Enaltecido por outros funcionários da Anheuser por seu temperamento equilibrado durante a confusão da negociação, ele decidiu se retirar "e, de certo modo, se isolou para ficar longe de todo mundo", contou um assessor. "Acho que Randy se saiu fenomenalmente bem durante todo aquele episódio", revelou outro. "Ter durado e recebido a confiança das pessoas naquele ambiente por tanto tempo como ele conseguiu foi muito, muito impressionante. Ele fez isso sem nunca tomar partido; foi muito profissional."

Alguns ex-executivos da empresa, ao ganharem o equivalente empresarial de uma loteria, usaram sua nova liberdade financeira para realizar antigos sonhos que só podem ser perseguidos pelos ricos. Anthony Ponturo, ex-chefe de marketing esportivo da empresa e um dos executivos de marketing mais importantes dos Estados Unidos, embolsou 16,8 milhões de dólares. Ele abriu uma firma de consultoria sediada em Nova York e investiu grandes somas de dinheiro na produção de shows na Broadway. Para um homem que costumava gastar mais de meio bilhão de dólares por ano promovendo cerveja, financiar *Hair* provavelmente parecia uma ninharia.

Doug Muhleman, que recebeu 38,3 milhões de dólares quando o negócio foi fechado, fez uma escolha lógica tendo em vista suas credenciais de mestre cervejeiro e voltou a seu estado natal da Califórnia para plantar uvas para fazer vinho em Sonoma. Colher uma boa safra pode ser estressante, mas não chegava aos pés das longas semanas de trabalho semanas de trabalho e da política interna traiçoeira da Anheuser-Busch. Como um ex-executivo disse em relação ao BlackBerry que costumava carregar e verificar o tempo inteiro: "Estou muito feliz por não ter mais um desses trecos."

Uma funcionária da Anheuser rompeu o padrão, no entanto, e partiu para a ofensiva menos de um ano após a fusão ter sido concluída. Francine Katz, que fora a chefe de comunicações da Anheuser, processou a empresa após tomar conhecimento, através dos documentos que tiveram de ser registrados por causa das regulações que regem as fusões, que ela e Marlene Coulis, a outra mulher que integrava o comitê de estratégia da Anheuser, ganhavam menos do que suas contrapartes masculinas. Ela afirmou que a Anheuser-Busch mantinha uma atmosfera de "festa de fraternidade, de vestiário de equipe esportiva" e alegou que, embora tivesse reclamado sobre as disparidades de remuneração com O Terceiro e Dave Peacock em diversas ocasiões, suas reivindicações foram "ignoradas ou respondidas com hostilidade e informações incorretas."

A aquisição pela InBev colocou August IV em uma posição bastante desconfortável. Entre o dia em que a negociação foi anunciada, em julho, e o momento em que ela foi legalmente concluída, em novembro, ele permaneceu como chefe da Anheuser-Busch. Suas responsabilidades, no entanto, ficavam reduzidas a cada dia, e ele não tinha qualquer influência no novo rumo que a empresa tomava. Tudo esteve a cargo de Brito a partir de julho.

O dia após a negociação ter sido divulgada publicamente, poucos minutos antes de Brito se juntar a ele para falar com um grupo de empregados, O Quarto se sentou para uma entrevista com o *St. Louis Post-Dispatch* e revelou inconscientemente como a transação seria difícil. Ao entrar na sala de reunião, diante de seu escritório, e pegar uma cadeira na cabeceira da mesa, ele parou, olhou para a cadeira, pausou e disse: "Não sei se deveria colocar Brito aqui ou não." O Quarto reconheceu naquele dia que era "uma sensação difícil, desnecessário dizer", avaliar o impacto da venda da Anheuser-Busch no legado de sua família.

Os esforços do Quarto durante as conversas da fusão para negociar um contrato de consultoria e facilitar sua transição foram regiamente recompensados. Não era como se ele necessitasse de dinheiro. Graças às ações que tinha na empresa, ele recebeu mais de 91 milhões de dólares após a fusão. Além disso, aceitou um assento na diretoria da InBev com um mandato de três anos e concordou, a pedido de Brito, em prestar consultoria à InBev sobre novos produtos e programas de marketing e se reunir com as partes interessadas da empresa e com a mídia. Em troca, a InBev lhe entregou 10,35 milhões de dólares à vista, com a promessa de honorários de consultoria adicionais que remontavam a cerca de 120 mil dólares mensais e, de quebra, ainda lhe forneceu uma equipe para sua segurança pessoal. A transação vinculou o Quarto e a InBev em um dispositivo de "não depreciação" mútua, o que limitava o que um poderia dizer sobre o outro e os impedia de dizer qualquer coisa negativa.

Faz sentido perguntar por que um homem incrivelmente rico — e que acabara de ficar mais, muito mais rico — desejaria continuar envolvido com a nova empresa de alguma maneira. Ele, certamente, não era próximo a Brito e sua equipe, e logo ficou aparente que os serviços e a consultoria que ele prestaria seriam mínimos.

"Havia muita emoção envolvida naquilo tudo", observou uma pessoa ligada ao Quarto. "Não acho que seu envolvimento na empresa, pós-transação, tenha sido muito robusto. Acho, na verdade, que foi o oposto. No entanto, na época da transação, seus sentimentos provavelmente estavam muito divididos." Um assento na diretoria da InBev daria ao Quarto uma chance de continuar associado a uma empresa que significava muito para ele, e ele pode ter pensado que sua presença lá seria um elemento útil de continuidade. Acima de tudo, no entanto, o contrato de consultoria parecia uma tentativa onerosa por parte da InBev de manter as aparências após ter eliminado a diretoria inteira da Anheuser e a maior parte de sua equipe de executivos. Busch não apareceu nos eventos da indústria no ano seguinte à transação, segundo analistas e jornalistas, e não foi citado nos jornais ou fotografado em reuniões e encontros.

■ ■ ■

Os nomes e rostos dos ocupantes do nono andar da Anheuser não foram as únicas coisas que mudaram após o casamento entre as empresas ser consumado. Por décadas, os executivos da Anheuser vagavam pelos corredores da sede vestidos em ternos e gravatas respeitáveis. Não demorou muito para a norma de vestuário informal da InBev se infiltrar na hierarquia, no entanto. A maioria dos funcionários da empresa agora marchava pelo campus da Anheuser-Busch em St. Louis vestindo uma variação do uniforme decididamente informal da InBev: calça jeans com camisa social e crachás presos nos cintos.

"Se ainda estivesse lá, acho que ele não se sentiria muito bem com relação a ir trabalhar de calça jeans", comentou Lee Roarty ao olhar para o marido elegante, Mike, e expressar seu desgosto.

Brito começou a rapidamente implantar várias outras mudanças físicas e culturais que causaram quase tanta consternação em St. Louis quanto a aquisição em si. Em vez de fazer pequenos cortes nas camadas de desperdício da Anheuser e aplicar mudanças graduais, evitando que os funcionários entrassem em pânico, os brasileiros decidiram implodir tudo de uma vez só. Eles usaram marretas grandes e pesadas para derrubar os escritórios privativos e confortáveis da suíte executiva da Anheuser — que permitiam aos ocupantes passarem dias inteiros sem encontrarem seus colegas — e os substituíram por um mar de mesas comunitárias e escrivaninhas apinhadas. Brito não tinha um escritório tranquilo nem uma mesa privativa e queria que sua nova operação norte-americana refletisse essa mentalidade orientada para a equipe.

"Parecia que eles haviam jogado uma bomba no nono andar", contou um executivo de primeiro escalão a uma publicação brasileira. "Havia mogno por todos os cantos." Secretárias foram demitidas, a mobília luxuosa da empresa foi leiloada e 40% dos 1.200 BlackBerries dos funcionários foram retomados.

Em questão de meses, benefícios como ingressos grátis para os jogos dos St. Louis Cardinals e para os Busch Gardens desapareceram, assim como a cerveja gratuita que a Anheuser-Busch distribuía a seus funcionários e aos clientes de seus parques temáticos. "Eu não quero cerveja de graça", disse Brito. "Posso comprar minha própria cerveja." O complexo futebolístico foi transferido para a organização St. Louis Soccer United. Muitos patrocínios esportivos foram descontinuados. Até mesmo despesas como impressão colorida e o envio de barris de cerveja por FedEx foram cortados. E Brito não mostrava nenhum escrúpulo em mexer com os símbolos mais sagrados da Anheuser-Busch em sua busca por alguns dólares adicionais. Cerca de um ano e meio após a fusão ser negociada, a empresa confirmou que começara discretamente a cobrar 2 mil dólares por dia pelas apresentações dos Clydesdales, revertendo a prática de longa data da Anheuser de absorver a maior parte dos custos dos cavalos sozinha.

Os funcionários começaram a reclamar que o moral em St. Louis estava baixo, e a InBev reconheceu que os movimentos poderiam causar insatisfação entre os funcionários que não apreciavam sua mentalidade de empresa iniciante. Ela ignorou as críticas, todavia. As exigências por desempenho da Inbev eram simplesmente mais altas do que as da Anheuser, e os funcionários precisavam assumir um grau maior de responsabilidade.

Por causa do preço alto que pagara pela Anheuser, a InBev não teve opção a não fazer cortes profundos até o osso. Ela não poderia cortar custos da forma tradicional — desfazendo-se de operações sobrepostas — porque as duas empresas tinham muito poucas operações desse tipo. "Para pagar pela aquisição, Brito terá de virar a empresa do avesso", disse um assessor de longa data da Anheuser. "Eles já estão vendendo grandes pedaços do negócio."

A InBev usou o plano Oceano Azul da Anheuser como base e, em seguida, perseguiu essa agenda ainda mais agressivamente. "Não há, provavelmente, nenhum centavo do Oceano Azul que eles não tenham economizado a essa altura", comentou alguém ligado à Anheuser-Busch. "Eu apostaria com você que eles economizaram literalmente cada centavo daquilo ou mais... Teria sido mais difícil, acho, para a Bud fazer isso."

A nova empresa causou alvoroço entre seus fornecedores quando anunciou que demoraria 120 dias para pagar suas contas em vez de trinta, dando tempo a si mesma para usar aquele dinheiro para outros fins. A Emerson, uma gigante local da indústria eletrônica cujos executivos sempre tiveram laços estreitos com a família Busch, lançou um boicote em protesto e parou de comprar cerveja da Anheuser-Busch para seus escritórios, centro de conferência, jatos particulares e até mesmo, ironicamente, para seus camarotes no Busch Stadium. Um madeireiro perdeu seu contrato quando a empresa consolidou a lista de fornecedores e teve que fechar as portas.

St. Louis batalhara contra a Milwaukee por décadas pelo direito de se chamar a "capital da cerveja" dos Estados Unidos, mas graças aos brasileiros, essa importante reivindicação à fama desapareceu da noite para dia. Os residentes que sempre haviam comparado St. Louis à cidade de Chicago pela condição de ser um dos mais importantes centros comerciais do Meio-Oeste, começaram a se preocupar que, sem uma Anheuser-Busch independente, ela poderia se tornar mais comparável a lugares como Des Moines, Iowa, um centro de negócios.

Não demorou muito para os cidadãos de St. Louis manifestarem seu desgosto pelo novo regime. A participação de mercado da Anheuser-Busch na outrora leal cidade, a qual pairara em cerca de 70%, caiu em 2009, enquanto as vendas da Schlafly, uma cervejaria local independente, subiram 38%. O fundador da Schlafly disse que aproximadamente mil currículos de ex-funcionários da Anheuser-Busch entraram na caixa de correio de sua empresa em 2009.

No entanto, os esforços de Brito para resolver o exemplo mais evidente de excesso na Anheuser — sua frota de jatos executivos — caminharam muito mais lentamente do que muitos analistas previam. As tarifas aéreas de classe econômica rapidamente tornaram-se regra, e a empresa declarou que planejava vender, no devido tempo, todos os aviões de sua frota. No entanto, mais de um ano após a transação ter sido concluída no final de 2008, ela ainda possuía alguns aviões e empregava vários pilotos. Quando um jornal local apontou a aparente hipocrisia, a InBev disse que ela não "tinha pressa em vendê-los" em um mercado de revenda inóspito e um porta-voz recusou-se a fornecer o número exato de aviões que estavam sendo vendidos ou ainda sendo usados. A InBev usava os jatos da Anheuser "sempre que era uma opção de custo compensadora", disse ela.

A InBev colocou diversos ativos grandes em leilão para ajudar a pagar sua enorme dívida com os bancos que financiaram a fusão. Ela vendeu a participação de 27% da Anheuser na Tsingtao, da China, algumas fábricas de latas e tampas para a Ball Corporation e sua própria cervejaria na Coreia do Sul por 1,8 bilhão de dólares para a firma de private equity Kohlberg Kravis Roberts & Co.

Mais importante para os consumidores norte-americanos, a InBev colocou os dez parques temáticos bem-frequentados da unidade Busch Entertainment da Anheuser — incluindo os três parques aquáticos Sea World — à venda logo após a fusão ter sido concluída. Pouco menos de um ano mais tarde, ela anunciou que venderia o empreendimento para a firma de private equity The Blackstone Group por um preço que poderia chegar a 2,7 bilhões de dólares.

"Foi doloroso vê-los vender aqueles parques temáticos", lembrou um ex-executivo de agência de publicidade. "Os Busch eram homens que gostavam de esportes ao ar livre e estavam comprometidos com a preservação do meio ambiente e com o trabalho com animais, ajudando-os." No entanto, os brasileiros escolheram bem a hora da venda. Dois meses após a venda ser fechada, uma orca atacou e matou uma treinadora no Sea World de Orlando, estimulando um novo ciclo de protestos contra espetáculos que apresentam esses animais em cativeiro.

A decisão de Brito de demitir os principais publicitários da Anheuser também foi objeto de muitas críticas. A InBev precisava cortar 1,5 bilhão de dólares em custos, e ficou claro que o enorme orçamento de publicidade da Anheuser seria analisado minuciosamente — sobretudo em vista das dificuldades da economia. Brito nunca escondera o fato de que era favorável ao lançamento de um número muito menor de comerciais a cada ano e a empregar menos agências de publicidade do que a Anheuser-Busch fizera no passado. Os especialistas afirmavam que cortar o orçamento publicitário da Anheuser e emperrar as engrenagens de seu processo criativo poderia apagar permanentemente o fogo que fizera da Budweiser um ícone americano.

"Que outra cervejaria tinha 50% do mercado?", perguntou Charlie Claggett. "Quanto vale isso? O que eles gastaram para chegar a esse ponto? Para mim, é assim que se faz. Você não consegue produzir criatividade em um laboratório de pesquisa. Você pode testar produtos até cansar e terminar com o tipo de trabalho que a P&G faz." Parte do sucesso da InBev na venda da Budweiser será sempre determinado pelo ambiente político global, o que está fora do controle da InBev — um fato que seus analistas de dados que só enxergam números podem considerar difícil de digerir.

"A cerveja é uma bandeira muito norte-americana, é um ícone e tanto, e suas vendas em cada país realmente dependem do que as pessoas pensam dos Estados Unidos", analisou Claggett, que trabalhou na conta da Budweiser na Inglaterra por algum tempo. "Quando a confiança na reputação dos Estados Unidos aumenta, as vendas da Budweiser aumentam. Falar sobre a Budweiser como uma marca internacional, como a Heineken ou a Beck's, é um pouco ingênuo porque nenhuma daquelas marcas é tão icônica quanto o rótulo vermelho, branco e azul da Budweiser."

Em um aspecto, a InBev decidiu efetivamente gastar dinheiro. Ela assinou um contrato de aluguel de dez anos de duração por 2.900 metros quadrados de espaço de escritório na Park Avenue em Nova York, atiçando a especulação de que Brito abandonaria St. Louis e transferiria os escritórios norte-americanos da Anheuser-Busch InBev para a Costa Leste, onde ele agora estava baseado. Os funcionários de St. Louis ficaram muito ofendidos com essas notícias e aumentaram o volume de sua retórica anti-InBev, chamando Brito de "Carlos Burrito" e rebatizando o famoso endereço da empresa One Busch Place de "One Brito Place".

■ ■ ■

Previsivelmente, os executivos da InBev e seus assessores se saíram bem. Brito se mudou com a família para um subúrbio grã-fino em Connecticut, ao norte de Manhattan, se juntando a um bando de outros funcionários de primeiro escalão que alegremente se relocaram da adormecida Leuven para Nova York, para se instalar no novo escritório da empresa na Park Avenue.

Um bar onde sua lista expandida de cervejas seria servida foi rapidamente instalado no escritório. O estilo de vida mais atraente da Big Apple nem se comparava como ferramenta motivacional com o pacote de remuneração que Brito e outros executivos de primeiro escalão da InBev negociaram após a fusão. Os quarenta executivos mais graduados da empresa receberiam opções sobre ações com valor aproximado de 1 bilhão de dólares, talvez consideravelmente mais, se fossem capazes de reduzir o nível de endividamento da empresa de volta a patamares normais até 2013. Brito teria direito a receber mais de 200 milhões de dólares apenas em opções se o valor das ações da empresa dobrasse. A empresa rapidamente se adiantou ao cronograma em sua campanha de redução de endividamento, uma indicação de que aquelas somas não permaneceriam hipotéticas por muito tempo.

A negociação marcou o auge do sucesso para os ambiciosos membros da diretoria da InBev, Jorge Paulo Lemann, Marcel Herrmann Telles e Carlos Alberto da Veiga Sicupira. De seu investimento estimado em 50 milhões de dólares na empresa brasileira Brahma em 1989, eles haviam cultivado uma participação de 25% na Anheuser-Busch InBev, com valor aproximado de 9 bilhões de dólares em meados de 2010, fazendo relativamente poucas aplicações ao longo do caminho. Um pouco menos de dois anos após a transação ser fechada, em setembro de 2010, uma firma de investimento apoiada por Lemann, Telles e Sicupira chamada 3G Capital — a qual também coincidentemente empregava Marc Mezvinsky, o homem que casou com Chelsea, filha do ex-presidente norte-americano Bill Clinton, em julho daquele mesmo ano — anunciou planos de comprar a Burger King, outra empresa americana icônica, por 3,3 bilhões de dólares. A 3G disse que abriria mais restaurantes na Ásia e, sem surpreender ninguém, na América Latina, em um esforço para melhorar o desempenho medíocre da empresa. O trabalho de Antonio Weiss como assessor mais confiável da InBev fez com que ele galgasse as alturas no Lazard. Ele foi nomeado o chefe global de fusões e aquisições daquele banco de investimento em março de 2009 e, meses mais tarde, quando Bruce Wasserstein — o dirigente do Lazard — faleceu inesperadamente, alcançou o posto de chefe global das operações de banco de investimento. Weiss mudou de Paris de volta para Nova York, estabelecendo residência com sua família no lado ocidental do Central Park; em 2009, ele foi identificado como o banqueiro que trabalhara em mais operações de fusão naquele ano no mundo. Frank Aquila e George Sampas trouxeram honorários polpudos para o Sullivan & Cromwell, como também fez Doug Braunstein para o J.P. Morgan. Em junho de 2010, Braunstein foi nomeado executivo financeiro chefe do banco, e foi muito bem-remunerado tanto por financiar a negociação da InBev quanto por assessorar a empresa.

Se comparado aos longos meses de trabalho até tarde e às viagens de última hora que a maioria das batalhas de tomada de controle exigem, o nível de envolvimento de ambos os lados foi relativamente indolor. No entanto, o trabalho não terminou quando a transação foi assinada em julho. Ambas as empresas teriam de fazer um esforço gigantesco antes de a fusão ser realmente concluída, e os mercados financeiros globais começavam a ruir a seu redor. À medida que os pilares de crédito que sustentavam Wall Street começaram a ficar cada vez mais frágeis no outono, o nível de estresse em ambas as empresas aumentou muito. "Aposto que tivemos tantas reuniões de diretoria sobre 'Esse negócio vai mesmo ser fechado?' do que tivemos sobre 'Vamos fazer o negócio?'", comentou um assessor da Anheuser.

Pat Stokes viajou para Nova York em um determinado momento e, durante o almoço, questionou Tim Ingrassia sobre a crescente crise de liquidez. Stokes tinha uma visão privilegiada de como o Meio-Oeste estava sendo severamente afetado pela crise de habitação e pela diminuição do crédito, e estava preocupado com o aumento da probabilidade de o negócio desandar.

"Em uma escala de um a dez, Tim, onde você acha que estamos?", perguntou Stokes.

Ingrassia disse que havia uma probabilidade de 80% de que o negócio ainda fosse fechado conforme negociado — uma chance decente em sua opinião, dada a carnificina que ele observava em Wall Street. Stokes parecia ter sido atingido no estômago. Para ele, uma probabilidade de fracasso de 20% soava perigosamente alta.

Ninguém poderia ter previsto que, poucos meses após a assinatura da venda da Anheuser, o mercado financeiro global entraria em colapso e um dos dez bancos europeus que concordaram em financiar o acordo — o banco alemão Fortis — faliria. A InBev deliberadamente escolhera um conjunto de bancos que pareciam fortes o suficiente para resistir aos contratempos do mercado. No entanto, naquele setembro, quando uma enorme quantidade de bancos implodiu, o preço das ações da Anheuser pairou cerca de 7% abaixo do preço acordado de 70 dólares, um reflexo do quanto os investidores haviam se tornado receosos com relação às chances de sucesso do negócio. Na segunda quinzena de setembro, logo após o colapso do Lehman Brothers e a venda a toque de caixa do Merrill Lynch para o Bank of America, uma analista advertiu que "se o ambiente creditício deteriorar ainda mais, a aquisição proposta da A-B por 52 bilhões de dólares poderia malograr. Nesta altura, achamos provável que o negócio será finalizado", mas com novas incertezas surgindo quase todos os dias, consideramos que é importante ser cauteloso".

"Os bancos deviam estar nervosos", avaliou um consultor da Anheuser. "Eu garanto que a InBev estava morrendo de medo." E ela tinha razões para estar. O contrato incontestável que a InBev assinara para realizar o negócio estava ameaçando ser acionado. Se alguns dos bancos que concordaram em cobrir os cerca de 55 bilhões de dólares da transação em financiamentos falissem, e outros tentassem usar isso como uma desculpa para deixar de honrar seus compromissos, a InBev teria de financiar a aquisição sozinha.

"Não havia qualquer saída. Eles eram forçados a concluir o negócio", disse uma pessoa da Anheuser. "Uma forma de concluir seria nos entregar a empresa deles. A transação poderia ter virado uma tremenda bagunça."

"Quando aquele contrato foi assinado, brincamos que, de uma forma ou outra, ou eles nos compravam ou nós os compraríamos", contou outro. "E, nos cinco meses que se passaram até a conclusão definitiva, houve vários momentos naquela crise em que a balança poderia ter pendido para qualquer um dos dois lados."

■■■

Se a InBev tivesse feito sua oferta exatamente um mês mais tarde, ou se a Anheuser-Busch tivesse esperado um ou dois meses mais para admitir a derrota, os principais envolvidos de ambos os lados do negócio dizem que a transação nunca teria acontecido. O momento perfeito da oferta de aquisição foi um acaso feliz que teve pouco a ver com planejamento e estratégia.

"Um dos fatores que possibilitou tudo isso foi que os mercados creditícios estavam dispostos a inundá-los com empréstimos", avaliou Sandy Warner. "Não teria sido possível fazer aquilo um ou dois meses mais tarde."

Contudo, a InBev e seus bancos de fato concluíram definitivamente o negócio pouco antes da data marcada, em 18 de novembro. As ações da antiga Anheuser-Busch, conhecida pela sigla "BUD", deixaram de ser negociadas, e os acionistas receberam 70 dólares por cada ação que possuíam. A Modelo manteve a InBev no laço em arbitragem por mais de um ano e meio sobre seu suposto direito de bloquear o negócio, mas em julho de 2010, os árbitros determinaram que a fusão não violava o acordo original entre a Modelo e a Anheuser-Busch. A decisão confirmou que a InBev manteria sua participação de 50% na Modelo e estimulou especulação renovada sobre se o restante da cervejaria mexicana finalmente seria vendida.

Apesar dos erros e da arrogância da Anheuser ao longo dos anos, Bob Lachky disse pesarosamente que não conseguia deixar de se sentir como uma vítima do clima de negócios impiedoso e, posteriormente, fraturado dos Estados Unidos. "O que realmente surpreende é como a mania das fusões e as fraquezas do sistema financeiro norte-americano realmente nos mataram", ele lembrou. "Sim, poderíamos ter feito muitas outras coisas... mas estávamos indo muito bem em nosso próprio mundinho."

No entanto, com o passar do tempo, após o fechamento do negócio, os ex-executivos recém-enriquecidos ficaram cada vez mais agradecidos que ele tenha acontecido precisamente naquele momento. Tivesse a fusão sido assinada antes, eles teriam investido suas novas pilhas de dinheiro no mercado acionário pouco antes de ele despencar. E tivesse a Anheuser-Busch sido posta à venda mais tarde, as chances de convencer a InBev ou qualquer outro a pagar 70 dólares por ação teriam sido mínimas.

Eles tiveram muita sorte de receber o dinheiro — várias outras aquisições já haviam fracassado na época em que o acordo com a Anheuser-Busch ocorreu, e muitas mais entraram em colapso logo em seguida. Cerca de um ano antes, no final do verão de 2007, a compra da unidade de fornecimento ao atacado da Home Depot foi renegociada com uma redução de 1,8 bilhão de dólares no preço. Essa foi a primeira de uma enorme quantidade de outras aquisições malogradas ou quase malogradas, inclusive a compra por 15,3 bilhões de dólares da fabricante de produtos químicos Rohm and Haas pela Dow Chemical e a fracassada megacompra da gigante canadense das comunicações BCE. Em 2008, transações com um valor total de 660 bilhões de dólares malograram. Graças a seu contrato à prova de bala, a aquisição da Anheuser-Busch pela InBev foi uma das poucas transações que sobreviveu.

"No final das contas, essa transação pareceu fenomenal porque o mundo inteiro se desintegrou e os acionistas da Anheuser receberam 70 dólares por ação", observou uma pessoa da Anheuser. "Quem sabe qual teria sido o preço da ação se o negócio não tivesse se concretizado e os mercados entrassem em colapso?"

"Poderíamos talvez ter recebido alguns dólares a mais? Talvez. Em retrospecto, à luz de tudo que aconteceu nos mercados financeiros e tudo mais, o prêmio que foi conseguido — na maior oferta em dinheiro vivo da história das empresas norte-americanas, no mesmo momento da quebra dos mercados financeiros — foi algo extraordinário para os acionistas."

"Isso faz os diretores parecerem heróis por razões totalmente alheias a tudo que eles fizeram. Da perspectiva de um acionista, eles podem ser proclamados heróis por razões realmente injustificadas."

O debate sobre a viabilidade de pedir mais de 70 dólares por ação parecera lógico naquela quarta-feira da semana final da batalha pelo controle da Anheuser-Busch. Quando as empresas anunciaram a transação na noite de domingo, todavia, o governo americano já anunciara que tomaria medidas emergenciais para socorrer a Fannie Mae e a Freddie Mac — duas agências de crédito hipotecário que possuíam ou garantiam um valor combinado de 5 trilhões de dólares em hipotecas residenciais. O valor das ações de ambas as empresas havia caído para perto da metade na semana anterior, o que influenciara a decisão de alguns diretores da Anheuser de aceitar a oferta da InBev enquanto ainda podiam, para se precaverem contra a possibilidade de o mercado despencar.

"Os bancos nos diziam: 'Vocês podem conseguir 75 dólares, vocês podem conseguir mais'", revelou Bob Lachky. "Não poderíamos ter conseguido um preço desses. Tivemos sorte de receber 70 dólares. Um dos bancos deles faliu. Tivemos sorte." "Usando o linguajar do beisebol, esses caras diziam 'Vocês estão apenas na primeira entrada a 70 dólares, vocês ainda têm nove entradas para jogar.' E eu dizia 'Vocês estão lidando com a vida das pessoas aqui. Vocês podem ir para o raio que os parta.' Porque no final das contas, eles estavam errados. O valor de 70 dólares por ação era perfeito. Se você for analisar a realidade fria do preço da transação, fomos bem. Felizmente não demos atenção a eles."

Em reconhecimento por seus esforços na intermediação da venda "extremamente contenciosa e depois muito elogiada" da empresa, Sandy Warner foi nomeado "Diretor mais destacado de 2009" pela Outstanding Directors Exchange. Ed Whitacre foi citado por dizer que a diretoria tivera "muita sorte" por Warner ocupar, como resultado da política de rodízio, o cargo de diretor-chefe no momento da negociação. "Sandy foi o sujeito perfeito para ocupar aquele cargo quando a InBev se aproximou", ele afirmou.

"Realizamos um dos melhores negócios na história dos negócios quando finalmente completamos a transação", confirmou Forese. "É apenas uma dessas coisas que acontece nos negócios. Pessoas são adquiridas. Pessoas seguem em frente."

Epílogo

A maneira como tudo isso se desenrolou foi shakespeariana por natureza. Não decidi ainda qual das peças. A dinâmica entre pai e filho foi simplesmente shakespeariana e trágica.

— Assessor da Anheuser-Busch

A sabedoria e o sucesso de cada administração presidencial norte-americana tendem a ser vistas através de uma lente que se torna cada vez mais prismática à medida que os anos passam. Decisões populares que pareciam brilhantes na época se transformaram em becos sem saída mais adiante, e outras que pareciam pouco recomendáveis no início acabam sendo bem-aventuradas. O mesmo pode ser dito sobre o reinado de August Busch III.

Talvez, em vez de friamente vender sua empresa pelas costas do filho, August III estivesse na verdade buscando se assegurar de que a Anheuser-Busch sobreviveria de alguma forma, após ela ser irreparavelmente encurralada em um canto. Ele ajudou a garantir um preço alto pela empresa em um momento em que as vendas de cerveja começavam a enfraquecer e a economia entrava em crise. Ele repassou todos os riscos e as responsabilidades para a InBev — a qual não poderia ter concluído a transação em um momento pior, à medida que o pânico tomava conta dos mercados mundiais no final de 2008. As vendas da Anheuser-Busch InBev caíram 2,2% em 2009 e, depois, começaram a cair ainda mais significativamente. O empenho da empresa em cortar custos "já estava perdendo ímpeto no primeiro trimestre de [2010]", escreveu Benj Steinman, editor de *Beer Marketer's Insights*. "Os lucros norte-americanos estavam em queda, e os declínios em termos de volume, no início deste ano, foram algo que jamais observamos antes."

Alguns ex-executivos argumentam que a transferência da empresa para a InBev foi um fim necessário na história da Anheuser após a série de vitórias que ela obteve durante toda a década de 1980 e o início da década de 1990. "Os fatores que nos fizeram excelentes quando estávamos aumentando nossa participação de mercado de 10% para 48% não são os mesmos que tornam uma empresa excelente quando está passando de uma participação de 48% para 55%", disse Jack Purnell. "É a diferença entre os ingredientes da vitória na consolidação e os ingredientes da vitória uma vez que a indústria já se consolidou."

"Felizmente para a empresa, a InBev tem algumas dessas habilidades. Habilidades necessárias quando não se está ganhando participação a uma velocidade rápida. Quando se está ganhando participação, isso é tudo de que se precisa. Você pode praticar preços relativamente baixos, mas, contanto que esteja ganhando participação rapidamente, você se sairá bem. No entanto, assim que você para de ganhar participação, é preciso saber cortar custos, estabelecer uma política de preços e focar, e a InBev possui essas três qualidades."

Para alguns, a pergunta óbvia é: por que a Anheuser-Busch não foi capaz de conseguir — e não conseguiu — desenvolver essas habilidades de forma que pudesse sobreviver por si só, sem precisar que um comprador tomasse suas rédeas? Ela simplesmente não se preparou para o inevitável e preferiu continuar por anos com suas estratégias de crescimento insulares e gastos perdulários.

"A empresa era simplesmente superlotada de funcionários e sempre fora", observou Harry Schuhmacher. Quando os executivos da Anheuser-Busch faziam apresentações, ele comentou: "Levavam 14 pessoas junto com eles. Levavam um cara com um laptop, um cara com um laptop reserva e um cara com o laptop reserva do laptop reserva. Eles levavam seus próprios teleprompters e precisavam de cinco caminhonetes à prova de bala para transportá-los. Era delirantemente caro, enquanto Tom Long, da MillerCoors, andava sozinho com um pen drive. Esse tipo de cultura os deixou muito vulneráveis."

"Nem Pat nem August [III] fez o trabalho realmente pesado que precisaria ter sido feito" para eliminar os gastos, reconheceu Sandy Warner. "Quando August IV assumiu o cargo, ele e sua equipe admitiram que tinham uma tonelada de custos que poderiam e, de fato, precisavam cortar e desenvolveram um plano para fazê-lo. No entanto, esse negócio os atropelou."

■ ■ ■

Nos meses que se seguiram à perda da empresa que trouxera riqueza e notoriedade para gerações de sua família, tanto O Terceiro quanto O Quarto desapareceram dos holofotes. Eles o fizeram separadamente — O Terceiro em sua fazenda isolada, O Quarto dividindo o tempo entre sua casa nos arredores de St. Louis e um novo lugar mais a oeste, próximo ao Lake of the Ozarks. Havia pouca necessidade de comunicação entre pai e filho sem a Anheuser-Busch para uni-los. Os dois mal se falaram logo após a transação e, na medida em que os habitantes de St. Louis podiam notar, o diálogo entre eles não aumentou nos meses desde então. O status de seu relacionamento deu aos moradores bastante assunto para fofocas.

Nenhum dos dois parecia ter muitas amizades estreitas às quais recorrerem. Ambos sempre tenderam a se refugiar em seu amor pelo ar livre e pela aviação — pela tranquilidade e pelo sentimento de poder ilimitado que sempre têm aqueles que navegam sozinhos pelos ares.

"De qualquer maneira, eles sempre viveram uma vida muito reclusa. Sr. Busch vive em uma fazenda muito afastada, por isso ninguém vai para lá puxar seu saco", comentou um ex-executivo de primeiro escalão. "Sr. Busch fica muito isolado até mesmo daqueles que ele consideraria associados amigáveis."

"O jovem August sempre atraiu um bando de gente que desejava fazer parte de seu séquito, mas sempre mostrou habilidade em bloquear esse tipo de coisa", o executivo continuou. "Ele queria apenas determinadas pessoas ao seu redor, então não tolerava aquilo. Eles eram muito, muito desconfiados de pessoas que tentavam se aproximar deles apenas por serem quem eram. No entanto, essa desconfiança não pode levar à construção de muitas amizades sólidas."

A tomada de controle forçou O Quarto a fazer algumas mudanças de vida desconcertantes. No início de abril de 2008, o mês anterior às primeiras notícias sobre o interesse da InBev, ele apareceu exultante diante dos funcionários em frente à imensa unidade de embalagem da Anheuser-Busch no centro de St. Louis em uma festa para celebrar o 75º aniversário do fim da Lei Seca. Com a perseverança de seus ancestrais durante aquela época difícil em sua mente, O Quarto fez um discurso estimulante e emotivo para a multidão.

"Amo vocês rapazes, e vocês moças!", bradava ele. "Que honra. Um dia muito emotivo. Ao nosso futuro" e, fazendo um brinde com uma garrafa de Budweiser, acrescentou "e a mais 75 anos fantásticos. Vamos à luta!"

Exatamente 14 semanas depois, a poucos metros daquele local, O Quarto estava diante de seus funcionários novamente e explicava que a Anheuser-Busch acabara de perder sua independência de longa data. Dessa vez, Brito estava a seu lado como o novo comandante vitorioso da Anheuser. O reinado do Quarto como o último grande barão da cerveja norte-americano chegara ao fim, apenas um ano e meio após seu começo.

Com sua vida já de cabeça para baixo, ele fez alguns outros ajustes pessoais assim que a fusão foi concluída. Em vez de perseguir algum sonho há muito acalentado, como alguns de seus colegas fizeram, ele parecia determinado a se afastar o máximo possível de todos.

Ele pediu divórcio da ex-Kathryn Thatcher em 26 de novembro de 2008 — menos de uma semana após a aquisição ser concluída, e após apenas dois anos de casamento. O casal, segundo o processo de divórcio, já estava separado há cerca de dois meses, e Thatcher se mudara para Massachusetts. Graças a um acordo pré-nupcial, o caso passou rapidamente pelos tribunais e o divórcio tornou-se oficial no final de janeiro de 2009. "Ela era sua esposa, mas não sua 'Bud' [amiga/companheira]", disse a manchete sucinta e aguçada de um blog de notícias de St. Louis que cobriu a separação.

"Eu me senti mal com aquilo, porque ela era uma moça adorável", comentou o embaixador Jones. "Não acho que ela tinha uma ideia clara do que seria fazer parte de uma família empresarial e de suas responsabilidades. Ela era muito esforçada. Nunca soube se aquele foi um casamento genuíno ou um que fora necessário" para que o Quarto se tornasse CEO.

Mais cedo naquele mesmo mês, O Quarto pediu demissão da diretoria da FedEx Corp., abrindo mão de uma posição que ocupara desde que começou a se preparar para um cargo importante na Anheuser em 2003. Uma coluna de fofocas do jornal local relatou que ele começou a comprar carros feito louco, adquirindo um Audi 10, com valor de 160 mil dólares, um Nissan de 84 mil; e um Mercedes SL preto de 350 mil. As compras elevaram o número de carros que ele possuía ao patamar de 16 ou 17. Quem conhecia O Quarto dizia que ele passava a maior parte do tempo isolado em seu retiro perto do lago e fofocavam que ele tinha engordado. "Ele sempre dizia que gostava de calçar sandálias de dedo e camisetas, e é isso o que ele faz", disse Harry Schuhmacher. "O distribuidor da área ainda entrega cerveja em sua casa."

Os amigos e ex-colegas do Quarto envidaram esforços para contatá-lo e oferecer apoio, mas só puderam estender a mão até certo ponto. Muitos deles também ainda estão se recuperando da perda da Anheuser-Busch.

"Em minhas conversas com o jovem August desde então, notei que ele está muito abatido, nós nem mesmo conversamos sobre aquilo", comentou Bob Lachky. "Ele simplesmente não está procurando muito a gente. Ele enviou flores belíssimas no meu aniversário algumas semanas atrás e um bilhete muito carinhoso. Sei que Lisa [sua assistente] não foi quem escreveu. Sei que foi o próprio August. Fiquei muito sensibilizado."

"O Quarto teve uma experiência muito dolorosa", afirmou um dos assessores da empresa. "Nas vezes em que tentei contatá-lo, ele respondeu em um prazo razoável. Mas acho que muitos desses relacionamentos representam, para alguém como ele, uma lembrança de tudo que poderia ter sido. Esse tipo de aproximação fica muito difícil."

Contudo, é difícil atribuir os erros do Quarto puramente às falhas do pai, admitem alguns dos que conhecem O Quarto e gostam dele. Sua criação pode ter sido emocionalmente complicada e pouco convencional, mas ele nasceu com privilégios imensos e dissipou bastante deles ao longo dos anos. Em qualquer outra empresa, ele talvez tivesse permanecido um executivo de marketing em vez de ascender ao topo.

"Aquele foi um relacionamento muito complicado. No entanto, ele é um adulto", avaliou um conhecedor da empresa. "Todos precisam assumir responsabilidade por suas ações em algum momento da vida."

"Ele é um cara muito legal e teve uma vida trágica pela qual ninguém jamais sentirá compaixão. E provavelmente não deveriam", outro afirmou. "Ele simplesmente se viu em uma situação que estava além de sua capacidade."

Jim Forese considera a perda da empresa sob a tutela do Quarto como algo que ele não poderia ter evitado durante o ano e meio em que foi CEO. "Foi simplesmente uma dessas coisas que acontecem", ele enfatizou. "Aconteceu sob o comando dele. Não é a pior coisa que pode acontecer durante o seu comando." O Quarto, no entanto, talvez discorde. Sua dedicação à Anheuser-Busch envolvia orgulho e um desejo de aprovação — não dinheiro ou poder. Ele já tinha bastante disso tudo.

As pessoas próximas ao Terceiro e ao Quarto unanimemente torceram por uma renovação do relacionamento deles. No entanto, dada a história complicada dos homens da família Busch, poucos acham que isso acontecerá no futuro próximo. Gussie e O Terceiro não se falaram por cerca de dez anos após O Terceiro tirá-lo do lugar de CEO. O Quarto disse uma vez que se lembrava de observar os dois homens tentando remendar seu relacionamento nos passeios que fazia com o pai até a fazenda Grant.

"Acho que O Quarto, lamentavelmente, ansiava por ter um relacionamento melhor com um cara que simplesmente parecia não ter nenhum interesse nisso", revelou alguém que o conhece há anos. "Se você não fosse uma réplica do Terceiro, O Terceiro simplesmente não queria ter nada a ver com você. E August nunca seria como o pai dele. Ele é simplesmente um tipo diferente."

"Na verdade, é uma história bem triste", ponderou o analista da indústria cervejeira Benj Steinman. "É uma prova viva de que o dinheiro não compra felicidade."

■ ■ ■

A maneira como a aquisição transcorreu deixou algumas pessoas próximas à Anheuser-Busch ponderando uma pergunta crucial — e talvez inevitável: O Terceiro reconheceu que os dias da empresa como uma cervejaria independente estavam chegando ao fim e engenhou tudo de forma que ela seria vendida durante o mandato do filho em vez de no seu? August III começou a apoiar a candidatura a CEO do Quarto após o final dos dias de glória da

Anheuser; ele bloqueou os esforços do filho para reerguer a empresa após este se tornar chefe; e, em seguida, após a Anheuser ser firmemente estabelecida como um alvo de aquisição em potencial, ele a jogou nos braços da InBev. Para ele, pessoalmente, havia centenas de milhões de dólares em jogo.

"Em algum nível, O Quarto foi atirado na frente de um ônibus", afirmou Buddy Reisinger. "Pat e August não são burros. Em algum nível, eles provavelmente tinham consciência do que ocorreria. Quando O Quarto tomou posse, até mesmo antes de isso acontecer, eu pensei: 'Esses caras sabem que não há mais alavancas para puxar. Esse cara — sua melhor hipótese é não perder terreno.' Eu disse: 'August IV não vai conseguir tirar um coelho da cartola. Não é possível. Não haverá outra Bud Light. O que é que esse cara pode fazer?'"

"Ele puxou o tapete do próprio filho", disse um executivo da ex-agência de publicidade.

Nem todo mundo, no entanto, está convencido de que O Terceiro conseguia digerir a ideia de perder o controle da Anheuser-Busch para um concorrente estrangeiro, não importa quem estivesse no comando. Creditar a ele a capacidade de prever que a InBev surgiria, anos antes do ocorrido, pode também ser um pouco demais.

"Não acho que isso seja viável de forma alguma, porque, conhecendo ele do jeito que conheço, em hipótese alguma ele se entregaria", afirmou Bob Lachky. "Sua personalidade, iniciativa e cada traço de suas conexões estão fincados na vontade de vencer. Acho que ele jamais deixaria uma batata quente cair e ficaria gritando enquanto caísse."

"A análise retrospectiva faz O Terceiro parecer pior do que ele é", observou um assessor da empresa.

No entanto, ele certamente não facilitou a vida para o filho, o que sugere que a verdade pode estar em algum ponto no meio do caminho. Embora ele tenha se esquivado repetidas vezes com relação à expansão internacional, suas intenções nessa área não foram execráveis. Foi seu esforço constante para diluir a autoridade do filho que causa espanto e leva outros ex-executivos a indagar se O Quarto alguma vez teve uma chance genuína de mudar o rumo da história da Anheuser-Busch.

"Acho que teria sido muito difícil mesmo, porque vários membros da diretoria eram remanescentes do grupo do pai", disse alguém com profundo conhecimento da Anheuser. "A única forma de ele ganhar mais credibilidade teria sido um desempenho melhor. E o desempenho foi apenas razoável. Mas ele não estava agindo com rapidez suficiente para construir a própria credibilidade, e o pai simplesmente parecia olhar para tudo que o filho desejava fazer e dizer que aquilo era tolice."

"Se lhe fossem dados, digamos, cinco anos como CEO, poderíamos dizer 'Bem, o destino da empresa foi literalmente determinado pelos últimos cinco anos de sua liderança'", afirmou o general Shelton. "Mas esse tempo simplesmente não existiu."

"A oferta da InBev chegou muito antes de que as iniciativas em que ele estava trabalhando realmente começassem a render frutos", Shelton acrescentou.

Todavia, O Quarto fora chefe das operações cervejeiras norte-americanas por vários anos antes de se tornar CEO — não era como se ele tivesse caído de paraquedas diretamente no cargo de CEO. Ele teve bastante tempo para tentar reverter a queda de participação de mercado da Budweiser e seus esforços foram, em grande parte, infrutíferos.

Mesmo assim, até mesmo pessoas do lado da InBev acham difícil atribuir muita culpa a August IV. "Para ser honesto, o cara não esteve lá tempo suficiente", reconheceu um assessor da InBev. "Na verdade, talvez a empresa estivesse começando a se recuperar."

O Quarto abriu uma janela para sua alma torturada em alguns e-mails que enviou para Harry Schuhmacher durante e após a batalha da aquisição. Alguns eram coerentes; outros, não. Cada um sugeria que ele afundara no desespero e sentia que decepcionara a todos. Ele se arrependeu profundamente de prometer aos distribuidores que a empresa não seria vendida enquanto estivesse sob seu comando. Se ele soubesse que o pai e a diretoria se virariam contra ele e a Modelo na 25ª hora, ele não teria aberto a boca.

No final de 2008, Schuhmacher disse ao Quarto que desejava presenteá-lo com um prêmio em sua reunião cervejeira anual. O Quarto não estava mais no poder, mas isso lhe daria uma chance de comungar uma última vez com seus ex-distribuidores e outros amigos da indústria. August protelou por semanas responder a proposta, avaliando o tipo de recepção que achava que receberia da multidão. Finalmente ele deu a Schuhmacher uma resposta no último e-mail, enviado tarde da noite e, Schuhmacher disse, provavelmente sob a influência de alguma substância tóxica.

"Foi simplesmente um e-mail desesperado de autocomiseração e arrependimento. Ele decidiu não fazê-lo", ele relatou. Mesmo assim: "Eu não acho que os danos sofridos pela empresa foram resultado de qualquer decisão que ele tenha tomado."

Se a InBev foi basicamente a agressora, a Anheuser-Busch foi vítima de sua própria mentalidade insular e de sua arrogância. Ela era muito avessa ao risco, muito provinciana, muito comprometida com uma estratégia que já se esgotara e muito relutante em aceitar que o mundo estava mudando rapidamente, gostasse ela disso ou não. O Terceiro administrou a Anheuser-Busch como um monarca, e sua diretoria e subordinados leais se mostraram excessivamente subservientes ao longo dos anos. Tudo contribuiu para uma atmosfera de ilusão, na qual a Anheuser-Busch acreditou que estava segura contra qualquer tentativa de aquisição não porque tivesse proteções reais, mas porque o conceito em si era simplesmente impensável. No caso de August III, o talento de um homem foi a causa de sua derrocada.

De muitas maneiras, o roteiro do que aconteceu à Anheuser-Busch foi escrito não por August Busch IV, mas por August Busch III, disseram pessoas ligadas à empresa. August III administrou uma das instituições mais icônicas dos Estados Unidos e foi o leão da indústria cervejeira, mas também tornou impossível que a Anheuser-Busch se sustentasse e mantivesse uma sede poderosa em St. Louis. Ele sabia como operar uma cervejaria centrada nos Estados Unidos, disseram, e fez algumas investidas importantes na China. No entanto, quando a indústria cervejeira começou a entrar em queda, as estratégias insulares que ele implantara não foram suficientes para assegurar a sobrevivência da Anheuser-Busch.

"Se eu acho que o cara foi provavelmente um excelente administrador de uma cervejaria doméstica?", perguntou alguém envolvido com a empresa. "Sim. Mas em termos da grande macroestratégia, de pensar sobre o que o futuro traria e preparar a empresa para aquilo, o cara não se saiu bem.

"Acho que a história dirá que o cara foi obstinado e teimoso demais para fazer o necessário para colocar aquela empresa em uma posição em que poderia ter um futuro."

■ ■ ■

Muitas forças que operavam naquele verão ajudaram a jogar a Anheuser-Busch nos braços da InBev. Um pacote perfeito, porém passageiro, de condições de mercado. Um grupo apático de americanos tomadores de cerveja. E uma diretoria que precisava — e encontrou — uma saída de emergência.

No final das contas, a história isolacionista da Anheuser foi decisiva para o resultado final e transformou todos os acontecimentos durante o mandato de August IV em uma nota de rodapé dentro de uma história muito maior. O destino da Anheuser-Busch foi selado não durante seu ano e meio no cargo, mas durante as décadas em que ela foi administrada por um homem que não conseguia compreender que alguém poderia ocupar seu lugar. Por fim, ele se assegurou de que ninguém o faria.

"Não havia gente suficiente ao redor dele para confrontá-lo quando ele falava bobagens", observou o dirigente de uma cervejaria rival. "Ele governava pelo medo; era um megalomaníaco."

"Sua força tornou-se sua fraqueza. A empresa foi extraordinariamente bem-sucedida ao colocar em prática a fórmula de um homem. No entanto, esse é o problema dos grandes homens. Eles acabam respirando a própria fumaça, acreditando nas próprias histórias."

Notas

Capítulo 1: A bola está rolando

Página 27 "Uma reportagem incluíra ..." Neil Hume, "InBev Targets Takeover of Anheuser-Busch," FT Alphaville, 23 de maio de 2008.

Página 27 "O fato de que vamos ser forçados a considerá-lo ..." Robert Lachky, entrevista pela autora, St. Louis, Missouri, 5 de novembro de 2009.

Página 30 "Opa! Mais de cem resultados encontrados." www.whitepages.com (acessado em abril de 2010)

Página 31 "Para manter a 'Air Bud' em céu de brigadeiro ..." Todd C. Frankel, "A-B Jets Linger as Clipped Wings", *St. Louis Post-Dispatch*, 10 de janeiro de 2010, A1.

Página 31 "Eles precisam se sentir muito importantes." Rick Hill, entrevista pela autora, St. Louis, Missouri, 4 de novembro de 2009.

Página 31 "Durante a administração do Terceiro ..." William Finnie, entrevista concedida por telefone à autora, 20 de outubro de 2009.

Capítulo 2: O demente e o indolente em rota de colisão

Página 45 "Nascido em St. Louis, em 28 de março de 1899, ..." *New York Times,* 30 de setembro de 1989, obituário.

Página 45 "Começou em 1922 ..." *Encyclopedia Britannica*, agosto, Anheuser Busch, Jr.

Página 46 "Trocando aviões e ônibus ..." "The Baron of Beer", *Time*, 11 de julho de 1955. Reportagem de capa. www.time.com/time/magazine/article/0,9171,807368-1,00.html.

Página 47 "Toda a dor valeu a pena ..." Ibid.

Página 47 "Possuía um camelo ..." Ibid.
Página 47 "Adalbert 'Adie' von Gontard ..." Peter Hernon e Terry Ganey, *Under the Influence* (Nova York Simon & Schuster, 1991), 168.
Página 47 "Se Diana foi a princesa do povo, ..." Matthew Hathaway e Jeremiah McWilliams, "What Would We Be without A-B?" *St. Louis Post-Dispatch,* 1 de junho de 2008, A1.
Página 48 "As pessoas gostavam de brincar ..." *Under the Influence,* 335.
Página 49 "Edward Vogel, que era um dos vice-presidentes ..." *Under the Influence,* 233.
Página 52 "Essa atitude de Gussie serviu como uma reprimenda ..." *Under the Influence,* 268.
Página 52 "Os boatos, ..." *Under the Influence,* 268, citando *BusinessWeek,* "When You Say Busch, You've Siad It All", 17 de fevereiro de 1986.
Página 53 "Eu não conseguia dar à minha secretária ..." *Under the Influence,* 271.
Página 53 "após o imediato de Gussie ..." *Under the Influence,* 275.
Página 53 "Confiante de que tinha aquilo..." *Under the Influence,* 287-298.
Página 54 "Esse deveria ser o melhor momento ..." Walter C. Reisinger, Jr., entrevista realizada pela autora, St. Louis, Missouri, 4 de novembro de 2009.
Página 54 "August apunhalou meu pai pelas costas ..." *Under the Influence,* 287.
Página 55 "Ele e eu tivemos um excelente relacionamento ..." Outstanding Directors Exchange *Agenda,* 14 de julho de 2008, 6, www.tehodx.com/outstandingdirectors/Busch%20071408%Agnda%20issue_fnl.pdf.
Página 55 "Eles não se falaram por aproximadamente uma década." David Kesmodel. "Anheuser's Chief Must Fight for His Legacy", *Wall Street Journal,* 27 de maio de 2008, A1.
Página 55 "Por seu trabalho como executor ..." *Under the Influence,* 402-404.
Página 56 "A empresa acabou pagando ..." Resumos do *New York Times,* 6 de fevereiro de 1977.
Página 57 "Um ex-funcionário de agência de publicidade ..." Steve Kopcha, entrevista realizada pela autora, Colúmbia, Missouri, 5 de novembro de 2009.

Capítulo 3: O colosso

Página 61 "Ele chegava ao ponto de ligar ..." Rick Hill e Walter C. Reisinger, Jr., entrevista realizada pela autora, St. Louis, Missouri, 4 de novembro de 2009.
Página 61 "Vamos ao trabalho!" John Greening, entrevista concedida por telefone à autora, 6 de outubro de 2009.
Página 62 "Quando ele olha fixamente ..." Ellyn E. Spragins, Marc Frons, "When You Say Busch, You've Said it All", *BusinessWeek,* 17 de fevereiro de 1986, 58-63.

Página 64"... ele tirava o relógio ..." Hill e Reisinger, entrevista pela autora, St. Louis, Missouri, 4 de novembro de 2009.

Página 65 "Se os banheiros não estão limpos ..." Peter Hernon, Going on 90", *St. Louis Post-Dispatch,* 5 de março de 1989, 1C.

Página 65 "Certa vez, ele mandou que um anúncio de televisão fosse filmado mais uma vez ..." Patricia Sellers, "How Busch Wins in a Doggy Market", *Fortune,* 22 de junho de 1987, 99.

Página 66 "...ele seguia o mesmo ritual ..." Charlie Claggett, entrevista realizada pela autora, St. Louis, Missouri, 4 de novembro de 2009.

Página 68 "Ele sabia tudo." William Finnie, entrevista concedida por telefone à autora, 20 de outubro de 2009.

Página 68 "Todos que viajavam com ele ..." Rick Hill, entrevista pela autora, St. Louis, Missouri, 4 de novembro de 2009.

Página 70 "Nunca vi ele se vangloriar ..." Finnie, entrevista concedida por telefone à autora, St. Louis, Missouri, 20 de outubro de 2009.

Página 71 "Não é possível prever as preferências e as aversões ..." Thomas C. Hayes, "August Busch, King of Beer", *New York Times,* 12 de outubro de 1980, F1.

Página 71 "...o último ano de August III ..." David Kesmodel, "Anheuser CEO Fights for His Legacy", *Wall Street Journal,* 27 de maio de 2008.

Página 71 "Peter foi condenado por homicídio culposo." "Peter Busch Sentenced to 5 Yrs Probation, St. Louis, for Manslaughter in Shooting Death of Friend David Leeker", Resumos do *New York Times* via United Press International, 1º de março de 1977, 17.

Página 71 "Billy Busch, outro meio-irmão do Terceiro ..." Peter Hernon "'Busch Blood' Plays Role in Custody Battle, Mother Says", *St. Louis Post-Dispatch,* 16 de outubro de 1988, 1C.

Página 71 "Billy desapareceu do noticiário ..." Christopher Tritto, "Busch Family Eyes Return to Brewing Biz", *St. Louis Business Journal,* 14 de agosto de 2009.

Página 72 "O Terceiro se casou com Susan Hornibeck ..." Jerry Berger e John M. McGuire, "Near Beer: Decades After Their Much Talked-about Divorce, Susan Busch Remains on Good Terms with August Busch III; and, for That Matter, with All of St. Louis", *St. Louis Post-Dispatch,* 13 de junho de 1995, 1D.

Página 72 "Após a recepção do casamento, ..." Ibid.

Página 72 "Em meio a rumores ..." *Under the Influence,* 246

Página 73 "Ela e O Terceiro costumavam sair ..." Berger e McGuire, "Near Beer."

Página 73 "Ela chamou Ginny, a segunda mulher dele, ..." Ibid.

Página 73 "Aprendi na casa dos vinte e trinta anos ..." Hayes, "August Busch, King of Beer."

Página 74 "Como parte da investigação, ..." Robert Johnson, John Koten, e Charles F. McCoy, "State of Shock Anheuser-Busch Cos. Is Shaken by Its Probe of Improper Payments", *Wall Street Journal,* 31 de março de 1987.

Página 74 "A primeira vez em que Schuhmacher encontrou-o..." Harry Schuhmacher, entrevista concedida por telefone à autora, 27 de abril de 2010.

Página 75 "Embora a empresa tivesse uma política rígida ..." Johnson, Koten, e McCoy, "State of Shock".

Página 75 "Ele fora o 'líder inspirador' da Anheuser-Busch, ..." Ibid.

Página 75 "A determinação do Terceiro ..." *New York Times,* 26 de março de 1987.

Capítulo 4: Vendendo o sonho americano

Página 78 "Muitos conhecedores de cerveja ..." Classificação geral da Budweiser em 11 de julho de 2010 é "'D+' Evite", com 1.207 críticas, adjetivos representativos, retirados de críticas feitas pelos conhecidos especialistas "feloniousmonk" "BuckeyeNation" e "mikesgroove", escrevendo na BeerAdvocate.com.

Página 79 "John Murphy, o presidente da Miller ..." Peter Hernon e Terry Ganey, *Under the Influence* (New York Simon & Schuster, 1991), 317.

Página 79 "E ele falava sério." Adrienne Carter, "Miller Brewing It's Norman Time", *BusinessWeek,* 29 de maio de 2006.

Página 80 "Sou mais direto, ..." Patricia Sellers, "How Busch Wins in a Doggy Market", *Fortune,* 22 de junho de 1987.

Página 81 "Em 1985, Anheuser-Busch ..." "AdAge Encyclopedia Anheuser-Busch", *Advertising Age,* 15 de setembro de 2003.

Página 81 "em 1989, foram gastos 5 milhões de dólares ..." Judith VandeWater, "Anheuser-Busch Super Advertiser", *St. Louis Post-Dispatch,* 9 de janeiro de 1989, 5.

Página 85 "Quando as convenções eram realizadas na Califórnia ..." Charlie Claggett, entrevista pela autora, St. Louis, Missouri, 4 de novembro de 2009.

Página 86 ". Então, desligou o projetor ..." William Finnie, entrevista concedida por telefone à autora, 20 de outubro de 2009.

Página 88 "Mais tarde, perdeu 34 quilos ..." Gary Prindiville, entrevista concedida por telefone à autora, 20 de outubro de 2009.

Página 90 "Ele não gosta de molho de churrasco ..." John Greening, entrevista concedida por telefone à autora, 6 de outubro de 2009.

Página 91 "O prato dele continuava vazio ..." Entrevista com Claggett.

Página 94 "Aquilo é uma quadrilha de bandidos." Ibid.

Página 95 "Os funcionários da agência olharam diretamente nos olhos de August III ..." Entrevista com Greening.

Capítulo 5: O Quarto aguarda

Página 96 "Em 15 de junho de 1964 ..." Callaway Ludington, "Bud Man Prince of Beers August Busch IV Pours a Little Dash into the Family Business", *Chicago Tribune,* 14 de junho de 1991, C1.

Página 97 "Na segunda série ..." Patricia Seers, "Bud-Weis-Heir August Busch IV Is Rebellious, Risk-Taking — and (Nearly) Ready to Rule the World's Largest Brewer", *Fortune,* 13 de janeiro de 1997.

Página 97 "Em seu último ano de ensino médio ...", Ludington, "Bud Man", C1.

Página 99 "Ela acreditava que o filho fora tratado injustamente ..." Jerry Berger e John M. McGuire, "Near Beer", *St. Louis Post-Dispatch,* 13 de junho de 1995, 1D.

Página 99 "Ele disse que o álcool não foi a razão da capotagem." Melanie Wells, "Busch IV Likely to Pop to Top", *USA Today,* 4 de setembro de 1998, 2B.

Página 99 "As acusações de agressão resultaram ..." "Busch Heir Arrested After Wild Chase", *San Francisco Chronicle*/Associated Press, 1º de junho de 1985.

Página 100 "Se vocês me tirarem dessa ..." *Under the Influence,* 350.

Página 100 "Após um julgamento que durou três dias, ..." Ludington, "Bud Man", C1.

Página 100 "No entanto, mesmo no auge da batalha ..." Andrew Ross Sorkin, "Chilling a Deal for Bud", *New York Times* DealBook, 17 de junho de 2008. http://dealbook.blogs.nytimes.com

Página 101 "Você precisa ser três vezes tão bom quanto o outro ..." Ludington, "Bud Man", C1.

Página 101 "Após largar a University of Arizona ..." "Interview Heir Apparent", *Modern Brewery Age,* 19 de setembro de 1994, S10.

Página 107 "August Busch III sempre pareceu ..." Bill McClellan, "To Sell Beer Takes More Than a Glare", *St. Louis Post-Dispatch,* 7 de julho de 1997.

Página 109 "Esperemos que isso não aconteça ..." Ludington, "Bud Man".

Página 109 "Não sei se isso é verdade ..." Gerry Khermouch, Julie Forster e John Cady, "Is This Bud for You, August IV?" *BusinessWeek,* 11 de novembro de 2002.

Página 109 "Não era o que eu procurava." Christopher Tritto, "Brewery Heir Steven Busch Acquires Krey Distributing", *St. Louis Business Journal,* 8 de dezembro de 2006.

Página 109 "...a irmã de August IV ..." Matthew Hathaway, "History of the Busch Family", *St. Louis Post-Dispatch,* 9 de julho de 2008, A6.

Página 110 "Acho que ninguém pode dizer ..." Sellers, "Bud-Weis-Heir".

Página 110 "Se meu irmão continuar tendo o mesmo desempenho, ..." Ibid.

Página 111 "Todos os executivos mais graduados da Anheuser-Busch ..." Al Stamborski, "Anheuser-Busch Chairman Undergoes Heart-Bypass Surgery", *St. Louis Post-Dispatch,* 29 de setembro de 1999.

Página 111 "Ele era proprietário de apenas 3,4 milhões de ações ..." Wells, "Busch IV Likely to Pop to Top".
Página 112 "Considerando a história ..." Sellers, "Bud-Weis-Heir".
Página 112 "Eu não presumiria que o sucessor ..." Wells, "Busch IV Likely to Pop to Top".
Página 113 "Não vou considerar ..." Ibid.
Página 113 "Ele não foi testado ..." Khermouch, Forster e Cady, "Is This Bud for You, August IV?"
Página 114 "A *BusinessWeek* chamou a decisão do Terceiro ..." Ibid.
Página 115 "Não está escrito nas estrelas ..." Ibid.
Página 115 "O objetivo era que O Quarto ..." General Henry Hugh Shelton, entrevista concedida por telefone à autora, 10 de junho de 2010.
Página 118 "Se essa é uma política de descontos bem-sucedida ..." "Anheuser Profits Fall in Tough Market", Just-drinks.com, 27 de outubro de 2005.
Página 120 "Ele também acrescentou bebidas não alcoólicas ..." Greg Edwards, "Anheuser's New Chief Faces Challenges", *Wall Street Journal,* 6 de dezembro de 2006, B3G.
Página 120 "Os olhos do Terceiro ficaram visivelmente marejados de lágrimas ..." Mike Beirne, "A-B Marketing Ready to Rumble" *Brandweek* (on-line), 25 de março de 2005.
Página 120 "Sua casa, que fora anteriormente propriedade ..." Khermouch, Forster e Candy, "Is This Bud for You, August IV?"
Página 121 "O noivado foi desfeito ..." Ludington, "Bud Man".
Página 121 "Não vou fazer previsões ..." Sellers, "Bud-Weis-Heir".
Página 121 "O Quarto passava boa parte do tempo ..." Jason Horowitz, "The complete Ron Burkle", *New York Observer,* 12 de abril de 2006.
Página 122 "Se eu não procurar desenvolver um relacionamento a sério ..." Wells, "Busch IV Likely to Pop to Top".
Página 122 "Qual é o limite?..." Ellen Florian Kratz, "A Busch (Beer) Marries for the Corner Office", *Fortune,* 15 de setembro de 2006.
Página 122 "Para o descontentamento de alguns moradores desgostosos ..." Carolyn Kylstra, "Clydesdales Grace Green for Wedding", *The Dartmouth,* 8 de agosto de 2006.
Página 122 "A decisão tomada pelo Quarto de se casar ..." Andrew Ward, "Anheuser Keeps Crown in the Family", *Financial Times,* 5 de dezembro de 2006, 28.
Página 123 "Era: "August, até que você sossegue ..." Kratz, "A Busch (Beer) Marries for the Corner Office".

Página 124 "Ela também se comprometeu ..." Christopher Tritto, "A-B Picks up Aircraft, Beer Tabs for Busch IV, Stokes", *St. Louis Business Journal,* 1 de dezembro de 2006.

Página 124 "Stokes tomou uma decisão ..." Formulário 8-K registrado pelas empresas Anheuser-Busch junto ao Securities and Exchange Commission, 15 de dezembro de 2006.

Página 124 "A parcela do mercado total de bebidas alcoólicas ..." Edwards, "Anheuser's Chief Faces New Challenges."

Página 126 "O Sr. Busch agora está sozinho no centro do palco ..." Ward, "Anheuser Keeps Crown in the Family."

Página 127 "O Quarto argumentou em uma entrevista a um jornal..." David Kesmodel, "Beer Clan Anheuser CEO Fights for His Legacy Legacy — As Rival Weighs a Bid, Busch Heir Still Seeks Father's Approval". *Wall Street Journal,* 27 de maio, 2008, A1.

Página 128 "Sr. Busch permanece como certo enigma ..." Edwards, "Anheuser's Chief Faces New Challenges".

Página 129 "O Quarto examinou um leque amplo ..." Ward, "Anheuser Keeps Crown in the Family."

Página 130 "E concluiu: 'Creio piamente ..." Kesmodel, "Beer Clan Anheuser CEO Fights for His Legacy".

Página 130 "Mais tarde, ele se mostrou arrependido por ter feito esses comentários, ..." Schuhmacher, em entrevista concedida por telefone à autora, 27 de abril de 2010.

Página 130 "Em sua primeira década ..." Sellers, "Bud-Weis-Heir".

Página 130 "O Terceiro, como sempre, não se manifestou sobre o assunto..." Kesmodel, "Beer Clan Anheuser CEO Fights for His Legacy".

Capítulo 6: O dedo do caçador congelado no gatilho

Página 133 "Cometemos alguns erros, ..." Ellyn E. Spragins, Marc Frons, "When You Say Busch, You've Said it All", *BusinessWeek,* 17 de fevereiro de 1986, 58-63.

Página 137 "A globalização da cultura americana..." "The World Beer & Beverage Forum Power Brands Made by Power Men", *Modern Brewery Age,* 10 de novembro de 1997. www.entrepreneur.com/tradejournals/article/20216423_2.html

Página 138 "Ele avaliou a possibilidade ..." Rick Hill e Walter Reisinger, Jr., entrevista pela autora, St. Louis, Missouri, 4 de novembro de 2009.

Página 139 "Dois atiradores dispararam uma saraivada ..." Simon Romero, "Cashing In on Security Worries: Bad Times Are Good Times for Car Armorers in Brazil". *New York Times,* 24 de julho de 1999.

Página 139 "Lemann se mudou com a família ..." Tony Smith, "A Bet on a Brazilian Brewery Pays Off for 3 Investors", *New York Times,* 4 de março de 2004, W7.
Página 139 "Eles investiram uma parcela desse montante ..." Ibid.
Página 140 "A Brahma recebeu permissão para ir adiante com o negócio ..." "AmBev: Third Largest Brewer Created with Merger Approval". *Food & Drink Weekly,* 3 de abril de 2000, 1.
Página 147 "Os Estados Unidos e a China estavam bem-iluminados ..." Jeremiah McWilliams, "Brito Begins to Brew New Company: CEO Meets A-B Chief with Eye on Bottom Line, Employee Angst", *St. Louis Post-Dispatch,* 16 de julho de 2008, A1.

Capítulo 9: Sr. Brito vai a Washington

Página 185 "Em Missouri, onde McCain acabou ganhando de Obama ..." Resultados das eleições, *New York Times,* terça-feira, 9 de dezembro de 2008.
Página 186 "Mas trata-se de uma questão que vai muito além disso. ..." Heidi N. Moore, "One Couple's Crusade to Save Budweiser", *WSJ* Deal Journal, 2 de junho de 2008.
Página 187 "Cindy McCain, que era conhecida em Phoenix por dirigir ..." Susan Davis, "McCains to Profit on Anheuser, InBev Deal", *WSJ* Washington Wire, 14 de julho de 2008. http://blogs.wsj.com/washwire/2008/07/14/mccains-to-profit-on-anheuser-inbev-deal/.
Página 189 "Seu comitê de ação política ..." Jeffrey H. Birnbaum, "InBev, Anheuser Battle in Washington", *Washington Post,* 28 de junho de 2008.
Página 190 "Em 1993, um conjunto de oito Clydesdales da Anheuser ..." "Hey, Bill, This Bud's for You", *Seattle Times,* 16 de janeiro de 1993, A3.
Página 190 "Isso a colocava na frente de outras PACs ..." The Center for Responsive Politics. http://www.opensecrets.org/pacs/toppacs.php.
Página 192 "Ela começou a pagar funcionários ..." Birnbaum, "InBev, Anheuser Battle in Washington".
Página 192 "A reunião durou meia hora ..." Ibid.
Página 192 "Eu disse a eles: 'Sem chance'..." "McCaskill Questions InBev CEO about Anheuser-Busch", Associated Press, 17 de junho de 2008.
Página 192 "Nós não temos uma placa de 'Vende-se' plantada em frente à nossa casa nos Estados Unidos ..." Deirdre Shesgreen e Rachel Melcer, "InBev Chief Feels Heat", *St. Louis Post-Dispatch,* 18 de junho de 2008, A1.
Página 192 "Brito descreveu sua reunião ..." "McCaskill Questions InBev", Associated Press.
Página 192 "Naquele mesmo dia, ela enviou uma carta ..." Senadora Claire McCaskill, "McCaskill Urges Anheuser-Busch Board to Reject Offer", 18 de junho de 2008. http://mccaskill.senate.gov/newsroom/record.cfm?id=299367.

Página 193 "Ela significaria perda de empregos ..." Birnbaum, "InBev, Anheuser Battle in Washington".

Página 195 "As palavras mais fortes proferidas contra a InBev, ..." *The Colbert Report*, Comedy Central. www.comedycentral.com/colbertreport/videos.jhtml?episodeId=174853.

Página 196 "Brito escreveu um artigo ..." Carlos Brito, *St. Louis Post-Dispatch*, 17 de junho de 2008, Commentary.

Página 202 "A revista *Advertising Age* publicou um artigo ..." Jeremy Mullman e Michael Busch, "A-B Losing the PR War to InBev", *Advertising Age*, 7 de julho de 2008.

Capítulo 10: Associados irritados

Página 208 "Durante um encontro duas semanas antes ..." Carta aos acionistas de 2008 da Anheuser-Busch.

Página 211 "Se o maior rival da Modelo ia se associar ..." Jack Purnell, entrevista concedida por telefone à autora, 29 de outubro de 2009.

Página 212 "No final de 1996, ..." William Flannery, "A-B Invests in Mexican Brewer; Raises Grupo Modelo Stake to 37 Percent", *St. Louis Post-Dispatch*, 19 de dezembro de 1996, 3B.

Página 213 "Três reuniões depois, ..." Bloomberg News, "Anheuser-Busch to Increase Stake in Mexican Brewer", *New York Times*, 23 de maio de 1997, 3.

Página 218 "Quando chegou ao ensino médio, já trabalhava lá em tempo parcial, ..." David Luhnow e David Kesmodel, "Modelo CEO Faces Limits of Family Firm", *Wall Street Journal*, 27 de junho de 2008, B11.

Página 218 "Fernández foi eleito para a diretoria da Modelo ..." "Who's News Anheuser-Busch Cos.", *Wall Street Journal*, 29 de fevereiro de 1996.

Página 219 "Ela decidiu participar ativamente da empresa familiar ..." Ginger Thompson, "Daddy's Girl Turns Beer-and-TV Billionaire", *New York Times*, 21 de julho de 2002, Saturday Profile, 4.

Página 219 "María ganhou a reputação ..." David Luhnow, "Crashing Barriers", *Wall Street Journal*, 1 de outubro de 2001, R9.

Página 219 "Conhecida pelo apelido de Mariasun ..." Kevin Sullivan, "Bilaterally in Love", *Washington Post*, 7 de fevereiro de 2005, C1.

Página 220 "O casamento do 'casal dourado' em 2005 ..." Susana Hayward, "'Golden Couple' All the Buzz", *Miami Herald*, Knight Ridder News Service, 8 de fevereiro de 2005, 16A.

Página 220 "Em 2007, logo antes do colapso do sistema financeiro global ..." Luisa Kroll e Allison Fass, "Special Report The World's Billionaires", *Forbes*, www.forbes.com/lists/2007/10/07billionaries_The-Worlds-Billionaries_Rank.html.

Página 222 "Ele passou a noite de quarta-feira se preparando ..." Tom Santel, entrevista concedida por telefone à autora, 26 de junho de 2010.

Página 225 "No final daquele ano, ..." Informações da empresa apresentadas na página da internet da Modelo (www.gmodelo.com).

Capítulo 11: A diretoria: August, August e Augusta

Página 232 "A tática terrorista funcionou bem ..." Robert Slater, *The Titans of Takeover* (Beard Books, 1999), 167.

Página 234 "Entretanto, O Quarto disse que iria auxiliar esses esforços ..." Matthew Karnitschning e David Kesmodel, "Anheuser-Busch Gets a D". *Wall Street Journal* Deal Journal, 16 de junho de 2008.

Página 234 "Eles estavam tentando mudar a diretoria ..." James Forese, entrevista concedida por telefone à autora, 26 de maio de 2010.

Página 235 "O Terceiro fora um dos diretores da AT&T ..." Tim Barker, "Loyalty of A-B Board May Be Put to the Test", *St. Louis Post-Dispatch*, 20 de junho de 2008.

Página 236 "Portanto, não acho que haja qualquer problema ..." Outstanding Directors Exchange *Agenda*, edição de 14 de julho de 2008. www.theodx.com/outstanding-directors/Busch%20071408%20Agenda%20issue_fnl.pdf

Página 238 "Mas em 11 de julho ..." CNBC, Julia Boorstin entrevista com Warren Buffett de Sun Valley, Idaho, 11 de julho de 2008.

Página 239 "Eles e outros diretores, ..." Margie Manning, "GenAm Board Settles for $30 Million", *St. Louis Business Journal*, 17 de janeiro de 2003.

Página 240 "O Citigroup poderia ganhar ..." Comunicado aos acionistas definitivo da Anheuser-Busch, outubro de 2008.

Página 241 "Os diretores da Anheuser sabiam ..." General Henry Hugh Shelton, entrevista concedida por telefone à autora, 10 de junho de 2010.

Página 245 "Augusta é famoso por seus gramados imaculados ..." "Augusta National Golf Club Members List", *USA Today* Projects Staff, 4 de agosto de 2004.

Página 247 "Com 1,95 metro de altura, ..." Roger O. Crockett, "The Last Monopolist", *BusinessWeek*, 12 de abril de 1999. Reportagem de capa.

Página 248 "Loucks entrara para a diretoria da Anheuser-Busch ..." Julia Flynn Siler, David Greising e Tim Smart, "The Case Against Baxter International,", *BusinessWeek*, 7 de outubro de 1991.

Página 252 "Então, ele já viu todas as transações ..." Troca surpreendente de diretores *Agenda*, edição de 14 de julho de 2008.

Página 253 "Quando August IV assumiu a direção ..." Douglas Warner, entrevista concedida por telefone à autora, 14 de julho de 2010.

Página 260 "Para mostrar que eles não estavam rejeitando a oferta ..." Divulgação para a imprensa da Anheuser-Busch, 26 de junho de 2008.

Página 261 "Acredito que, na condição de diretores, ..." "Adolphus Busch IV's Letter to Busch Board", Reuters, 20 de junho de 2008. www.reuters.com/article/idUSN2044456620080621

Página 261 "Andrew Busch, outro meio-irmão ..." DealBook do *New York Times*, 22 de junho de 2008.

Página 269 "Errei, ..." Transcrição da chamada, http://yahoo.brand.edgar-online.com/EFX_dll/EDGARpro.dll?FetchFilingHtmlSection1?SectionID=6019032-43754-68909&Session ID=C9W3We-yRPmMhz7

Capítulo 12: Os Montague e os Busch

Página 273 "Trabalharmos em conjunto, se conseguirmos convencê-los de que certa oportunidade ..." David Kesmodel e David Luhnow, "Anheuser Courts an Ally in Mexico", *Wall Street Journal*, 13 de junho de 2008. B1.

Capítulo 13: Um vendedor desde o primeiro minuto

Página 288 "Antes do 4 de julho do ano anterior, ..." The Beer Institute, "Fourth of July Ranks Tops in U.S. Beer Sales New Data Shows Beer Contributes Billions to National Economy", comunicado à imprensa, 26 de junho de 2007 via PRNewswire.

Página 290 "No entanto, ele tinha sido abruptamente destituído..." Alex Berenson, "A Long Shot Becomes Pfizer's Latest Chief Executive", *New York Times*, 29 de julho de 2006.

Página 299 "Ele não os pressionaria em uma direção ..." General Henry Hugh Shelton, entrevista concedida por telefone à autora, 10 de junho de 2010.

Página 303 "Entretanto, a desanimada equipe de executivos da Anheuser ..." Tom Santel, entrevista concedida por telefone à autora, 26 de junho de 2010.

Página 303 "Na manhã seguinte, Tom Santel ..." Ibid.

Capítulo 14: É pegar ou largar

Página 313 "Para que isso aconteça, ..." Douglas Warner, entrevista concedida à autora, 14 de junho de 2010.

Página 314 "Isso vai acontecer ..." Ibid.

Página 318 "Seria um executivo detalhista, ..." General Henry Hugh Shelton, entrevista concedida por telefone à autora, 10 de 2010.

Página 319 "No entanto, após a diretoria tê-lo promovido ..." Embaixador James R. Jones, entrevista concedida por telefone à autora, 1º de junho de 2010.

Página 321 "Os dois homens voltaram para suas equipes ..." Warner, entrevista concedida por telefone à autora, 14 de junho de 2010.

Capítulo 15: Uma longa distância de St. Louis
Página 338 "O histórico de filantropia empresarial da InBev ..." "Anheuser-Busch's New Brew", *St. Louis Business Journal*, 31 de julho de 2009.

Capítulo 16: Um brinde a ambos os lados
Página 348 "Stokes saiu com 160,9 milhões de dólares. ..." Christopher Tritto, "A-B Brass Catch Gold Ring from InBev", *St. Louis Business Journal*, 21 de novembro de 2008.

Capítulo 17: Pegue o dinheiro ou se prepare para o pior
Página 356 "Em vez de alugar uma limusine ..." Jeremiah McWilliams, "Britto Begins to Brew", *St. Louis Post-Dispatch*, 16 de julho de 2008, A1.
Página 357 "O contraste entre o nômade ..." Ibid.
Página 358 "E isso depois de eliminarem ..." "Anheuser-Busch's New Brew", *St. Louis Business Journal*, 31 de julho de 2009.
Página 358 "Eu simplesmente não achei ..." Jeremiah McWilliams, "The New A-B 'More of What You Need, and Less of What You don't'", *St. Louis Post-Dispatch*, 8 de março de 2009.
Página 358 "Eles cumpriram a ordem, descobrindo, ..." Walter Reisinger, Jr., entrevista concedida à autora, St. Louis, Missouri, 4 de novembro de 2009.
Página 359 "Santel, que recebeu 26,5 milhões de dólares ..." Christopher Tritto, "A-B Brass Catch Gold Ring from InBev", *St. Louis Business Journal*, 21 de novembro de 2008.
Página 360 "Vencemos o rei dos comerciais ..." Bruce Horovitz, "Two Nobodies from Nowhere Craft Winning Super Bowl Ad", *USA Today*, 31 de dezembro de 2009.
Página 360 "Ele tinha 20,6 milhões de dólares a receber. ..." Tritto, "A-B Brass Catch Gold Ring from InBev".
Página 361 "...a equipe do Quarto estivera disposta a pagar ..." David Jones, "AB InBev to Buy Modelo This Year; Broker Evolution", Reuters, 9 de março de 2010.
Página 361 "O executivo financeiro chefe, Randy Baker, ..." Tritto, "A-B Brass Catch Gold Ring from InBev".
Página 362 "Anthony Ponturo, ex-chefe de marketing esportivo da empresa e um dos executivos de marketing ..." Ibid.
Página 362 "Ela afirmou que a Anheuser-Busch mantinha ..." Jonathan Stempel "Ex-Anheuser Female Executive Sues for Gender Bias", Reuters, 27 de outubro de 2009.
Página 363 "Ao entrar na sala de reunião ..." McWilliams, "Brito Begins to Brew".

Página 363 "Não era como se ele necessitasse de dinheiro. ..." Tritto, "A-B Brass Catch Gold Ring from InBev".

Página 364 "Busch não apareceu nos eventos da indústria ..." Jeremiah McWilliams, "Busch Slips Off Stage Despite Positioning for Role in InBev Spotlight", *St. Louis Post-Dispatch,* 30 de agosto de 2009, A1.

Página 365 "Secretárias foram demitidas, ..." "Brazilian Style at the Largest Brewery in the World", *Exame*, fevereiro de 2010.

Página 365 "Posso comprar minha própria cerveja ..." Ibid.

Página 365 "Até mesmo despesas como impressão colorida ..." Jeremiah McWilliams, "The New A-B".

Página 365 "Cerca de um ano e meio após a fusão ser negociada, ..." Kelsey Volkmann, "Anheuser-Busch Adds Fee for Clydesdales Appearances", *St. Louis Business Journal,* 12 de abril de 2010.

Página 366 "Um madeireiro perdeu ..." "Anheuser-Busch's New Brew".

Página 366 "O fundador da Schlafly disse ..." "Brazilian Style at the Largest Brewery in the World".

Página 367 "A InBev usava os jatos da Anheuser ..." Todd C. Frankel, "A-B Jets Linger as Clipped Wings", *St. Louis Post-Dispatch,* 10 de janeiro de 2010, A1.

Página 368 "Os funcionários de St. Louis ..." "Brazilian Style at the Largest Brewery in the World".

Página 369 "Brito teria direito a receber mais de ..." Ibid.

Página 369 "De seu investimento estimado em 50 milhões de dólares ..." pesquisa do J.P. Morgan, "Anheuser Busch InBev", 26 de janeiro de 2009.

Página 369 "Weiss mudou de Paris ..." Liam Vaughan, "Lazard's Weiss Is Year's Busiest Banker", Mergermarket, como citado em *Wall Street Journal,* 14 de dezembro de 2009.

Página 371 "Nesta altura, achamos..." "Credit Market Instability Rattles InBev's Takeover of Anheuser-Busch", *St. Louis Business Journal,* citando Ann Gilpin, Morningstar, 3 de outubro de 2008.

Página 372 "A decisão confirmou ..." Clementine Fletcher, "AB InBev Wins Dispute Over Ownership of Modelo Stake", Bloomberg, 12 de julho de 2010.

Página 372 "Em 2008, transações com um valor total de 660 bilhões de dólares ..." Serena Saitto, "Goldman Leads in M&A as InBev Deal Fails to Add Fizz to Fees", Bloomberg, 2 de março de 2009.

Página 374 "Sandy foi o sujeito perfeito ..." Heather Wolf, "Sandy Warner The Stalwart Director", Outstanding Directors Exchange. www.tehodx.com/outstandingdirectors/WarnerSandy%20OD%20web.pdf.

Epílogo

Página 377 "Eles o fizeram separadamente ..." Jeremiah McWilliams, "Busch Slips Off Stage Despite Positioning for Role in InBev Spotlight", *St. Louis Post-Dispatch*, 31 de agosto de 2009, A1.

Página 378 "Vamos à luta! ..." Ibid.

Página 378 "Ela era sua esposa, ..." Riverfrontimes.com, 30 de janeiro de 2009.

Página 379 "Uma coluna de fofocas do jornal local relatou ..." Deb Peterson, "Wonder What August Busch IV Has Been Up To?" *St. Louis Post-Dispatch*, 28 de setembro de 2009.

Página 380 "Gussie e o Terceiro não se falaram ..." David Kesmodel, "Beer Clan Anheuser CEO Fights for His Legacy", *Wall Street Journal*, 27 de maio de 2008, A1.

Agradecimentos

Algumas pessoas que não são cervejeiros ou banqueiros, ainda assim, contribuíram imensamente para que eu pudesse colocar este livro nas prateleiras. Meus sinceros agradecimentos a meu agente, Andy McNicol, da William Morris Endeavor, e Pamela van Giessen e Emilie Herman, da John Wiley & Sons.

Sou extremamente agradecida a meu marido, Micah Levin, por servir como babá, revisor, cozinheiro e torcedor em diversos momentos enquanto escrevi o livro e a meu filho, Miller, por sua paciência, disposição e alegria desde o início.

Também registro meu muito obrigada ao restante de minha família: James e Faye MacIntosh; Emily, Trevor e Ella Fetters; e Kate MacIntosh, Karl Donner, Paul MacIntosh, Daniel Levin, Judith Karlen, Sherry Levin, James Friedberg, Brendan Levin, Tonya Fletcher, e Erin Levin — por fornecerem uma rede de segurança tão forte. Espero que eu possa retribuir o favor. Minhas desculpas profusas vão para eles e para todos os amigos e colegas que deixei de procurar por um tempo.

Agradeço também aos jornalistas do *Financial Times* em Nova York (e, sobretudo a Francesco Guerrera), que se mostraram dispostos a assumir minhas atribuições durante minha ausência para escrever o livro, e ao Dr. Jason Rothbart por facilitar a mudança inesperadamente rápida de minha família para a Califórnia.

Este livro foi impresso em São Paulo, em outubro de 2013,
pela Cromosete para a Odisseia Editorial.
A fonte usada no miolo é a Adobe Garamond Pro em corpo 11,5/15.
O papel de miolo é norbrite 66,6g/m², o do caderno de imagens
é couché matte 115g/m² e o de capa, cartão 250g/m².